# THE BONSEIGNEUR RITUALS

A Collection of 18th Century
New Orleans Masonic Rituals

Edited by Gerry L. Prinsen
Foreword by Michael R. Poll

**The Bonseigneur Rituals**
Book I
A Cornerstone Book
Published by Cornerstone Book Publishers

Copyright © 2008 by Cornerstone Book Publishers

All rights reserved under International and Pan-American Copyright Conventions. No part of this book may be reproduced in any manner without permission in writing from the copyright holder, except by a reviewer, who may quote brief passages in a review.

Cornerstone Book Publishers
New Orleans, LA

www.cornerstonepublishers.com

ISBN: 1-934935-34-4
ISBN 13: 978-1-934935-34-7

MADE IN THE U.S.A.

*The Bonseigneur Rituals*
*A Collection of 18th Century
Ecossais Rituals*

# Foreword

In the late 1980's I began a detailed study of the early history of Louisiana Masonry. Tied to that study was one of the early history of the Ancient and Accepted Scottish Rite. It was (and is) my opinion that a complete understanding of one requires an understanding of the other. The archives of the Grand Lodge of Louisiana would prove to be only minimally beneficial to my study due to the loss of so very many of their documents prior to 1850; the possible result of several fires and many years of poor record storing and keeping. It became necessary to expand my search to public and Masonic sources outside of Louisiana.

During my search for documents, I met Dr. Caryn Cossé Bell, then an assistant professor of history at the University of New Orleans. Dr. Bell directed me to the Amstead Research Center in Tulane University. In that center, I found the George Longe Collection. The Longe Collection turned out to be a literal gold mine of information on early Louisiana Masonry. George Longe served as Sovereign Grand Commander of the Supreme Council of Louisiana from 1936 until his death in 1987. In truth, I felt as a child discovering a hidden candy factory. One significant find followed another. In one box, I found two old books (unfortunately, with some pages torn out). In handwritten French was a Masonic ritual (minus the Master Mason degree). I did not recognize the ritual, and due to time constraints, I elected to have the two books photocopied by the center so that I could better examine them at a later time.

Several months later I did examine the rituals. The initial examination proved interesting. Clearly the ritual was not the York Rite (American Webb) or AASR rituals. It also became obvious that this was a very old ritual. Exactly what type of rituals were in these books? Who used them? Where did they originate? Why were they in this collection? These and many more questions were born from this discovery. Peppered throughout the book was the signature "J. Bonseigneur." Who was this individual?

I sent copies of the ritual to a few researchers in various parts of the US and Europe to try and better understand the find. The ritual turned out to be one of the so-called "Rite of Perfection" (Order of the Royal Secret) dating somewhere in the mid to late 1700's. Several European researchers initially felt it possible that the ritual was the one used by the oldest known lodge in New Orleans, the 1752 "Perfect Harmony." I was a bit skeptical of this initial theory because not only was there no lodge name associated anywhere in the ritual, but the name "J. Bonseigneur" was nowhere to be found in any of the Sharp-Bordeaux Documents which gave information (including membership) of this early New Orleans lodge. Then a line from the EA degree was noticed by Bro. Alain Bernheim, "By the power invested in me by this respectable lodge, under the authority of our Respectable Grand Master the Duke of Orleans, I make you Apprentice Mason." The Grand Master was identified as Philippe de Chartres, but it was noted that he did not take on the title of Duke until the death of his father on November 18, 1785. This ritual could not have been used by any lodge earlier than that date.

Regardless of the other unanswered questions, it became clear that this was a significant ritual. Bro. Gerry L. Prinsen requested that it be published by the Latomia Foundation in the Netherlands providing a photo reproduction of the ritual along with a French transcription and an English translation. It seemed to be a wonderful study tool. Bro. Prinsen requested that I provide him with as much background information as possible on both the ritual and "J. Bonseigneur." Through civil and Masonic records, I was able to provide some information on the brother and members of his family.

The research on Bonseigneur was difficult and slow. With a publication date nearing, it became necessary for Bro. Prinsen to draw conclusions from the already provided data. Unfortunately, nearly coinciding with the release date came a new discovery. I learned that there was not one "J. (Jean) Bonseigneur" but *two* living in New Orleans at the same time with identical names - an uncle and nephew. Both were Masons. Without a signature clearly identifying the uncle from the nephew, it was impossible to determine which was the actual owner of the signature in the ritual. It was also possible that both owned and made entries in the books. The Bonseigneur family is an old New Orleans family and the rituals were most likely passed down in the family. Alfred Bonseigneur, 33° was an Active Member of the Supreme Council of Louisiana in the 1960's. It is most likely that these rituals came into the possession of George Longe from this member of the Bonseigneur family.

Regardless of who was in possession of this ritual, Philippe de Chartres, the Duke of Orleans, was the Grand Master of the Grand Orient of France. This ritual was a commonly worked and established ritual in French-speaking lodges. The presence of the "Bonseigneur Ritual" in New Orleans makes it the ideal candidate for not only the original ritual of the New Orleans French-speaking lodges created in the late 1700's and early 1800's, but also a strong candidate for the original French language ritual used by the Grand Lodge of Louisiana.

Special thanks should be given to Bro. Gerry Prinsen and all the members of the Latomia Foundation for permission to release this North American edition and for providing Cornerstone with a PDF copy of the final work. It can only be hoped that, by a study of this work, a greater interest in understanding early Louisiana Masonry develop, but, also, might further research be undertaken in this largely undiscovered subject. We have much more to discover, learn and understand.

Michael R. Poll<br>
Cornerstone Book Publishers<br>
December, 2008

*General Introduction*

he documents we present here are preserved in Tulane University at New Orleans, USA, and belong to the George Longe collection in the Amistad Research Center. They are registered under the name *"The Bonseigneur rituals Box 11 f 3"*. They consist of two volumes, one with one hundred sixty-five pages, the other of one hundred and fifteen pages. Several pages have been torn out, others have been *"decorated"* and contain notes without any relation to Freemasonry. It seems as if the books, after being used, as other notes show regarding passwords and sacred words, lost their importance and remained in the drawers of a lodge because they had no further importance.

The contents of these two volumes is:

| *Volume I* | |
|---|---|
| degree | page |
| Apprentice | 1 |
| Fellow craft | 24 |
| Master | 32 |
| *(the pages 39 and 40 are torn out)* | |
| Secret Master | 51 |
| Perfect | 54 |
| Perfect Irish Master (sixth degree) | 67 |
| English Master (seventh degree) | 75 |
|     Lodge of English Master | 80 |
|     History of Freemasonry | 100 |
| Knight of the Temple | 120 |
| Perfect Elect Master | 136 |
| Suite of the Elect, Elect of the Unknown | 152 |
| Suite of the Elect, Elect Master of Fifteen | 158 |
| Illustrious | 163 |

| *Volume II* | |
|---|---|
| degree | page |
| Parisian Ecossais | 1 |
| Grand Ecossais | 7 |
|     Fellow craft Ecossais | 8 |
|     Master Ecossais | 9 |
|     Grand Trinitarian Ecossais | 9 |
| Grand Ecossais of the Bro. Werwantes | 12 |
|     Apprentice Ecossais | 13 |
|     Fellow craft Ecossais | 13 |
|     Master Ecossais | 14 |
| Sublime Ecossais | 17 |
| Architect | 22 |
| Royal Arch | 33 |
| Sublime degree of the Choice | 33 |
|     First degree of the Choice (Levite) | 38 |
|     Second degree of the Choice (Knight) | 47 |
| Knight of the East or of the Sword | 58 |
| *(page 71 to 94 were torn out)* | |
| Supreme Elect (incomplete) | 95 |

### *One or more copyists*

In total the documents of the Bonseigneur Rituals, including the tornout pages, contain two hundred eighty pages, which represents more than sixty hours of writing. One of the first questions arising is to know whether there was one copyist or more. The picture shows the writing of certain words occurring in the course of the documents. It will be observed that there are noticeable differences in certain letters like the b, the l, the g and the n in the word, "obligation", the h and the m in the word catechism.

One of the criteria adhered to is that of mistakes in the writing. Certain of them will be found in all rituals, such as "*qu'elle*" instead of "*quelle*" in expressions like "*what is the hour ?*" or "*accaccia*" instead of *acacia*. Others seem, however, to be incidental. So, the word "profane" in the three Craft degrees is written as "*prophane*". But this mistake is also found at random in the book of Knight of the Temple. Also the word "*aperçu*" is written "*apperçu*" in the first volume, but not in the second. Equally the word "*faiblesse*" is written "*faiblaisse*" in the rituals of the Craft degrees and in the normal way in others.

Based on these elements it seems likely that several copyists did the work, but that they took turns more than once. Thus, the very peculiar "*b*" on page I-41 is found on page I-76 and I-150. And the writing of the word obligation links the pages I-9 and I-150, or the pages I-84 and I-144, but also the pages I-60 and the pages II-43 and II-107.

What makes it worse is to have to admit that these turns may have taken place within the same ritual, indicating that the copyists changed after a certain lapse of time instead of after a certain text.

Another supposition which can be presented is the continuous development of the writing of the copyist.

To verify the supposition we therefore examined the evolution of the form of the letters D and R, occurring manifoldly in all of the rituals as they abound in the lectures. These letters are presented under very different aspects at the left. The letter $D_1$ bears a well-formed knot on the top, whereas $D_2$ written in one single movement of the pen does not have this. The letter $R_1$ was drawn in one stroke and the letter $R_2$ implies two movements of the pen.

We hoped by an identification of these letters to show different copyists, but a more detailed inquiry shows that where the second volume only shows the letters $D_2$ and $R_2$, the first volume shows a mixture of the different forms.

In the ritual of the Apprentice some eighty D's and R's show about the same percentage of each form, being $D_1$ (57,5%) and $D_2$ (42,5%), whereas the form $R_1$ (92,5%) is quite superior over $R_2$. This distribution develops then and in the ritual of the Master some sixty four D's and R's show a majority of the form $D_2$ (68,7%) and the form $R_2$ (80%). So the originally dominant forms give way to the two others from the beginning of the higher degrees onward. The substitution is complete from the ritual of Illustrious on. It is completely substituted from the ritual of Illustre onward.

*The letters*

*Some examples of writing*

The analysis of the writing is not an easy matter and leads only seldom to certainties. It is therefore impossible to definitely dismiss the supposition of several copyists who substituted each other, taking up the work where the preceding one had left off. However, the extent of the task does prefer the supposition of one single copyist whose writing developed in the course of his work. The forms of the D and R finally stabilized, but the other words show continuous changes in the writing. As far as the mistakes are concerned, it will be evident that they are rather common in the manuscripts of the 18$^{th}$ century. An analysis of the abbreviations used for the "*Grand Architect*" shows only that in most cases these abbreviations, often of different types, are the same in the documents and other copies of a different origin.

### The Masonic notes

In the rituals of the symbolic degrees, and in them only, we find Masonic notes written in different hands. So on page 10 the word "*Jakin*" was added on a blank space in the manuscript of the Apprentice degree. Page 27 in the Fellow craft ritual has two phrases "*the word is Booz*" and "*the password is Shibolet*", written on a blank line; finally the ritual of the Master degree shows in a primitive writing at the base of the page 32 the phrases "*the sacred word is Mac-be-nald*" and "*the password is Jehova*", the same Macbenald being added on page 45 on a blank line.

These notes are in fact a kind of extract and were written by brethren who had "*completed their ritual*", as is nowadays done as well. The most interesting point remains the corruption of the Master word, written here as Macbenald. It betrays a certain isolation of the lodge which used these rituals, for in the time when these documents were copied the form Macbenak was very well established.

### The graffiti

Apart from the notes we find graffiti in the documents which denote, especially if they were made in a lodge, a definite uninterestedness for the rituals. A first series identified by its very dissolute writing begins on page 14 and 15 of the first volume, in the midst of the lecture of the Apprentice. On page 15 the words "*mille*" (thousand) and "*oysters*" and several phrases:

*"I am going"*
*"I am going barway from you poor found Oy"*
*"I am going farway from you to find oysters"*

This writing is again found on the pages 80 and 81 in the ritual *"Lodge of the English Master"*. The word oysters 50 and the signature of Duncan five times.

On page 100 of this volume in the ritual, The History of Freemasonry, is written in another hand *"Bonsoir"* resembling very much the writing *"Je meurs"* (I die) which is written upside down on page 30 of the second volume, on a blank space in the lecture of the Architect. Many suppositions could be made as regards the latter; from a last message to a brother to a kind of protest against intense boredom.

### *The signatures*

In addition to the notes and these graffiti, we find a series of signatures in the documents. One of them is that of Duncan written on the pages 80 and 81. The two others are more interesting.

On the pages 17, 27 an 93 of this volume, as well as on page 29 of the second volume, there appears in the margin vertically to the text and carefully avoiding the text the clearly legible signature of a certain J.Bonseigneur.

At the end of all the rituals except those of Secret Master, Parisian Ecossais, Architecture and Royal Arch, is the signature of a certain Painette, often adorned with additional signs or the talon.

We saw that the signature of Duncan, after all, was but graffiti expressing a certain disinterest for the ritual on which is was written. That is different with the two others. We think that these signatures of Bonseigneur are the marks of propriety, confirming his possession of the rituals, whereas those of Painette, clearly written as a confirmation after writing the copy, are an authentication by which Painette attests that the copies were identical with the original. We do not know why certain rituals were not signed in this way, but it may be supposed that Painette supplied the majority of the rituals and authenticated only those.

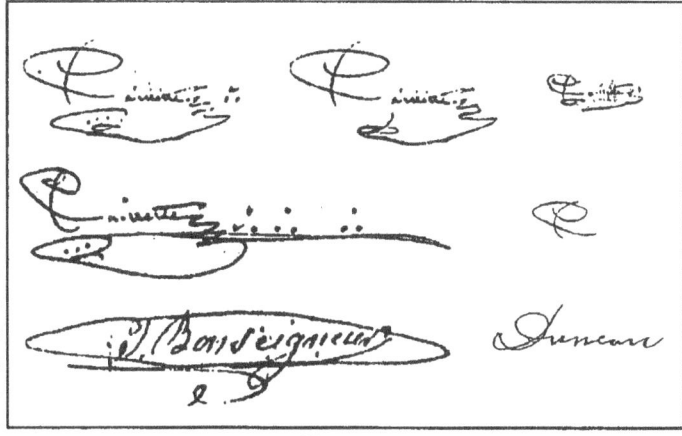

*The signing*

### *The date of the copies*

It is always difficult to specify the date on which a copy was made, especially when the copied texts are apparently ancient. However, in the case of these documents, the ritual of the Apprentice gives us an important clue. When the candidate has taken his oath, the Worshipful Master says:

*"By the power invested in me by this respectable lodge, under the authority of our Respectable Grand Master the Duke of Orleans, I make you Apprentice Mason".*

Well, we know that Philippe de Chartres, solemnly installed as Grand Master of the Grand Orient de France on 22 October 1773, became Duke of Orleans only after the death of his father on November 18, 1785. We may add that the same ritual of the Apprentice contains, in a different hand, the note *"copied at Paris"* without being able to confirm that it relates to this copy, or being a note on the copy from which this one was copied. In both cases this document can hardly have been made before 1786.

We may add here that the ritual of the Supreme Elect, with which the second volume ends, cannot be dated before 1785, the reasons of which will be explained in the analysis of the ritual. This date seems to confirm by its nature the supposition of one single copyist.

### *The origin of the Bonseigneur rituals*

It seems now well founded that after 1786 copies of a collection of older rituals were made for French-speaking freemasons and that these copies were found at New Orleans after unknown vicissitudes.

*About what seems practically certain.*

Well, what do we know of Freemasonry in that town in the 18th century ? The SHARP documents taught us that Louis-François Tiphaine, master confectioner, arrived in Louisiana in the course of 1751, founding the lodge *La Parfaite Harmonie* [1], of which he became the first Master and who received the constitutions granted by *La Parfaite Union* of Saint Pierre de la Martinique, his old lodge in July, 1752. We know as well by the letter sent on 2 April 1756 by Tiphaine to *Les Elus Parfaits* of Bordeaux [2] that he was Perfect Ecossais and Knight of the East and that he solicited constitutions for a perfect Lodge Ecossaise. These constitutions which were granted in April 1757 [3], arrived in New Orleans much later because of the Seven Years War (1756-1763). On April 12, 1764 *La Parfaite Loge d'Ecosse* of New Orleans was installed [4]. But New Orleans, which could no longer be de-

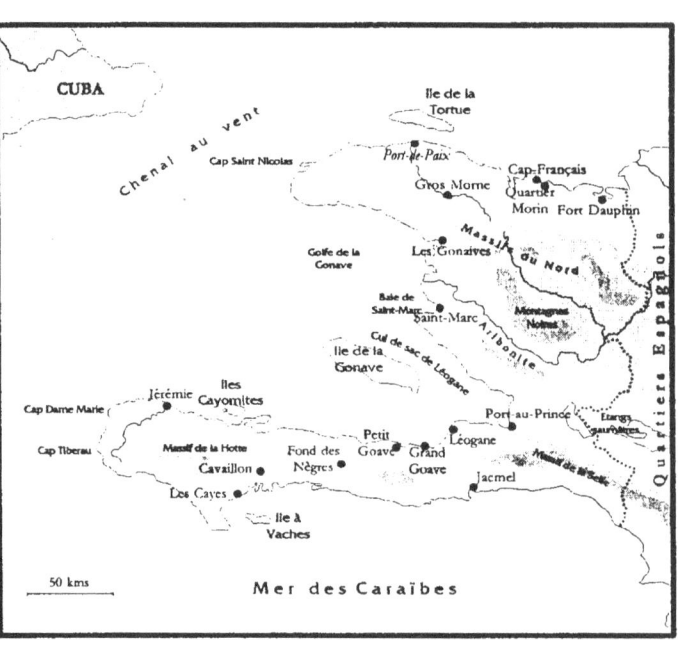

*The french part of San-Domingo in the 18th century*

fended against the English attacks, was already ceded to Spain in 1762 and in July, 1769 putting an end to the desperate revolt of the French, the condottiere O'Reilly took possession of the town. By disloyalty he trapped on 24 October 1769 the chiefs of the conspirators, among whom the principal members of *La Parfaite Loge d'Ecosse*. He had some of them executed and others put in jail, who were not liberated until the King of France intervened in 1770. There was no Masonic lodge anywhere in New Orleans after the return of the Spaniards.

When in 1791 the slave revolt broke out in Santo Domingo many "*habitants*" [5] fled to North-America. Some, like Moreau de Saint-Méry [6], fled to te new United States. Others installed themselves at New Orleans. In 1793, those French Mason refugees created the Parfaite Union no. 29 based on a patent granted by the Grand Lodge of South Carolina. The installation for the York Rite [7] was presided over by Jason Lawrence on March 30, 1794. It worked in French until the 1810's and participated in the foundation of the

---

[1] All documents regarding this lodge were published in Latomia 129

[2] Document SHARP 102, published in Latomia 129.

[3] Document SHARP 54, published in Latomia 129.

[4] Document SHARP 61, published in Latomia 129.

[5] This proprietor of an agricultural enterprise.

[6] Médéric Louis Elie Moreau de Saint-Méry (1750-1819), lawyer administrator, was an important Mason in Santo Domingo as well as in France. Het was the delegate of the important Lodge Vérité at Cap-Français and married in 1781 Louise Catherine Milhet, daughter of the Senior Warden (1754) of La Parfaite Harmonie at New Orleans.

[7] Even if historically there has never been a York Rite, this name was given in the United States to a system which contained the three Craft degrees, the Mark, the Royal Arch and, sometimes, the Knight Templar. The rituals of the Craft degrees were quite similar to those of the Antient Grand Lodge. Even today this York Rite in the United States is distinct from the Ancient and Accepted Scottish Rite

Grand Lodge of Louisiana in 1812 [1].

Consisting exclusively of French-speaking people, mainly refugees from Santo Domingo *La Parfaite Union* no.29, it had need of rituals and it is practically certain that they were the rituals which became those now called *"Bonseigneur rituals"*. It seems, therefore, that we have to search for Bonseigneur and Painette in Santo Domingo.

The person to be found easiest is Bonseigneur [2]. Moreau de Saint-Méry mentions a Jean Bonseigneur, born in Marseille, arriving in Santo Domingo before 1758. Being a *"habitant"*-owner at Port-de-Paix on the heights of Moustique, he married, on 13 November 1758, Marguerite Pouplié, kinswoman of the important family Atty. They had sixteen children between 1759 and 1768. One of the girls, Anne, born in 1773, married a Chanceauline. Taking refuge on the near Isle of Tortue, Jean Baptiste Bonseigneur, born in 1759, was assassinated in 1796 at Saint Louis Nord by the revolting blacks. From 1791, one part of the family Bonseigneur emigrated to New Orleans, the last definitively leaving Santo Domingo in 1802.

The Bonseigneur family was related to the Atty family, a military family living in Jean-Rabel and Port-de-Paix, to the Chanceauline family, merchants from Nantes of whom one branch had installed itself as "*habitants*"-proprietors at Port-de-Paix. With the Audigé family, who possessed two coffee plantations at Port-de-Paix, an indigo factory and a cotton factory at Jean-Rabel and with the Sauvalle, the Desmé-Desjoutières, the Roulin, the Sauvalle, their neighbours in the Moustique, the Souty, who also stayed until 1802, and the Gauché, the Bonseigneur formed in the north-east of the island from Gros-Morne to Cap Saint Nicolas a kind of micro-society visiting each other, marrying among each other and taking good care to avoid those who married beneath themselves, like Louis Guillet who married a mulatto.

The surviving sons of Jean Baptiste Bonseigneur died at New Orleans, after having found there a new settlement. We found there a Jean Baptiste Deterville Bonseigneur, born in 1798 and deceased in 1871, who participated in 1815 in the battle at New Orleans, and a Jean Bonseigneur, born in 1804 and deceased in 1875. Jean Baptiste Deterville Bonseigneur was a rich man and owned among other things a large grocery at New Orleans.

Jean Bonseigneur was a Freemason and at his death three necrologies were published, one by the Lodge *Fusion Maçonnique* n° 23, operating under the jurisdiction of the Sovereign Chapter of Louisiana, the second by the Lodge *Fraternité* no 20, and the third by the Sovereign Chapter itself. At the beginning of these necrologies we find Paul Bonseigneur, 33°, together with Marius Bonseigneur, secretary of the first mentioned lodge.

Finally the signature of J.Bonseigneur, identical to the one which so often occurs in the rituals, is found on the attendance list of the Royal Arch Chapter *Harmony* n° 3 on the isle of Haiti, however of no value for precising the origin of the documents.

All this began in our opinion in 1748, when Jean-Baptiste Trutié, *"habitant"*-proprietor at Cap-Français wrote to *Les Elus Parfaits* at Bordeaux [3]:

*"As some children of our Wor. Lodge have installed an Ecossais Lodge here, and as this growing lodge desires to be reckoned among your children, it sends the request for this purpose, to you Wor. Lodge as its veritable Mother.*

*I would like to take the liberty, Wor.Bro., as one of its members to beg you to be kind to us and to spread the rays of your Light, which causes the admiration for your lodge. Bro. Morin, who will visit this country again, will gladly receive your instructions."*

Upon the instigation of Morin, who signed the second letter [4], it was necessary to have *Les Elus Parfaits* decide on March 1, 1749 to grant the Ecossais constitutions they asked for [5]. Morin, who had taken matters into his own hands, signed the request and the reply as well! *Saint Jean de Jérusalem* of Cap-Français was created and it was to last as long as the French domination.

In 1753 the procedure was repeated. At the start, Debrune, the Ecossais Grand Master wrote in a letter [6]:

---

[1] **Albert G.Mackey**, *Encyclopedia of Freemasonry*, Macoy, Richmond, Virginia (1966), page 604.

[2] **Médéric Moreau de Saint-Méry**, *Description topographique, physique, civile, politique et historique de la partie française de l'isle de Saint Domingue*, Philadelphia, 1797, page 1455. We also profited by the assistance of a scholar from Laval (France), whom we want to thank in this place.

[3] SHARP document 6, dated 29 June 1748, published in Latomia 128.

[4] SHARP document 7, dated 17 February 1749, published in Latomia 128.

[5] **Alain Le Bihan**, *Loges et Chapitres de la Grande Loge de France et du Grand Orient de France*, Bibliothèque Nationale, Paris, (1967), page 390.

[6] SHARP document 38, dated 7 June 1752, published in Latomia 128.

*"It is with infinite satisfaction, that we inform you of our setting in this town. Our Wor. Mother Lodge of Cap, from which we received our authority and Constitutions by the intermediary of Bro. Morin, whom she has deputized in order to receive and install us regularly, will give you, as we do, the information, in order to enable us to correspond with you, which will be extremely profitable by the Light, which we beg you to grant us, and which we shall regard as a law to follow, too happy that we can, with your example, let receive and give a new glory to the sublime order of Freemasonry."*

But the circumstances had changed. Morin being no more persona grata for *Les Elus Parfaits* they then delegated Lamolère de Feuillas with the true proconsular authority for Santo Domingo [1]. Dupin Deslèzes dryly notes on the letter of Port-de-Paix:

*"Written on the 6th of January to Bro.Morin that we would not recognize that Lodge, until after it would have been constituted by the Wor.Bro.Feuillas, our representative."*

The lodge at Port-de-Paix never received its constitutions...

But things did not stay so, not at all. Bordeaux had treated the matter of Port-de-Paix very badly and had it made known. In August 1753, Saint Jean de Jérusalem did no longer assemble as the letter from Lamolère de Feuillas to Dupin Deslèzes informs us, dated at Cap-Français [2]:

*"As far as the Ecossais Lodge [3] in these quarters is concerned, there is no more question about it. I talked about it with some brethren, who told me that they had ceased to meet. I believe that they made the right decision and that it is of much more value to us that they stay inactive. As I know now the character of the people of this country, I see how difficult it would have been to reconcile them and, in truth, we are very happy that they want to forget us. This means that as far as this subject is concerned, everything has been said."*

But Lamolère de Feuillas made a mistake. Rivière, upon becoming Grand Master, wrote in a letter to *Les Elus Parfaits*, pleading for his lodge [4]:

*"If the Wor. Lodge over here has not sufficient Light, it flatters itself that you are well prepared to serve as an interpreter and as her father in the case, which presents itself, and of which she makes the story equally true, as one can be in this letter."*

and continues in a rather sibylic way:

*"As the keepers of Constitutions from your Wor.Lodge we do not believe we can let this occasion pass, in order to make known, according to their support, those brethren who not only violate their oath, but moreover their character, that they be punished without beating them, according to the principles of our fundamental laws."*

To understand well what happened one should listen to the letter Lamolère de Feuillas addressed to Dupin Deslèzes in 1755 [5]:

*"I have finally seen Bro.Rivière. He came a few days ago to Fort Dauphin with some other brethren, in order to found a Craft lodge. I profited from that circumstance to talk to him. I told him about the authority with which I was charged, as well as about the reply I sent to you. It happened effectively that they had ceased their work for reasons of convenience and to eliminate those who kept causing troubles and discord, but that they had not decided to stop it. In truth, they still meet, though rarely, because of the difficulty they have in bringing the brethren together, who are dispersed in the different quarters of the plain. However, he asked me to inform them of the first time I would go to the Cap so that we could arrange everything."*

So after an internal struggle, between 1752 and 1754, *Saint Jean de Jérusalem Ecossaise*, and finally Rivière, supported by Lamolère de Feuillas [6], took the complete supervision. In the competition opposing Morin and Lamolère de Feuillas, *Saint Jean de Jérusalem Ecossaise* evidently chose their party. There was indeed another break of the activities and another purge, but in 1759 Chapon and Dumoulin wrote [7]:

*"You were informed of the interruption of our work. The bad nature of certain members and especially of Bro.Morin (if one still can give him this name) have caused it. The true Masons suffered from it, but they did not cease to be masons and have taken the first occasion to re-start the society to which they belonged. This moment has now come and our*

---

[1] The patent of Lamolère de Feuillas was edited 24 December 1752. It was published as SHARP document 45 in Latomia 128.

[2] SHARP document 106, dated 24 August 1753, published on Latomia 128.

[3] This refers to *Saint Jean de Jérusalem Ecossaise*.

[4] SHARP document 44, dated 25 July 1753, published in Latomia 128.

[5] SHARP document 109, dated 27 February 1755, published in Latomia 128.

[6] We may note that this changes the truth to some extent making us believe that he did use his patent only very recently; after his arrival, he had practically charged Berthomieux to replace him at the installation of the Parfaite Loge d'Ecosse at Saint-Marc in December 1753. It is exactly in the minutes of that installation that we find a copy of his patent.

[7] SHARP document 59, dated 7 August 1759, published in Latomia 128.

*assemblies, though very seldom, are revived. Our Wor.Lodge was re-installed and the members who compose it cause us to hope that it will keep going on and it will merit, from your side, the feelings which you have already shown to us."*

Lamolère de Feuillas agreed on 11 April 1759 to a kind of reconstitution of *Saint Jean de Jérusalem Ecossaise* and much later Moreau de Saint-Méry, who was then Grand Orator of the *Perfect Ecossais Lodge* at Cap-Français, made a copy of this agreement for the Grand Orient at Paris.

So the story of *Saint Jean de Jérusalem Ecossaise* was at least between 1753 and 1759 marked by a struggle of clans and by exclusions, rightly or not. But what may be more interesting in this respect is that the Grand Secretary elected for 1753 was a certain Penette [1]. Seeing as the document was written by Rivière and that family names, certainly in that period, had a rather changing orthography, it seems evident that this Penette must have had some relation with the Painette who authenticated the documents.

We have no more allusion in the SHARP documents to Penette nor to Painette. He is not found in the publication of Moreau de Saint-Méry and he is neither mentioned anywhere in those of Alain Le Bihan, who moreover does not mention the lodge at Port-de-Paix.

In short, we know that the documents were copied after 1785, that three copyists worked on them and that their work was authenticated by a certain Painette, that the documents were once in the possession of J.Bonseigneur whose signature, completely encircled, makes us think that he had the degree of Supreme Elect [2], that they were found at New Orleans, where from 1792 to about 1810 a lodge *La Parfaite Union* worked in the French language. So there are many reasons to suppose that this J.Bonseigneur is identical with Jean Bonseigneur, who died on 18 April 1875. We may add that the rituals beyond the Craft degrees show an archaic structure and seem to be copies from originals which are mostly earlier than 1760. We may finally add that the lodges of Tiphaine, which disappeared around 1769 worked the *"Ancienne Maîtrise"* (Ancient Freemasonry) of Bordeaux, well-known [3] and completely different from the degrees reproduced here. These are the certainties.

*About what seems probable.*

Starting from these certainties it is possible to set up a series suppositions of what happened.

In the first place, we shall have to identify Painette who authenticated the rituals and Penette who was Grand Secretary of *Saint Jean de Jérusalem* in 1753. When Rivière and his clan simulated an interruption of the activities in order to eliminate their opponents and especially those who did not live at Cap-Français and its surroundings, Painette, as Grand secretary, had to possess the *"lodge papers"*, which means rituals and especially those which were no more in use since 1749 and the adoption of the Ancient Freemasonry of Bordeaux.

The disrupting factor of the crisis was the attempt to create an Ecossais lodge under the influence of Morin at Port-de-Paix. It may be supposed that the brethren in that place persisted in their plan and associated their Craft lodge with a lodge of the high degrees. That was usual in the Antilles at that time as is shown by the letter addressed to Les Elus Parfaits by the brethren of Saint Pierre de la Martinique.

The fact is that we find in the documents, apart from an Ecossais system of seven degrees crowned by an English Master degree which is largely evolved in Ecossisme, Elect rituals, a Knight or the East and a series of different degrees of which some were rather quickly abandoned in France.

We think, therefore, that Painette integrated into the lodge at Port-de-Paix after the events of 1753 and that this lodge, probably as a consequence of the local particularity mentioned above, was continued. A Bonseigneur, probably Jean-Baptiste, the father or his eldest son was a member of that lodge.

We know that after the revolt of 1791, the brethren fled to New Orleans and founded a lodge there. It is then probable that between 1791 and 1794 these brethren, among whom we know that there were sons of Bonseigneur, tried to procure rituals. In our opinion, they charged Painette, who disposed over a recent copy from Paris of the Craft rituals to have them copied by three different copyists, time being urgent, of all the material he had, inclusive the oldest rituals.

---

[1] SHARP document, already mentioned.

[2] See Bonseigneur rituals, Volume II, page 111.

[3] See for example Latomia 101.

We know that *La Parfaite Union* at New Orleans was installed for using the York Rite. But we also know that it worked in the French language and that it is logical to think that this was done with rituals authenticated by Painette. We also know that after the relinquishment of Louisiana to the United States in 1800 the English speaking people in the lodge became more important than the French speaking group and that in 1807 the Grand Lodge of New York delivered a patent to Lodge *Louisiana* Nr.2 which worked in English from the beginning and with the York Rite, the three Craft degrees and for certain brethren the Mark degree or the Royal Arch. This means that the old rituals in French dealing wit the Craft degrees and the superior degrees then became completely obsolete. Even the words changed, passing from Jakin, Booz, Macbenald to Boaz, Jakin, Moabon, like the rituals of the Antients.

As the documents had no more use, they may have been left in drawers... That was when certain brethren used them without respect, covering the pages with graffiti, tearing out pages for any use. Duncan, who was English speaking, may have been one of those...

But the brethren often had a deep respect for the ancient Masonic documents. One among them, probably Jean Bonseigneur, saved them from destruction. They were preserved in the Longe collection and finally deposited in the Tulane University. That gesture of Masonic piety made them accessible to us today.

## *Our presentation*

The reader will find on the left-hand page a restored facsimile of the original document. That restoration was necessary because of the rather poor state in which the originals were. On the right-hand page are a French transcription and an English translation for those who have some trouble with reading French.

As we have done before, the French transcription does not contain the abbreviations. For example we wrote "*Respectable Maître*" instead of R$^{ble}$ M. We also corrected the orthography, writing "*profane*" instead of "*prophane*" as the manuscript shows. The punctuation was also modernized, which sometimes was extremely strange. Finally inasmuch as it was possible the many mistakes in the syntax were corrected and brought in accordance with the today's grammatical usage. Still, many errors of the copyists remained and as well we the countless pronouns marking the text. We mentioned the first and indicated often in notes the sense to be given to the second. In order to make the text understandable it sometimes was necessary to add words, placed between square brackets and printed in a different type, or to suppress some, placing them between brackets.

The English translation was prepared on the basis of the transcription and thus a corrected version. We hope that this work, long and sometimes longwinded, will prove to be an aid to the reader.

We address our gratitude to all of those, known and unknown, who preserved these documents. Thanks to them it was possible for us to find very old forms of Masonic degrees sometimes forgotten, such as the Sublime degree of the Choice.

In the first place we are grateful to Michael R.Poll, who after finding the Bonseigneur Rituals, proposed to have them published and supplied us with historical information. We also want to thank the management of the Amistad Research Center authorizing us to publish these rituals. We are grateful to Mrs. Rebecca Hankins, who supported us with the answer to many questions. Finally we want to express our gratitude to all our friends, who gave us their assistance by collecting information, checking the translations, and understanding the meaning of the texts. It is true that all this work serves only a small group of researchers, who are interested in the history and consequently in the esoteric value of Freemasonry. But our predecessors, to whom we are indebted so much, shall not fade away in oblivion.

The Editors.

## Introduction to the Documents

he first volume of the Bonseigneur Documents is comprised of two parts, definitely written after 1785. The first part contains the three Craft degrees, which were copied at Paris, or copied in Santo Domingo from a Parisian copy.

The second part of the first volume is devoted to the superior degrees. First we find a system of seven degrees, from Apprentice to English Master. After the Knight of the Temple which is very archaic in its form, there follows a series of rituals of Elect, comprising all the revenge degrees without any connection to be found between these degrees and those of the first system.

It is generally accepted that all of the copies date from after 1785, but it is evident that the originals serving as the source are far older. We shall try, when it is possible, to compare these rituals with other Masonic documents, rituals or drawings from the collection Von Löwen.

### Contents

| degree | page |
|---|---|
| Apprentice | 1 |
| Fellow Craft | 24 |
| Master | 32 |
| Secret Master | 51 |
| Perfect | 54 |
| Perfect Irish Master (sixth degree) | 67 |
| English Master (seventh degree) | 75 |
|    Lodge of English Master | 80 |
|    History of Freemasonry | 100 |
| Knight of the Temple | 120 |
| Perfect Elect Mason | 136 |
| Suite of Elect, Elect of the Unknown | 152 |
| Suite of the Elect, Elect of Fifteen | 158 |
| Illustrious | 163 |

### *The Craft degrees*

Following the usage of that age, the Parisian copyist updated the rituals at hand. It is possible to confirm this by three remarks :
- the Apprentice degree is said to have been adopted by the "*Respectable Loge du Prince de Clermont*" [1], which does not indicate the Grande Loge des Maîtres de Paris as being well-known, but instead the Respectable Loge *Saint Jean de Jérusalem*. This permits us to date the first version at the end of the years 1740;
- when the gloves are handed to the candidate [2] a saying is : "*A pair of ladies gloves is given for a Maçonne*", which indicates an update of the document to the years 1774, because it was only on the 10th of June 1774 that the Grand Orient decided to take the adoption lodges under its protection and to consequently modify some of their rituals;
- after the Oath the Worshipful Master proclaims : "*By the authority I received from this respectable lodge, under the auspices of our Respectable Grand Master the Duke of Orleans, I receive you as an Entered Apprentice*". This implies necessarily that the copy dates from after December 1785 when Philippe de Chartres became Duke of Orleans.

But it should be remembered that on the 17th of January 1786, most probably in the period in which this copy from Paris was made, the Grand Orient adopted the rituals of the *Rite Français Moderne* [3]. Even a superficial examination permits us to state that the documents differ fundamentally from the rituals of 1786. In fact the documents are generally rather similar to those which were in use at Mirecourt in the years 1760, dating from the years 1750.

It is interesting to note that the perambulations of the candidate, which in this case have no relation to the four elements, are contrary to the modern usage of increasing difficulty. Two indications permit us to date the original of the Apprentice ritual at the end of the years 1740 :
- it is apparently contemporary with the Masonry of Saint John the Baptist, which, with the first Ecossais degrees as the Parisian Ecossais or the first Trinitarian system, settled in France at the end of the years 1740, as is proved by the questions and answers [4] :

Q. *To whom is your lodge dedicated ?*
A. *To Saint John.*
Q. *Why ?*
A. *Because Saint John was the first predecessor of the light of faith, by the baptism of the Lord; he was chosen as patron.*

---

[1] Bonseigneur, Vol.I page 1.

[2] Bonseigneur, Vol.I page 10.

[3] The texts of these rituals are found, although quite different from these, in **Daniel Ligou** and **Guy Verval**, *Rituels du Rite Français Moderne 1786*, Champion Slatkine, Paris-Genève, (1991).

[4] Bonseigneur, Vol.I, page 17

- it closely follows the English sources, as is shown by the answers:

| *Bonseigneur ritual* (page 19) | *Masonry Dissected* |
|---|---|
| Q. *What is your age?* | Q. *What is your age?* |
| A. *Over seven years, or three years more.* | A. *Less than seven years.* |

According to a rather widespread usage at that time the different words were left open. The brethren using them completed the rituals by writing the words in the blank spaces or on blank spots on the page.

The Master ritual is unfortunately incomplete, the pages 39 and 40 being torn out and the reception ritual is abruptly interrupted after the assassination of Hiram, beginning again with the lecture of the Master, inconceivably followed by the obligation formula for the Master. We may note that :

| *grade* | *password* | *sacred word* |
|---|---|---|
| Apprentice | Tubalcain | Jakin |
| Fellow Craft | Shibolet | Booz |
| Master | Jéhova (Gibelin) | Mac-bé-nald |

- the password of the Master is Jehova according to the announcement on page 32, but becomes *Gibelin* at the end of the lecture, page 49;
- the Master ritual contains curious signs that we have marked with ʒ and which seem to be interpreted as written sighs similar to old musical notes;
- the Architect is called or Hiram, or Adonhiram, the tools of the murder being a triangle, a pointed hammer and a compass;
- the Master oath-formula, said to be on one of the torn-out pages, is found isolated, after the lecture and after the authenticating signature of Painette;
- this oath refers only to the secret and the Great Architect is not invoked as a witness;
- the signatures of Painette differ according to the degree : simple for the Apprentice, accompanied by three Masonic points for the Fellow Craft and by nine in three groups of three for the Master degree.

All this confirms our opinion that we have here updated copies of older rituals, similar to those in use at Mirecourt about 1750 [1]. But at the same time, it becomes more peculiar considering the corruption of the Master words : Mac-be-nald is not Macbenak, Gibelin is not Giblim nor Guiblim. A brother using these words would not have satisfied the inspector and would not have been able to enter the Middle Chamber in any other lodge but his own. All this seems to us to prove our supposition of an isolated lodge at Port de Paix, without relation with the other lodges of Santo Domingo and in which in the course of time the pronunciation of the words progressively degenerated.

### The high degrees

The rituals of the high degrees in Volume I were copied at the same time. It is evident, because of their place, that these copies were made after those of the Craft degrees. However, we shall see that the documents which served as their source were much older than 1786, for in that period the degrees we find here were far more developed and presented themselves under fairly different forms. Some of them were even practically forgotten and abandoned.

We first see here a kind of Ecossisme in seven degrees, Apprentice, Fellow Craft, Master, Secret Master, Perfect, Perfect Irish Master, English Master. The last one is in fact a Master in Israel which was considered as a kind of Ecossisme before 1761, but which in these documents is enriched with a ceremonial projected on the degree of perfection of the "Rite de Perfection" and a History of Freemasonry.

Then come the Knight of the Temple and three revenge degrees, without any relation to the system of seven degrees. This is a kind of compilation of rituals of various origin, but which is very archaic.

### The Secret Master

The ritual is very short and does not contain more than a reception, without perambulation or oath, and a short lecture. The signature of Painette for authentication is missing. It seems that this degree, conceived as a simple introduction to the high degrees, was worked out from a more complete ritual similar to, for example, the Secret Master as it is preserved in the Bibliothèque Nationale [2]. But contrary to that ritual of Secret Master which contains a complete ritual with opening, reception, lecture, sign, grip and words, this one only contains a lecture given by the Worshipful Master to the candidate and this address is clearly an extract from the ritual of the Bibliothèque Nationale.

---

[1] See Latomia 35 and 38

[2] Bibliothèque Nationale FM4 367. This ritual belonged to the old collection of Bro. Lerouge; the writing of the copyist is similar to that of Maçonnerie des Hommes.

## Introduction to the Documents

*Bonseigneur*
(pages 51 and 52)

"The zeal and the modesty we discerned in you, my brother, led us to deem you worthy of higher degrees and we would in this respect confer upon you the degree of Secret Master. You will not have to pass heavier tests, because we believe that you do not need them. Finally, do not let yourself be seduced by what is shown and do not judge the importance of the degree by the few formalities which are necessary, and by the relation you will find there with that of the Master's degree, consider on the contrary that no degree is contemptuous and this one even less so, as you have to regard it as the key to the higher degrees, just as the Apprentice is of all Freemasonry. The way in which you have regarded the first degrees brought us to the decision to confer this upon you. It will be the use you make of it, which determines whether we let you stay in it for ever, or to grant you the highest degrees."

*Document FM4 367*

My dear brother, the zeal and the restraint we recognized in you bring us to deem that you are worthy to receive the most high degrees. It is therefore that we believe we have to confer to you that of Secret Master. You will not have to pass severe tests, as we are convinced that you do not need them. Do not, at least, let yourself be seduced by appearances and do not judge the importance of this degree by the few formalities required and by the relation you will find there with that of the Master. On the contrary, think of the fact that no degree whatsoever can be despised of and that this one is so even less than you may regard it as the key to the higher degrees, just as the Apprentice degree is so to all Freemasonry. The way you regarded the three first degrees made us decide to confer this one upon you. It will be the usage you will make of it that will determine whether we shall ban you forever or finally grant higher ones to you.

A similar parallelism is found in the lecture which permits us to learn that the candidate received a sign and a word. These are not mentioned in the document, but referring to the rituals of the Bibliothèque Nationale, we may conclude that the sign was made in two steps. It required that the eyes were turned to heaven and the left hand was stretched, the fingers closed, on the heart. In reply, the left hand stretched and the fingers closed was brought to the lips, as a sign of secret. The word could have been "*Hadino*", which is excellent Hebrew. This refers to דודינו [*haddino*], which can be translated by "*his judgement*" and reminds us of the column of strength in the Tree of the Sephiroth.

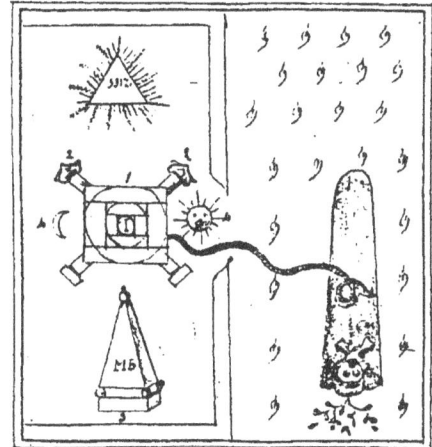

*The tracing board of the Perfect Master (collection Hahn-Löwen)*

This Secret Master has only the key placed within a triangle and a circle in common with the Rite of Perfection. Referring to the ritual in the Bibliothèque Nationale, the apron, gloves and collar are those of the Craft Master and the jewel is a key of gold and not of ivory as in the Rite of Perfection.

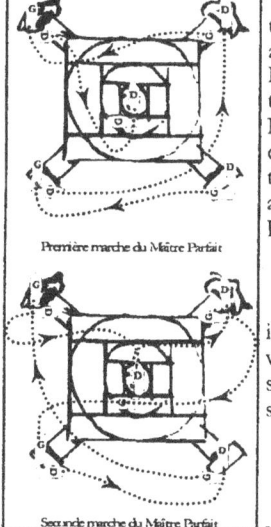

*The walking of the Perfect Master*

### The Perfect

This ritual is nearly complete, except for those elements which are often lacking in this collection : the important parts such as the opening and the closing which are represented in a single phrase or reminder. So, after a meticulous description of the decoration of the lodge and the brethren, the manuscript only says :

"*When the lodge is opened by the questions of Apprentice, Fellow craft and Master, then by those of Perfect giving the Order and the signs of each degree, the Junior Warden goes to see the candidate.*"

The Von Hahn-Löwen [1] collection contains a tracing board of the Perfect Master which exactly fits the description given except that only the South porch is mentioned. All of the other items can be found, even the "*mysterious path*" which the candidate has to search for.

The manuscript approaches that of the Mirecourt collection [2] very well. In this the opening of the lodge

---

[1] Friedrich von Hahn was a German general in French service. As Sovereign Prince of Rose Croix in 1762, he was raised to Eques de Bona Spe in the Strict Observance on 9 March 1764. He assembled an important collection of ritual manuscripts and pen drawings. The drawings of this collection came to the hands of Bro. Lerouge before passing into the hands of Bro. Kloss. The author of the drawings was Bro. Baron von Löwen, who is not mentioned. The collection comprises nearly 80 pen drawings. The cover bears the date 1784, but the subjects can be dated much earlier. They are now available under Latomia 157.

[2] Latomia 79.

is described in a practically identical way. As in this ritual, the temple is decorated in green, the password is *"Mount Lebanon"* and the sacred word left open in this ritual, but defined as *"the name of the Great Architect in Hebrew"*, that being *"Jehova"* in the Mirecourt ritual. In the same way, the walking of the Perfect Master are rather complex, but identical in this ritual and the Mirecourt ritual.

It should be observed that the lecture opens here with :
Q. *Are you a Perfect ?*
A. *I have seen the circle and its quadrature.*

This goes on with questions referring to the reception ceremonial and as in the Craft degrees there is an interrogation on the respective positions of the president, called Most Respectable, the Wardens and the brethren. The tomb of Hiram, in practice the tracing board of the Master degree is represented here and there is no mention of a mausoleum.

A reference to the ritual of Perfect Master of the Rite of Perfection, of the Ancient Mastership of Bordeaux or of the Grand Elu de Londres, there is a significant difference of the signs, having no relation to those of this ritual and the presence of a *"legend of the degree"* showing the Solomonic connection. As the Ancient Mastership of Bordeaux is largely prior to 1750, it seems that this ritual is a close copy of a first original prior to that date.

The problem of the quadrature of the circle is interesting. It is known that the surface of the circle measures $\pi r^2$, r being the radius. The surface of the square is $a^2$, a being the side. The squaring of the circle means the search of a square of which the surface is exactly equal to that of the given circle. It turns out to determine the value $\pi$. It shows that this number is a transcendant number, id est, that the sequence of the decimals is infinite. So the transcendant numbers were only defined in 1844 by Liouville and this quality was only given to $\pi$ in 1882 by Lindemann. Before that time, it was thought that the number of decimals of $\pi$ was finite, so that it would be possible to represent it by a certain figure. From the 17th century on, the problem of the *"squaring the circle"* was en vogue, even into the cabinets of the ladies [1].

But the quadrature of the circle is not merely a mathematic pastime for idle rich people. It is also and certainly in Freemasonry an esoteric problem. The square represents, this ritual confirming it, the manifested world, the Creation. The circle *"which has no beginning nor end"* represents God, the Creator. The search for the quadrature of the circle is therefor the search for the relation between the Creator and Creation. Well, since Antiquity it is known that $\pi$ begins with 3,14, so in esoteric sense 314 or the Hebrew word שדי [*Shaddaï*], which is the divine name, the Almighty, which expresses exactly the creative action of God. Besides, the relation between the radius of a circle with the side of a square of the same surface is $\sqrt{\pi}$ or 1,77 with the same precision. Now 177 is the value of זעק [*za'aq*], a verb which signifies *cry, invoke, implore*. The search for the quadrature of the circle is, therefore, in esoteric sense, a form of prayer. By discovering the numbers of three sequential ciphers, an attempt is made to decipher something, perhaps the divine Great Name, perhaps a kind of message... The sequential decimals, 159, supply the word מפלט [*miphelat*], which signifies *refuge, asylum...* And so one may go on until the known decimals are exhausted.

This is a good example of what was represented by the Ecossais Masonry in the years 1750 : under the aspect of a problem which was *"en vogue"* in the profane world, an esoteric search was carried out, understood only by those who were initiated. Many other examples of such endeavours could be given. When during the years around 1750, the Grand Council of Chaillon de Jonville worked on the *"Ecossais synthesis"* which led to the Ancient Mastership of Paris without abandoning anything of the esoterism which was kept secret by the first forms of the rituals, this was all concentrated around the legend of Hiram and this took on (with the introduction in the Royal Arch of the Henoch myth) an extraordinary dimension. The ritual of this collection seems to reflect a state of development of the degree of Perfect Master which is by far prior to the Parisian synthesis.

### The Perfect Irish Master

This time the ritual is complete and has an opening, a reception and a lecture. The text shows that the degree was already developed, as it calls for the Provost and Judge. We know that this degree was known and practised at Metz in 1761 and appeared in the Ancient Mastership of Bordeaux in 1750. Besides, it is found in the Rite of Perfection and the Grand Elu de Londres. Its ancientness is again confirmed by a drawing reproduced here, in the collection Von Hahn-Löwen.

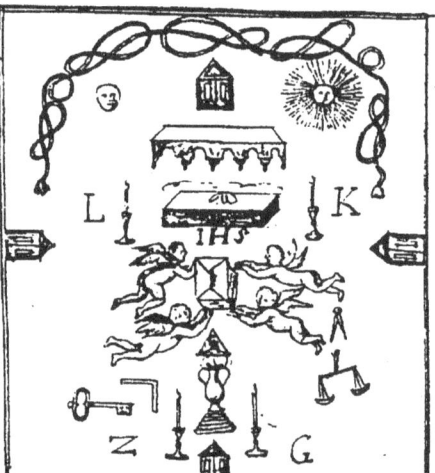

*The tracing board of the Irish Master (collection Hahn-Löwen)*

---

[1] **Paul Hasard**, *The crisis of the European conscience*, Fayard, Paris (1961), page 29.

This drawing shows well the *"four porches of the Temple"* and all symbols mentioned in the manuscript are present, except the X, the initial of Xainchen, the *"seat of the soul"*. This translation confirms, in our opinion, the thesis of René Désaguliers and Roger Dachez [1] who state that the Chinese word *xinchu*, signifying *"residence of the soul"* must be at the origin of several forms which we see in the various versions of the Provost and Judge. The fact that the translation proposed here is perfectly correct, tending to prove the ancientness of the original of this copy.

But there is more : the drawing in the collection Von Hahn-Löwen does not know the word, but shows four angels of which there is no more mention later on. We may therefore admit that the original of the manuscript is later than the drawing and should date at the end of the years 1750.

The apron described in the ritual corresponds perfectly with drawing in the collection Von Hahn-Löwen. The step is rather surprising because one has to place the left leg behind the right knee and then jump like in hopscotch from one porch on the tracing board to the other.

Another proof of the archaic character of this manuscript is that the *"Master who found the corpse of Hiram"* still is Stokin, the *silent*, whereas later rituals usually call him Stolkin.

Finally here we encounter the essence of the symbolism we see in this degree in the Rite of Perfection.

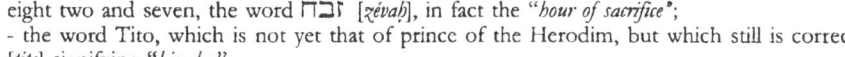

*The apron of the Irish Master (collection Hahn-Löwen)*

- the hour of opening and closing *"the beginning of the day"* eight o'clock, two o'clock and seven o'clock which produces in the ciphers, eight two and seven, the word זבח [*zévah*], in fact the *"hour of sacrifice"*;
- the word Tito, which is not yet that of prince of the Herodim, but which still is correct Hebrew טיטו [*tito*] signifying *"his clay"*;
- the two words Civi and Ki, of which the origin remains hypothetic.

Once more, this degree was not in its origin incorporated in the Hiramic legend. The Rite of Perfection, having it taken up, was content to have it based in an answer of the lecture.

One could, to finish with this degree, ask why the qualification Irish was used. During the years around 1740, Freemasonry of the Grand Lodge of the Moderns was in a crisis. Numerous were those who thought that the innovations it introduced : the change of the columns and the words of an Apprentice and Fellow Craft, for example, had degenerated the old Masonry and that it was in Ireland with the Irish brethren that we have to look for the true sources. This would result in 1751 in the foundation of the Grand Lodge of the Antients. These problems and this crisis could not be ignored in France and the degree of Provost and Judge was included in the attempt *"to put an end to the differences"* which had arisen between the brethren. This had, in our opinion, an interest in referring to what seemed then to be the most pure source of Masonry.

**English Master**

It is astonishing here to find three associated rituals. The first, called *"English Master, seventh degree"* consists only of a simple resume of the reception and a rather detailed lecture. The second called *"Lodge of English Master"* demonstrates in detail the opening and closing of the lodge, but comes to a kind of very original reception of which is said that it does not refer to a eighth degree. The third is a *"History of Freemasonry"* which presents itself as a parallel to the Hiramic legend. It will be observed that the signature of Painette, placed at the end of the first and third part does not appear in the second.

*The English Master*

The origin of the ritual should be looked for in the Master in Israel which became rather quickly English Master. In their 1761 letter to the brethren of Lyon [2], the brethren of Metz say about one of the English Master degrees they know :

*"It is a kind of Ecossism, it has as a jewel an equilateral triangle on which the words are written : on the front, Benchorim, Irachin, Aiad; on the back, Judea, Ka, Jea. The tracing board represents the star of the magi, the candlestick with seven branches, a pointed square altar, three vases for purification, the large Brazen Sea, words Jiachin, Jehova; three figures : surprise, admiration and sadness."*

Well, the way the Metz brethren talk about the degree, which seems to them rather unimportant and not to be mentioned separately, leads us to think that it is a rather old ritual, practically obsolete as new degrees came to replace it. The similarities with this text are sufficient to permit an identification of the Metz ritual with this.

But there is more. In the Kloss collection there is an *"English Master"* or *"Master in Israel"* [3], found by Lerouge in the archives of the Respectable Lodge *Saint Louis des Amis Réunis* at Calais. This manuscript is certainly much older and the lecture in it is practically identical with the one in this document.

---

[1] **René Desaguliers** and **Roger Dachez**, *Chinese thought in Freemasonry during the 18th century*, Renaissance Traditionnelle 96, (1993), page 238 - 258.
[2] Reproduced in Latomia 94 and other publications.
[3] Kloss XXV - 6

| *Bonseigneur* (p. 76) | *Kloss XXV - 6* |
|---|---|
| Q. *Are you English?*<br>A. *I penetrated into the interior of the Temple.*<br>Q. *How did you enter?*<br>A. *Without shoes.*<br>Q. *Why?*<br>A. *Because Moses was so when he entered the Holy Land.*<br>Q. *How were you introduced?*<br>A. *By five knocks of the mallet.*<br>Q. *In what manner did you enter?*<br>A. *In a manner which was not ordinary.* | Q. *Are you an English Master?*<br>A. *I penetrated into the interior of the Temple.*<br>Q. *How did you enter?*<br>A. *Without shoes.*<br>Q. *Why?*<br>A. *Because Moses was so when he entered the Holy Land.*<br>Q. *How were you introduced?*<br>A. *By five knocks.*<br>Q. *In what manner did you enter and how were you dressed?*<br>A. *In a manner which was not ordinary.* |

Other similarities could be mentioned, the symbolic age twenty seven years in both cases, the definition of the *"five steps of exactitude"*, made for "five grave steps", the grip, the three signs. We may observe that in the Kloss ritual those signs are accompanied by words, *Benchorim* for the sign of surprise, *Achard* for the sign of admiration and *Isachim* or *Judea* for the sign of sadness. As these words do not appear in this document, it is possible that it is prior to the Kloss document, as the evolution of the rituals happened mostly by additions and not by subtraction.

But there is still more. This manuscript comprises a description of the jewel of the English Master [1] which is practically identical with that in the Kloss document.

It will be observed, however, that the words differ in the two manuscripts. The sacred words are *Jaichim* and *Jehova* in the Bonseigneur ritual and *Jsachim* and *Jehovah* in the Kloss ritual. The password in the Bonseigneur ritual is *Zebulon* whereas in the Kloss ritual this is the *"assurance word"*, a double word with the demand *Ky* and the answer *Iia*.

Other differences appear. So the collar of the Bonseigneur ritual is red and it is green in the Kloss. But the two manuscripts explain the *"five points of felicity"*:

"*Walk, intervene, pray, love and assist the brethren to have with them but one spirit and the same heart.*"

Finally the manuscript ends with an *"explanation of the English Master lodge"* [2] which is no more than the explanatory legend of a drawing the copyist did not reproduce. There is:

1° represents the star of the Magi;
2° the candlestick with seven branches represents the seven gifts of the Holy Spirit;
3° a pointed altar and a square;
4° three vases serving for purifications;
5° the great Brazen Sea of which the basin is supported by the heads of oxen.

This description corresponds point for point with the tracing board of the Master in Israel in the collection Von Hahn-Löwen. The jewel represented at the base of the drawing is practically identical with that in the Kloss manuscript.

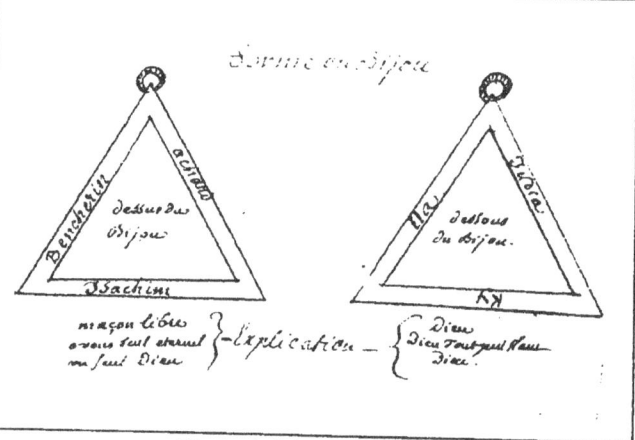

*The jewel of the English Master (document Kloss XXV-320)*

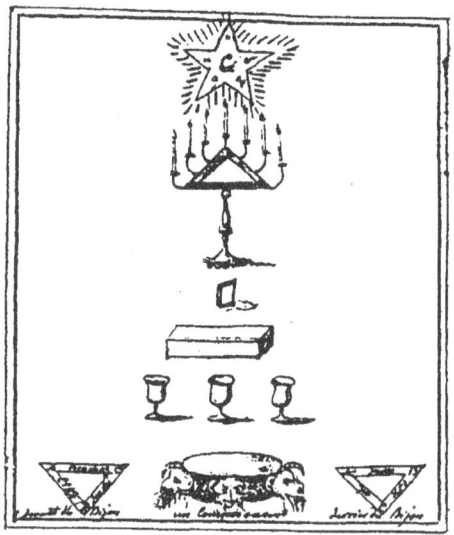

*Le tableau du Maître en Israël (collection Hahn-Löwen)*

---

[1] Bonseigneur, Vol.I, page 78.
[2] Bonseigneur, Vol.I, page 79.

It seems, therefore, that this English Master ritual similar to that of the Kloss collection is derived from the Master in Israel which can be dated at the end of the years 1740. So, it is exactly in that period that the different types of Ecossism were constituted of which the most striking examples are Les Elus Parfaits de Bordeaux and the Perfection in Paris. The Master in Israel, becoming English Master of which the Metz brethren say *"that kind of Ecossism"*, is necessarily contemporary with the first forms of what Petit de Boulard called The Ecossais Perfection [1] :

> *"It is the very Worthy Brother Morin who will hand you this letter. It is he whose reasons, dictated by zeal, brought me to write to you, notwithstanding the limitedness of correspondence. It is he who has dissipated my darkness, it is he finally who has lighted my eyes with the Great Light of which the rays surround you as well. Since the year 5744, I was initiated by him into the mysteries of the Ecossais Perfection, as it is said."*

Even if the Ancient Mastership of Bordeaux and Paris had not yet arrived to the completed form by which they are known, they existed already in 1744 in a more primitive form and we think that the transition from the Master in Israel to the English Master with the purpose to constitute a kind of rival Ecossism should be dated around 1745. So this ritual is neatly contemporary with the drawing in Von Hahn-Löwen and the Kloss manuscript. The original and not this copy can therefore be dated at the end of the years 1740 and at latest 1750.

If, as we think, the Painette who authenticated the rituals is identical with the Painette who was Grand Secretary of *Saint Jean de Jérusalem Ecossaise* in 1753, it is perfectly logical to accept the idea that the lodge disposed in its archives of various rituals, abandoned them when it passed to the obedience of *Les Elus Parfaits* de Bordeaux and which Painette would have disposed of.

The problem is now, starting from this source, already old at that time, to know why and how the brethren of Port de Paix worked out the ritual which will now be studied.

*The Lodge of the English Master*
We have the impression that after the refusal Dupin Deslèzes made to their demand and after the exclusion of several brethren of *Saint Jean de Jérusalem Ecossaise* among whom Painette, the brethren of Port-de-Paix decided to have their own Ecossism and worked out their own ceremony themselves.

They worked from the oldest texts and we now find elements which come, as it seems, from the revelations of Pritchard and other post-operative manuscripts. How else could we interpret that paragraph on *"the poor and the rich, the prince and the subjects"* ? Or the phrase *"This is a thing which is greater than you are, Very Worshipful; the triangle repeated on the coffin and in the firmament"*.

What characterizes the ritual are the innovations and what they borrowed from the rituals which Morin and Francken collected in the Rite of Perfection.

So, at the oath the candidate, who is consequently called *"postulant"*, and who replies *"yes"* to a series of questions, sometimes clumsily formulated, but which develop the text of the oath itself at several points. A comparison of this text with the obligation of the Rite of Perfection [2] shows the evident connection of the two formulae of the oath.

But there is more, for after the oath we find a ceremony which is evidently taken from the one found in the Degree of Perfection :

| *Bonseigneur*<br>(pages 86 and 87) | *Degree of Perfection* |
|---|---|
| *"By the authority with which I am invested and which I have only acquired by my assiduous work, my exactness and my constancy, and by your oath, I ordain you, my brother, with the sacred oil, with which formerly the Great Priest Aaron, king David and the wise Solomon were anointed. May it serve you as a mark of the tremendous seal of the Great Architect of the Universe, so that you may live, all during your life, in His presence, that He may always be present in your memory, your spirit and your heart, so that He may penetrate therein, as the oil penetrates the fire and that the zeal, the fervour and the constancy may be the urge for all your actions."*<br><br>He applies the sacred oil to the postulant's temples, his forehead and breast. | *"By the power committed to me, which I have acquired by my assiduity, labour, constancy and integrity, and make sacred your eyes, lips and heart with the Holy Oil that anointed the pious Aaron, the penitent David and the wise Solomon. I now stamp you with the redoubtable seal of the Great Architect of the Universe, to the end that you may always live in his adorable presence, and that he may be ever in your mind and heart; and that a fervent zeal and constancy may always be the rule of your actions."*<br><br>Then he raises the candidate and presents him the bread and wine in a gold cup, and says :<br>*"Eat with me this bread and drink this wine out this cup with me, to learn to succour each other graciously and mutually."* - He then eats and drinks. - |

---

[1] Sharp document 15, dated 15 May 1750, published in Latomia. 126.

[2] One may refer to the English text of Francken, published in Latomia 87, or to the French restitution of **Claude Guérillot**, *Le Rite de Perfection*, Trédaniel, Paris, (1993), pages 173 to 214.

He then says :
"*Take this ring as a token of the alliance you engage with virtue and the virtuous and promise that you will always wear it with you until the moment of death, when you will give it to a virtuous wife, to your eldest son, or to the one who will have best earned your confidence.*"

He puts the ring on the finger :
"*Eat bread and drink of this brew as a token that one never can refuse the mission and that, when the Great Architect of the Universe has blessed your work, you will share your bread with the virtuous brethren.*"

All brethren eat a piece of bread and all drink from the same bowl with the newly-received brother.

Then the Thrice Puissant presents him with the ring and says : "*Receive this ring as a token of the alliance, and that you have made a contract with virtue and the virtuous. Promise me, my dear brother, that this ring shall never depart from you until death, and you never will give it to any body, but your wife, eldest son, or your nearest friend.*"

After this ceremony all the brethren eat the bread and drink the wine, and then make a libation, according to the ancient usage, that was practised at the sacrifices.

Then comes an innovation : the postulant receives a crown of flowers which he has to preserve during the rest of the ceremony. In fact this does not refer to the collation of the degree, for the lecture indicates precisely :
Q. *Is this a true eighth degree ?*
A. **No, it is the recompense of the work of a good Mason.**

It is not possible to give the postulant, as in the degree of Perfection, his new decorations. The authors of the ritual have thus thought this crown of flowers to be the substitute. Equally there is no word, grip or sign : he knows them already and they are repeated at the end of the lecture, passing directly to the very long address of "*the History of Freemasonry*".

Then follows a long lecture which refers to the assassination of Hiram and which contains some original elements. So, *Giblim* is given as the name of a village in the neighbourhood of which the assassinators buried the corpse and so *Telbonek* is the common password of the Apprentices and Fellow Crafts and it is associated with a slight modification of the famous passage of Judges 12 :6 where *Shibolet* is spoken of and its faulty pronunciation by the Ephraimites. This *Telbonek* seems completely to be an invention and has escaped, as far as we know, any etymological research. It should be stated that the authors or the copyist made many errors in the transcription : so the Paralipomenes, the name given to Chronicles by the Septuagint and the Vulgate, become *Paralèpomène*...

As in the degree of Perfection the ceremony ends with a prayer, also to a large extent inspired by the text of the Perfection :

*Bonseigneur*
(page 98)
"*Direct, o Supreme Master of the Universe, our actions, our steps and our wishes, preserve our feet from pitfalls, which our enemies could set up for us. That as we are illuminated by the divine torch of Your Spirit, it never will be night for us. Give us the means to exercise and distribute to the poor the precious gifts of liberal Providence. Make our hearts worthy of Thy celestial benefits, so that our works should not be in vain and useless. Bless and sanctify them, so that we, acting by Thine Spirit, only live for Thy glory, practising without relief the virtues, which Freemasonry teaches us.*"

*Degree of Perfection*

"*Direct our steps, O Sovereign author of the Universe; let us escape the snares, that our enemies have laid for us; let the light of Thy Divine Spirit might us, that we may never fall in darkness. Give us means to exercise our charity, and assist the poor with the precious gifts of Thy liberal providence. Do not render our labours in vain and useless. Bless and sanctify us, that we may proceed by Thy Divine Spirit, in living only for Thy glory, in continually practising the virtues which Masonry teach us. Amen Amen, Amen.*"

It is evident that this document owes much to the Rite of Perfection, known in Santo Domingo after 1750 and especially after 1763 when Morin returned equipped with his patent. It seems very reasonable that is was worked out at Port de Paix and the very original form of the performance of the oath which can elsewhere not be found confirms this opinion.

*The History of Freemasonry*
The long "*History of Freemasonry*" presents the same mixture of borrowed elements and innovations. Concerning the innovations we may cite the names of the murderers, here *Giblon*, *Giblas* and *Giblot*, which seem to be a degeneration of *Jubellum*, *Jubella* and *Jubello* as found in the Rite of Perfection in the Illustrious of Fifteen. But mention should be made of the motive of the murder : as everywhere else the murderers are Fellow Crafts who desire the Master word to receive their wages, here they are people frustrated in their

ambition, because they were the direct assistants of Adonhiram and enjoyed a prominent position before the arrival of Hiram. Hiram degraded them from assistant master to a simple Fellow Craft. They are more bitter about their case since they think an injustice took place, than about the loss of profit. We finally state that the murderers are not armed with the symbolic tools, but with poniards, and that the wounds caused on Hiram call for the different signs of the Craft Masonry.

Contrary to other known forms of the legend of Hiram the one in this manuscript insists extensively on the action before the murder. It relies as its biblical source only upon Chronicles. It does not deal with the work made by Hiram, the columns, the brazen sea, but only on his role as superintendent of the Temple. Hiram is here not a bronze caster, an architect, but merely an overseer.

The three murderers are found by groups of fifteen Fellow Crafts and allusion is never made to some *"election by drawing straws"*. It all happens as if the authors refused the *"revenge degrees"*. Inspired perhaps by a part in *"Three Distinct Knocks"* [1], Solomon ordered that their own sentences should be applied to them. So, the executions were according to the law of Talion [2], each receiving the wounds he had caused to Hiram before he was burnt and his ashes thrown to the wind.

Another borrowed element from the English manuscripts is : when Hiram was found again, the Master who discovered the corpse cried, (like the sons of Noah in the Graham manuscript [3]) : *"He stinks !"* This ritual says that this was pronounced as *"Gigoth"*, again in a totally unknown language, even though it is implicitly suggested that it is Hebrew...

The funeral of Hiram is clearly also borrowed :

### Bonseigneur
(p. 113)

Three days after the ceremony, Solomon went with the whole court to the Temple, where the workmen were in the same order as during the burial. He addressed his prayer to the Eternal, then examined the tomb and approving that the triangle was repeated in the canopy, he raised his eyes to heaven and cried with a joyous heart *"Consommatum est !"* All Masters crossed their hands and answered *"Amen, Amen, Amen !"*

### Perfect Master of the Rite of Perfection

Three days after the ceremony was over, Solomon, surrounded by all his court, went to the Temple, where all the workmen were placed in the same order as on the day of the funeral. He offered a prayer to the Almighty. He then examined the tomb, the canopy and the repeated triangle with the letters on it, likewise the pyramid and when finding everything properly executed, he cried out in ecstasy, looking towards heaven, *"Consummatum est"*. All the brethren answered by the sign of admiration, and cried *Amen, Amen, Amen*.

Further on, it is even more striking :

### Bonseigneur
(pp. 114 et 115)

The Temple was finally ready in the year 3006, six years after Solomon had laid the first stone. And the dedication followed the next year with much pomp and was of the brightest magnificence.

After this ceremony he gave an audience to all the workmen during three days. The first came the Masters, whom he introduced to the centre of the Temple, whereas the Fellow Crafts and the Apprentices stood guard at the porch. He granted the Mastership to the most virtuous among the Fellow Crafts and principally those who had revenged the death of the Respectable; he made them promise solemnly to live with each other in peace, union and concord; to exercise works of charity and

### Degree of Perfection

The Temple was finished in the year 3000, being 6 years, 6 months and 10 days after Solomon's laying of the first stone, with a pomp and magnificence the most brilliant possible.

The Temple being finished, Solomon gave audience to all the brethren for 3 days successively.

The first day was for the Elected Masters, who were introduced into the sacred vault, when the Knights of the Royal Arch took care of the 9-arched vault or passage to guard the Entrance, and at the same time the Grand Masters Architects were in Solomon's apartment.

He qualified with the degree of perfection the most virtuous among these 2 orders; and made them promise solemnly to live by themselves in

---

[1] This revelation was published in Latomia 163.

[2] Based on Leviticus 24 :20 : *"a life for life, an eye for an eye, a tooth for a tooth. The one who causes an injury to a man, this shall be caused to him !"* The law of Talion was apparently never applied to the letter, but is the basis for the system of identification.

[3] There is an excellent translation by **Edmond Mazet** in the periodical Herne, already mentioned, pages 257 to 271.

benevolence, imitating their chief; not to have, like him, any other basis for their actions than justice, wisdom and equity; to guard a deep silence about their mysteries and not to reveal them but to those Fellow Crafts who deserved so by their zeal, fervour and constancy that remarkable favour and to support each other in their needs; to punish treason, perfidy and injustice severely. He then blessed them and gave them the favour of seeing the Arch of Alliance, in which the Eternal gave His oracles, he ordered several sacrifices and admitted them to the sacred libations, embraced them and gave each of them a golden ring as a proof of the alliance they had contracted with virtue and the virtuous, defending them to dispose of it before death and not to hand it over than to a virtuous wife, their eldest son or their best friend. He buried them with presents and permitted them to retire where they wished.

The second day he gave an audience to the Fellow Crafts and the Apprentices. He made them promise, as he did with the Masters, never to deviate from the principles of virtue of which their worthy chief had been the example; to guard among them the signs, words and grips and not to communicate them but to their children or those whom they received with charity or those in whom they recognised the germ of virtue. He had them laden with presents and permitted them to withdraw where they would wish.

He gave the orders that their costs should be defrayed until they were back in their own countries.

Solomon, this wise king, so virtuous, that king God had chosen according to His Heart, became deaf to His voice. Proud, seeing himself the most powerful monarch on the earth, by his immense riches as well as by the enormous quantity of subjects, and having erected a Temple of which the extent, the structure and the magnificence caused universal admiration, he soon forgot the benevolence of the Lord and delivered himself to all kinds of excesses. His cowardly complicity for dangerous sex drew him away from the cult of his fathers. It made him profane the Holy Temple by offering incense to the idol of Moloch, which was only allowed to be burnt in the Holy of Holies.

peace, union and concord, to exercise the works of charity and benevolence, in imitation of their deceased friend and chief. And that like him the basis of their actions might be that of Wisdom, Justice and Equity. And to keep a profound silence relative to their mysteries, never revealing it to any one, who did not deserve this signal favour, by their zeal, fervour and constancy. To assist mutually each other's wants and to punish treason, perfidy and injustice severely. Upon which he gave them his blessing, and disclosed to them the Ark of Alliance opened, from which the Eternal Architect of the Universe used to deliver his oracles. He ordered many sacrifices and admitted them to the Holy Libation. He embraced them, and gave each a golden ring as a token of alliance, that they had contracted with virtue and the virtuous. He gave them many presents, with permission to stay in his dominions, or go elsewhere, as they chose.

[...]

The 3rd day, Solomon gave audience to the Fellow Crafts and Entered Apprentices. He introduced the Fellow Crafts in the Eastern part of the Temple before the tomb of H. A., at which time the Entered Apprentices guarded the outside of the Temple. He gave those Fellow Crafts he thought the most worthy the degree of master and the entered apprentices that of Fellow Craft and introduced them into the porch. He made them promise never to depart from the retire where they would choose.

He gave orders to defray their expenses, until they should arrive in their own country.

Solomon, so wise, so virtuous, this king whom God had chosen after his own heart, became deaf to the voice of God. Proud of knowing himself the greatest king on earth, having so immense wealths and the immense quantity of his subjects, and of having built a Temple, the structure so large, the magnificence of which was the admiration of the universe, soon forgot the goodness of God, and gave himself up to all licentiousness. His shameful compliance to sexual practices so dangerous took him away from the cult of his father. It made him defile the Holy Temple by offering incense to the Idol Moloch which should have been burnt instead in the Sanctum Sanctorum.

We can reconstruct the procedure : the authors of this manuscript systematically dropped the text of the degree of Perfection by eliminating all degrees which they did not possess and keeping only the three Craft degrees.

The end of this history still follows the pattern of the degree of Perfection, but with innovations. At the time of the Crusades the Masons fled to England, Scotland and Ireland, which had jealously preserved their secrets and their religion, professing thus the Judaism of the Solomonian period, they joined the Crusaders, distinguished themselves in combat, attracted the admiration of the Knights of Saint John of Jerusalem, initiated them at their request into the Masonic mysteries and received from them in return the announcement of the Gospel, which brought them to convert immediately.

It is very well possible to suppose that the brethren of Port-de-Paix copied again old rituals prior to the Rite of Perfection which would be to some extent the common ancestor of their rituals and those of Morin and Francken. The fact that such rituals never were discovered is in itself not sufficient to eliminate that supposition. However, our opinion is that between 1755 and 1765 the brethren of Port de Paix adopted whatever they could get hold of, of the Ancient Mastership of Paris, well-known in Santo Domingo by Morin, for their own use and local Ecossism. It should not be surprising : if the lodge existing in 1750 lasted sufficiently long so that some of their members went to New Orleans to found La Parfaite Union and to bring there their manuscript rituals, that would be an evident proof of the importance they attributed them and the attachment they felt for them. That strengthens the probability of a local development which spread over some decades.

### The Knight of the Temple

This degree is original in the sense that it can be defined as a *"degree of mourning"*. It relates in no way, as one could be seduced to believe, to deplore the death of Jacques de Molay and the decline of the Temple, but solely to show the mourning of Hiram. It shows that the president, as in the degree of Elect Master, called of the nine of Marseille [1], has the title of Wise Master.

At the opening of the lodge, the brethren form a kind of chain of unity and the Wise Master says to the brother Senior Wise : *"On behalf of our wise Law, we have to pray for our Respectable Master Hiram. So, my brethren, you all may join me"*. All brethren kneel on the right knee, the left leg stretched forming a square, the face resting on both hands. The Knights may repeat at a low voice with the Wise Master :

*"You, Great Architect, who drew from the chaos of the earth all elements, You, who are just, grant to our Master the recompense of his work and the price of this silence."*

All brethren repeat nine times : *"So must it be !"*

and at the closing, the Wise Master says :

*"Wise Knights, as we all have directed our prayer to the Great Architect, that it may please Him to recompense his zeal in favour of our Respectable Master Hiram, martyred for having kept a secret, that he would prefer to suffer death than to break the vow he had given to the King of Kings in the presence of his Respectable Master Solomon, to enjoy the sight of the angels and to adore Him in concert with them. Let us repeat, Wise Knights, he is innocent !"*

This degree follows immediately after the Master degree, as the answers show :

Q. *What were you called before becoming a Knight ?*
A. *Gabaon.*

It will be remembered that Gabaon is the symbolic name of the Master [2].

The Kloss collection contains a ritual of the Knight of the Temple [3], which seems prior to this manuscript because it does not comprise the opening and the closure, nor the lecture. The words are classical in the Kloss ritual : *Abiram*, *Oterfut* and *Sterkin*, whereas they became in the Bonseigneur ritual : *Abiram*, *Nicanor* and *Sidnay*.

*Abiram* is well-known as a conjurer of Korah and Dathan [4]. Oterfut is found also among the murderers of Hiram in the degree Elect of Fifteen in *Les Plus Secrets Mystères*.. just as *Sterkin*. *Nicanor* and *Sidnay* do not appear anywhere. Nicanor is the name of a Syrian military chief, the unfortunate opponent of Judas Macchabeus. As far as *Sidnay* is concerned this may be the result of a corruption made by the copyist, being a deformation of Sterkin for example. We will see later that *Hoben* could even become *Bobert* [5].

In the form of a *"degree of mourning of Hiram"* the Knight of the Temple was completely forgotten. It was not incorporated into the Ancient Mastership. As it totally evades the Templar concept, it must be prior to the development of the Strict Observance, of the Kadosh Templar and even of Templar Masonry of Baron von Hund. We may therefore suppose that this ritual is a late copy, after 1785, of a much older ritual, dating at the latest from the beginning of the 1750s.

### The Perfect Elect Master

Once more, this ritual is a copy of a much older ritual. The essence is, indeed, found in *Les Plus Secrets Mystères* des Hauts Grades de la Maçonnerie [6]. One may judge for himself :

---

[1] This ritual was published in facsimile in The seven Ecossais degrees, Les Rouyat, Ventabren (1977)
[2] See for example Latomia 38, page 12.
[3] Kloss XXV - 90.
[4] Numerals 76.
[5] Bonseigneur, Vol.1 page 159.
[6] Published for the first time in 1766, being attributed to Berage, this divulgation was printed again with a post-scriptum by **Patrik Bunout**, Gutenberg Reprints, Paris (1981)

## The Bonseigneur Ritual
### Lodge of Perfect Mason Elect, who preserved the original formula of Freemasonry
(pages 136 and 137)

The lodge, which represents the study of Solomon, must be properly decorated and the decorations can be of different colours. In the East must be a brilliant throne elevated by several steps. The canopy must be rather large to cover two persons seated in two armchairs in the same line. At the base of the throne, to the right, a small altar is placed covered by a cloth, on which three candles of yellow wax, a square, a mallet, a poniard, a compass and the Book of the Sacred Law. The lodge is illuminated by nine yellow candles, suspended in a lustre, or indifferently placed in torches on the floor, but it is required that one is separated from the others by at least one foot.

If further illumination should be applied, the Burning Bush could be represented with leaves or branches of trees, lighted by lanterns.

The lodge is designed on the tiles of the room, as is represented in the Tracing Board.

There must be taborets to seat the brethren.

When a lodge of Elect will be held and there will be a reception, the opening of the lodge of Elect is preceded by the opening of that of Master, at which the candidate assists.

## Les Plus Secrets Mystères
### Perfect Elect Mason, who preserved the original formula of Freemasonry

The lodge which represents the cabinet of Solomon should be properly decorated. The decoration may have different colours. The East should be sufficiently large to allow for two armchairs on it. On the same line at the foot of the throne at the right hand a small altar is placed covered with a cloth on which three candles of yellow wax placed in a square. The lodge should be illuminated by nine yellow candles hanging in a lustre, or indifferently placed in candlesticks on the floor; but one should be placed separated from the others by at least one foot. If more light would be desired, the burning bush represented with leaves and branches can be lighted by Chinese lanterns. The lodge should be drawn on the tiles of the room as is represented hereafter. All around seats are placed on which the brethren are seated.

---

The two texts continue their evolutions in parallel. The decoration of the Temple and those of the brethren are identical, inclusive the expression *"Vaincre ou mourir"* (conquer or die). The East is occupied by Solomon and Hiram of Tyre coming to claim revenge for the death of Hiram. The few differences to be distinguished are but small, for example, that last phrase we cited shows *"that the lodge of Masters is to be opened before a reception."*

It must be stated that there occurs a corruption of the words. The word in *Les Plus Secrets Mystères* being N.N.M. and the lecture showing Nekar, Necum, in this document it became Nekua, Nekum. In both cases it refers to Nekar or Nekua, a corruption of the Hebrew נכה [*nikkah*], signifying *"he was struck"*, and for Necam or Necum, the imperative of the Hebrew נקם [*naqam*], signifying *"revenge"*. There is, however, an important difference at the end of the lecture :

## The Bonseigneur document,
### page 151
Q. *What do you still have to do ?*
A. *Nothing, because it is all accomplished.*
Q. *What is the hour ?*
A. *Beginning of the night, the hour at which I left the cavern.*

## Les Plus Secrets Mystères
Q. *What do you still have to do ?*
A. *Nothing, because it is all accomplished.*
Q. *What is the hour ?*
A. *Beginning of the night, the hour at which I left the cavern.*

---

The presence in *Les Plus Secrets Mystères* of the password, which does not exist in the Bonseigneur ritual, is important for the determination of the date of the source which served as the basis to write this copy. We know that *Les Plus Secrets Mystères* were published in 1766 and necessarily used a source prior to 1765 at latest. We know too that the evolution of the rituals regarding the words was always effected as an addition. As this document does not show a password, its source must necessarily be prior to the one of *Les Plus Secrets Mystères*. In our opinion this source in France developing into the ritual of *Les Plus Secrets Mystères* stayed in Santo Domingo unaltered and therefor should be dated at the end of the years 1740.

There we have an illustration of the importance of the Bonseigneur documents : they contain archaic forms of rituals, known in France, but with further developed forms.

### The Elect of the Unknown

The ritual starts with the lecture. It is easy to identify the degree: it is the Elect of Perignan in a very similar version as the one in *Les Plus Secrets Mystères*, but older.

| *The Bonseigneur document,*<br>pages 154 and 155 | *Les Plus Secrets Mystères,*<br>pages 36 and 37 |
|---|---|
| Q. *Give me the password?*<br>A. *Abyram.*<br>Q. *Why such an infamous name?*<br>A. *To have it constantly before our eyes and so not to imitate it.*<br>Q. *What happened to the head of that unfortunate?*<br>A. *Solomon had it exposed on the top of a pike, traversed by a poniard, at the north gate during the rest of the construction of the Temple to frighten the apprentices and Fellow Crafts.*<br>Q. *What is the significance of the seven steps in the form of a jump you had to make before taking your oath?*<br>A. *The seven days Perignan needed to denounce the retreat of Abiram.* | Q. *What is the password?*<br>A. *Abiram, which signifies murderer or assassinator.*<br>Q. *What happened to the head of the unfortunate?*<br>A. *It was embalmed and Solomon had it placed on the top of a pike with a poniard crossed thereunder and exposed at the north of the Temple to show that crime does not stay unpunished.*<br>Q. *What do the nine perambulations signify which you made during your journey before taking your oath?*<br>A. *The nine days Abiram stayed hidden in the cavern.* |

Ostensibly what we said about the Perfect Elected Mason remains valid here. The source of the copy must be prior to that published in *Les Plus Secrets Mystères*, for the elements of revenge are not yet fixed: the two assassinators, here *Kunvel* and *Gravelot*, ran away but did in no way escape Solomon, however, nothing is said about what happened to them.

### The history of the Revenge

This deals with one of the many versions of the discovery and punishment of the first assassinator. The role of the Unknown, *Perignan*, is shown here. In Latin "*peregrinus*" means stranger and our Perignan is undoubtedly a voluntary corruption of this word.

It should be noted that the Master who cut off the head of Abiram is not, as in other versions of the legend, *Joabert* or *Johaben*, but *Stokin* and not *Stolkin*, as in later documents after 1750. Stokin is a western vocalisation of שׁתקין [*Shtoqin*], derived from the verb שׁתק [*shataq*] followed by the suffix ין [*in*], which marks the plural in Aramean and means an invalidation of te first syllable. *Stokin* was the Master who had found the corpse of Hiram. The fact that he is also in this ritual the one who kills Abiram leads to think that the source of this copy was composed before the person of *Joabert/Joaben* had been introduced. Besides, the ancientness of the here copied source is a new proof of the symbolic intentions of the editors of the ritual: *Joabert* is a corruption of יהוחבר [*Yéhohaver*], signifying "*Friend of God*", whereas *Johaben* is a western vocalisation of יהודבן [*Yéhohaben*], to be translated by "*Son of God*".

### The Master Elect of Fifteen

This ritual is again similar to that in *Les Plus Secrets Mystères*. The two texts begin thus:

| *The Bonseigneur ritual,*<br>page 158 | *Les Plus Secrets Mystères*<br>(pp. 41 rt 42) |
|---|---|
| The lodge should have black hangings, the tears must be red and white. In the East should be a skeleton representing **Abyram**, whose true name is **Hoben**. In the West to the North is another skeleton representing **Kunvel**, whose true name is **Olterfut**, in the West to the South another skeleton representing **Gravelot**, whose true name is **Stelke**. Each skeleton should be armed with an instrument with which he struck Hiram.<br><br>The lodge is opened by five knocks three times repeated. There should be fifteen lights on three candlesticks, one in front of the Master and one for each Warden, to be lighted one after the other at each of the five knocks given by the Master and the Wardens. It is absolutely necessary to have not more than fifteen Elect in the lodge. | The lodge should be decorated black and strewn with red and white tears. In the East should be a skeleton representing the traitor Abiram, according to the degree Elect of Nine; his true name was Hoben. In the North-West is another skeleton representing Oterfut, in the South-East is another skeleton representing Sterkin. Each of them must be armed with the fatal instrument with which the murderers struck our Respectable Master.<br><br>The lodge is opened by five knocks repeated three times: when the Master has knocked, the five lights in the East are lighted. Then the Senior Warden gives the same knocks, the five others are lighted and the Junior Warden knocks and the last five are lighted on three candlesticks with five branches. |

The difference between the Bonseigneur text, indicating that the attribute is made of "*mother of pearl*" and that of Mirecourt will have been observed. It definitely shows a symbolic development in the direction of Christian symbolism the pearl symbolizing the teaching of Christ. It will equally have been noted that the candidate represents Stokin and not Stolkin as in Mirecourt and even less Joabert or Joaben. We think that this allows us to conclude that the source of this ritual is of the same period as that of the preceding degrees and so from about 1750.

### *Conclusion*

The analysis of the texts and their comparison with rituals of different sources allows us to confirm that the Bonseigneur documents, though made after 1785 and probably even about 1791 or 1792, are copies of much older documents.

The Craft degrees are updated copies from sources which are truly similar to those of the documents of the collection of Mirecourt. All other rituals, except that of Secret Master and the ceremony of the English lodge, are copies from sources prior to 1750 and 1760. It seems significant that Painette did not place his signature to the Secret Master ritual nor to the ceremonial of the English lodge. In our opinion this means that these two rituals should come from different sources. The first is clearly a reworking of an older ritual.

The second, with many borrowed elements from the Rite of Perfection, may very well have been elaborated on the spot.

We stated errors by the copyist. These errors are the more numerous as the work made progress, as if time was pressing. That would be understandable if the copies had been ordered by Painette after the beginning of the slave revolt for those Bonseigneur sons who decided to leave Port de Paix.

# The Bonseigneur Rituals

# A collecton of 18<sup>th</sup> Century Ecossais rituals

# Volume I

Tulane University, New Orleans, U.S.A.

Amistad Research Center, Box 11 f° 3

1996

# Grade d'apprentif maçon

adopté par la r:ble Loge du Prince de Clermont, g.d maître de toutes les loges régulièrement assemblées.  Copié à Paris

---

Pour parvenir à être reçu maçon, il faut que le désir sincère d'acquérir un dégré supérieur nous guide, et que l'esprit de curiosité ne soit point le mobile de nos actions ; après que l'on se fait proposer par un f:., lequel doit faire une étude exacte du motif qui vous engage à solliciter d'être maçon ; après qu'il en sera pleinement convaincu, il pourra proposer le prophane aux ff. de la loge, qui procéderont au recueillement des voix par le scrutin, et s'il est favorable, le proposant demandera le jour et l'heure de la réception du prophane qu'il propose ; il lui en fera part, et lui enjoindra de ne point manquer au rendez-vous qu'il lui donnera selon que la loge l'aura décidé.

Le jour arrivé, le proposant se rendra auprès

## Grade d'Apprenti maçon

adopté par la Respectable Loge du Prince de Clermont Grand Maître de toutes les loges régulièrement assemblées   *Copié à Paris*

---

Pour parvenir à être reçu Maçon, il faut que le désir sincère d'acquérir un degré supérieur nous guide, et que l'esprit de curiosité ne soit point le mobile de nos actions; après que l'on se fait proposer par un Frère [1], lequel doit faire une étude exacte du motif qui vous engage à solliciter d'être maçon; après qu'il en sera pleinement convaincu, il pourra proposer le profane [2] aux Frères de la loge, qui procéderont au recueillement des voix par le scrutin, et s'il est favorable, le Proposant demandera le jour et l'heure de la réception du profane qu'il propose; il lui en fera part, et lui enjoindra de ne point manquer au rendez-vous qu'il lui donnera selon que la loge l'aura décidé.

Le jour arrivé, le Proposant se rendra auprès

---

[1] Pour une meilleure lecture, nous avons systématiquement développé les abréviations. Le lecteur pourra contrôler ces développements sur le fac-similé.

[2] On notera que le manuscrit porte « prophane », faute que l'on retrouve souvent dans les cahiers de l'époque.

## Entered Apprentice Degree

adopted by the Respectable Lodge of the Prince de Clermont Grand Master of all regularly assembled lodges   *copied at Paris*

---

In order to be received as a Mason, it is necessary that the sincere desire to acquire a higher level guides us, and that the spirit of curiosity is not at all the motive of our actions, when one requests for being proposed by a brother [1], who has to make an exact study of the motive that commits you to request to be mason. When he is fully convinced, he will be able to propose the profane [2] to the brethren of the lodge, that will proceed to the collect the votes by ballot, and if it is favourable, the proposing brother will ask for the day and hour of the reception of the profane he proposes. He will inform him and will enjoin him in no way to be wanting at the appointment, which he will give him according to what the lodge will have decided.

When the day has arrived, the proposer will go to the candidate,

---

[1] For better reading we wrote all abbreviations in full. The reader can verify this in the manuscript.

[2] It will be noted that the MS shows "prophane", a mistake which often occurs in that period.

2.<sup>e</sup>

du récip.<sup>re</sup>, auquel il fera une profonde révérence, et le priera de le suivre ; il affectera de se promener avant que d'arriver à la loge, et de lui tenir des propos qui lui donnent une idée avantageuse de l'ordre dans lequel il va être initié ; étant arrivé à la porte de la loge, il le remettra au f.<sup>re</sup> Tuileur, qui le conduira assez brusquement à la chambre obscure (autrem.<sup>t</sup> appelée Chambre de réflexion) ; elle n'est susceptible d'aucun apparat, il faut seulement que le Récip.<sup>re</sup> puisse s'y asseoir, cette chambre doit être gardée par un f.<sup>re</sup> servant, ou autre proposé à la Garde du Récip.<sup>re</sup>, il doit y rester au moins une heure pendant laquelle le V.<sup>ble</sup> M.<sup>re</sup> ouvre la loge d'apprentif, et dit ensuite » nous voici assemblés régulièrement Mes ff∴ pour procéder à la réception d'apprentif du profane (un tel), consentez-vous, qu'il soit initié ? Tous les ff∴ font le signe d'acquiescement, et le V.<sup>ble</sup> prie le f.<sup>re</sup> terrible, de se rendre au lieu qui est destiné, pour faire son devoir.

Nota. que le f.<sup>re</sup> ne doit point avoir ses habits dans cet appartement.

du récipiendaire, auquel il fera une profonde révérence, et le priera de le suivre; il affectera de le promener avant que d'arriver à la loge, et de lui tenir des propos qui lui donnent une idée avantageuse de l'ordre dans lequel il va être initié; étant arrivé à la porte de la loge, il le remettra au Frère Tuileur, qui le conduira assez brusquement à la chambre obscure (autrement appelée chambre de réflexion); elle n'est susceptible d'aucun appareil, il faut seulement que le Récipiendaire puisse s'y asseoir; cette chambre doit être gardée par un Frère servant, ou autre préposé à la garde du Récipiendaire, il doit y rester au moins une heure pendant laquelle le Vénérable Maître ouvre la loge d'Apprenti et dit ensuite « *Nous voici assemblés régulièrement, mes Frères, pour procéder à la réception d'Apprenti du profane (un tel), consentez-vous qu'il soit initié ?* ». Tous les Frères font le signe d'acquiescement, et le Vénérable Maître prie le Frère Terrible de se rendre au lieu qui est destiné pour faire son devoir.

Nota : que le Frère ne doit point avoir ses habits dans cet appartement [1].

---
[1] Il s'agit de l'appartement du Frère Terrible.

to whom he will make a deep bow, and will ask him to follow him; he will arrange to walk to the lodge holding a speech that gives an advantageous idea of the order, in which he is going to be initiated. When arriving at the door of the lodge, he will give him over to the Brother Tyler, who will conduct him rather abruptly to the dark chamber (otherwise called chamber of reflection). It does not contain any object; it is necessary only that the candidate can sit down. This chamber is to be guarded by a brother servant, or other official to guard the candidate. He has to remain there for at least an hour while the Worshipful Master opens the lodge of Entered Apprentice and then says: "*We are here assembled regularly, my Brethren, to proceed to the reception of a profane to an Entered Apprentice, do you consent that he be initiated ?*" All brethren make the sign of consent, and the Worshipful Master requests the Terrible Brother to go to the place that is destined to fulfil his duty.

Note : that the brother should not have any of his outfit in this apartment [1].

---
[1] This refers to the apartment of the Terrible Brother.

# Appartement du frère Terrible

Quoique cet appartement n'ait rien de désigné et soit fort arbitraire, il convient néanmoins qu'il doit lugubre, et qu'il imprime plus ou moins d'horreur, selon qu'on juge à propos d'en imposer au Recipre., il peut être rendu noir avec une lampe de faible lueur; il peut encore y avoir une porte à cachot, armée de verroux et de Chaînes; le f. terrible doit être sous un gd. manteau noir assis à côté d'une Table, ou Prie-Dieu, sur lequel sera un mouchoir blanc, et son Epée. Le f. qui va retirer le Recipre. de la chambre de réflexion, doit le saisir et lui dire de le suivre; il le conduit à la porte de l'appartement du f. terrible, où il frappe en Maçon; après plusieurs Coups, le f. terrible doit répondre et demander qui frappe l'on répond "C'est un Gentilhomme qui demande à être reçu maçon"; après un intervalle il demande s'il a la vocation, et si l'esprit de curiosité ne l'arrête pas auprès de lui; on répond que non. Après plusieurs questions propres à en imposer, on doit le livrer au f. terrible très brusquement, en disant c'en est fait, je n'en réponds plus. Après un petit silence, le f. terrible fait

## Appartement du Frère Terrible

Quoique cet appartement n'ait rien de désigné et soit fort arbitraire, il convient néanmoins qu'il soit lugubre et qu'il imprime plus que moins d'horreur, selon qu'on juge à propos d'en imposer au récipiendaire, il peut être rendu noir avec une lampe de faible lueur; il peut encore y avoir une porte à cachot, armée de verrous et de chaînes; le Frère Terrible doit être sous un grand manteau noir, assis à côté d'une table, ou prie-Dieu, sur lequel seront un mouchoir blanc et son épée. Le Frère qui va retirer le Récipiendaire de la Chambre de Réflexion, doit le saisir et lui dire de le suivre; il le conduit à la porte de l'appartement du Frère Terrible, où il frappe en Maçon; après plusieurs coups, le Frère Terrible doit répondre et demander qui frappe. L'on répond : « *C'est un gentilhomme qui demande à être reçu Maçon* »; après un intervalle, il demande s'il a la vocation, et si l'esprit de curiosité ne l'arrête pas auprès de lui; on répond que non. Après plusieurs questions propres à en imposer, on doit le [1] livrer au Frère Terrible très brusquement, en disant « *C'en est fait, je n'en réponds plus !* ». Après un petit silence, le Frère Terrible fait

---
[1] Il s'agit du profane...

## Apartment of the Terrible Brother

Although this apartment has nothing special and is fully arbitrary, it is nevertheless advisable that it is gloomy and that it impresses at least some horror, as will be judged suitable to make the desired impression on the candidate. It can be made black with a lamp of dim light. There can also be a door to a dungeon with bolts and chains. The Terrible Brother has to wear a large black coat, sitting beside a table, or praying chair, on which will be a white handkerchief and his sword. The brother who is going to conduct the candidate from the Chamber of Reflection, has to seize him and to instruct him to follow. He conducts him to the door of the apartment of the Terrible Brother, where he knocks as a Mason. After several knocks the Terrible Brother has to reply and to ask who knocks. The reply is: "*He is a gentleman who asks to be received as a Mason*". After an interval he asks whether he has the vocation, and whether a spirit of curiosity does not keep him aside. He replies no. After several questions, suitable to impress him, one has to deliver him [1] to the Terrible Brother very abruptly, saying: "*It's done, I no longer answer for him.*" After a little silence the Terrible Brother puts

---
[1] This relates to the profane.

plusieurs questions au Récip.re, lui témoigne la crainte dans laquelle il est, qu'il ne puisse supporter les Epreuves, et lui inspire beaucoup de confiance et de terreur; après quoi, il le fait mettre en état décent, c'est-à-dire dépourvu de tous métaux, sans boucles, sans habit, le bras droit hors de la manche de la chemise de façon que l'épaule paraisse, le Genouil droit découvert et le pied gauche en pantoufle, et après lui avoir bandé les yeux lui présente la pointe de son Epée et lui dit suivés-moi avec confiance : il le conduit à la porte de la loge où il frappe trois grands coups.

Le 2.d Surv.t avertit le 1.er que l'on frappe en maçon à la porte du temple; le 1.er Surv.t dit au Vén.ble M.e; l'on frappe à la porte du temple en maçon, le V.ble lui dit de s'informer qui frappe, il y va, et vient dire au V.ble m.e; c'est un Gentilhomme qui demande à être reçu maçon, il fait demander une 2.e fois qui frappe, le Surv.t s'informe de nouveau, et le f.e terrible lui répond que c'est un aveugle qui demande la lumière, un Cadavre qui demande la résurection, et un prophane qui demande à être reçu maçon.

Le 1.er Surv.t rend au V.ble les mêmes termes que le f.e terrible. Le V.ble dit; faites lui demander son âge, sa condition

plusieurs questions au Récipiendaire, lui témoigne la crainte dans laquelle il est qu'il ne puisse supporter les épreuves, et lui inspire beaucoup de confiance et de terreur; après quoi, il le fait mettre en état décent, c'est-à-dire dépourvu de tous métaux, sans boucles, sans habit, le bras droit hors de la manche de la chemise de façon que l'épaule paraisse, le genou droit découvert et le pied gauche en pantoufle, et, après lui avoir bandé les yeux, lui présente la pointe de son épée et lui dit « *Suivez-moi avec confiance* ». Il le conduit à la porte de la loge où il frappe trois grands coups.

Le Deuxième Surveillant avertit le Premier que l'on frappe en Maçon à la porte du Temple, le Premier Surveillant dit au Vénérable Maître « *L'on frappe à la porte du Temple en Maçon* », le Vénérable lui dit de s'informer qui frappe, il [1] y va et vient dire au Vénérable Maître « *C'est un gentilhomme qui demande à être reçu Maçon* ». Il [2] fait demander une deuxième fois qui frappe, le Surveillant s'informe de nouveau et le Frère Terrible lui répond que c'est un aveugle qui demande la lumière, un cadavre qui demande la résurrection et un profane qui demande à être reçu Maçon.

Le Premier Surveillant rend au Vénérable les mêmes termes que le Frère Terrible.

Le Vénérable dit « *Faites lui demander son âge, sa condition*

---

[1] Le Premier Surveillant...
[2] Le Vénérable Maître...

several questions to the candidate. He expresses the fear which he harbours that the candidate might not be able to bear the tests, and inspires in him both confidence and terror; after which he makes him dress in the proper state, which means being deprived of all metals, without buckles, without outfit, the right arm out of the sleeve of the shirt with the result that the shoulder appears, the right knee bare and the left foot in a slipper and, after having blindfolded his eyes, he places the point of his sword upon him saying: "*Follow me confidently*". He conducts him to the door of the lodge where he gives three hard knocks.

The Junior Warden warns the Senior Warden that one knocks as a Mason at the door of the Temple, the Senior Warden says to the Worshipful Master: "*Someone knocks at the door of the Temple as a Mason*". The Worshipful Master tells him [1] to inform who knocks there. He goes to the door and reports to the Worshipful Master : "*It is a gentleman who asks to be received a Mason.*" He [2] orders him to ask for a second time who knocks. The Warden investigates again and the Terrible Brother replies to him that it is a blind man who asks for the light, a corpse that asks for resurrection and a profane who asks to be received as a Mason.

The Senior Warden informs the Worshipful Master in the same terms as the Terrible Brother.

The Worshipful Master says: "*Let his age be asked, his circumstances,*

---

[1] The Senior Warden.
[2] The Worshipful Master.

son nom, le lieu de sa naissance et sa Religion.
Le 1.er surv.t s'informe — et repond. v.ble m.e, il est agé de.... il est.... il est de...... et il est de la Relig.on chretienne
Le v.ble lui fait demander s'il croit avoir assez de force pour résister aux épreuves auxquelles il va être livré; le surv.t s'informe et après quelque Récip.on a satisfait; il dit. v.ble m.e, il assure avoir assez de force pour résister aux épreuves qu'on lui fera subir.
Le v.ble m.e lui dit, demandez lui s'il n'a jamais erré dans les sentiers de la vertu, et s'il n'a jamais pas contre l'art royal, le surv.t demande; après qu'il a satis.t il dit au v.ble très v.ble m.e le Trophane assure qu'il jamais erré dans les sentiers de la vertu, et qu'il désire ardemment de se perfectionner dans la maçonnerie.
Dans l'intervalle de toutes ces questions, le f.re ter.ble fait tourner le dos vers la porte de la loge au Récip.on. m.e ordonne de le faire introduire, le surv.t ouvre de nouveau la porte et dit, qu'on me le livre; alors le f. Terrible dit au 1.er surv.t qui s'en saisit c'en est fait n'en repond plus! on le conduit à l'occident de la loge ou étant arrivé l'on observe un grand silence, après lequel le maître dit au 1.er surv.t, f. 1.er surv.t qui me présente vous là? a-t-il fait ses dernières réflexions sur les

son nom, le lieu de sa naissance et sa religion. »

Le Premier Surveillant s'informe et répond « *Vénérable Maître, il est âgé de ...., il est ...., il est de .... et il est de la religion chrétienne* ».

Le Vénérable lui fait demander s'il croit avoir assez de force pour résister aux épreuves auxquelles il va être livré; le Surveillant s'informe et après que le Récipiendaire ait satisfait, il dit « *Vénérable Maître, il assure avoir assez de force pour résister aux épreuves qu'on lui fera subir.* »

Le Vénérable Maître lui dit « *Demandez-lui s'il n'a jamais erré dans les sentiers de la vertu et s'il n'a jamais parlé contre l'Art Royal !* ». Le Surveillant demande; après qu'il [1] a satisfait, il [2] dit au Vénérable « *Très Vénérable Maître, le profane assure qu'il n'a jamais erré dans les sentiers de la vertu et qu'il désire ardemment se perfectionner dans la Maçonnerie* ».

Dans l'intervalle de toutes ces questions, le Frère Terrible fait tourner le dos vers la porte de la loge au Récipiendaire. Le Maître ordonne de le faire introduire, le Surveillant ouvre de nouveau la porte et dit « *Qu'on me le livre !* »; alors le Terrible dit au Premier Surveillant qui s'en saisit « *C'en est fait, je n'en réponds plus !* ». On le conduit à l'Occident de la loge où, étant arrivé, l'on observe un grand silence. Après le Maître dit au Premier Surveillant « *Frère Premier Surveillant, qui me présentez-vous là ? A-t-il fait ses dernières réflexions sur les*

---

[1] Le profane...
[2] Le Premier Surveillant...

his name, the place of his birth and his religion."

The Senior Warden informs and replies : "*Worshipful Master, he is aged ..., he is. ..., he is. ... and he is of the Christian religion.*"

The Worshipful Master lets ask, whether he believes to have enough strength to bear the tests to which he is going to be submitted. The Warden questions him and after the candidate has satisfied him, he says : "*Worshipful Master, he assures us to have enough strength to stand the tests that he will have to undergo.*"

The Worshipful Master then says : "*Ask him, whether he has never erred on the paths of virtue and whether he has never spoken against the Royal Art !*" The Warden asks; after he [1] has replied satisfactorily, he [2] says to the Worshipful Master : "*Very Worshipful Master, the profane assures us that he has never erred on the paths of virtue and that he desires ardently to become perfect in Masonry.*"

During the interval of all these questions, the Terrible Brother lets the candidate turn his back to the door of the lodge. The Master orders that he be introduced. The Warden opens the door again and says : "*May he be handed to me ?*" Then the Terrible Brother says to the Senior Warden, who has seized the candidate : "*It's done, I no longer answer for him !*" He is then conducted to the West of the lodge where, having arrived, a long silence is observed. Then the Master says to the Senior Warden : "*Brother Senior Warden, whom do you present there ? Has he made his last reflections on the*

---

[1] The profane.
[2] The Senior Warden.

6.

Epreuves auxquelles il va être livré, oui V.ble répond les t:.. Surveillants, il consent à tout ce que l'on exige de lui pour qu'arriver à être reçu maçon.

Le V.ble M.e dit au Récip.re Monsieur je ne dois pas vous laisser ignorer tous les risques que vous courés, si la curiosité vous engage à pénétrer nos mystères, toute la peine et l'inutilité que vous trouverés à les connaître......... il continue ensuite un discours pour déterminer le Récip.re et connaître par ses réponses son dessein; après qu'il a exigé de lui toute la fermeté, et qu'il est convaincu par ses réponses de son désir extrême, il adresse la parole aux ff. vous avés entendu, pensez vous le trophane digne d'entreprendre et finir avec fermeté tout ce qui lui reste à faire pour devenir membre de notre société; les ff. font le signe d'acquiescem.t, ensuite le V.ble lui dit: Monsieur, prenez garde à ce que vous allez faire, vous courez un grand risque, j'en ai vu plusieurs qui n'ont p. aux épreuves, il serait très fâcheux pour vous que vous succombassiés. après la réponse du Récip.re le V.ble M.e demande, que répondra de lui? le Récip.re cite alors son Parain, qui lui répond seulement par le signe d'acquiescement. Le V.ble M.e dit alors au f. 1.er Surv.t. f.1.er Surv.t faites commencer M.r à voyager et ménagez-le ne le livrés pas à son courage, tremblés, puisque vous répondés de ses démarches; alors le 1.er Surv.t

épreuves auxquelles il va être livré ? »; « *Oui, Vénérable !*, répond le Premier Surveillant, *il consent à tout ce que l'on exige de lui pour parvenir à être reçu Maçon.* »

Le Vénérable Maître dit au Récipiendaire : « *Monsieur, je ne dois pas vous laisser ignorer tous les risques que vous courrez, si la curiosité vous engage à pénétrer nos mystères, toute la peine et l'inutilité que vous trouverez à les connaître...* ». Il continue ensuite un discours pour déterminer le récipiendaire et connaître par ses réponses son dessein; après qu'il ait exigé de lui toute la fermeté et qu'il est [1] convaincu par ses réponses de son désir extrême, il adresse la parole aux Frères : « *Vous avez entendu, pensez-vous le profane digne d'entreprendre et faire avec fermeté tout ce qui lui reste à faire pour devenir membre de notre Société ?* » Les Frères font le signe d'acquiescement, ensuite le Vénérable lui dit : « *Monsieur, prenez garde à ce que vous allez faire, vous courrez un grand risque, j'en ai vu plusieurs qui n'ont pu* [résister] *aux épreuves, il serait très fâcheux pour vous que vous succombassiez* ». Après la réponse du Récipiendaire, le Vénérable Maître demande « *Qui répond de lui ?* ». Le récipiendaire cite alors son parrain qui lui répond seulement par le signe d'acquiescement. Le Vénérable Maître dit alors au Frère Premier Surveillant : « *Frère Premier Surveillant, faites commencer monsieur à voyager et ménagez-le, ne le livrez pas à son bourreau, tremblez puisque vous répondez de ses démarches* ». Alors le Premier Surveillant

tests to which he is going to be submitted ?"; "*Yes, Worshipful Master*", replies the Senior Warden, "*he consents to all that is being required from him, in order to be received a Mason.*"

The Worshipful Master says to the candidate : "*Sir, I do not have to leave you to unaware of all the risks you incur, if mere curiosity urges you to penetrate into our mysteries, nor of all the pains and the uselessness that you will encounter in knowing them...*" He then continues with an address to test the candidate and to know his intentions by his answers; after having demanded all the firmness from him and being convinced by his replies of his highest desire, he addresses the brethren, saying : "*You have heard him. Do you think the profane deserves to undertake and to fulfil with firmness all what he has to do to become a member of our Society ?*". The brethren give the sign of consent; then the Worshipful Master says to him : "*Sir, be careful to what you are going to do, you incur a great risk, I have seen several who have not been able* [to stand] *the tests. It would be very annoying for you if you succumbed.*" After the candidate's reply, the Worshipful Master asks : "*Who answers for him ?*". The candidate then mentions his proposer who only answers for him by the sign of consent. The Master Worshipful says then to the brother Senior Warden : "*Brother Senior Warden, let the candidate begin to travel and guide him, deliver him to his courage, tremble since you answer for his steps.*" Then the Senior Warden

---

[1] Nous dirions « *qu'il se soit* »...

7.

lui présente l'Épée sur le Canon, et le fait marcher à grand pas autour de la loge (l'on peut observer de lui opposer des obstacles selon que le V[ble] le juge à propos) à mesure qu'il passe devant le V[ble] on le fait incliner; étant arrivé à l'occident, le f[re] 1er Surv[t] rend compte au V[ble] du voyage que le récip[re] vient de faire; le M[tre] l'interroge de nouveau, et l'assure qu'il va être livré à de plus fortes épreuves; après qu'il a répondu, le V[ble] M[tre] demande encore l'acquiescem[t] des ff. de la loge, qui font un signe ordinaire; ensuite le M[tre] l'admet à son 2e voyage (et les ff. remuent leurs tabliers un instant) (l'on observe au 2e voyage de le rendre un peu plus pénible que le 1er) étant parvenu à l'occident de la loge, le Surv[t] avertit le V[ble] que le décip[re] à fait courageusem[t] son 2e voyage; le M[tre] lui adresse encore la parole, et lui fait observer qu'il lui reste infiniment plus à faire qu'il a fait, et qu'il craint pour lui, il lui demande si par hasard, il ne se trouve pas mal? après qu'il a répondu le M[tre] demande pour la 3e fois l'acquiescem[t] au 3e voyage du décip[re]. aux ff. qui font le signe d'acquiescem[t]; — après quoi, il ordonne qu'on l'admette à son 3e voyage que l'on rend un peu plus rigoureux que les précédents et dans lequel l'on observe les mêmes cérémonies; le décip[re] étant arrivé à l'occident, le V[ble] M[tre] s'informe du succès de ses travaux au f[re] 1er Surv[t] qui lui en

lui présente l'épée sur le cœur, et le fait marcher à grands pas autour de la loge (l'on peut observer de lui opposer des obstacles selon que le Vénérable le juge à propos), à mesure qu'il passe devant le Vénérable, on le fait incliner; étant arrivé à l'Occident, le Frère Premier Surveillant rend compte au Vénérable du voyage que le récipiendaire vient de faire; le Maître l'interroge de nouveau, et l'assure qu'il va être livré à de plus fortes épreuves; après qu'il ait répondu, le Vénérable Maître demande encore l'acquiescement des Frères de la loge, qui font un signe ordinaire; ensuite le Maître l'admet à son deuxième voyage (et les Frères remuent leurs tables un instant) (l'on observe au deuxième voyage de le rendre un peu plus pénible que le premier); étant parvenu à l'Occident de la loge, le Surveillant avertit le Vénérable que le Récipiendaire a fait courageusement son deuxième voyage; le Maître lui adresse encore la parole et lui fait observer qu'il lui reste infiniment plus à faire qu'il n'a fait, et qu'il craint pour lui; il lui demande si, par hasard, il ne se trouve pas mal ? Après qu'il ait répondu, le Maître demande pour la troisième fois l'acquiescement au troisième voyage du Récipiendaire aux Frères, qui font le signe d'acquiescement; après quoi, il ordonne qu'on l'admette à son troisième voyage, que l'on rend un peu plus rigoureux que les précédents et dans lequel on observe les mêmes cérémonies; le Récipiendaire étant arrivé à l'Occident, le vénérable Maître s'informe du succès de ses travaux au Frère premier Surveillant qui lui en

places his sword on the candidate's heart, and conducts him with long steps around the lodge (one may place obstacles for him, if the Worshipful Master thinks this fit), when he passes the Worshipful Master, he has to make a bow; having arrived at the West, the brother Senior Warden reports to the Worshipful Master of the journey the candidate just made; the Master interrogates him again and insures him that he is going to be delivered to stronger tests; after his reply the Worshipful Master asks once again for the consent of brethren of the lodge, who give an ordinary sign. Then the Master allows him to make his second journey (the brethren stir their tables for a moment) (it is envisaged to make the second journey more difficult than the first); having arrived at the West of the lodge, the Warden informs the Worshipful Master that the candidate has courageously made his second journey. The Master addresses him again and makes it clear that there remains infinitely more to be done than he has done yet and that he fears for him. He asks he if, perchance, he does not feel well ? After his reply the Master asks the brethren for the third time to consent to the third journey of the candidate, who make the sign of consent. Then he orders that the third journey is made, which is even more rigorous than the preceding ones and in which one observes the same ceremonies. The candidate having arrived at the West, the Worshipful Master asks the brother Senior Warden for the result of his work, who

8e.

rend compte, et dit ensuite au Récip.: vous allez être livré à votre dernière épreuve; et c'est par elle que l'on vous reconnaîtra maçon, et aurez vous la même fermeté que vous avez desja montrée? Plusieurs en manquent dans ce moment, et je ne serais pas surpris de la faiblesse que vous nous témoigner si vous êtes le m.re de vous retirer et de dire tout ce que vous avez vu, et ce que l'on vous aura fait. Prenez garde que votre courage ne vous précipite dans les dangers, que vous ne pouvez éviter; il vous donne un moment de reflexion (l'on observe de dire à un f.e voisin, le feu est chaud, de façon qu'il l'entende à peine); après qu'il a répondu qu'il consent à tout, le V.ble m.e dit, f.e 1.er Surv.t faites votre devoir; on lui applique alors le sceau de la loge sur l'épaule; après quoi le V.ble m.e ordonne de lui faire marcher les 3 degrés du Temple, et de le faire avancer vers l'autel en apprentif; y étant arrivé, on lui fait mettre le Genouil droit en terre, la main droite sur l'évangile, et de l'autre, il tient un Compas sur la mammelle gauche, et le V.ble lui dit, M.r consentés-vous, quoique les yeux bandés, et dans cette attitude, de contracter un engagement solemnel, qui n'a rien contre Dieu, — contre aucun Roy de la terre, ni contre votre —

rend compte, et dit ensuite au Récipiendaire : « *Vous allez être livré à votre dernière épreuve, et c'est par elle que l'on vous reconnaîtra Maçon, et aurez-vous la même fermeté que vous avez déjà montrée ? Plusieurs en manquent dans ce moment et je ne serai pas surpris de la faiblesse que vous nous témoignez si vous êtes le maître de vous retirer et de dire tout ce que vous avez vu et ce que l'on vous aura fait. Prenez garde que votre courage ne vous précipite dans les dangers que vous ne pouvez éviter; il vous donne un moment réflexion* »; (l'on observe de dire à un Frère voisin, « *le fer est chaud* », de façon qu'il l'entende à peine); après qu'il ait répondu qu'il consent à tout, le Vénérable Maître dit : « *Frère Premier Surveillant, faites votre devoir !* ». On lui applique alors le sceau de la loge sur l'épaule; après quoi le Vénérable Maître ordonne de lui faire marcher les trois degrés du Temple et de le faire avancer vers l'autel en Apprenti; y étant arrivé, on lui fait mettre le genou droit en terre, la main droite sur l'Evangile, et, de l'autre, il tient un compas sur la mamelle gauche, et le Vénérable lui dit : « *Monsieur, consentez-vous, quoique les yeux bandés et dans cette attitude, de contracter un engagement solennel, qui n'a rien contre Dieu, contre aucun roi de la terre, ni contre votre*

gives his report and says then to the candidate : "*You will now undergo your last test, and this then allows you to be recognized as a Mason, and do you have the same firmness that you have already shown ? Several lack some strength in this moment. I will not be surprised of the weakness you show us if you have the cheek to retire and to tell all what you have seen and what one has done to you. Take care that your courage does not precipitate you into dangers that you cannot avoid; take a moment of reflection.*" (one [brother] has to tell to a neighbour brother, "*the iron is hot*", so that it is hardly heard). After having replied that he consents to everything, the Worshipful Master says : "*Brother Senior Warden, fulfil your duty !*" The seal of the lodge is put on his shoulder. Then the Worshipful Master orders to let him ascend the three steps of the Temple and to let him advance to the altar as an Entered Apprentice. Having arrived there, he is to put his right knee on the floor, his right hand on the Book of the Sacred Law, and, with the other he holds a compass on the left breast, and the Worshipful Master says to him : "*Sir, do you consent, although your eyes are blindfolded and you are in this attitude, to contract a solemn engagement, which has nothing against God, against any king on earth, nor against your*

prochain : rappelez-vous désormais, que c'est une obligation contractée devant le g.d architecte de l'univ.s et devant l'assemblée la plus respectable ; le Récip.re ayant répondu, le M.e lui dit, répétez après moi.

## Obligation.

Je promets et m'engage, parole d'honneur, devant le g.d ar.te de l'univ.s et devant cette assemblée, de ne jamais révéler à aucune personne, qui n'ait fait ce que j'ai fait, les secrets qui vont m'être révélés, de n'être la cause directe ni indirecte que les dits secrets, soient écrits, gravés, burinés, sculptés en aucune langue et caractères que ce soit ; et je consens si jamais je deviens parjure, d'avoir la gorge coupée, le cœur arraché, et d'être en exécration parmi tous mes ff. et à toute la postérité ; ainsi Dieu me soit en aide.

Après l'obligation finie le V.ble M.e lui dit ; — Par le pouvoir que j'ai reçu de cette R.ble loge, sous l'autorité de notre R.ble g.d m.e le Duc d'Orléans, je vous fais apprenti maçon (et lui donne 3 petits coups de maillet sur la tête du compas qu'il tient sur la mamelle gauche) cela fini, on le transporte à

prochain; rappelez-vous désormais que c'est une Obligation contractée devant le Grand Architecte de l'Univers et devant l'assemblée la plus respectable ? ». Le Récipiendaire ayant répondu, le Vénérable Maître lui dit : « *Répétez après moi !* »

## *Obligation*

« *Je promets et m'engage, parole d'honneur, devant le Grand Architecte de l'Univers et devant cette assemblée, de ne jamais révéler à aucune personne, qui n'ait fait ce que j'ai fait, les secrets qui vont m'être révélés, de n'être la cause directe ni indirecte que lesdits secrets soient écrits, gravés, burinés, sculptés, en aucune langue et caractères que ce soit; et je consens, si jamais je deviens parjure, d'avoir la gorge coupée, le cœur arraché et d'être en exécration parmi tous mes Frères et à toute la postérité; ainsi Dieu me soit en aide !* »

Après l'Obligation, le Vénérable Maître lui dit : « *Par le pouvoir que j'ai reçu de cette respectable loge, sous l'autorité de notre Respectable Grand Maître le duc d'Orléans, je vous fais Apprenti Maçon* » (et lui donne trois petits coups de maillet sur la tête du compas qu'il tient sur la mamelle gauche). Cela fini, on le transporte à

neighbour. Remember, however, that it is an Oath contracted before the Great Architect of the Universe and before the most respectable assembly ?"

The Candidate having replied the Worshipful Master says to him : "*Repeat after me !*"

## *Oath*

" *I promise and swear, on my word of honour, before the Great Architect of the Universe and before this assembly, never to reveal to any person, who has not done what I have done, the secrets that are going to be revealed to me, not to be the direct or indirect cause that the aforementioned secrets are written, engraved, chiselled, sculpted, in any language and characters whatsoever. I consent, if ever I commit perjury, to have my throat cut, my heart pulled out and to be cursed among all my brethren and to all the posterity. So help me God !* "

After the Oath, the Worshipful Master says to him : "*By the power I received from this respectable lodge, under the authority of our Respectable Grand Master the duke of Orleans, I receive you an Entered Apprentice Mason*" (giving three light knocks with his mallet on the head of the compass that the candidate holds on the left breast). That finished, one conducts him to the

10.

l'occident de la loge; tous les ff. mettent l'épée à la main, la pointe vers le récip.ᵉ, et le v.ble m.ᵉ ordonne au sd. surv.t de lui donner la lumière; on le laisse un instant jouir de sa surprise, après quoi le v.ble m.ᵉ lui dit, vous voyez toutes ces épées, il n'est aucun de nous, qui ne s'en serve pour vous venger, mais il n'en est aussi aucun de nous, qui ne se lave dans votre sang, si vous pouviez devenir parjure; après quoi on le fait habiller. (Nota) que pendant le temps des cérémonies de la réception, aucun f. ne doit parler ni quitter sa place sous quelque prétexte que ce soit, le silence étant l'âme de la cérémonie, le m.ᵉ doit y apporter une grande exactitude.

Le f. récip.ᵉ étant habillé, le m.ᵉ le décore du tablier de l'ordre, et lui dit « recevez ce tablier de l'ordre le plus ancien qu'il y ait; il lui donne les gants, et lui dit « la blancheur de ces gants désigne la pureté de nos mains (on donne une paire de gants de femme pour une maçonne).

Nous avons des signes, des mots, et des attouchements pour nous faire reconnaître.

Le mot est Jakin. il s'épelle, une lettre après l'autre, de manière que lorsqu'on examine un f., il doit toujours vous donner la seconde lettre; lui

West of the lodge. All the brethren take their swords in their hands, point to the candidate, and the Worshipful Master orders the Senior Warden to give him the Light. He is allowed for an instant to enjoy his surprise, after which the Worshipful Master says to him: *"You see all these swords, there is no one among us who will not use it to revenge you, but there is neither one among us who would not wash his hands in your blood, if you should commit perjury."* After this, the candidate is allowed to dress. (Note: that during the time of ceremonies of reception, no brother is allowed to speak nor to leave his place under any pretext whatsoever, the silence being the soul of the ceremony, the Master has to see to this with great care.)

When the brother candidate is dressed, the Master decorates him with the Apron of the Order and says to him: *"Receive this Apron of the most ancient Order there is"*. He gives him the gloves and says to him: *"The whiteness of these gloves designates the purity of our hands. (One gives a pair of woman's gloves for a female Mason.) We have signs, words and grips to make ourselves recognized.*

*The Word is Jakin* [1] *and is spelled, one letter after the other, in such a manner that when one examines a brother, he has always to give the second letter."* He

---

[1] This word was added from a different hand on a blank.

donnant l'attouchement, il lui dit ;,, cet attouchement nous fait reconnaitre avec nos ff∴ de quelque nation qu'ils soient.

Le signe vous rappelle un des points de votre engagem.t d'avoir la gorge coupée plutôt que de révéler les secrets de la maçonnerie : allez mon f.˙ vous faire reconnaitre de tous vos ff∴

Le Récip.re donne le signe, l'attouchement et la parole à tous les ff∴ en commençant par les 2 surv.ts, et il se place ensuite à côté du V.ble ; le f.r orateur alors fait un Discours sur l'exellence de l'ordre, sur le bonheur dont jouissent les maçons ; sur les vertus que l'on exige d'une personne pour être reçu, et de celles qui doivent suivre sa réception.

Le Discours fini, le V.ble M.e fait l'explication du tableau ; ensuite on lit les Constitutions et les statuts, et l'on fait passer la boête des pauvres ; après quoi le V.ble fait l'instruction qui suit.

## Instruction

D. quel est le 1.er devoir d'un maçon ?
R. c'est de voir si la loge est couverte.
D. que venez vous faire ici ?
R. vaincre mes passions, soumettre mes volontés, et faire de nouveaux progrès dans la maçonnerie.
D. êtes vous maçon ?
R. mes ff∴ me reconnaissent pour tel.

donnant l'attouchement, il lui dit : « *Cet attouchement nous fait reconnaître avec nos Frères, de quelque nation qu'ils soient.*

*Le Signe vous rappelle un des points de votre engagement d'avoir la gorge coupée plutôt que de révéler les secrets de la Maçonnerie; allez, mon Frère, vous faire reconnaître de tous vos Frères !* »

Le Récipiendaire donne le Signe, l'Attouchement et la Parole à tous les Frères en commençant par les deux Surveillants et il se place ensuite à côté du Vénérable; le Frère Orateur alors fait un discours sur l'excellence de l'Ordre, sur le bonheur dont jouissent les Maçons, sur les vertus que l'on exige d'une personne pour être reçu et de celles qui doivent suivre sa réception.

Le discours fini, le Vénérable Maître fait l'explication du Tableau; ensuite on lit les Constitutions et les Statuts et l'on fait passer la boîte des pauvres; après quoi le Vénérable fait l'Instruction qui suit.

## *Instruction*

D. Quel est le premier devoir d'un Maçon ?
R. C'est de voir si la loge est couverte.
D. Que venez-vous faire ici ?
R. Vaincre mes passions, soumettre mes volontés et faire de nouveaux progrès en Maçonnerie.
D. Etes-vous Maçon ?
R. Mes Frères me reconnaissent pour tel.

gives the Grip and says to him : "*This Grip enables us to recognize our brethren, and from which nation they are.*

*The Sign reminds you of one of the points of your engagement, to rather have your throat cut than to reveal the secrets of Masonry. Go, my brother, to make yourself known to all your brethren !*"

The Candidate gives the Sign, the Grip and the Word to all the brethren beginning with the two Wardens and then he takes a place next to the Worshipful Master. The brother Orator then delivers a speech on the excellence of the Order, on the happiness which Masons enjoy, on virtues that are required of a person to be initiated and of those who have to follow his reception.

When the speech is finished, the Worshipful Master gives the explanation of the Tracing Board. Then the Constitutions and Statutes are read and the widow's trunk is passed for the poor. Then the Worshipful Master gives the Lecture that follows.

## *Lecture*

Q. What is the first duty of a Mason ?
R. To see the lodge tiled.
Q. What do you come to do here ?
R. To conquer my passions, to submit my moods and to make new progress in Masonry.
Q. Are you Mason ?
R. My brethren recognise me as such.

12°. D. à quoi connaîtrai-je que vous êtes maçon ?
R. à mes signes, paroles et attouchements.
D. quels sont les signes d'un maçon ?
R. tout équerre, niveau et perpendiculaire.
D. quelles sont les marques ?
R. Certains attouchements réguliers, qu'elles nous donne entr'eff.
D. Donnez le mot, le signe et l'attouchement ?
R. (on les donne) Jakin
D. quel est le mot de passe ?
R. Tubalcaïn.
D. que signifie ce mot ?
R. c'est le nom d'un fils de Lamek, le 1er qui travailla aux métaux.
D. où avez-vous été reçu maçon ?
R. Dans une loge juste et parfaite.
D. qui compose cette loge ?
R. trois ; savoir ; un V{ble} Mre. et 2 Surv{ts}.
D. qui la forme ?
R. 5. savoir, un V{ble} Mre, 2 Surv{ts}, un apprentif et un Compagnon.
D. qui la rend juste et parfaite ?
R. 7. savoir, un V{ble}, 2 Surv{ts}, 2 apprentifs et 2 Compag{s}.
D. pourquoi vous êtes-vous fait recevoir maçon ?
R. c'est que j'étais dans les Ténèbres et que je voulais voir la lumière.

| | |
|---|---|
| D. A quoi connaîtrai-je que vous êtes Maçon ? | Q. By what shall I know that you are Mason ? |
| R. A mes signe, parole et attouchement. | R. By my sign, word and grip. |
| D. Quels sont les signes d'un Maçon ? | Q. What are signs of a Mason ? |
| R. Tous équerre, niveau et perpendiculaire. | R. All of them square, level and perpendicular. |
| D. Quelles sont les marques ? | Q. What are the marks ? |
| R. Certains attouchements réguliers que l'on se donne entre Frères. | R. Some regular grips that one gives among brethren. |
| D. Donnez le mot, le signe et l'attouchement ! | Q. Give the word, the sign and the grip ! |
| R. (On les donne) Jakin. | R. (One gives them) "Jakin." |
| D. Quel est le mot de passe ? | Q. What is the password ? |
| R. Tubalcain. | R. "Tubalcain." |
| D. Que signifie ce mot ? | Q. What does this word mean ? |
| R. C'est le nom d'un fils de Lamek, le premier qui travailla les métaux. | R. It is the name of a son of Lamek, the first who worked metals. |
| D. Où avez-vous été reçu Maçon ? | Q. Where were you received a Mason ? |
| R. Dans une loge juste et parfaite. | R. In a just and perfect lodge. |
| D. Qui compose cette loge ? | Q. Who compose this lodge ? |
| R. Trois, savoir le Vénérable Maître et deux Surveillants. | R. Three, viz. the Worshipful Master and two Wardens. |
| D. Qui la forme ? | Q. Who form it ? |
| R. Cinq, savoir un Vénérable, deux Surveillants, un Apprenti et un Compagnon. | R. Five, viz. a Worshipful Master, two Wardens, an Entered Apprentice and a Companion. |
| D. Qui la rend juste et parfaite ? | Q. Who render it just and perfect ? |
| R. Sept, savoir un Vénérable, deux Surveillants, deux Apprentis et deux Compagnons. | R. Seven, viz. a Worshipful Master, two Wardens, two Entered Apprentices and two Companions. |
| D. Pourquoi vous êtes-vous fait recevoir Maçon ? | Q. Why were you received a Mason ? |
| R. C'est que j'étais dans les ténèbres et que je voulais voir la Lumière. | R. Because I was in darkness and wanted to see the Light. |

13.

D. où vous étes vous préparé avant d'être reçu maçon ?
R. Dans le Calme.
D. où vous a-t'on mis avant d'être reçu maçon ?
R. Dans la Chambre noire.
D. qui vous a préparé, et présenté en loge ?
R. un homme, armé d'un Glaive, que j'ai ensuite reconnu pour f∴
D. Pourquoi etait il armé d'un Glaive ?
R. Pour écarter les Prophanes.
D. Viiez-vous bien clair en entrant en loge ?
R. non, car j'avais les yeux bandés.
D. Pourquoi aviés-vous les yeux bandés ?
R. pour marquer que j'étais dans les Tenèbres ; que le voile du préjugé n'était point encore tombé, et que je n'étais point encore digne de recevoir la lumière.
D. qu'avez-vous vu en entrant en loge ?
R. rien, que l'esprit humain puisse comprendre.
D. Dans quel etat êtiez vous quand vous fûtes reçu ?
R. ni nud, ni vêtu ; et cependant d'une posture décente
D. pourquoi ?
R. pour marquer que nous sommes tous égaux, et que la vertu n'a pas besoin d'ornemens.
D. Comment êtes-vous entré en loge ?
R. Par trois grands coups réitérés.

| | |
|---|---|
| D. Où vous êtes-vous préparé avant d'être reçu Maçon ? | Q. Where were you prepared before being received a Mason ? |
| R. Dans le cœur. | R. In the heart. |
| D. Où vous a-t-on mis avant d'être reçu Maçon ? | Q. Where were you brought before you were received a Mason ? |
| R. Dans la Chambre noire. | R. In the dark Chamber. |
| D. Qui vous a préparé et présenté en loge ? | Q. Who prepared you and presented you in lodge ? |
| R. Un homme, armé d'un glaive, que j'ai ensuite reconnu pour Frère. | R. A man, armed with a sword, that I have since recognized as a brother. |
| D. Pourquoi était-il armé d'un glaive ? | Q. Why was he armed with a sword ? |
| R. Pour écarter les profanes. | R. To keep away the profanes. |
| D. Vîtes-vous bien clair en entrant en loge ? | Q. What did you see on entering the lodge ? |
| R. Non, car j'avais les yeux bandés. | R. Nothing, because I had my eyes blinded. |
| D. Pourquoi aviez-vous les yeux bandés ? | Q. Why were your eyes blinded ? |
| R. Pour marquer que j'étais dans les ténèbres, que le voile du préjugé n'était pas encore tombé et que je n'étais pas encore digne de recevoir la lumière. | R. To show that I was in darkness, that the veil of the prejudice had not yet fallen and that I was still worthy to receive the light. |
| D. Qu'avez-vous vu en entrant en loge ? | Q. What did you see on entering the lodge ? |
| R. Rien que l'esprit humain ne puisse comprendre. | R. Nothing that the human spirit could not understand. |
| D. Dans quel état étiez-vous quand vous fûtes reçu ? | Q. In what state were you when you were received ? |
| R. Ni nu ni vêtu, et cependant dans une posture décente. | R. Neither naked nor dressed, but nevertheless in a decent posture. |
| D. Pourquoi ? | Q. Why ? |
| R. Pour marquer que nous sommes tous égaux, et que la vertu n'a pas besoin d'ornements. | R. To show that we are all equal, and that virtue has no need of ornaments. |
| D. Comment êtes-vous entré en loge ? | Q. How did you enter the lodge ? |
| R. Par trois grands coups réitérés. | R. By three loud knocks repeated. |

14.
D. que signifient ces trois grands coups ?
R. trois paroles d'écriture sainte.
D. quelles sont-elles ?
R. frappez, ou vous ouvrira : parlez ou vous répondra. — demandez ou vous accordera.
D. après être entré en loge, que vous a-t-on fait faire ?
R. Voyager de l'occident à l'orient par le septentrion.
D. Pourquoi ?
R. Pour chercher la lumière.
D. après avoir voyagé, qu'avez-vous fait ?
R. j'ai été présenté au V̄bl̄.
D. qu'a-t-il fait de vous ?
R. avec le désir que j'avais, et le consentement de la Loge, il m'a reçu maçon.
D. Comment vous a-t-il reçu maçon ?
R. avec toutes les formalités requises.
D. que faisiez-vous dans cette posture ?
R. je contractais un engagement de garder les secrets des maçons et de la maçonnerie.
D. pourquoi aviez-vous le pied en pantoufle ?
R. à l'imitation de Moyse, lorsque le Seigneur lui apparut dans le désert sous la forme d'un buisson ardent, il lui commanda d'ôter ses souliers, comme indique de fouler aux pieds la terre sainte sur laquelle il marchait.

| | |
|---|---|
| D. Que signifient ces trois grands coups ? | Q. What do these three loud knocks mean ? |
| R. Trois paroles d'Ecriture Sainte. | R. Three words from the Holy Writ. |
| D. Quelles sont-elles ? | Q. What are they ? |
| R. Frappez, on vous ouvrira; parlez, on vous répondra; demandez, on vous accordera. | R. Knock, and it shall be opened unto you; ask, and it shall be given you; seek, and you shall find. |
| D. Après être entré en loge, que vous a-t-on fait faire ? | Q. After having entered the lodge, what were you made to do ? |
| R. Voyager de l'Occident à l'Orient par le Septentrion. | R. To travel from the West to the East by the North. |
| D. Pourquoi ? | Q. Why ? |
| R. Pour chercher la lumière. | R. To seek the Light. |
| D. Après avoir voyagé, qu'avez-vous fait ? | Q. After having travelled, what did you do ? |
| R. J'ai été présenté au Vénérable. | R. I was presented to the Worshipful Master. |
| D. Qu'a-t-il fait de vous ? | Q. What did he do to you ? |
| R. Avec le désir que j'avais et le consentement de la loge, il m'a reçu Maçon. | R. With the desire that I had and the consent of the lodge, he received me a Mason. |
| D. Comment vous a-t-il reçu Maçon ? | Q. How did he receive you a Mason ? |
| R. Avec toutes les formalités requises. | R. With all formalities required. |
| D. Que faisiez-vous dans cette posture ? | Q. What did you do in this posture ? |
| R. Je contractais un engagement de garder les secrets. | R. I contracted an engagement to guard the secrets. |
| D. Pourquoi aviez-vous le pied en pantoufle ? | Q. Why did you have your foot in slipper ? |
| R. A l'imitation de Moïse, lorsque le Seigneur lui apparut dans le désert sous la forme d'un buisson ardent, Il lui commanda d'ôter ses souliers, comme indigne de fouler aux pieds la terre sainte sur laquelle il marchait. | R. In allusion to Moses, when the Lord appeared to him in the desert in the form of a burning bush. He ordered him to take off his shoes, as unworthy to touch with his feet the holy earth on which he walked. |

D. Pourquoi le Genouil droit, dépouillé &c.?

R. Pour montrer que nous devons céder et fléchir les uns aux autres.

D. Qu'avez vous vu étant reçu maçon?

R. Trois grandes lumières.

D. Quelles sont-elles?

R. Le Soleil, la lune, et le G.d M.e

D. Que signifient-elles?

R. Que le Soleil préside ou éclaire le jour, la lune la nuit, et que le g.d m.e gouverne la loge.

D. Quels sont les devoirs d'un maçon?

R. De fuir le vice, et de pratiquer la Vertu.

D. Quels sont les secrets des maçons?

R. Des paroles et attouchemens sans nombre.

D. Quel est le principal point de votre réception?

R. C'est d'être privé de tous métaux.

D. Pourquoi?

R. Parceque à la construction du temple de Salomon, on n'entendit aucun bruit de hache ou outil de métal.

D. Comment a t'on pu élever un si vaste édifice sans le secours d'aucun instrument de métal.

D. Comment a t'on pu l'élever?

R. Parceque Hiram roi de tyr avait envoyé les cèdres du Liban tous taillés et prêts à poser, et que Salomon avait fait tailler dans les carrières, les

| | |
|---|---|
| D. Pourquoi le genou droit dépouillé et nu ? | Q. Why the naked and bare right knee ? |
| R. Pour montrer que nous devons céder et fléchir les uns les autres. | R. To show that we have to yield and bend for each other. |
| D. Qu'avez-vous vu étant reçu Maçon ? | Q. What did you see when being received a Mason ? |
| R. Trois grandes lumières. | R. Three large lights. |
| D. Quelles sont-elles ? | Q. Which are they ? |
| R. Le Soleil, la Lune et le Grand Maître. | R. The Sun, the Moon and the Grand Master. |
| D. Que signifient-elles ? | Q. What do they mean ? |
| R. Que le Soleil préside ou éclaire le jour, la Lune la nuit et que le Grand Maître gouverne la loge. | R. That the Sun presides or illuminates the day, the Moon the night and that the Grand Master governs the lodge. |
| D. Quels sont les devoirs d'un Maçon ? | Q. What are the duties of a Mason ? |
| R. De fuir le vice et de pratiquer la vertu. | R. To avoid vice and to practice virtue. |
| D. Quels sont les secrets des Maçons ? | Q. What are the secrets of Masons ? |
| R. Des paroles et attouchements sans nombre. | R. Words and grips without number. |
| D. Quel est le principal point de votre réception ? | Q. What is the main point of your reception ? |
| R. C'est d'être privé de tous métaux. | R. To be deprived of all metals. |
| D. Pourquoi ? | Q. Why ? |
| R. Parce qu'à la construction du Temple de Salomon, on n'entendit aucun bruit de hache ou outil de métal. | R. Because at the construction of the Temple of Solomon, one heard no noise of axe nor tool of metal. |
| D. Comment a-t-on pu élever un si vaste édifice sans le secours d'aucun instrument de métal ? | Q. How was it possible to raise such a vast structure without the support of any instrument of metal ? |
| R. Parce qu'Hiram, roi de Tyr, avait envoyé les cèdres du Liban tout taillés et prêts à poser et que Salomon avait fait tailler dans les carrières les | R. Because Hiram, King of Tyr, had sent cedars of the Lebanon completely prepared and ready to be placed, and that Solomon had |

16.

Pierres dont il avait besoin pour son temple.

D. où est située votre loge ?

R. Dans la vallée de Josaphat ou quelqu'endroit caché.

D. où peut-on tenir loge ?

R. Dans les vallées, sur les montagnes et en tout endroit caché, où femme ne jase, chien n'aboie, et coq ne chante.

D. qu'elle forme a votre loge ?

R. un quarré long.

D. quelle longueur ?

R. de l'orient à l'occident.

D. quelle profondeur ?

R. De la surface de la terre au centre.

D. quelle largeur ?

R. du midi au septentrion.

D. quelle hauteur ?

R. De pieds, de toises et de coudées sans nombre.

D. qui la couvre ?

R. un Dais céleste orné d'étoiles.

D. qu'entendez-vous par sa long.r, larg.r, haut.r et profondeur ?

R. que toute la terre ne forme qu'une seule loge dont tous les maçons de l'univers qui la composent n'ont qu'un même esprit.

D. qui la soutient ?

R. 3 grandes colonnes.

D. Comment les nommés vous ?

R. sagesse, force et beauté.

| | |
|---|---|
| pierres dont il avait besoin pour son temple. | the stones, which he needed for his temple, squared in quarries. |
| D. Où est située votre loge ? | Q. Where is your lodge situated ? |
| R. Dans la vallée de Josaphat ou quelque endroit caché. | R. In the valley of Josaphat or some hidden place. |
| D. Où peut-on tenir loge ? | Q. Where can a lodge be held ? |
| R. Dans les vallées, sur les montagnes et en tout endroit caché où femme ne jase, chien n'aboie et coq ne chante. | R. In the valleys, on the mountains and in any hidden place where a woman does not chatter, a dog does not bark and cock does not crow. |
| D. Quelle forme a votre loge ? | Q. What form has your lodge ? |
| R. Un carré long. | R. An oblong square. |
| D. Quelle longueur ? | Q. What is its length ? |
| R. De l'Orient à l'Occident. | R. From the East to the West. |
| D. Quelle profondeur ? | Q. What is its depth ? |
| R. De la surface de la terre au centre. | R. From the surface of the earth to the centre. |
| D. Quelle largeur ? | Q. What is its width ? |
| R. Du Midi au Septentrion. | R. From the South to the North. |
| D. Quelle hauteur ? | Q. What is its height ? |
| R. De pieds, de toises et de coudées sans nombre. | R. Feet, cubits and yards without number. |
| D. Qui la couvre ? | Q. What covers it ? |
| R. Un dais céleste orné d'étoiles. | R. A celestial canopy, ornamented with stars. |
| D. Qu'entendez-vous par sa longueur, largeur, hauteur et profondeur ? | Q. What do you mean by its length, width, height and depth ? |
| R. Que toute la terre ne forme qu'une seule loge dont tous les Maçons de l'univers qui la composent n'ont qu'un même esprit. | R. That the whole earth forms but one single lodge, of which all Masons of the universe, who compose it, have only one and the same spirit. |
| D. Qui la soutient ? | Q. What sustains her ? |
| R. Trois grandes colonnes. | R. Three large columns. |
| D. Comment les nommez-vous ? | Q. What do you call them ? |
| R. Sagesse, Force et Beauté. | R. Wisdom, Strength and Beauty. |

17.e

D. Pourquoi les nomme t'on ainsi ?
R. Sagesse pour gouverner, force pour soutenir et beauté pour orner.
D. Avez-vous des bijoux ?
R. Oui V ble, 3 mobiles et 3 immobiles.
D. Quels sont les mobiles ?
R. La Bible, l'équerre, et le compas.
D. Et les immobiles ?
R. La Planche à tracer, la Pierre Cubique à pointes, et la Pierre brutte.
D. Quel est l'usage des mobiles ?
R. La Bible est à Dieu, et sert à nous maintenir dans sa crainte, et à nous instruire de notre Religion ; l'équerre est au m.re, et sert à donner la justesse à nos ouvrages qui sont de nous former dans les vertus ; et le compas, est au g.d M.re pour perfectionner nos travaux en donnant la précision à nos Cœurs.
D. Quel est l'usage des Immobiles ?
R. La Planche à tracer sert au m.re pour faire des Plans, la Pierre Cubique à pointes, aux Compagnons, pour iguiser leurs outils ; et la Pierre brutte aux apprentifs pour remplir les vuides des Compagnons.
D. À qui est dédiée votre loge ?
R. À S.t Jean.
D. Pourquoi ?
R. Parceque S.t Jean étant le 1.er Précurseur de la lumière

D. Pourquoi les nomme-t-on ainsi ?
R. Sagesse pour gouverner, Force pour soutenir et Beauté pour orner.
D. Avez-vous des bijoux ?
R. Oui, Vénérable, trois mobiles et trois immobiles.
D. Quels sont les mobiles ?
R. La Bible, l'Equerre et le Compas.
D. Et les immobiles ?
R. La Planche à Tracer, la Pierre Cubique à pointe et la Pierre Brute.
D. Quel est l'usage des mobiles ?
R. La Bible est à Dieu, et sert à nous maintenir dans Sa crainte et à nous instruire de notre religion; l'Equerre est au Maître, et sert à donner la justesse à nos ouvrages qui sont de nous former dans les vertus; et le Compas est au Grand Maître pour perfectionner nos travaux en donnant de la précision à nos cours.
D. Quel est l'usage des immobiles ?
R. La Planche à Tracer sert au Maître pour faire ses plans; la Pierre Cubique à pointe, aux Compagnons pour aiguiser leurs outils; et la Pierre Brute aux Apprentis pour remplir les vides des Compagnons.
D. A qui est dédiée votre loge ?
R. A saint Jean.
D. Pourquoi ?
R. Parce que saint Jean étant le premier précurseur de la lumière

Q. Why do you call them thus ?
R. Wisdom to govern, Strength to sustain and Beauty to adorn.
Q. Do you have jewels ?
R. Yes, Worshipful Master, three mobile and three immobile.
Q. What are mobile ?
R. The Bible, the Square and the Compass.
Q. And the immobile ?
R. The Tracing Board, the Perfect Ashlar and the Rough Ashlar.
Q. What is the usage of the mobile ?
R. The Bible refers to God, and serves to maintain us in His belief and to instruct us in our religion; the Square refers to the Master, and serves to give the correctness to our works that are to render us virtuous; and the Compass refers to the Grand Master to perfect our works by giving precision to our hearts.
Q. What is the usage of the immobile ?
R. The Tracing Board is destined for the Master to make his plans; the Perfect Ashlar is destined for the Companions to sharpen their tools; and the Rough Stone is destined for the Entered Apprentices to fill the empty places of the Companions.
Q. To whom is your lodge dedicated ?
R. To Saint John.
Q. Why ?
R. Because Saint John being the first precursor of the light

18².

de la foi, par le Baptême du Seigneur, il a été choisi p.^r Patron.

D. où était bâti le Temple ?
R. sur le mont Moria dans Jérusalem.
D. Combien y a-t-il de sortes de maçons ?
R. de 2 sortes : savoir ; des maçons de Théorie, et de Pratique.
D. quels sont les maçons de Théorie ?
R. Ce sont ceux qui apprennent une forme morale, épurent leurs mœurs, et se rendent agréables à tout le monde.
D. quels sont les maçons de Pratique ?
R. Ceux qui taillent des Pierres et élèvent des Perpendiculaires sur leurs bases.
D. où avez vous travaillé ?
R. au dehors du Temple, à remplir les vuides des Compagnons avec la Pierre Brutte.
D. avez vous des lumières fixes ?
R. oui V.^ble, au nombre de 3, dont une à l'orient, l'autre à l'occident, et la 3.^e au midi.
D. Pourquoi point au Septentrion ?
R. parceque les rayons du Soleil y pénètrent faiblement vers cette partie.
D. à quoi servaient ces lumières ?
R. à éclairer les ouvriers qui travaillaient au Temple.
D. où se tenaient les m.^res ?
R. Dispersés partout le Temple.

de la foi, par le baptême du Seigneur il a été choisi pour patron.

D. Où était bâti le Temple ?
R. Sur le mont Moria dans Jérusalem.
D. Combien y a-t-il de sortes de Maçons ?
R. De deux sortes : des Maçons de théorie et de pratique.
D. Quels sont les Maçons de théorie ?
R. Ce sont ceux qui apprennent une force morale, épurent leurs mœurs et se rendent agréables à tout le monde.
D. Quels sont les maçons de pratique ?
R. Ceux qui taillent les pierres et élèvent des perpendiculaires sur leur base.
D. Où avez-vous travaillé ?
R. Au dehors du Temple, à remplir les vides des Compagnons avec la Pierre Brute.
D. Avez-vous des lumières fixes ?
R. Oui, Vénérable, au nombre de trois, dont une à l'Orient, l'autre à l'Occident et la troisième au Midi.
D. Pourquoi point au Septentrion ?
R. Parce que les rayons du Soleil pénètrent faiblement vers cette partie.
D. A quoi servent ces lumières ?
R. A éclairer les ouvriers qui travaillent au Temple.
D. Où se tenaient les Maîtres ?
R. Dispersé par tout le Temple.

of faith by the baptism of the Lord he has been chosen as our patron.

Q. Where was the Temple built ?
R. On Mount Moria in Jerusalem.
Q. How many kinds of Masons are there ?
R. Two kinds : theoretical and practical Masons.
Q. What are theoretical Masons ?
R. They are those who learn moral strength, purify their morals and render themselves agreeable to everybody.
Q. What are practical Masons ?
R. Those that carve stones and raise the perpendiculars on their basis.
Q. Where did you work ?
R. At the outside of the Temple, to fill the empty places the Companions left with the Rough Stone.
Q. Do you have fixed lights ?
R. Yes, Worshipful Master, there are three of them, of which one at the East, the other at the West and the third at the South.
Q. Why none at the North ?
R. Because the rays of the Sun hardly penetrate into this part.
Q. To what serve these lights ?
R. To illuminate workers who work at the Temple.
Q. Where are the Masters ?
R. Dispersed all over the Temple area.

D. où se tenaient les apprentifs ?
R. au dehors du Temple, pour considérer et imiter le travail des maçons.

D. où se tenaient les Surv.ts ?
R. à l'Occident, où le Soleil se couche, pour fermer les barrières du jour, et comme font encore les Surv.ts, pour payer les ouvriers, les renvoyer, et fermer la Loge.

D. Combien de temps avez-vous travaillé ?
R. Depuis le lundi matin jusqu'au Samedi soir.

D. Vous a-t-on payé ?
R. Je suis content.

D. où avez-vous été payé ?
R. à la Colonne J.

D. quel age avez-vous ?
R. au dessous de 7 ans, ou bien 3 ans et plus.

D. quelle heure est-il ?
R. V.ble, il est minuit.

---

## Pratique pour ouvrir la Loge.
---

D. f.r 1.er Surv.t quelle heure est-il ?
R. très V.ble, il est midi plein.

D. quel est le devoir d'un maçon ?
R. c'est devoir si nous sommes à l'abri de l'indiscrétion des Prophanes.

D. Où se tenaient les Apprentis ?
R. Au dehors du Temple, pour considérer et imiter le travail des Maçons.
D. Où se tenaient les Surveillants ?
R. A l'Occident, où le Soleil se couche, pour fermer les barrières du jour et, comme font encore les Surveillants, pour payer les ouvriers, les renvoyer et fermer la loge.
D. Combien de temps avez-vous travaillé ?
R. Depuis le lundi matin jusqu'au samedi soir.
D. Vous a-t-on payé ?
R. Je suis content.
D. Où avez-vous été payé ?
R. A la Colonne J.
D. Quel âge avez-vous ?
R. Au-dessous de sept ans, ou bien trois ans et plus.
D. Quelle heure est-il ?
R. Vénérable, il est minuit.

---

## Pratique pour ouvrir la loge

D. Frère Premier Surveillant, quelle heure est-il ?
R. Très Vénérable, il est midi plein.
D. Quel est le devoir d'un Maçon ?
R. C'est de voir si nous sommes à l'abri de l'indiscrétion des profanes.

---

Q. Where are the Entered Apprentices ?
R. At the outside of the Temple, to regard and imitate the work of the Masons.
Q. Where are the Wardens ?
R. At the West, where the Sun sets, to close the doorway of the day and, as do the Wardens, to pay the workers, to send them away and to close the lodge.
Q. During how much time did you work ?
R. Since Monday morning until the Saturday evening.
Q. Did they pay you ?
R. I am content.
Q. Where have you been paid ?
R. At the Column J.
Q. What is your age ?
R. Less than seven years, or three years and more.
Q. What time is it ?
R. Worshipful Master, it is midnight.

---

## To open the lodge

Q. Brother Senior Warden, what is the time ?
R. Very Worshipful Master, it is full noon.
Q. What is the duty of a Mason ?
R. He has to see that we are tiled against the indiscretion of profanes.

20.° D. Ordonnés au f° Tuileur d'y voir, et vous mon f° assurér vous des qualités des ff. ici présents.

R. Très V.ble, on a visité tuile par tuile, goutière par goutière, nous sommes entièrement à l'abri de l'indiscrétion des Prophanes ; tous les ff. qui sont ici présents sont dignes d'assister à nos mystères.

D. Puisqu'il est midi plein, et que nous sommes à l'abri de l'indiscrétion des Prophanes avertissés les ff. sur les Colonnes du midi et du nord de me prêter leurs secours, pour ouvrir la loge d'apprentif.

R. Mes ff. le V.ble vous engage à lui prêter votre secours pour ouvrir la loge d'apprentif maçon. Le 2.° Surv.t répète.

Le Vén.ble M.e frappe 3 coups de maillet sur l'autel, et dit, puisqu'il est midi plein, mes ff. à l'ordre, et faisons notre devoir ; Tous font le signe d'apprentif : et après avoir frappé 3 coups dans leurs mains, ils font les acclamations ordinaires.

Le M.e fait ensuite un petit Discours sur le sujet de la convocation de l'ordre, exhorte les ff. au silence ; le f.e orateur, fait un compliment aux ff. visiteurs s'il y en a

D. Ordonnez au Frère Tuileur d'y voir, et vous, mon Frère, assurez-vous des qualités des Frères ici présents.

R. Très Vénérable, on a visité tuile par tuile, gouttière par gouttière, nous sommes entièrement à l'abri de l'indiscrétion des profanes, tous les Frères ici présents sont dignes d'assister à nos mystères.

D. Puisqu'il est midi plein et que nous sommes à l'abri de l'indiscrétion des profanes, avertissez les Frères sur les colonnes du midi et du nord de me prêter leur secours pour ouvrir la loge d'Apprentis.

R. Mes Frères, le vénérable vous engage à lui prêter votre secours pour ouvrir la loge d'Apprenti Maçon. (Le Deuxième Surveillant répète).

Le Vénérable frappe trois coups de maillet sur l'autel et dit : « *Puisqu'il est midi plein, mes Frères, à l'ordre ! Et faisons notre devoir.* » Tous font le signe d'Apprenti et, après avoir frappé trois coups dans leurs mains, ils font les acclamations ordinaires.

Le Maître fait ensuite un petit discours sur le sujet de la convocation de l'Ordre, exhorte les Frères au silence; le Frère orateur fait un compliment aux Frères visiteurs s'il y en a.

Q. Direct the brother Tyler to see to it and you, my brother, make sure of the qualities of the brethren here present.

R. Very Worshipful Master, tile by tile was inspected, gutter by gutter, we are entirely tiled against the indiscretion of profanes, all the brethren here present are deserving to attend our mysteries.

Q. Since it is full noon and we are close-tiled against the indiscretion of the profanes, inform the brethren on the columns in the South and North to assist me to open the lodge of Entered Apprentices.

R. My brethren, the Worshipful Master demands you to assist him to open the Entered Apprentice Mason lodge. (The Junior Warden repeats).

The Worshipful Master gives three knocks with his mallet on the altar and says : "*Since it is full noon, my brethren, to order ! Let us fulfil our duty.*" All make the Entered Apprentice sign and, after having applauded with three knocks in their hands, they make the ordinary salutations.

The Master then gives a short address on the subject of the convocation of the Order and urges the brethren to be silent. The brother Orator addresses the visiting brethren if there are any.

## Manière de fermer la Loge.

D. Le V̈ble M̈e dit au 1er Surv.t ; quelle heure est-il ?
R. il est minuit plein.
D. Il est donc temps de terminer nos travaux et de quitter l'ouvrage. ff. 1er et 2e Surv.ts, demandés aux ff. sur vos Colonnes si quelqu'un a quelquechose à proposer pour le bien de la loge, et la propagation de la maçonnerie.

Les Surv.ts répètent aux ff. ce que le V̈ble a dit, et si quelqu'un a quelquechose à proposer, il demande la parole en termes ordinaires des loges ; après cela le V̈ble M̈e frappe 3 Coups de Maillet, qui sont répétés par les Surv.ts ; ensuite il dit, mes ff. puisqu'il est minuit plein, ff. 1er et 2e Surv.ts, avertissés les ff. sur vos Colonnes de me prêter leur secours pour fermer la loge : les Surv.ts répètent aux ff. Le V̈ble dit alors, mes ff. à l'ordre ; tous font le signe d'apprentif, frappent 3 fois 3 coups dans leurs mains et font les acclamations ordinaires. Le V̈ble M̈e dit, mes ff. la loge est fermée.

## Manière de fermer la loge

D. Le Vénérable dit au Premier Surveillant : Quelle heure est-il ?
R. Il est minuit plein.
D. Il est temps de terminer nos travaux et de quitter l'ouvrage. Frères Premier et Second Surveillant, demandez aux Frères sur vos colonnes si quelqu'un a quelque chose à proposer pour le bien de la loge et la propagation de la Maçonnerie.

Les Surveillants répètent aux Frères ce que le Vénérable a dit, et, su quelqu'un a quelque chose à proposer, il demande la parole en termes ordinaires des loges; après cela le Vénérable Maître frappe trois coups de maillet, qui sont répétés par les Frères Surveillants; ensuite, il dit : « *Mes Frères, puisqu'il est minuit plein, Frères Premier et Second Surveillant, avertissez les Frères sur vos colonnes de me prêter leur secours pour fermer la loge.* » Les Surveillants répètent aux Frères. Le Vénérable dit alors « *Mes Frères, à l'ordre !* » Tous font le signe d'Apprenti, frappent trois fois trois coups dans leurs mains et font les acclamations ordinaires. Le vénérable Maître dit : « *Mes Frères, la loge est fermée* ».

## To close the lodge

Q. The Worshipful Master says to the Senior Warden : What time is it ?
R. It is full midnight.
Q. It is time to end our works and to leave the work. Brother Senior Warden and Junior Warden, investigate whether a brother on your columns has anything to propose for the benefit of the lodge and the propagation of Masonry.

The Wardens repeat to the brethren what the Worshipful Master has said and, if anybody has anything to propose, he asks the word in the regular terms of the lodge; after that the Worshipful Master gives three knocks with his mallet, which are repeated by the Wardens. Then he says : "*My Brethren, since it is full midnight, Brother Senior and Junior Warden, inform the brethren on your columns to assist me to close the lodge.*" The Wardens repeat this to the brethren. The Worshipful Master then says : "*My Brethren, to Order !*" All give the sign of an Entered Apprentice, give three times three knocks in their hands and make the ordinary salutations. The Worshipful Master says : "*My Brethren, the lodge is closed.*"

22.

## Disposition de la Loge.

La loge sera tendue de bleu, couverte d'un dais céleste parsemé d'étoiles d'or; le pavé sera parqueté à la mosaïque à l'orient sera un trône élevé de 3 marches, au fond duquel sera une étoile flamboyante; au pied du trône sera un autel triangulaire orné d'un tapis, où seront brodés les attributs de l'ordre; sur cet autel il doit y avoir une Equerre, un Compas, une bible, un maillet et 3 flambeaux portant chacun une bougie, et placés en triangle; à la gauche de l'autel il doit y avoir une petite table devant la place du Sec.re, sur laquelle seront les registres, une écritoire et un flambeau.

Les Surv.ts seront placés à l'occident de la loge; le 1er portera une équerre au bout d'un ruban bleu placé en sautoir; le 2e Surv.t portera un à-plomb, placé de même, la porte du temple pourra être dessinée en perspective à l'occident de la loge. Il doit y avoir 3 fenêtres: savoir; une à l'orient, l'autre à l'occident et l'autre au midi; elles sont représentées en peintures; le Soleil sera figuré au milieu de la loge; la lune sera placée au nord, vis-à-vis le Soleil avec quelques étoiles; la colonne d'apprentif appelée J sera au nord de la loge; elle doit être isolée, et à

## Disposition de la loge

La loge sera tendue de bleu, couverte d'un dais céleste parsemé d'étoiles d'or; le pavé sera parqueté à la mosaïque. A l'orient sera un trône élevé de trois marches, au fond duquel sera une étoile flamboyante; au pied du trône sera un autel triangulaire orné d'un tapis où sont brodés les attributs de l'Ordre; sur cet autel, il doit y avoir une Equerre, un Compas, une Bible, un Maillet et trois flambeaux portant chacun une bougie et placés en triangle; à la gauche de l'autel, il doit y avoir une petite table devant la place du Frère Secrétaire, sur laquelle seront les registres, une écritoire et un flambeau.

Les Surveillants seront placés à l'Occident de la loge; le Premier portera une Equerre au bout d'un ruban bleu placé en sautoir; le Deuxième portera un [fil] à plomb placé de même; la porte du temple pourra être dessinée en perspective à l'Occident de la loge. Il doit y avoir trois fenêtres : savoir une à l'Orient, l'autre à l'Occident et l'autre au midi; elles sont représentées en peinture; le Soleil sera figuré au milieu de la loge, la Lune sera placée au nord, vis-à-vis le Soleil, avec quelques étoiles; la colonne d'Apprenti, appelée J, sera au nord de la loge, elle doit être isolée, et à

## Disposition of the lodge

The lodge will be decorated in blue, with a celestial canopy strewn with stars of gold; the floor is a mosaic one. At the East will be a high throne with three steps, at the back of which will be a blazing star; at the foot of the throne will be a triangular altar with a cover on which are embroidered attributes of the Order; on this altar, there has to be a Square, a Compass, a Bible, a Mallet and three torches with a candle a piece and placed in a triangular form. To the left of the altar there has to be a small table in front of the brother Secretary, on which will be the registers, a clipboard and a torch.

The Wardens will be seated at the West of the lodge. The Senior Warden will wear a Square fastened to the end of a collar of blue ribbon; the Junior Warden will carry a plumb rule attached in the same way. The door of the temple can be drawn in perspective at the West of the lodge. There should be three windows : viz. one at the East, the other at the West and the other at the South. They are painted; the Sun will be figured in the centre of the lodge, the Moon will be situated at the North, next to the Sun, with some stars; the column for the Entered Apprentices, called J, will be at the North of the lodge; it has to be isolated and

côté du 2.d Surv.t La tableau de la Loge sera crayonné sur le pavé de la loge, qui sera éclairé par 3 lumières placées sur 3 grands chandeliers, où seront sculptés quelques attributs de l'ordre; on les disposera à trois points cardinaux de la loge tracée, c'est à dire, l'un à l'orient, l'autre à l'occident, vis-à-vis le 1.er Surv.t, et l'autre vis-à-vis le 2.d Les officiers de la loge seront placés à la droite et à la gauche du V.ble; l'on observera seulement que le Secrétaire occupe la 1.re à la gauche du V.ble, et l'orateur la 1.re à droite.

Tous les ff. portent un tablier blanc avec la bavette relevée, des gands blancs; ceux qui ont des grades Supérieurs peuvent être décorés de leurs ornements et bijoux.

## Discours que l'orateur
### prononce un moment avant que le Récip.re
### ne prête Son obligation.

Monsieur, l'intrépidité que vous avez fait paraître, à vaincre et Surmonter tous les obstacles que vous avez rencontré dans les voyages mystérieux que l'on vous a fait faire dans cette auguste loge; l'empressement que vous avez témoigné depuis si long-temps pour être admis dans une société aussi ancienne que N.ble, nous prouve invinciblement que vous

côté du Deuxième Surveillant. Le tableau de loge sera crayonné sur le pavé de la loge, qui sera éclairé par trois lumières placées sur trois grands chandeliers, où seront sculptés quelques attributs de l'Ordre, on les disposera à trois points cardinaux de la loge tracée, c'est-à-dire l'un à l'Orient, l'autre à l'Occident, vis-à-vis du Premier Surveillant, et l'autre vis-à-vis le Deuxième. Les officiers de la loge seront placés à la droite et à la gauche du Vénérable, l'on observera seulement que le Secrétaire occupe la première à la gauche du Vénérable et l'Orateur la première à droite.

Tous les Frères portent un Tablier blanc avec la bavette relevée; ceux qui ont des grades supérieurs peuvent être décorés de leurs ornements et bijoux.

---

## Discours que l'Orateur
*prononce un moment avant que le Récipiendaire ne prête son Obligation*

---

« Monsieur, l'intrépidité que vous avez fait paraître à vaincre et à surmonter tous les obstacles que vous avez rencontrés dans les voyages mystérieux que l'on vous a fait faire dans cette auguste loge, l'empressement que vous avez témoigné depuis si longtemps pour être admis dans une société aussi ancienne que respectable, nous prouvent invinciblement que vous

next to the Junior Warden. The Tracing Board will be drawn on the floor of the lodge, that will be illuminated by three lights placed on three large candlesticks, where some attributes of the Order will be drawn. They will be placed at the three cardinal points of the Tracing Board, that is to say one at the East, the other at the West, next to the Senior Warden and the other next to the Junior Warden. The Officers of the lodge will be placed to the right and to the left of the Worshipful Master, one will observe only that the Secretary occupies the first seat to the left of the Worshipful Master and the Orator the first seat at the right.

All the brethren wear a white Apron with the flap turned-up. Those who have superior rank can be decorated with their ornaments and jewels.

---

## Speech pronounced by the Orator
*shortly before the candidate takes his Oath*

---

"Sir, the intrepidity that you have shown in conquering and overcoming all the obstacles which you have encountered during the mysterious journeys you had to undertake in this august lodge, the eagerness that you have demonstrated since so long a time, in order to be admitted to a society equally ancient as respectable, prove to us invincibly that you

24°. avés foulé aux pieds les préjugés du profane vulgaire.

Vous allez contracter avec nous un engagement solemnel, qui va vous unir par les liens d'une amitié tendre et sincère à un ordre dans lequel les plus grands Rois n'ont pas dédaigné de se faire initier.

C'est au pied du Tribunal de la discretion, que vous allez promettre à la face du G∴ architecte de l'univers de garder inviolablement les secrets de la maçonnerie. — Consommés donc ce grand ouvrage, en répétant avec attention, l'obligation que notre R∴ M∴ va vous faire prononcer.

forme de serment.

Je Promets &c.

## Grade de Compagnon
### Réception.

La loge de Compagnon étant ouverte, le M∴ des Cérémonies se présente à la porte de la loge avec l'apprentif, ayant frappé et les surv∴ en ayant instruit à la manière accoutumée le V∴ble∴, ce dernier ordonne qu'on voie qui frappe, et qu'es ce qu'on demande.

Le Thuilleur ouvre pour lors la porte avec les Cérémonies usitées, et demande, Mon f∴ que souhaitez vous ? Le M∴ des Cérémonies répond; c'est un apprentif qui demande à être reçu Compagnon, qui a fait son temps et dont le M∴ est Satisfait.

*avez foulé au pied les préjugés du profane vulgaire.*

*Vous allez contracter avec nous un engagement solennel qui va vous unir par les liens d'une amitié tendre et sincère à un Ordre dans lequel les plus grands rois n'ont pas dédaigné de se faire initier.*

*C'est au pied du tribunal de la discrétion que vous allez promettre à la face du Grand Architecte de l'Univers de garder inviolablement les secrets de la Maçonnerie.*

*Consommez donc ce grand ouvrage en répétant avec attention l'Obligation que notre Respectable Maître va vous faire prononcer.*

Forme de serment
Je promets &c

## *Grade de Compagnon*

### *Réception*

---

La loge de Compagnon étant ouverte, le Maître des Cérémonies se présente à la porte de la loge avec l'Apprenti ; ayant frappé et le Surveillant en ayant instruit à la manière accoutumée le Vénérable, ce dernier ordonne qu'on voie qui frappe et ce qu'on demande.

Le Tuileur ouvre pour lors la porte avec les cérémonies usitées, et demande : « *Mon Frère, que souhaitez-vous ?* » Le Maître des Cérémonies répond : « *C'est un Apprenti qui demande à être reçu Compagnon, qui a fait son temps et dont le Maître est satisfait.* »

*have broken down the prejudices of the profane state.*

*You are going to enter into a solemn engagement with us which will unite you with an Order, by bonds of a sincere and tender friendship, into which the greatest kings have not disdained to be initiated.*

*It is at the base of the court of discretion that you are going to promise, before the Grand Architect of the Universe, to keep the secrets the Masonry inviolably.*

*Fulfil, therefore, this great work by repeating with attention the Oath our Respectable Master is going to let you pronounce.*

Form of oath
I promise etc.

## *Fellow Craft Degree*

### *Reception*

---

When the lodge of Fellow Craft is open, the Director of Ceremonies presents himself at the door of the lodge with the Entered Apprentice. After he has knocked and the Warden has informed the Worshipful Master in the usual manner, the latter orders him to see who knocks and what is being asked for.

The Tyler then opens the door in the usual manner and asks : *"My Brother, what do you wish ?"* The Director of Ceremonies replies : *"It is an Entered Apprentice, who wishes to be advanced as a Fellow Craft. He has fulfilled his time and his Master is satisfied."*

Cette réponse rendue au V.ble ordonne qu'on l'introduise; le 1.er Surv.t va à la porte; frappe; on lui répond; il ouvre, prend le récip.re par la main, l'introduit, et lui fait faire cinq fois le tour de la loge par le sept.on, et le remet entre lui et le 2.d Surv.t

Les voyages finis le V.ble demande au 1.er Surv.t

D. F.: qui nous présentez vous là?

R. C'est un apprentif qui a fait son temps et dont le m.e est satisfait, qui demande à être reçu Compagnon.

Le V.ble dit, en ce cas faites le marcher en Compagnon, et présentez le moi.

Le 1.er Surv.t lui fait mettre les pieds en équerre, ensuite il lui fait porter le pied gauche par un grand enjambé au midi, et lui fait rassembler le pied droit au talon gauche en équerre; puis il lui fait rapporter le pied droit au sept.on, et rassemble le pied gauche au talon droit, toujours en équerre; ainsi de suite jusqu'au 5.e pas qu'il lui fait rassembler les pieds en équerre devant le V.ble, qui lui dit, après qu'il s'est mis à genoux, promettez vous sous la même obligation, que vous avez contractée dans votre apprentissage, de garder le secret des Compagnons à l'égard des apprentifs et des prophanes.

Il répond, oui, très V.ble

Alors, il se relève, lui donne le signe, l'attouchement, le mot sacré et le mot de passe; lui explique l'attouchement, et le mot, et lui ordonne d'aller répéter le tout aux 2 Surv.ts, ensuite, il lui donne l'idée du Grade, et commence l'instruction suivante.

Cette réponse rendue au Vénérable, [il] ordonne qu'on l'introduise; le Premier Surveillant va à la porte [et] frappe; on lui répond; il ouvre, prend le Récipiendaire par la main, l'introduit et lui fait faire cinq fois le tour de la loge.

Les voyages finis, le Vénérable demande au Premier Surveillant :

D. Frère, qui nous présentez-vous là ?

R. C'est un Apprenti, qui a fait son temps et dont le Maître est satisfait, qui demande à être reçu Compagnon.

Le Vénérable dit : « *En ce cas, faites-le marcher en Compagnon et présentez-le moi !* »

Le Premier Surveillant lui fait mettre les pieds en équerre; ensuite il lui fait porter le pied gauche par un grand ensemble au midi et lui fait rassembler le pied droit au talon gauche en équerre; puis il lui fait rapporter le pied droit au Septentrion et rassembler le pied gauche au talon droit, toujours en équerre; ainsi de suite jusqu'au cinquième pas qui lui fait rassembler les pieds en équerre devant le Vénérable, qui lui dit, après qu'il se soit mis à genoux, « *Promettez-vous, sous la même Obligation que vous avez contractée dans votre apprentissage, de garder le secret des Compagnons à l'égard des Apprentis et des profanes ?* »

Il répond : « *Oui, Très Vénérable !* »

Alors, il se relève, [le Vénérable] lui donne le signe, l'attouchement, le mot sacré et le mot de passe, lui explique l'attouchement et le mot et lui ordonne d'aller répéter le tout aux deux Surveillants. Ensuite, il lui donne l'idée du grade et commence l'instruction suivante.

This reply is brought to the Worshipful Master, who orders him to be introduced. The Senior Warden goes to the door and knocks. It is answered. He opens the door, takes the candidate by the hand, introduces him and lets him make five journeys round the lodge.

When the journeys have ended, the Worshipful Master ask the Senior Warden :

Q. Brother, whom do you present ?

A. It is an Entered Apprentice, who has fulfilled his time and whose Master is satisfied. He wishes to be advanced as a Fellow Craft.

The Worshipful Master says : "*In that case, let him make the Fellow Craft's step and present him to me. !*"

The Senior Warden lets him place his feet at a square. Then he lets him bring his left leg with a large step to the South and draw his right leg to his left leg in form of a square. Then he lets him place the right leg to the North and draw his right leg to it, again at a square, and so on until the fifth step, which brings him with his feet together in a square in front of the Worshipful Master. He says to him, after he has kneeled down : "*Do you promise under the same oath you engaged for your apprenticeship, to guard the secret of the Fellow Craft towards Entered Apprentices and profanes ?*"

He replies : "*Yes, Worshipful Master.*"

He then rises and [the Worshipful Master] gives him the sign, the grip, the sacred word and the password, explaining the grip and the word. He then orders him to go and repeat them to the two Wardens. After this he gives him an idea of the degree and begins the following instruction.

# Instruction de Compagnon
## maçon, 2.^e Grade
### 1.er Chef

D. Êtes-vous Compagnon ?
R. Mes ff. et Compagnons me reconnaissent pour tel.
D. À quoi reconnaîtrai-je que vous êtes Compagnon ?
R. La Colonne J m'est connue.
D. Pourquoi vous êtes vous fait recevoir Compagnon ?
R. Pour connaître la lettre G.
D. Où est située la lettre G.
R. Au milieu de l'étoile flamboyante.
D. Comment vous a t'on reçu Compagnon ?
R. On m'a fait parvenir jusqu'à l'occident par 3 pas d'apprentif maçon ; on m'a fait faire les voyages de Compagnon, qui m'ont ramené à l'occident, d'où je suis parvenu au trône en montant les 7 marches du temple, et en faisant les pas de Compagnon ; là, après avoir renouvelé mon obligation, le V.bl m'a conféré le grade de Compagnon.
D. Comment s'appelle votre loge ?
R. La Loge St. Jean.
D. Avez-vous vû des Colonnes dans votre loge ?
R. J'en ai vu deux.
D. De quoi sont elles ?
R. D'airain.

## Instruction de Compagnon Maçon,
*deuxième grade*

*premier chef*

---

D. Etes-vous Compagnon ?
R. Mes Frères et Compagnons me reconnaissent pour tel.
D. A quoi reconnaîtrai-je que vous êtes Compagnon ?
R. La colonne B m'est connue.
D. Pourquoi vous êtes-vous fait recevoir Compagnon ?
R. Pour connaître la lettre G.
D. Où est située la lettre G ?
R. Au milieu de l'Etoile Flamboyante.
D. Comment avez-vous été reçu Compagnon ?
R. On m'a fait parvenir jusqu'à l'Occident par trois pas d'Apprenti Maçon; on m'a fait faire les voyages de Compagnon, qui m'ont ramené à l'Occident, d'où je suis parvenu au trône en montant les sept marches du temple et en faisant les pas de Compagnon; là, après avoir renouvelé mon Obligation, le Vénérable m'a conféré le grade de Compagnon.
D. Comment s'appelle votre loge ?
R. La loge Saint Jean.
D. Avez-vous vu des colonnes dans votre loge ?
R. J'en ai vu deux.
D. De quoi sont-elles ?
R. D'airain.

## Fellow Craft Lecture,
*second degree*

*first chief*

---

Q. Are you a Fellow Craft ?
A. My brethren and Fellow Crafts recognise me as such.
Q. How do I recognise you as a Fellow Craft ?
A. The column B is known to me.
Q. Why were you received as a Fellow Craft ?
A. In order to know the letter G.
Q. Where is the letter G placed ?
A. In the centre of a blazing star.
Q. How were you received as a Fellow Craft ?
A. I had to approach the East with the three steps of an Entered Apprentice. I had to make the journeys of a Fellow Craft, which brought me back to the West, from where I approached the throne, ascending the seven steps of the temple and by making the Fellow Craft's steps. There the Worshipful Master conferred on me, after I had renewed my obligation, the degree of Fellow Craft.
Q. What is your lodge called ?
A. The lodge of Saint John.
Q. Did you see columns in your lodge ?
A. I observed two of them.
Q. Of what material are they made ?
A. Brass.

27.

D. qu'elle hauteur ont-elles ?
R. Dix-huit coudées de haut.
D. qui les couvre ?
R. des Chapiteaux, garnis de Pommes de Grenade et de fleurs de Lys sans nombre, (simbole de l'amitié.)
D. qu'elle épaisseur ont-elles ?  le mot est Booz
R. quatre doigts.  le mot de passe Shibolet
D. Elles sont donc creuses ?
R. oui très V:ble, pour renfermer les outils, bijoux et ornemens de la loge.
D. Vous avez donc des bijoux et des ornemens dans votre loge ?
R. oui V:ble, nous en avons 6.
D. quels sont ces 6 bijoux ?
R. on les distingue en 3 mobiles, et 3 immobiles.
D. quels sont les 3 mobiles ?
R. c'est l'équerre, le niveau et la ligne perpendiculaire.
D. quels sont les 3 immobiles ?
R. La pierre brutte, la pierre Cubique à pointer et la planche à tracer.
D. quels sont les 3 ornemens ?
R. La houpe dentelée, le pavé mosaïque et l'étoile flamboyante.
D. que renferme l'étoile flamboyante ?
R. elle renferme la lettre G.
D. faites-moi l'allusion des 3 Piliers ?
R. La force doit servir aux m:çons pour entreprendre, la

| | |
|---|---|
| D. Quelle hauteur ont-elles ? | Q. What is their height ? |
| R. Dix-huit coudées de haut. | A. Eighteen cubits high. |
| D. Qui les couvre ? | Q. How are they covered ? |
| R. Des chapiteaux garnis de pommes de grenade et de fleurs de lys sans nombre (symbole de l'amitié). | A. By capitals adorned with pomegranates and lily flowers without number (symbol of friendship). |
| D. Quelle épaisseur ont-elles ? | Q. What is their width ? |
| R. Quatre doigts. *Le mot est Booz* *Le mot de passe Shibolet* | A. Four inches. *The word is Booz* *The pass-word Shibolet* |
| D. Elles sont donc creuses ? | Q. They therefore are hollow ? |
| R. Oui, Très Vénérable, pour renfermer les outils, bijoux et ornements de la loge. | A. Yes, Worshipful Master, in order to store the working tools, jewels and ornaments. |
| D. Vous avez donc des bijoux et des ornements dans votre loge ? | Q. You thus have jewels and ornaments in your lodge ? |
| R. Oui, Vénérable, nous en avons six. | A. Yes, Worshipful Master, we have six of them. |
| D. Quels sont ces six bijoux ? | Q. What are these six jewels ? |
| R. On les distingue en trois mobiles et trois immobiles. | A. They are distinguished in three mobile and three immobile. |
| D. Quels sont les trois mobiles ? | Q. Which are the three mobile ones ? |
| R. C'est l'équerre, le niveau et la ligne perpendiculaire. | A. They are the square, the level and the plumb rule. |
| D. Quels sont les trois immobiles ? | Q. Which are the three immobile ones ? |
| R. La pierre brute, la pierre cubique à pointe et la planche à tracer. | A. The rough ashlar, the perfect ashlar and the tracing board. |
| D. Quels sont les trois ornements ? | Q. Which are the three ornaments ? |
| R. La houppe dentelée, le pavé mosaïque et l'Etoile flamboyante. | A. The knotted cord, the tessellated pavement and the Blazing Star. |
| D. Que renferme l'Etoile flamboyante ? | Q. What does the Blazing Star contain ? |
| R. Elle renferme la lettre G. | A. It contains the letter G. |
| D. Faites-moi l'allusion des trois piliers ! | Q. Explain the allusion to the three pillars ? |
| R. La force doit servir aux Maçons pour entreprendre, la | A. The pillar of Strength has to serve the Masons for enterprising, the |

28.° sagesse pour les guider dans l'éxécution, et la beauté pour orner et décorer l'ouvrage.

D. quel est le nom des deux Colonnes ?

R. J. et B., l'une signifie <u>ma force est en Dieu</u> ; l'autre, <u>notre espérance est en lui</u>, pour nous faire sentir, que sans la force, qui nous provient du G.˙. architecte, nous ne pourrions rien éxécuter, et que sans la confiance en sa bonté, nous tâcherions vainement de parvenir au bonheur que nous cherchons.

D. Pourquoi les Colonnes sont-elles d'airain ?

R. Parceque l'airain est le métal le plus durable ; et que comme les Colonnes servent de base à la maçonnerie, elles nous indiquent que le fondement ne lui manquera jamais.

D. quels sont les usages des 3 bijoux mobiles et que signifient-ils ?

R. l'équerre, qui est le 1.er de ces bijoux sert d'ornement au M.˙., et nous fait voir le symbole de la regle de nos mœurs ; le 2.d qui est le niveau sert d'ornement au 1.er Surv.t, et marque l'égalité qui doit regner entre les ff.˙. (le propre de la maçonnerie étant de rendre tous les hommes égaux.) Le 3.e qui est la Perpendiculaire sert d'ornement au 2.d Surv.t, et nous marque, que c'est d'enhaut que nous tenons tous les biens.

D. quels sont les usages des 3 bijoux immobiles et que signifient-ils ?

R. Le 1.er de ces bijoux qui est la Pierre brutte sert à

Sagesse pour les guider dans l'exécution et la beauté pour orner et décorer l'ouvrage.

D. Quels sont les noms des deux Colonnes ?

R. J et B; l'une signifie ma force est en Dieu; l'autre, mon espérance est en Lui; pour nous faire sentir que sans la force, qui nous provient du Grand Architecte, nous ne pourrions rien exécuter, et que, sans la confiance en Sa bonté, nous tâcherions vainement à parvenir au bonheur que nous cherchons.

D. Pourquoi les Colonnes sont-elles d'airain ?

R. Parce que l'airain est le métal le plus durable; et que comme les Colonnes servent de base à la Maçonnerie, elles nous indiquent que le fondement ne lui manquera jamais.

D. De quel usage sont les trois bijoux mobiles et que signifient-ils ?

R. L'équerre, qui est le premier de ces bijoux, sert d'ornement au Maître, et nous fait voir le symbole de la règle de nos mœurs; le deuxième, qui est le niveau, sert d'ornement au Premier Surveillant, et marque l'égalité qui doit régner entre les Frères (le propre de la Maçonnerie étant de rendre tous les hommes égaux). Le troisième, qui est la Perpendiculaire, sert d'ornement au Deuxième Surveillant, et nous marque que c'est d'en-haut que nous tenons tous ces biens.

D. Quels sont les usages des trois bijoux immobiles et que signifient-ils ?

R. Le premier de ces bijoux, qui est le Pierre brute, sert à

pillar of Wisdom for guiding them in the persecution and the pillar of Beauty to adorn the work.

Q. Which are the names of the two columns ?

A. J and B, one signifies my strength is in God, the other my hope is in Him, in order to let us feel that without strength, which comes from the Great Architect, we can perform nothing, and that without trust in His goodness we would vainly try to reach the goodness we are searching for.

Q. Why are the two columns of brass ?

A. Because brass is the most durable metal and as the columns serve as the basis of Freemasonry, they mean to us that the foundation will never fail.

Q. To which purpose serve the three mobile and immobile jewels ?

A. The square, which is the first of these jewels, serves as an ornament to the Master and shows us the symbol of the rule of our morals. The second is the level and serves as the ornament of the Senior Warden. It marks the equality, which should reign among the brethren (the essence of Freemasonry being to make all men equal). The third is the plumb rule and serves as an ornament to the Junior Warden and marks that we receive all benefits from on High.

Q. What is the use of the three immobile jewels and what do they signify ?

A. The first of these jewels is the Rough Ashlar and serves to

occuper les apprentifs; elle nous indique que l'apprentif n'ayant encore que le 1.er rayon de lumière n'a encore que la connaiss.ce nécessaire pour travailler à dégrossir l'ouvrage; le 2.d qui est la Pierre Cubique à pointes, sert à éguiser les outils des Compagnons, et nous fait voir en même temps, que les connaissances attachées au 2.d grade qu'on lui accorde, doit seul servir à redoubler son zèle et à éguiser son ardeur pour mériter d'obtenir le sublime grade de M.e; le 3.e enfin, qui est la planche à tracer, est en usage pour les M.res, et n'est pas encore parvenu à ma connaissance.

D. quels sont les usages des 3 ornemens?

R. la houppe dentelée orne le Temple par en haut; le pavé mosaïque le décore par en bas; et l'étoile flamboyante qui illumine le tout, nous indique la présence du g.d architecte, à l'œil divin duquel aucune de nos actions n'échappe.

D. que signifie la lettre G que renferme cette étoile flamboyante; expliquez-moi cela?

R. Gloire à Dieu, grandeur au M.e de la Loge, et Géométrie ou 5.e des sciences pour les Compagnons: Gloire à Dieu n'a pas besoin d'explication; le sentiment d'adoration envers l'être suprême est inné dans tous les cœurs; Grandeur au M.e nous marque que le respect infini que nous avons pour les statuts de l'ordre, doit rejaillir sur celui que nous en avons fait le dépositaire, et 3.o enfin la

| | |
|---|---|
| occuper les Apprentis, elle nous indique que l'Apprenti n'ayant encore que le premier rayon de lumière n'a encore que la connaissance nécessaire pour travailler à dégrossir l'ouvrage; le deuxième, qui est la Pierre Cubique à pointe, sert à aiguiser les outils des Compagnons, et nous fait voir en même temps que les connaissances attachées au deuxième grade qu'on lui accorde doit seul servir à redoubler son zèle et à aiguiser son ardeur pour mériter d'obtenir le sublime grade de Maître; le troisième enfin, qui est la planche à tracer est en usage pour les Maîtres et n'est pas encore parvenue à ma connaissance. | occupy the Entered Apprentices. It shows us that the Apprentice only disposes of the first ray of light and does not yet have the necessary knowledge for the refining of the workpiece. The second is the Perfect Ashlar and serves for the sharpening of the tools of the Fellow Crafts. It shows us at the same time that the knowledge connected with the second degree, granted to him, only serves to redouble his zeal and to sharpen his diligence, in order to merit the sublime degree of Master. Finally, the third is the tracing board which is used by the Masters, so it has not yet come to my knowledge. |
| D. Quels sont les usages des trois ornements ? | Q. Which are the uses of the three ornaments ? |
| R. La houppe dentelée orne le Temple par en haut; le pavé mosaïque le décore par en bas; et l'étoile flamboyante, qui illumine le tout, nous indique la présence du Grand Architecte, à l'œil divin duquel aucune de nos actions n'échappe. | A. The knotted cord adorns the Temple on high, the tasselled pavement decorates it here below and the Blazing Star, which illuminates all, indicates the presence of the Great Architect, with the divine eye to which none of our actions will escape. |
| D. Que signifie la lettre G que renferme cette Etoile flamboyante, expliquez-moi cela ? | Q. What does the letter G signify, which is surrounded by the Blazing Star; explain this to me ? |
| R. Gloire à Dieu, grandeur au Maître de la loge, et géométrie ou cinquième des sciences pour les Compagnons; Gloire à Dieu n'a pas besoin d'explication, le sentiment d'adoration envers l'Etre Suprême est inné dans tous les cours; Grandeur au Maître nous marque que le respect infini que nous avons pour les Statuts de l'Ordre doit rejaillir sur celui que nous en avons fait le dépositaire, et, troisième enfin, la | A. Glory to God, grandeur to the Master of the lodge and geometry or the fifth of sciences for the Fellow Crafts. Glory to God needs no explication, the feeling of adoration of the Supreme Being being part of our hearts. Grandeur to the Master indicates that the unlimited respect we feel for the Statutes of the Order should surpass the one we made its depository. And finally the third, |

30.° Géométrie étant une science sure, qui n'agit que par demonstration nous fait voir que les actions des Compagnons ne doivent jamais être équivoques, et doivent être pesée dans la balance de la Justice.

D. Dans quelle loge avez-vous été reçu ?
R. Dans une loge juste et parfaite.
D. Qu'entendez-vous par là ?
R. Je veux dire que 3 la forment, 5 la composent, et 7 la rendent juste et parfaite : ces 3 nombres sont allusifs au nombre fixe des maçons pour recevoir dans chaque Grade.
D. où est située votre loge ?
R. Dans la vallée de Josaphat, au pied d'une grande montagne, où on n'entendit jamais ni coq chanter, ni lion rugir ni femme parler.
D. Expliquez-moi cela ?
R. Ces trois choses à éviter nous indiquent que la fureur et la colère désignée par le Coq, la violence désignée par le Lion, et l'indiscretion désignée par la femme doivent être bannis de nos loges.
D. pourquoi votre loge s'appelle-t-elle S.t Jean ?
R. Parceque S.t Jean est le précurseur de la lumière, et que d'ailleurs ayant toujours prêché l'union parmi les ff., les maçons l'ont adopté pour Patron.
D. où se tiennent les Compagnons ?
R. au Midi.

Géométrie étant une science sure, qui n'agit que par démonstration, nous fait voir que les actions des Compagnons ne doivent jamais être équivoques et doivent être pesées dans la balance de la Justice.

D. Dans quelle loge avez-vous été reçu ?
R. Dans une loge juste et parfaite.
D. Qu'entendez-vous par là ?
R. Je veux dire que trois la forment, cinq la composent et sept la rendent juste et parfaite; ces trois nombres sont allusifs au nombre fixe des Maçons pour recevoir dans chaque grade.
D. Où est située votre loge ?
R. Dans la vallée de Josaphat, au pied d'une grande montagne, où l'on n'entend jamais ni coq chanter, ni lion rugir, ni femme parler.
D. Expliquez-moi cela ?
R. Ces trois choses à éviter nous indiquent que la fureur et la colère désignée par le coq, la violence désignée par le lion et l'indiscrétion désignée par la femme doivent être bannies de nos loges.
D. Pourquoi votre loge s'appelle-t-elle Saint Jean ?
R. Parce que saint Jean est le Précurseur de la lumière, et que d'ailleurs ayant toujours prêché l'union parmi les Frères, les Maçons l'ont adopté pour Patron.
D. Où se tiennent les Compagnons ?
R. Au Midi.

Geometry is a safe science, which acts only on demonstration and shows us that the actions of the Fellow Crafts never should be suspect and should be weighed on the balance of Justice.

Q. In which lodge have you been received ?
A. In a just and perfect lodge.
Q. What do you understand by this ?
A. I want to express that three form it, five compose it and seven make it just and perfect. These three numbers allude to the fixed number of Masons for reception in each degree.
Q. Where is your lodge situated ?
A. In the valley of Josaphat, at the base of a high mountain, where never a cock was heard crowing, nor a lion roaring, nor a wife chatting.
Q. Explain this to me ?
A. These three things should be avoided and indicate us that the fury and anger indicated by the cock, the violence indicated by the lion and the indiscretion indicated by the wife must be banned from our lodges.
Q. Why is your lodge called Saint John ?
A. Because Saint John is the precursor of the light, and that besides, having always preached the union among the Masons, they adopted him as their Patron.
Q. Where are the Fellow Crafts ?
A. In the South.

D. Combien avez-vous de signes dans le grade de Compagnon ?
R. 3 principaux : le Pectoral, le manuel et le Dedextre.
D. Que signifie le Pectoral ?
R. Que jettent les secrets des maçons dans le Cœur.
D. en avez-vous la Clef ?
R. oui, elle est renfermée dans une boîte de Corail garnie d'ivoire.
D. que signifie le manuel ?
R. il sert à se reconnaître par l'attouchement.
D. à quoi sert le Dedextre ?
R. a entrer en loge.
D. quel age avez-vous en qualité de Compagnon ?
R. Cinq ans.
D. quelle heure est-il pour ouvrir une loge de Compagnon ?
R. midi.
D. quelle heure est-il pour la fermer ?
R. minuit.
D. avec quoi travaillent les Compagnons ?
R. avec la bêche, le mortier et la brique.
D. que signifient-ils ?
R. le Zèle, la constance et la liberté.

| | |
|---|---|
| D. Combien avez-vous de Signes dans le grade de Compagnon ? | Q. How many signs do you have in the Fellow Craft degree ? |
| R. Trois principaux : le Pectoral, le Manuel et le Pédestre. | A. Three main signs : the pectoral, the manual and the pedal sign. |
| D. Que signifie le Pectoral ? | Q. What does the pectoral sign mean ? |
| R. Que je tiens les secrets des Maçons dans le cœur. | A. That I keep the secrets of the Masons in my heart. |
| D. En avez-vous la clef ? | Q. Do you have the key thereto ? |
| R. Oui, elle est renfermée dans une boîte de corail garnie d'ivoire. | A. Yes, it is enclosed in a box of coral adorned with ivory. |
| D. Que signifie le Manuel ? | Q. What does the manual signify ? |
| R. Il sert à se connaître par l'attouchement. | A. It serves to know by grip. |
| D. A quoi sert le Pédestre ? | Q. What does the pedal sign signify ? |
| R. A entrer en loge. | A. To enter the lodge. |
| D. Quel âge avez-vous en qualité de Compagnon ? | Q. What is your age as a Fellow Craft ? |
| R. Cinq ans. | A. Five years. |
| D. Quelle heure est-il pour ouvrir une loge de Compagnon ? | Q. At what time is a lodge of Fellow Craft opened ? |
| R. Midi. | A. At noon. |
| D. Quelle heure est-il pour la fermer ? | Q. At what time is it closed ? |
| R. Minuit. | A. At midnight. |
| D. Avec quoi travaillent les Compagnons ? | Q. What are the tools of the Fellow Craft ? |
| R. Avec la bêche, le mortier et la brique. | A. The spade, mortar and bricks. |
| D. Que signifient-ils ? | Q. What do they mean ? |
| R. Le zèle, la constance et la liberté | A. Zeal, constancy and liberty. |

32.e

# Grade de Maître.
## Disposition de la Loge.

La loge doit être tendue de noir, et ornée de têtes et d'ossements, ainsi que l'autel sur lequel il y aura une équerre, une bible, un maillet et une lumière.

Dans le quarré de la loge sera une forme de cercueil sur lequel se couchera le moins ancien des M.res, que l'on couvrira d'un drap mortuaire.

Trois flambeaux portant chacun 3 bougies, au coin du cercueil, aux extrémités duquel seront l'équerre et le compas.

Tout ainsi disposé, et les ff. habillés de noir, et décorés de leurs tabliers et cordons, ils prendront place selon leur rang d'ancienneté, et les officiers de la loge seront disposés à l'usage ordinaire. Tous les M.res qui composent la loge sont appelés V.bles M.res, et le g.d m.e s'appelle R.ble.

## Réception.

L'apprentif et compagnon sera mis dans la chambre de réflexion, une heure auparavant sa réception, pendant lequel temps les V.bles M.res se disposeront à le recevoir de la manière suivante.

Le mot sacré .·. Ma-bé-nald.
Le mot de passe .·. Jéhova.

## Master Degree
### Disposition of the lodge

The lodge must be decorated in black and ornamented with skulls and cross bones and an altar, on which are a square, a bible and a light.

In the square of the lodge is placed a coffin, on which lies the last initiated Master covered with a black cloth.

Three candlesticks, each with three candles, are placed at the corners of the coffin, which bears at its ends a square and a compass.

When everything is thus arranged and the brethren dressed in black and decorated with their aprons and collars, they resume their places according to their seniority-rank and the officers of the lodge take their usual places. All Masters, who compose the lodge, are called Worshipful Master and the Grand Master is called Respectable.

### Reception

The Entered Apprentice and Fellow Craft will be brought to the chamber of reflection one hour before the reception, during which time the Worshipful Masters will dispose themselves for the reception which follows :
*the sacred word is Mac-bé-nald*
*the password is Jéhova* [1]

---
[1] These additions were written in a primitive writing.

# Ouverture de la Loge.

Le R̈ble demande au 1er Surv.t quelle heure est-il ?

R. très R̈ble il est midi plein.

D. quel est le 1er devoir d'un m.e maçon ?

R. c'est de voir si la loge est à l'abri de l'indiscrétion des Prophanes.

D. voyez mon frère.

R. Très R̈ble, j'ai visité toute partuite, gouttière par gouttière la loge est à l'abri de l'indiscrétion des Prophanes.

D. Puisqu'il est midi plein, et que la loge est couverte, ff. 1er et 2.e Surv.t, avertissés les ff. m.e sur vos Colonnes, que la loge de m.e va s'ouvrir.

R. les ff. Surv.t avertissent.

Le m.re dit alors ; mes ff. faisons notre devoir ; ils se mettent à l'ordre des m.res et frappent 9 fois dans leurs mains, en faisant les acclamations ordinaires ; après quoi le R̈ble m.e dit : mes V̈bles ff. nous voici assemblés pour procéder régulièrement à la réception de m.e du frère......... Consentez-vous que nous lui faisions voir le tombeau ? tous les ff. font le signe d'acquiescement ; après quoi le R̈ble dit au m.e des Cérémonies d'introduire le f. apprentif et Compagnon.

Le m.e des Cérémonies sort et va auprès du Recip.re qu'il fait habiller en Compagnon, et le mène à la porte de la loge où il frappe en m.re ; les Surv.t en rendent compte au m.e qui donne ordre de voir qui c'est ; on

## Opening of the Lodge

The Respectable asks the Senior Warden: "*What is the hour?*"
A. Very Respectable, it is high noon.
Q. What is first duty of a Master Mason?
A. To see the lodge tiled from the indiscretion of the profanes.
Q. See to it, my brother.
A. Very Respectable, I checked tile after tile, gutter after gutter. The lodge is tiled against the indiscretion of the profanes.
Q. Because it is high noon and the lodge is closely tiled, Brethren Senior and Junior Warden, inform the brethren Master on your columns that the Master's lodge will be opened.
A. The Wardens inform them.
The Master then says: "*My brethren, let us do our duty!*". They stand to order as Master and knock nine times in their hands and give the ordinary salutations. Then the Respectable Master says: ☾ [1] "*My Worshipful brethren, we are here assembled to proceed regularly to the Master's reception of Bro...... Do you consent that we show him the tomb?*"☾

All brethren give the sign of consent, after which the Respectable tells the Director of Ceremonies to introduce the brother Entered Apprentice and Fellow Craft.

The Director of Ceremonies leaves and goes to the candidate, whom he has dressed as a Fellow Craft. He then brings him to the door of the lodge, where he knocks as a Master. The Wardens inform the Master, who orders to see, who is there. It

---
[1] The manuscript contains at several places a sign we reproduced by ☾.

annonce que c'est un f.˸ apprentif, Compagnon qui désire d'être reçu M.˸ .

3. Le R˸ble lui fait demander s'il a fait son temps, et si ses M.˸˸ sont contents de lui; s'il n'a point erré dans les sentiers de la vertu, s'il persiste à faire des nouveaux progrès, s'il a vu le tombeau et s'il désire de le voir? après qu'il a satisfait à toutes les questions, le 2.˸ surv.t l'introduit à l'occident de la loge, le dos tourné de façon qu'il ne puisse appercevoir le Cerceuil, et l'épée nue le fans, et le place entre les deux surv.ts ; le M.˸ des Cérémonies reprend sa place, après quoi le d.˸ble fait au récip.t les questions suivantes.

3 D. Compagnon que demandez vous?

R. à être reçu maître.

D. avez-vous fait votre temps?

R. oui très R˸ble

D. vos M.˸˸ sont ils contents?

R. oui très R˸ble

D. ne seriez vous pas un des perfides que nous soupçonnons complice de la mort de notre R˸ble M.˸ ?

R. non très R˸ble, je viens au contraire, plein de confiance, chercher la récompense due à mes travaux.

D. prenez garde; si vous cherchez à nous tromper, soyez assuré que nous punissons le parjure.

R. très R˸ble, je suis un Compagnon zélé et innocent.

annonce que c'est un Frère Apprenti, Compagnon, qui désire d'être reçu Maître.

☞ Le Respectable lui fait demander s'il a fait son temps et si ses Maîtres sont contents de lui, s'il n'a point erré dans les sentiers de la vertu, s'il persiste à faire de nouveaux progrès, s'il a vu le tombeau et s'il désire le voir.☞ Après qu'il ait satisfait à toutes les questions, le Deuxième Surveillant l'introduit à l'Occident, le dos tourné de façon qu'il ne puisse apercevoir le cercueil et, l'épée sur le cœur, le place entre les deux Surveillants; le Maître des Cérémonies reprend sa place; après quoi le Respectable fait au récipiendaire les questions suivantes :

Á D. Compagnon, que demandez-vous ?
R. A être reçu Maître.
D. Avez-vous fait votre temps ?
R. Oui, Très Respectable.
D. Vos maîtres sont-ils contents ?
R. Oui, Très Respectable.
D. Ne seriez-vous pas un des perfides que nous soupçonnons, complice de la mort de notre Respectable Maître ?
R. Non, Très Respectable, je viens, au contraire, plein de confiance, chercher la récompense due à mes travaux.
D. Prenez garde; si vous cherchez à nous tromper, soyez assuré que nous punissons le parjure.
R. Très Respectable, je suis un Compagnon zélé et innocent.

is announced that it is a brother Entered Apprentice and Fellow Craft, who desires to be raised to Master.

☞ The Respectable has him asked, whether he fulfilled his time and if his Masters were content with him; whether he has never erred on the paths of virtue, whether he persists in making new progress, whether he has seen the tomb and whether he wishes to see it. After having satisfied all these questions, the Junior Warden introduces the candidate to the West, the back turned so that he cannot see the tomb, and with the sword on his heart places him between the two Wardens. The Director of Ceremonies resumes his place, after which the Respectable puts the following questions to the candidate :

☞ Q. Fellow Craft, what do you demand ?
A. To be raised to a Master.
Q. Did you fulfil your time ?
A. Yes, Respectable Master.
Q. Are your Masters content ?
A. Yes, Very Respectable.
Q. Are you not one of the perfidious, whom we suspect of being accomplice to the death of our Respectable Master ?
A. No, Very Respectable, I come on the contrary full of confidence seeking the reward due to my work.
Q. Be careful; if you try to betray us, rest assured that we will punish the offense.
A. Very Respectable, I am a zealous and innocent Fellow Craft.

35.ᵉ

3 Le M.ᵉ dit alors, v.ᵇˡᵉˢ M.ᵐᵉˢ vous avez entendu; consentez-vous que j'admette le Compagnon à son 1.ᵉʳ voyage. 3. tous les ff. font le signe d'acquiescement.

3 Le M.ᵉ dit alors, v.ᵇˡᵉˢ M.ᶜ 2.ᵈ Surv.ᵗ, faites voyager le Compagnon de l'occident à l'orient par la voie du midi, et suivés de près ses démarches, tâchés de découvrir s'il n'est point ému à l'aspect de tout ce qu'il voit 3; mes ff. voyez si l'horreur n'est pas peinte sur son visage, et si vous ne découvrirés point s'il est coupable; les 2 Surv.ᵗˢ le font voyager le dos tourné contre le Cercueil, et les ff. affectent un air triste à son 1.ᵉʳ voyage; 3 ff. qui tiennent un rouleau, et qui sont placés l'un à l'orient, l'autre à l'occident et le 3.ᵉ au nord, lui donnent un petit coup de rouleau; le 1.ᵉʳ des 3 voyages fini, le 2.ᵈ Surv.ᵗ avertit le 1.ᵉʳ Surv.ᵗ qui rend compte au très R.ᵇˡᵉ M.ᵉ, qui ordonne qu'on lui demande le signe, le mot et l'attouchement d'apprentif; après qu'il y a satisfait le R.ᵇˡᵉ l'admet à son 2.ᵈ voyage, comme il a été fait pour le 1.ᵉʳ, et l'on observe encore la cérémonie du rouleau; le 2.ᵈ voyage fini, les Surv.ᵗˢ en rendent compte au R.ᵇˡᵉ qui lui fait demander le signe, le mot et l'attouchement de Compagnon, et qui affecte de lui dire, qu'il paraît chancelant; puis, il demande aux M.ᵐᵉˢ, si sa conduite n'annonce point le crime, et ne confirme pas le soupçon du meurtre du R.ᵇˡᵉ père Hiram; les ff. affectent de continuer un air de tristesse, et le R.ᵇˡᵉ leur demande si le

☽ Le Maître dit alors : « *Vénérables Maîtres, vous avez entendu; consentez-vous que j'admette le Compagnon à son premier voyage ?* » ☾. Tous les Frères font le signe d'acquiescement.

☽ Le maître dit alors : « *Vénérable Maître Deuxième Surveillant, faites voyager le Compagnon de l'Occident à l'Orient par la voie du Midi et suivez de près ses démarches, tâchez de découvrir s'il n'est point ému à l'aspect de ce qu'il voit* ☾; *mes Frères, voyez si l'horreur n'est pas peinte sur son visage, et si vous ne découvrez point qu'il est coupable* »; les deux Surveillants le font voyager, le dos tourné contre le cercueil et les Frères affectent un air triste à son premier voyage; trois Frères, qui tiennent un rouleau, et qui sont placés l'un à l'Orient, l'autre à l'Occident et le troisième au Nord, lui donne un petit coup de rouleau; le premier des trois voyages fini, le Deuxième Surveillant avertit le Premier Surveillant qui rend compte au Très Respectable Maître, qui ordonne qu'on lui demande le Signe, le mot et l'attouchement d'Apprenti; après qu'il ait satisfait, le Respectable l'admet à son deuxième voyage, comme il a été fait pour le premier et l'on observe encore la cérémonie du rouleau; le deuxième voyage fini, les Surveillants en rendent compte au Respectable qui lui fait demander le Signe, le mot et l'attouchement de Compagnon, et qui affecte de lui dire qu'il paraît chancelant; puis il demande aux Maîtres si sa conduite n'annonce pas le crime, et ne confirme pas le soupçon du meurtre du Respectable père Hiram; les Frères affectent de continuer un air de tristesse, et le Respectable leur demande si le

☽ The Master then says : "*Worshipful Masters, you have heard; do you consent that I admit this Fellow Craft to his first journey ?*". ☾ All brethren give the sign of consent.

☽ The Master then says : "*Worshipful Master Junior Warden, let the Fellow Craft make his journey from the West to the East via the South and observe attentively his steps; try to discover whether he is moved at the sight of what he sees* ☾. *My brethren, see to it that his face does not show the horror and whether you can see that he is not guilty.*" The two Wardens let him make his journey, the back turned to the tomb and the brethren simulate a sad mood during his first journey. Three brethren, who have a roll, one placed in the East, one in the West and one in the North, give him a blow with the roll. When the first journey has ended, the Junior Warden informs the Senior Warden, who informs the Very Respectable Master, who orders to ask the sign, the word and the grip of an Entered Apprentice. After the candidate has satisfied him, the Respectable Master admits him to the second journey, as was done for the first, the ceremony of the rolls being repeated. After the second journey the Wardens inform the Respectable, who asks for the sign, word and grip of a Fellow Craft, pretending by telling him that he seems to stagger. Then he asks the Masters whether his conduct does not announce the crime and does not confirm the suspicion about the murder of the Respectable father Hiram. The brethren go on simulating their sad mood and the Respectable asks them whether

36.° Compagnon doit être admis à son 3.e Voyage, ils font encore le signe d'acquiescement; alors le M.e dit au 2.e surv.t de faire voyager pour la 3.e fois, et le Récip.re étant arrivé à l'occident de la loge, entre les 2 surv.ts le dos tourné au cercueil, les surv.ts annoncent que le Compagnon a fait son dernier voyage avec intrépidité; le M.e dit alors au Récip.re 3. vous n'avez encore rien fait, préparez vous aux plus rudes épreuves pour parvenir au grad.e de M.e qui est le Chef de la Maçonnerie. Je crains que vous ne succombiez à la tristesse de ces lieux et ces lugubres appareils doivent vous annoncer tout ce que votre réception à de sérieux, persistés vous ? 3 ( après qu'il a répondu le M.e lui dit 3. ne craignez vous pas de voir le tombeau et voulez vous être vous même le témoin du sujet de nos pleurs 3 ( il répond ); ensuite le R.ble dit aux surv.ts 3. de lui donner la lumière : ils se tournent du côté du cercueil, et après un petit intervalle, le M.e lui dit 3; vous voyez le sujet de nos pleurs, le Cercueil renferme le maçon le plus parfait, et le M.e le plus R.ble, voulez-vous vous unir à nous pour faire des recherches exactes de ses assassins 3 Le Compagnon répond oui ; alors le R.ble dit au 1.er surv.t 3. de le faire avancer au pied du trône, par 3 pas de M.e, en traversant le Cercueil, et lui recommande de ne point fouler le Cadavre et de respecter les ff. même après leur mort.

Le 1.er surv.t lui apprend à marcher en traversant

Compagnon doit être admis à son troisième voyage; ils font encore le signe d'acquiescement; alors le Maître dit au Deuxième Surveillant de le faire voyager pour la troisième fois et, le Récipiendaire étant arrivé entre les deux Surveillants, le dos tourné au cercueil, les Surveillants annoncent que le Compagnon a fait son dernier voyage avec intrépidité; le Maître dit alors au Récipiendaire : ℐ« *Vous n'avez encore rien fait, préparez-vous aux plus rudes épreuves pour parvenir au grade de Maître, qui est le chef de la Maçonnerie; je crains que vous ne succombiez à la tristesse de ces lieux et ces lugubres appareils doivent vous annoncer tout ce que votre réception a de sérieux, persistez-vous ?* »ℐ. Après qu'il ait répondu, le Maître lui dit : ℐ« *Ne craignez-vous pas de voir le tombeau et voulez-vous être vous-même le témoin du sujet de nos pleurs ?* »ℐ (il répond); ensuite le Respectable dit aux Surveillants ℐ de lui donner la lumière, ils se tournent du côté du cercueil et, après un petit intervalle, le Maître lui dit : ℐ « *Vous voyez le sujet de nos pleurs, le cercueil renferme le Maçon le plus parfait et le Maître le plus respectable, voulez-vous vous unir à nous pour faire des recherches exactes de ses assassins ?* »ℐ Le Compagnon répond oui; alors le Respectable dit au Premier Surveillant ℐ de le faire avancer au pied du trône, par trois pas de Maître, en traversant le cercueil, et lui recommande de ne point fouler le cadavre et de respecter les Frères même après leur mort.

Le Premier Surveillant lui apprend à marcher en traversant

the Fellow Craft should be admitted to his third journey. They give the sign of consent again. Then the Master says to the Junior Warden to have him make his journey for the third time and when the candidate has arrived between the Wardens, his back turned to the tomb, the Wardens announce that the candidate has made his third journey with intrepidity. The Master then says to the candidate : ℐ "*You have not done anything yet, be prepared for still sterner tests, in order to reach the Master degree, which is the chief of Freemasonry. I fear that you will succumb to sorrow. These spots and this lugubrious apparatus all have to announce that your reception is seen as serious. Do you still persist ?*"ℐ. After his reply the Master says to him : ℐ "*Don't you fear to see the tomb and don't you wish to be a witness of the subject of our tears?*" ℐ. He replies. The Respectable then says to the Wardens to give him the light; they turn him to the side of the tomb and after a short interval the Master says to him : ℐ "*You see the subject of our tears, the tomb encloses the most perfect Mason and the most respectable Master. Do you wish to join us to exactly investigate the murderers ?*" ℐ. The Fellow Craft answers Yes. Then the Respectable says to the Senior Warden ℐ to have him advance to the base of the throne with the three Master steps, passing over the tomb, and advices him not to touch the body and to respect the brethren, even after their death.

The Senior Warden instructs him to make the steps over

37.

le cercueil; étant arrivé au pied du trône, on le fait placer en maçon les pieds en équerre, et les Surv.ts ont soin de mettre leurs pieds par derrière en forme d'appui, pour pouvoir le renverser commodément; ils lui tiennent aussi chacun un bras sur l'Épaule qui se trouve à leur côté (Nota. tous les ff. ont la pointe de l'épée tournée vers le cercueil.)

Dans cette attitude le M.e lui fait renouveller son obligation (voyez cette obligation page 1, et lui fait promettre de ne point reveler aux apprentifs et Compagnons ce qui va lui être confié au sujet de la maîtrise; après quoi le M.e lui parle en ces termes.

## Discours.

Vous savez mon f.e que les apprentifs s'assemblaient à la Colonne J pour recevoir leurs salaires, et que les Compag.ns étaient payés sous la Colonne B, et y recevaient le prix de leur émulation, l'ordre qui régnait dans la construction du Temple était établi par hiram fameux ouvrier en toutes sortes de métaux, qui sortait de la tribu de Nephtali et que Salomon avait choisi pour le bon ordre et l'éxécution de ses plans; Ce ministre ingénieux voulant récompenser chaque ouvrier selon son mérité composa 3 classes, la 1re d'apprentifs, la 2.e de Compagnons et la 3.e de Maîtres: pour pouvoir les reconnaître et ne pas les confondre, les apprentifs avaient la lettre J pour le mot du guet, les Compagnons B, et les M.es qui étaient occupés

le cercueil; étant arrivé au pied du trône, on lui fait placer en Maçon les pieds en équerre et les Surveillants ont soin de mettre leurs pieds par derrière en forme d'appui pour pouvoir le renverser commodément; ils lui tiennent aussi chacun un bras sur l'épaule qui se trouve de leur côté (Note : tous les Frères ont la pointe de l'épée tournée vers le cercueil).

Dans cette attitude, le Maître lui fait renouveler son Obligation (voyez cette Obligation page ...) et lui fait promettre de ne point révéler aux Apprentis et Compagnons ce qui va lui être confié au sujet de la Maîtrise; après quoi, le Maître lui parle en ces termes :

## *Discours*

« *Vous savez, mon Frère, que les Apprentis s'assemblaient à la Colonne J pour recevoir leurs salaires et que les Compagnons étaient payés à la Colonne B, et y recevaient le prix de leur émulation; l'ordre qui régnait dans la construction du Temple était établi par Hiram, fameux ouvrier en toutes sortes de métaux, qui sortait de la tribu de Nephtali et que Salomon avait choisi pour le bon ordre et l'exécution de ses plans; ce ministre ingénieux, voulant récompenser chaque ouvrier selon son mérite, composa trois classes, la première d'Apprentis, la seconde de Compagnons et la troisième de Maîtres; pour pouvoir les reconnaître et ne pas les confondre, les Apprentis avaient la lettre J pour le mot du guet, les Compagnons B, et les Maîtres qui étaient occupés*

the tomb. Arrived at the base of the throne he is to place his feet as a Mason square and the Wardens take care to place their feet behind to form a support, in order to turn him over comfortably. They have each one arm on his shoulder at their side. (Note : all brethren have the point of their sword turned to the tomb.)

In this posture the Master has him renew his oath (see for the oath page 50) and requires him to promise not to reveal to Entered Apprentices and Fellow Crafts what is going to be confided to him regarding the Master degree. After this the Master addresses him in the following manner :

## *Address*

"*You know, my brother, that the Entered Apprentices assemble at the column J in order to receive their wages and that the Fellow Crafts were paid at the column B, where they received the price for their efforts. The Order, which reigned during the construction of the Temple, was established by Hiram, famous workman in all kinds of metal, who sprung from the tribe of Naphtali and whom Solomon had chosen for the good order and execution of his plans. This ingenious minister, who wanted to recompense each worker according to his merits, instituted three classes, the first of the Entered Apprentices, the second of the Fellow Crafts and the third of the Masters. In order to be able to recognise them and not to mix them up, the Apprentices had the letter J as their password, the Fellow Crafts the B and the Masters, who were charged*

38.ᵉ
indifféremment dans l'étendue du Temple, avaient pour mot Jehova; la Jalousie s'empara de 3 Compagnons Perfides, qui formant le dessein de savoir d'hiram, le mot de M.ᵉ, de gré ou de force exécutèrent ce projet comme j'irai vous l'apprendre ʒ (Nota vers le milieu du Discours le R.ᵇˡᵉ dit ʒ d'enlever le Cadavre) ʒ Un jour après la sortie des ouvrages, les 3 Scélérats se portèrent, l'un à la porte d'occident, l'autre à celle du nord, et l'autre à celle d'orient, hiram s'étant présenté pour sortir à la porte d'occident, le 1.ᵉʳ Scélérat lui demanda le mot de M.ʳᵉ; hiram refusa de lui donner ce qu'il ne méritait pas, et le pria de ne pas vouloir s'obstiner à requérir le grade de M.ʳᵉ par la violence; Le Compagnon peu Satisfait de cette réponse le menaça; les menaces ne purent ébranler ce M.ʳᵉ R.ᵇˡᵉ, à qui le — malheur! décharges un coup de rouleau sur la tête ʒ (ici le R.ᵇˡᵉ donne un petit coup de maillet sur la tête du dieig.ᵉ) ʒ. hiram courut à la porte du nord pour se sauver, mais quelle fut sa surprise lorsqu'y étant arrivé il trouva le 2.ᵉ Scélérat, qui lui demandant mais inutilement le mot de M.ʳᵉ, lui porta un coup de maillet sur l'épaule, — qui le fit chanceler ʒ (ici le R.ᵇˡᵉ lui donne un petit coup de maillet sur l'Épaule) ʒ; notre R.ᵇˡᵉ M.ᵉ — rassembla le peu de force qui lui restait pour s'échapper au danger évident qui le menaçait, mais il fut —

indifféremment dans l'étendue du Temple, avaient pour mot Jéhova; la jalousie s'empara de trois Compagnons perfides qui, formant le dessein de savoir d'Hiram le mot de Maître, de gré ou de force, exécutèrent ce projet comme je vais vous l'apprendre. ℐ (nota : vers le milieu du discours, le Respectable dit ℐ d'enlever le cadavre)ℐ. *Un jour, après la sortie des ouvrages, les trois scélérats se portèrent l'un à la porte d'occident, l'autre à celle du nord et l'autre à celle d'orient; Hiram, s'étant présenté pour sortir par la porte d'occident, le premier scélérat lui demanda le mot de Maître; Hiram refusa de lui donner ce qu'il ne méritait pas et le pria de ne pas vouloir s'obstiner à requérir le grade de Maître par la violence; le Compagnon, peu satisfait de cette réponse, le menaça; les menaces ne purent ébranler ce Maître Respectable, à qui le malheureux déchargea un coup de rouleau sur la tête* ℐ (ici, le Respectable donne un petit coup de maillet sur la tête du Récipiendaire)ℐ. *Hiram courut à la porte du nord pour se sauver, mais quelle fut sa surprise lorsque, y étant arrivé, il trouva le deuxième scélérat qui, lui demandant mais inutilement le mot de Maître, lui porta un coup de maillet sur l'épaule qui le fit chanceler* ℐ (ici, le Respectable lui donne un petit coup de maillet sur l'épaule)ℐ. *Notre Respectable Maître rassembla le peu de force qui lui restait pour s'échapper au danger évident qui le menaçait, mais il fut*

indifferently in the Temple area, had the word Jehova. Jealousy took possession of three perfidious Fellow Crafts, who making the plan to get from Hiram the Master word, willingly or unwillingly, executed their plan, as I will let you know. ℐ (Note : about halfway in the address the Respectable ℐ orders to have the body taken away) ℐ. *One day, after the end of the work, one of the three villains went to the Western porch, the second to the Northern porch and the other to the Eastern porch. When Hiram on leaving presented himself at the West porch, the first villain asked from him the Master word. Hiram refused to give to him what he did not deserve and asked him not to be obstinate to require the Master degree by violence. The Fellow Craft was not satisfied by this reply and threatened him. The threats could not make this Respectable Master stagger and the unfortunate gave him a blow with a roll on his head.* ℐ (here the Respectable gives a light blow with his mallet on the candidate's head) ℐ. *Hiram ran to the Northern porch to save himself, but what was his surprise when arriving there he found the second villain, who when asking him uselessly the Master word gave him a blow with his mallet on his shoulder, which made him stagger* ℐ (here the Respectable gives him a light blow with his mallet on his shoulder) ℐ. *Our Respectable Master collected the little of his strength left to escape from the evident danger which threatened him, but he was*

[Page manquante] | [Page missing]

[Page manquante] [Page missing]

## Catéchisme des M⸺ᵉˢ.

D. Étes-vous maître ?
R. approuvés-moi, ou désapprouvés-moi, l'accassia m'est connu.
D. où avez vous été reçu maître ?
R. Dans la Chambre du Milieu.
D. qu'avez-vous vu en entrant en loge ?
R. larmes, tristesse, et le tombeau de notre R⸺ble M⸺re adoniram.
D. Pourquoi larmes et tristesse ?
R. Parceque les ff. étaient en pleurs de l'assassinat commis en la personne d'adoniram, et les larmes étaient peintes sur la muraille.
D. qui était adoniram ?
R. Le Surintendant, et le Directeur Général de tous les Bâtimens de Salomon 3.
D. par qui fut-il assassiné ?
R. par 3 Compagnons
D. Pourquoi l'assassinèrent-ils ?
R. Par avarice, et par ambition ; par avarice pour être payés comme M⸺ʳᵉˢ, et par ambition pour parvenir au grade supérieur, que leurs talens leur méritait, mais que le Surintendant ne leur avait pas accordé, parceque la perversité de leurs cœurs les en rendait indignes.
D. Comment s'y prirent-ils pour consommer leur exécrable dessein ?

## Catéchisme des Maîtres

D. Etes-vous Maître ?
R. Approuvez-moi ou désapprouvez-moi, l'acacia m'est connu.
D. Où avez-vous été reçu Maître ?
R. Dans la Chambre du Milieu.
D. Qu'avez-vous vu en entrant en loge ?
R. Larmes, tristesse, et le tombeau de notre Respectable Maître Hiram.
D. Pourquoi larmes et tristesse ?
R. Parce que les Frères étaient en pleurs de l'assassinat commis en la personne d'Adonhiram, et les larmes étaient peintes sur la muraille.
D. Qui était Adonhiram ?
R. Le Surintendant et le Directeur Général de tous les Bâtiments de Salomon ℨ.
D. Par qui fut-il assassiné ?
R. Par trois Compagnons.
D. Pourquoi l'assassinèrent-ils ?
R. Par avarice et par ambition; par avarice pour être payés comme Maîtres, et par ambition pour parvenir au grade supérieur, que leurs talents leur méritaient, mais que le Surintendant ne leur avait pas accordé parce que la perversité de leurs cœurs les en rendait indignes.
D. Comment s'y prirent-ils pour consommer leur exécrable dessein ?

## Catechism of the Master degree

Q. Are you a Master ?
A. Accept me or reject me, the acacia is known to me.
Q. Where were you received a Master ?
A. In the Middle chamber.
Q. What did you see on entering the lodge ?
A. Tears, sadness and the tomb of our Respectable Master Hiram.
Q. Why tears and sadness ?
A. Because the brethren were in tears on account of the assassination of the person of Adoniram, and the tears were painted on the walls.
Q. Who was Adoniram ?
A. The supervisor and the general director of all buildings of Solomon ℨ.
Q. By whom was he assassinated ?
A. By three Fellow Crafts.
Q. Why did they assassinate him ?
A. For avarice and ambition. For avarice, on account of wanting to be paid as Masters and for ambition on account of wanting to come into a higher degree than their talents merited hem, but the supervisor did not give it to them, because the perversity of their hearts made them unworthy.
Q. How did they behave in order to realise their detestable plan ?

42ᵛ

R. Ils se portèrent aux 3 portes du Temple fermement résolus d'y attendre adoniram, et de lui arracher le mot de Mᵉ de gré ou de force; Le Surintendant ayant suivant sa coutume journalière adressé sa prière au grand architecte, avant le lever de l'aurore, se présenta à la porte d'occident pour sortir du Temple; il y trouva un des 3 scélérats qui lui demanda le mot de Mᵉ avec menace de le tuer s'il lui refusait; adoniram lui répondit avec sa douceur ordinaire, que ce n'était pas ainsi qu'on le lui avait communiqué, mais qu'il n'avait qu'à le mériter par sa bonne conduite, qu'on ne le lui refuserait pas.

Le forcené, sans être arrêté par le respect dû à ce St homme, se saisit d'un triangle dont il était pourvu, et lui en porta un coup dans le flanc; adoniram pour éviter ce cruel traitement se sauva vers la porte du midi où il trouva le 2ᵈ malheureux qui voulut lui arracher le mot et les signes de Mᵉʳᵉ, et sur son refus, il lui porta un coup de marteau à pointes, sur le Crâne, et le terrassa. L'infortuné Surintendant noyé dans son sang revint de son étourdissement, et se traina avec peine jusqu'à la porte de l'orient, où il comptait trouver son salut; il y rencontra la mort, car il y trouva le 3ᵉ traître, qui lui faisant les mêmes demandes, et les mêmes menaces, adoniram lui ayant fait les mêmes réponses et les mêmes refus, le furieux lui donna un coup de Compas dans le sein, et le tua.

R. Ils se portèrent aux trois ports du Temple, fermement résolus d'y attendre Adonhiram et de lui arracher le mot de Maître de gré ou de force; le Surintendant ayant, suivant sa coutume journalière, adressé sa prière au Grand Architecte, avant le lever de l'aurore, se présenta à la porte d'occident pour sortir du Temple; il y trouva l'un des trois scélérats, qui lui demanda le mot de Maître, avec menace de le tuer s'il refusait; Adonhiram lui répondit, avec sa douceur ordinaire, que ce n'était pas ainsi qu'on le lui avait communiqué, mais qu'il n'avait qu'à le mériter par sa bonne conduite, qu'on ne le lui refuserait pas.

Ce forcené, sans être arrêté par le respect dû à ce saint homme, se saisit d'un triangle dont il était pourvu et lui en porta un coup dans le flanc; Adonhiram, pour éviter ce cruel traitement, se sauva vers la porte du midi où il trouva le deuxième malheureux, qui voulût lui arracher le mot et les signes de Maître et, sur son refus, il lui porta un coup de marteau à pointe, sur le crâne, et le terrassa. L'infortuné surintendant, noyé dans son sang, revint de son étourdissement et se traîna avec peine jusqu'à la porte de l'orient, où il comptait trouver son salut; il y rencontra la mort car il y trouva le troisième traître qui, lui faisant la même demande et les mêmes menaces, Adonhiram lui ayant fait la même réponse et les mêmes refus, le furieux lui donna un coup de compas dans le cour et le tua.

A. They went to the three porches of the Temple, strongly determined to await Adonhiram and to filch the Master word, willingly or unwillingly. The Superintendent prayed according to his daily custom before daybreak to the Great Architect and came to the West porch to leave the Temple. He found one of the three villains there, who asked him for the Master word, threatening him to kill him, if he refused. Adonhiram answered him with his customary sweetness that it was not done that way to communicate it, but that he had to merit it by his good conduct and that it would then not be refused.

This savage, without reluctance of respect for this holy man, grasped a triangle he had in hand and gave him a blow on his side. Adonhiram tried to avoid this cruel treatment and fled to the South porch, where he found the second unfortunate, who wished to filch the word from him as well as the signs of a Master and, on his refusal, he gave him a blow with a mallet on his head and knocked him down. The unfortunate superintendent pouring blood recovered from his fainting and barely dragged himself to the East porch, where he hoped to find relief. There he met with death, for he found the third traitor there, who made him the same request and threats and, as Adonhiram gave him the same reply, this furious man gave him a blow with his compass on his heart and killed him.

43.

D. où portèrent-ils son Corps après l'assassinat ?

R. ils l'enterrèrent dans les décombres du Temple et plantèrent dessus la fosse une branche d'accassia pour pouvoir en reconnaître l'endroit ; voulant apparemment le porter dans un lieu plus sûr. ils oublièrent auprès de son Cadavre, les instrumens qui avaient servi à l'exécution de leur barbare dessein ; pour eux, ils se retirèrent dans une Caverne voisine du Temple, pour y attendre une heure plus favorable.

D. Comment sçut-on que qu'adoniram avait été assassiné ?

R. Par un éxact appel que Salomon fit faire de tous les ouvriers du Temple ; et les trois Compagnons ci-dessus mentionnés y manquèrent.

D. Retrouva-t-on le Corps d'adoniram ?

R. Salomon s'étant apperçu qu'adoniram lui manquait, jugea qu'il fallait suspendre les travaux du temple jusqu'à ce qu'on eût sçu ce qu'était devenu ce grand homme dont les lumières étaient absolument nécessaires pour diriger l'ouvrage ; il envoya d'abord les apprentifs à sa recherche, ils voyagèrent pendant 3 jours, et revinrent à Jérusalem sans l'avoir trouvé ; les Compagnons furent députés, et firent pendant 5 jours des vaines perquisitions, au bout desquels ils rentrèrent à Jérusalem, Enfin, Salomon résolut d'y envoyer les m.res, ils partirent tous, résolus de voyager pendant neuf jours ; ils convinrent entr'eux d'un signe pour se rallier. Il fut annoncé le

D. Où portèrent-ils le corps après l'assassinat ?

R. Ils l'enterrèrent dans les décombres du Temple et plantèrent dessus une branche d'acacia pour pouvoir en reconnaître l'endroit, voulant, apparemment, le porter dans un lieu plus sûr. Ils oublièrent, auprès de son Cadavre, les instruments qui avaient servi à l'exécution de leur barbare dessein; pour eux, ils se retirèrent dans une caverne voisine du Temple, pour y attendre une heure plus favorable.

D. Comme sut-on par qui Adonhiram avait été assassiné ?

R. Par un exact appel que Salomon fit faire de tous les ouvriers du Temple, et les trois Compagnons ci-dessus mentionnés y manquèrent.

D. Retrouva-t-on le corps d'Adonhiram ?

R. Salomon s'étant aperçu qu'Adonhiram lui manquait jugea qu'il fallait suspendre les travaux du Temple jusqu'à ce qu'on eût su ce qu'était devenu ce grand homme, dont les lumières étaient absolument nécessaires pour diriger l'ouvrage; il envoya d'abord les Apprentis à sa recherche, ils voyagèrent pendant trois jours et revinrent à Jérusalem sans l'avoir trouvé; les Compagnons furent députés et firent pendant cinq jours de vaines perquisitions, au bout desquels ils rentrèrent à Jérusalem. Enfin, Salomon résolut d'y envoyer les Maîtres, ils partirent tous, résolus de voyager pendant neuf jours; ils convinrent d'un signe pour se rallier. Il fut annoncé le

Q. Where did they bring the corpse after the assassination ?

A. They buried him in the rubbish of the Temple and placed on it a branch of acacia in order to recognise the spot, as they apparently wanted to bring him to a safer place later. They left the instruments, which served to execute their barbarous plan near the corpse. As far as they were concerned, they retired into a cave in the vicinity of the Temple, waiting for a more favourable hour.

Q. How was it known by whom Adonhiram was assassinated ?

A. By an exact roll-call, which Solomon had to have of all workmen of the Temple; the three Fellow Crafts abovementioned were missing.

Q. Did they find the corpse of Adonhiram ?

A. As Solomon noticed that Adonhiram was missing, he ruled that the work of the Temple should be suspended until it was known what had became of this great man, whose light was indispensable in directing the work. He first sent out the Entered Apprentices for a search; they travelled during three days and returned to Jerusalem without having found him. The Fellow Crafts were sent out and during five days they made fruitless investigations, after which they returned to Jerusalem. Finally Solomon decided to send the Masters; they all left, determined to travel for nine days. They agreed to a sign to assemble. They convened at the

44.ᵉ signe de secours ; de plus, comme on craignait qu'Adoniram, malgré sa conduite, la sainteté de ses mœurs, et son courage à toute épreuve, n'eût dans le délire de la mort révélé quelqu'un des secrets de M.˙. , on résolut de changer les mots et les signes de ce grade ; pour y parvenir, on convint que le 1.ᵉʳ mot et les 1.ᵉʳˢ signes que l'on ferait en retrouvant le corps d'Adoniram, seraient pris pour les mots et les signes des M.˙.ˢ ; ces arrangemens pris les M.˙.ˢ partirent et voyagèrent pendant 9 jours... au bout desquels, excédés de fatigue, ils allaient rentrer dans Jérusalem lorsqu'un d'eux voulant se reposer s'assit sur une petite Eminence, et s'appuya sur une branche d'accassia, qui ayant cédé à son effort, lui fit remarquer qu'elle était plantée seulement depuis peu, et que la terre sur laquelle il était assis était nouvellement remuée, il soupçonna une partie de la vérité ; ayant fait le signe d'appel, il rassembla ses Compagnons, qui ayant fouillé, trouvèrent le corps de notre R.ᵇˡᵉ M.ᵉ avec une équerre à sa tête, et un Compas à ses pieds. Salomon instruit de cette découverte, y envoya tous les maçons ; les apprentifs voulant avoir la gloire de le relever, le plus ancien d'entr'eux prit le Cadavre par la main, et prononça le mot d'apprentif, mais comme il était en terre depuis déjà plusieurs jours, et qu'il était déjà un peu putréfié, la chair

signe de secours; de plus, comme on craignait qu'Adonhiram, malgré sa conduite, la sainteté de ses mœurs et son courage à toute épreuve, n'ait, dans le délire de la mort, révélé quelqu'un des secrets de Maître, on résolut de changer le mot et le signe de ce grade; pour y parvenir, on convint que les premiers mots et les premiers signes que l'on ferait en retrouvant le corps d'Adonhiram seraient pris pour le mot et les signes des Maîtres; ces arrangements pris, les Maîtres partirent et voyagèrent pendant neuf jours... au bout desquels, excédés de fatigue, ils allaient rentrer à Jérusalem lorsque l'un d'entre eux, voulant se reposer, s'assit sur une petite éminence et s'appuya sur une branche d'acacia qui, ayant cédé à son effort, lui fit remarquer qu'elle était plantée seulement depuis peu et que la terre sur laquelle il était assis était nouvellement remuée; il soupçonna une partie de la vérité; ayant fait le signe d'appel, il rassembla ses compagnons qui, ayant fouillé, trouvèrent le corps de notre Respectable Maître, avec une équerre à sa tête et un compas à ses pieds. Salomon, instruit de cette découverte, y envoya tous les Maçons; les Apprentis, voulant avoir la gloire de le relever, le plus ancien d'entre eux prit le cadavre par l'index et prononça le mot d'Apprenti mais, comme il était en terre depuis déjà plusieurs jours et qu'il était déjà un peu putréfié, la chair

Sign of distress. Besides, as they feared that Adonhiram notwithstanding his conduct, the holiness of his morals and his courage at any price, might, in his agony, have revealed one of the secrets of the Master, they decided to change the word and sign of this degree. In order to decide upon it they agreed that the first words and first signs, which were made when the Adonhiram's corpse would be found, would be accepted as the word and the signs of the Masters. After these arrangements the Masters left and travelled during nine days... At the end of which, exhausted by fatigue they were to return to Jerusalem and one of them, who wanted to rest, sat down on a small hill and leaned against a branch of acacia, which when giving way under his weight, made him observe that it was only recently planted and that the earth on which he sat was also recently removed. They suspected a part of the truth. After giving the sign of appeal, he assembled his companions, who after some digging found the corpse of our Respectable Master, with a square at his head and a compass at his feet. Solomon when informed about this discovery sent out all the Masons; as the Apprentices wanted to have the glory of having lifted him, the oldest among them took the corpse at the index finger and pronounced the Apprentice word, but as he had been already buried for several days and as he was already somewhat putrefied, the skin

45.ᵉ

lui resta à la main, et le bras du Cadavre retomba en arrière.
De même aux Compagnons, qui voulurent le relever en le
prenant par le second doigt, et en prononçant le mot de
Compagnon. Enfin, les M.ᵉˢ le relevèrent et s'y prirent de
la manière suivante; l'un d'eux lui prit le poignet droit
en griffe, lui mit le talon contre talon, la main gauche
derrière le dos, et le releva ainsi aidé de deux ff. qui le
soutenaient par derrière; cette manière de relever le Corps
d'Adoniram, fut prise pour le nouvel attouchement; le
M.ᵉ qui relevait Adoniram, lui prononça à l'oreille
Mac benak, qui fut pris pour le mot sacré des maîtres.

L'ancien qui était Jéhova fut mis dans le tombeau
et inhumé avec lui; après l'avoir relevé, le M.ᵉ le laissa
aller entre les mains de ceux qui le soutenaient par derrière,
et se retira en faisant un signe d'horreur et en prononçant
Gibelin pour le mot de passe; c'est ainsi que fut trouvé
le Corps d'Adoniram, qui fut transporté dans l'atelier
des M.ᵉˢ, où on l'inhuma après lui avoir rendu les honneurs
dus à son mérite.

D. trouva-t-on les Compagnons qui avaient commis cet
exécrable assassinat?

R. oui, et on leur fit subir la peine du Talion.

D. Expliquez-moi l'attouchement des maîtres?

R. Il renferme 5 points principaux de la maçonnerie; le
1.ᵉʳ, main dans la main, nous marque que nous devons

stayed in his hands and the arm of the corpse fell back. The same happened to the Fellow Crafts, who wanted to lift him by taking his second finger and by pronouncing the Fellow word. Finally the Masters succeeded in lifting him by taking him in the following manner: One of them took him by the right wrist with the grip, placed foot to foot, the left hand behind the back and moved him with the assistance of two brethren, who supported his back. This way of lifting the corpse of Adonhiram was taken as the new grip; the Master who lifted Adonhiram spoke to him at his ear *Macbénald* [1], which was taken as the sacred word of the Masters.

The former [word], which was Jehova, was placed in the tomb and buried with him. After he was lifted, the Master left him in the hands of those who supported his back, and withdrew by giving the sign of horror and by pronouncing Gibelin as the password. Thus the corpse of Adonhiram was found and it was transported to the Masters lodge, where it was buried after the honours due to his merits had been rendered.

Q. Did they find the Fellow Crafts, who had committed that execrable assassination?
A. Yes, and they were to suffer the fine of retaliation.
Q. Explain to me the grip of the Masters?
A. It contains five main points of Freemasonry: the first, hand in hand, shows that we have

---

[1] A word added in different writing.

46. toujours tendre une main secourable et amicale à nos ff∴; le second, pied contre pied, marque qu'en quelqu'état que nous soyons, nous devons toujours être prêts à voler au secours de nos ff∴, le 3.e; Genouil contre Genouil, que nous devons le fléchir pour adorer le g.d architecte, le 4.e; main derrière le dos pour marquer que nous devons soutenir nos ff∴ dans leurs chûtes, et les reprendre de leurs fautes sans aigreur; le 5.e, visage contre visage, nous marque l'amitié et la discrétion.

D. Que signifie le mot de M.re?
R. il signifie la chair quitte les os.
D. Si vous aviez perdu un M.e où le trouveriez vous?
R. entre l'équerre et le compas.
D. Pourquoi dites-vous que vous trouveriez un M.e entre l'équerre et le compas?
R. Parceque le compas et l'équerre sont le symbole de la sagesse et de la justice, et que l'on doit toujours être sûr de trouver un bon maçon entre ces vertus.
D. Qu'avez-vous remarqué en loge de M.e?
R. un Triangle renversé au dessus de la tête du R.ble, renfermant la lettre G.
D. Que signifie la lettre G.
R. plus grand que nous, Good, qui est le nom du g.d arch.te
D. Comment étiez vous quand vous avez été reçu M.e?
R. J'étais mort; c'est à dire, couché dans le tombeau

toujours tendre une main secourable et amicale à nos Frères; le second, pied contre pied, marque qu'en quelque état que nous soyons, nous devons toujours être prêts à voler au secours de nos Frères; le troisième, genou contre genou, que nous devons le fléchir pour adorer le Grand Architecte; le quatrième, main derrière le dos, pour marquer que nous devons soutenir nos Frères dans leur chute; le cinquième, visage contre visage, nous marque l'amitié et la discrétion.

D. ☊ Que signifie le mot des Maîtres ?
R. Il signifie : la chair quitte les os.
D. Si vous aviez perdu un Maître, où le trouveriez-vous ?
R. Entre l'équerre et le compas.
D. Pourquoi dites-vous que vous trouveriez un Maître entre l'équerre et le compas ?
R. Parce que le compas et l'équerre sont les symboles de la Sagesse et de la justice, et que l'on doit toujours être sûr de trouver un bon Maçon entre ces vertus.
D. Qu'avez-vous remarqué en entrant en loge ?
R. Un triangle renversé au-dessus de la tête du Respectable, renfermant la lettre G.
D. Que signifie la lettre G ?
R. Plus grand que vous, Good, qui est le nom du Grand Architecte.
D. Comment étiez-vous quand vous avez été reçu Maître ?
R. J'étais mort, c'est-à-dire couché dans le tombeau

always to tend a supporting and friendly hand to our brethren; the second, foot to foot, shows in what state we are; we are always to run to assist our brethren; the third, knee to knee, that we have to kneel to adore the Great Architect; the fourth, hand behind the back, shows that we have to support our brethren in their fall; the fifth, face to face, shows the friendship and the discretion.

Q. ☊ What does the Master word signify ?
A. It means : the skin leaves the bones.
Q. If you would have lost a Master, where would you find him ?
A. Between the square and compass.
Q. Why do you say that you would find a Master between the square and compass ?
A. Because the compass and the square are the symbols of the Wisdom and the Justice and that one should always be sure to find a good Mason between these virtues.
Q. What did you observe on entering the lodge ?
A. A reversed triangle over the head of the Respectable, in which the letter G.
Q. What signifies the letter G ?
A. Greater than you, Good, which is the name of the Great Architect.
Q. How were you, when you were raised as a Master ?
A. I was dead, which means lying on the tomb

47.

d'Adoniram et dans la même posture où l'on le vit lors de son inhumation.

D. Comment est habillé votre M∴ ?
R. D'or et d'azur.
D. Quel est son bijou ?
R. Un Compas.
D. Comment le servez-vous ?
R. Avec zèle, ferveur et constance.
D. Depuis quand le servez-vous ?
R. Depuis le lundi jusqu'au samedi, c'est-à-dire sans relâche.
D. Quels sont les bijoux des M∴ ?
R. La craie, le charbon, et terrine qui sert à les renfermer.
D. Que signifient-ils ?
R. La craie, par sa blancheur, marque la pureté de nos cœurs, et que nous sommes innocens du meurtre d'Adoniram. Le charbon ardent, par sa vivacité, marque l'ardeur dont nous sommes animés pour poursuivre sa vengeance ; et la terrine qui les renferme, marque le profond silence que nous devons garder sur nos mystères.

3 D. Où se tiennent les M∴ ?
R. Partout pour veiller à l'ouvrage et aux actions des apprentifs et compagnons.
D. Où avez-vous reçu votre salaire ?
R. Au dessus de la Gallerie.
D. Quel âge avez vous en qualité de M∴ ?
R. Sept ans faits et parfaits.

| | |
|---|---|
| d'Adonhiram et dans la même posture où l'on le mit lors de son inhumation. | of Adonhiram and in the same posture, in which he was placed when buried. |
| D. Comment est habillé votre Maître ? | Q. How is your Master dressed ? |
| R. D'or et d'azur. | A. With gold and azure. |
| D. Quel est son bijou ? | Q. What is his jewel ? |
| R. Un compas. | A. A compass. |
| D. Comment le servez-vous ? | Q. How do you use it ? |
| R. Avec zèle, ferveur et constance. | A. With zeal, fervour and constancy. |
| D. Depuis quand le servez-vous ? | Q. Since when do you use it ? |
| R. Depuis le lundi jusqu'au samedi, c'est-à-dire sans relâche. ℑ | A. From Monday until Saturday, which means without relief ℑ. |
| D. Quels sont les bijoux des Maîtres ? | Q. What are the jewels of the Masters ? |
| R. La craie, le charbon et [la] terrine qui sert à les renfermer. | A. The chalk, the carbon and the bowl to contain them. |
| D. Que signifient-ils ? | Q. What do they mean ? |
| R. La craie, par sa blancheur, marque la pureté de nos cœurs et que nous sommes innocents du meurtre d'Adonhiram; le charbon ardent, par sa vivacité, marque l'ardeur dont nous sommes animés pour poursuivre sa vengeance; et la terrine, qui les renferme, marque le profond silence que nous devons garder sur nos mystères. | A. The chalk, by its whiteness, shows the purity of our hearts and that we are innocent of the murder of Adonhiram; the fiery carbon, by its vivacity, marks the ardour which animates us to pursue his vengeance; and the bowl, which contains them, marks the deep silence we have to observe about our mysteries. |
| ℑ D. Où se tiennent les Maîtres ? | ℑ Q. Where are the Masters ? |
| R. Partout, pour veiller à l'ouvrage et aux actions des Apprentis et des Compagnons. | A. Everywhere, in order to oversee the work and the actions of the Apprentices and Fellow Crafts. |
| D. Où avez-vous reçu votre salaire ? | Q. Where did you receive your wages ? |
| R. Au-dessus de la galerie. | A. Over the gallery. |
| D. Quel âge avez-vous en qualité de Maître ? | Q. What is your age as a Master ? |
| R. Sept ans faits et parfaits. | A. Seven years ended and perfect. |

48°
D. Quelle heure est-il pour ouvrir à une loge ?
R. midi plein.
D. Et pour la fermer ?
R. minuit plein.
D. Comment s'ouvre une loge de M∴ ?
R. par 3 fois 3, ou 9 Coups.
D. à quoi sont allusifs ces 9 coups ?
R. aux 9 jours quels M∴ employèrent à la recherche d'adoniram
D. qui éclaire la loge des M∴ ?
R. 9 lumières divisées en 3 triangles, le 1: à l'orient, le second à l'occident, et le 3.ᵉ au midi.

§ D. à quoi s'occupent les M∴ ?
R. à la planche à tracer.
D. à quoi leur sert-elle ?
R. à dessiner les plans, les Coupes et élévations du temple, pour les communiquer ensuite aux ouvriers inférieurs.
D. faites-m'en l'allusion ?
R. De même que la Planche doit servir au M.ᵉ architecte à tracer les desseins qu'il donne pour modèle aux ouvriers, les M.ᵉˢ maçons doivent diriger leur conduite et leur action de manière qu'elles puissent servir d'exemple aux Compagnons, et qu'en le suivant ils ne s'écartent jamais des vertus prescrites par les statuts de l'ordre
D. quel est le signe de Secours, qui ne se fait que dans un pressant besoin ?

| | |
|---|---|
| D. Quelle heure est-il pour ouvrir la loge ? | Q. At what hour the lodge is opened ? |
| R. Midi plein. | A. High noon. |
| D. Et pour la fermer ? | Q. And to close ? |
| R. Minuit plein. | A. At midnight. |
| D. Comment s'ouvre une loge de Maîtres ? | Q. How is a Masters' lodge opened ? |
| R. Par trois fois trois ou neuf coups. | A. By three times three knocks. |
| D. A quoi sont allusifs ces neuf coups ? | Q. To what do these knocks allude ? |
| R. Aux neuf jours que les Maîtres employèrent à la recherche d'Adonhiram. | A. To the nine lights divided in three triangles, the first in the East, the second in the West and the third in the South. |
| D. Qui éclaire le loge des Maîtres ? | 3 Q. What the Masters occupation ? |
| R. Neuf lumières divisées en trois triangles, le premier à l'orient, le second à l'occident et le troisième au midi. | A. At the tracing board. |
| 3 D. A quoi s'occupent les Maîtres ? | Q. To what purpose ? |
| R. A la planche à tracer. | A. To design the plans, the cross sections and the elevations of the Temple and to communicate them subsequently to the lower workmen. |
| D. A quoi leur sert-elle ? | Q. Give me the allusion ? |
| R. A dessiner les plans, les coupes et élévations du Temple, pour les communiquer ensuite aux ouvriers inférieurs. | A. In the same manner as the tracing board serves the Master architect to draw the plans, which he gives to the workmen as a guide, so the Master Masons shall direct their conduct in the manner that it may serve as an example to the Fellow Crafts and by following them they never divert from the virtues, prescribed by the Statutes of the Order. |
| D. Faites-moi l'allusion ? | |
| R. De même que la Planche à tracer doit servir au Maître architecte à tracer les dessins qu'il donne pour modèle aux ouvriers, les Maîtres Maçons doivent diriger leur conduite de manière qu'elle puisse servir d'exemple aux Compagnons et, qu'en les suivant, ils ne s'écartent jamais des vertus prescrites par les Statuts de l'Ordre. | |
| D. Quel est le signe de secours, qui ne se fait qu'en pressant besoin ? | Q. What is the sign of distress, which can only be given when needed dearly ? |

R. C'est de porter les mains renversées en triangle sur la tête, en criant à moi les Enfans de la veuve; parcequ'après la mort d'Adoniram notre cher M., les maçons prirent soin de sa veuve, dont ils se disaient les Enfans, ayant toujours regardé Adoniram comme leur père.

D. faites moi l'allusion des trois vertus, force, sagesse et beauté, dont vous avez parlé dans le Compagnon?

R. La sagesse, la force et la beauté sont attribuées à Salomon, parceque c'était le prince le plus sage de son temps, la force à Hiram, parceque par sa puissance, il fournit à Salomon les matériaux nécessaires à la construction du temple de Jérusalem; la beauté à Adoniram, parcequ'il fut chargé de l'édification du temple, et qu'il en fit toutes les décorations et ornemens.

D. Pourquoi les M. abbâtent ils la bavette du tablier?

R. C'est pour marquer qu'ils ont participé aux travaux, que par l'inspection qu'ils ont sur les ouvrages; mais ils ne doivent se servir de leur autorité que pour la perfection.

D. quel est le mot de passe des M.?

R. Gibelin.

R. C'est de porter les mains renversées en triangle sur la tête en criant « A moi les Enfants de la Veuve »; parce qu'après la mort d'Adonhiram, notre cher Maître, les Maçons prirent soin de la veuve, dont ils se disaient les enfants, ayant toujours regardé Adonhiram comme leur père.

D. Faites-moi l'allusion des trois vertus, force, sagesse et beauté dont vous avez parlé dans le Compagnon ?

R. La Sagesse, la force et la beauté sont attribuées à Salomon, parce que c'était le prince le plus sage de son temps; la force à Hiram [1], parce que par sa puissance il fournit à Salomon les matériaux nécessaires à la construction du Temple de Jérusalem; la beauté à Adonhiram, parce qu'il fut chargé de l'édification du Temple et qu'il en fit toutes les décorations et ornements.

D. Pourquoi les Maîtres abattent-ils la bavette du Tablier ?

R. C'est pour marquer qu'ils ne participent pas aux travaux que par l'inspection qu'ils ont sur les ouvrages mais qu'ils ne doivent se servir de leur autorité que pour la perfection.

D. Quel est le mot de passe des Maîtres ?

R. Gibelin.

---

[1] Il s'agit ici d'Hiram, roi de Tyr.

A. That is by placing the hands inverted in a triangle on the head, calling : To me, children of the widow, because after the death of Adonhiram, our dear Master, the Masons took care of the widow, of whom they said to be the children, as they had always regarded Adonhiram as their father.

Q. Give me the allusion of the three virtues : strength, wisdom and beauty, about which you spoke in the Fellow Craft degree ?

A. The Wisdom, the strength and the beauty are attributed to Solomon, because he was the wisest prince of his time; the strength to Hiram [1], because due to his power he supplied Solomon with the materials which were necessary for the construction of the Temple of Jerusalem; the beauty to Adonhiram, because he was charged with the building of the Temple and of which he made the decorations and ornaments.

Q. Why do the Masters turn down the flap of their apron ?

A. To mark that they do not participate in the work but by inspection, which they perform over the work, but they should use their authority only for their perfection.

Q. What is the password of the Masters ?

A. Gibelin.

---

[1] This refers here to Hiram, king of Tyr.

50.°

## Obligation

Promettez-vous (oui je promets) sous les mêmes obligations que j'ai contractées, et sous les mêmes peines, de garder le secret de la Maîtrise, non seulement vis-à-vis des prophanes, mais même des maçons, qui ne sont qu'apprentifs ou Compagnons, d'aider mes ff. dans leurs besoins, autant que mes facultés pourront le permettre ; d'être très scrupuleux sur le choix des ff. qui voudront passer à la maîtrise ; et de me conformer en tout aux réglements des loges de M̄d., et aux autres réglemens de cette loge, ainsi Dieu me soit en aide. &

## Obligation

« *Promettez-vous (oui, je promets) dans les mêmes obligations que j'ai contactées et sous les mêmes peines de garder le secret de la Maîtrise, non seulement vis-à-vis des profanes mais même des Maçons qui ne sont qu'Apprentis ou Compagnons; d'aider mes Frères dans leurs besoins, autant que mes facultés pourront le permettre; d'être très scrupuleux sur le choix des Frères qui voudront passer à la Maîtrise; et de me conformer en tout aux Règlements des loges de Maître et aux autres Règlements de cette loge; ainsi Dieu me vienne en aide.* »

## Oath

"*Do you promise ? (yes, I promise) with the same oaths I engaged myself to and under the same fines to keep the secret of the Mastership, not only with regard to the profanes, but also to the Masons, who are only Entered' Apprentice or Fellow Craft. To assist my brethren according to their 'needs, as far as my faculties would allow. To be very scrupulous in the choice of the brethren, who would wish to become Master, and to conform myself to the Rules of the Master lodges and to the other 'Rules of this lodge. So help me God.*"

# Grade de Maître ~~parfait~~ Secret.

La loge est tendue et illuminée comme celle de M., à la différence que dans le Tableau, il doit y avoir tracé dans l'endroit le plus apparent, une Clef qui est l'emblême de Mc. Secret, que l'on doit enfermer dans un Triangle entouré d'un g.d Cercle.

Les Choses ainsi disposées le 1er introd.r amène le récip.re à la Porte de la loge où il frappe 3 fois 3 coups; on lui répond de même; on fait entrer le récip.re dans la loge, on le pousser par les Epaules comme en loge de M.; mais avec l'Epée dans la main gauche, on le place au pied du Tombeau et ensuite on le fait voyager et placer au pied du Trône où le V.ble lui dit ce qui suit.

Le Zèle et la retenue que nous avons reconnu en vous, Mon f., nous a porté à vous juger digne des Grades plus élevés, et nous avons crû devoir à cet égard vous conférer celui de M.e Secret; vous ne passerez pas par des Epreuves bien fortes, parceque nous croyons que vous n'en avez pas besoin; au reste ne vous laissez pas séduire par les apparences, et ne jugés pas de l'importance du Grade qui va vous être conféré, par le peu de formalités qui sont requises et par le rapport que vous y trouverez avec celui de M.; pensés au contraire, que nul grade n'est méprisable, et que celui ci

## Secret [1]
## Perfect Master Degree

The lodge has the same decorations and lighting as the Master's lodge, the difference being that in the Tracing Board, on the most salient place, there should be a key, which is the emblem of the Secret Master. It is enclosed in a triangle within a circle.

When the furniture have been placed, the brother Introductor brings the candidate to the door of the lodge, where he knocks three time three knocks. The reply is the same. The candidate is allowed to enter into the lodge without pushing his shoulders, as is the custom in the Master's lodge, but with a sword in his left hand, he is placed near the tomb and he is made to travel subsequently and then he is placed at the base of the throne, where the Worshipful addresses him as follows:

*"The zeal and the modesty we discerned in you, my brother, led us to deem you worthy of higher degrees and we would in this respect confer upon you the degree of Secret Master. You will not have to pass heavier tests, because we believe that you do not need them. Finally, do not let yourself be seduced by what is shown and do not judge the importance of the degree by the few formalities which are necessary, and by the relation you will find there with that of the Master's degree, consider on the contrary that no degree is contemptuous and this one*

---
[1] This correction is a mistake of the copiist.

l'est d'autant moins, que vous devez le regarder comme la clef des grades supérieurs; tout de même que celui d'apprentif l'est de toute la maçonnerie, la façon dont vous avez regardé les 3 p.ers grades nous a décidé à vous conférer celui-ci; ce sera l'usage que vous en ferez qui nous décidera à vous y laisser toujours ou à vous en accorder de plus élevés.

## Catéchisme de M.e Secret.

D. Etes-vous M.e Secret?
R. J'ai passé de l'équerre au Compas; j'ai vu le tombeau, et j'ai mêlé mes larmes à celles des ses ff∴
D. Eh bien?
R. on rejoua par le signe de M.e
D. qu'avez-vous trouvé dans ce triste lieu?
R. le bon temple.
D. qu'alliés-vous y chercher?
R. les secrets des maçons et de la maçonnerie.
D. les y avez-vous trouvé?
R. on ne m'en a confié qu'une partie.
D. où les tenez vous?
R. Dans le Cœur
D. à quoi les connaîtrai-je?
R. au signe, attouchement, et à la Parole
D. Donnez-moi le signe?
R. Commencez, je le finirai.

*l'est d'autant moins que vous devez le regarder comme la clef des Grades supérieurs, tout de même que celui d'Apprenti l'est de toute la Maçonnerie; la façon dont vous avez regardé les trois premiers Grades nous a décidé à vous conférer celui-ci; ce sera l'usage que vous en ferez qui nous décidera à vous y laisser toujours ou à vous en accorder de plus élevés. »*

## Catéchisme de Maître Secret

D. Etes-vous Maître Secret ?
R. J'ai passé de l'Equerre au Compas; j'ai vu le tombeau et j'ai mêlé mes larmes à celles de mes Frères.
D. Eh bien ?
R. On répond par le signe de Maître [1].
D. Qu'avez-vous trouvé en ce triste lieu ?
R. Le bon temple.
D. Qu'alliez-vous y chercher ?
R. Les secrets des maçons et de la Maçonnerie.
D. Les y avez-vous trouvés ?
R. On ne m'en a confié qu'une partie.
D. Où les tenez-vous ?
R. Dans le cœur.
D. A quoi les connaîtrai-je ?
R. Au signe, à l'attouchement et à la parole.
D. Donnez-moi le signe !
R. Commencez, je finirai.

---

[1] Ici, comme plus loin, le texte implique que certaines réponses se font par gestes.

*even less so, as you have to regard it as the key to the higher degrees, just as the Apprentice is of all Freemasonry. The way in which you have regarded the first degrees brought us to the decision to confer this upon you. It will be the use you make of it, which determines whether we let you stay in it for ever, or to grant you the highest degrees."*

## Lecture of the Secret Master

Q. Are you a Secret Master ?
A. I passed from the Square to the Compass, I have seen the tomb and I have mixed my tears with those of my brethren.
Q. Well ?
A. The reply is given by the Master's sign [1].
Q. What did you find in this sad place ?
A. The right temple.
Q. What did you search for there ?
A. The secrets of the masons and of Freemasonry.
Q. Did you find them ?
A. I was confided with only part of them.
Q. Where do you keep them ?
A. In my heart.
Q. How shall I recognise you ?
A. By the sign, grip and the word.
Q. Give me the sign ?
A. Begin, I will finish.

---

[1] Here, as later again, the text implies certain replies made by gestures.

D. Donnez-moi le mot ?

R. Donnez-moi la 1re lettre je vous donnerai la 2e ?

D. que signifie ce mot ?

R. j'espère le savoir un jour.

D. Donnez-moi la marque ?

R. la voila.

D. que signifie cette Clef ?

R. le silence.

D. où l'avez-vous apperçue ?

R. au Centre d'un triangle, renfermée dans un g.d Cercle.

D. que signifient ce triangle et ce Cercle ?

R. c'est une connaissance dont on ne m'a pas encore jugé digne.

D. que représente cette Clef ?

R. Elle représente la véritable clef de la maçonnerie.

D. où la tenez vous ?

R. Suspendue sous un Dais de parfait mosaïque, dans un coffre de Corail, entouré d'ivoire.

D. de quel métal est-elle, pour être si richement ornée ?

R. D'aucun ; mais elle n'en est pas moins précieuse.

D. Comment cela ?

R. C'est que c'est une langue liée à toutes indiscrétions, et que la Circonspection seule peut délier.

---

| | |
|---|---|
| D. Donnez-moi le mot ! | Q. Give me the word ? |
| R. Donnez-moi la première lettre, je vous donnerai la seconde. | A. Give me the first letter, I will give you the second. |
| D. Que signifie ce mot ? | Q. What does this word mean ? |
| R. J'espère le savoir un jour [1]. | A. I hope to know one day [1]. |
| D. Donnez-moi la marque ! | Q. Give me the mark ? |
| R. La voilà. | A. Here you are. |
| D. Que signifie cette clef ? | Q. What does this key mean ? |
| R. Le silence. | A. Silence. |
| D. Où l'avez-vous aperçue ? | Q. Where did you perceive it ? |
| R. Au centre d'un triangle renfermé dans un grand cercle. | A. In the centre of a triangle and a circle. |
| D. Que signifient ce triangle et ce cercle ? | Q. What do the triangle and the circle mean ? |
| R. C'est une connaissance dont on ne m'a pas encore jugé digne. | A. It is a knowledge of which I have not yet been deemed worthy. |
| D. Que représente cette clef ? | Q. What does the key represent ? |
| R. Elle représente la véritable clef de la Maçonnerie. | A. It represents the veritable key of Freemasonry. |
| D. Où la tenez-vous ? | Q. Where do you keep it ? |
| R. Suspendue sous un dais de parfaite mosaïque, dans un coffre de corail entouré d'ivoire. | A. Under a canopy of perfect mosaics, in a chest of coral surrounded by ivory. |
| D. De quel métal est-elle, pour être si richement ornée ? | Q. Of which metal is it made, that it is so richly ornamented ? |
| R. D'aucun, mais elle n'en est pas moins précieuse. | A. Of none, but it is not less precious. |
| D. Comment cela ? | Q. Why this ? |
| R. C'est que c'est une langue liée à toutes les discrétions et que la circonspection seule peut délier. | A. It is a tongue bound to all discretions and only circumspection can unbind it. |

---

[1] Et, finalement, le mot n'est pas précisé.

[1] Finally the word is not given at all.

## Grade de Parfait

Il faut avoir 3 pièces pour cette réception ; la 1.ère pour assembler les Récip.res ; la 2.de pour les éxaminer et reconnaître s'ils sont aff. Com. ; et m.e la 3.e, pour former la loge.

La loge doit être tendue en vert, qui est la couleur de l'ordre ; elle doit être éclairée de 27 lumières en 3 parties, dont 9 à l'orient, 9 au midi, et 9 à l'occident. Et chacun des dits nombres 9. doit autant qu'il est possible former 3 triangles en un seul pour représenter le nombre 3 fois 3 dans chacun des 3 parties ; ces lumières sont posées sur un bras appliqué à la muraille à six pieds de hauteur au plus bas.

Le Tableau de la loge est toujours dans la forme ordinaire, au milieu duquel est une grande pierre quarrée, sur laquelle sont peints ou dessinés 4 Cercles et 4 quarrés mêlés les uns dans les autres, et au milieu un grand J.

Plus 2 Colonnes en sautoir, traversant la susdite Pierre par ses angles marqués en abrégé, de leurs noms dans le corps, et de leurs mot de passe dans les bases.

Au dessus sont le Soleil, la lune, avec un

## Degree of Perfect Master

Three apartments are needed for this reception, the first to assemble the candidates, the second for their examination and to prove that they are Apprentices, Fellow Crafts and Masters, the third to form the lodge.

The lodge should have green decorations, which is the colour of the Order [1]. It should be lighted by twenty seven lights, divided in three parts, of which one in the East, one in the South and one in the West. And each of these numbers nine, as much as possible, form three triangles together, in order to represent the number three times three in each of the three groups. These lights are arrayed on an arm hung to the wall at least at six feet high.

The Tracing Board of the lodge is always in the ordinary form, in the centre of which is a large square stone, on which are painted or drawn four circles and four squares, mixed with each other and in the centre a large J.

Then two columns crossed [2], passing over the corners of the above-mentioned stone. The columns are marked in the middle with their abbreviated name, the password on the base.

On top is the Sun, the Moon, with a

---

[1] The word Order is used in the sense of degree.
[2] Id est interlaced as a cross of Saint Andre.

55.

triangle au milieu et une Clef dans lequel est représenté le nom du g. a. en hébreu ; au bas du tableau est une pierre angulaire et à pointe, au milieu de laquelle est un L pour signifier le mot de passe de parfait, et sur l'angle est figuré le bijou de parfait, qui est un compas ouvert sur les deux bouts du quart de cercle, posé sur le bout de la pierre angulaire, il y a une forme de porte au midi, au sept.on et à l'occ. Sur le côté du midi du tableau est représenté le tombeau d'hiram abif, lequel est détaché du tableau d'un demi-pied, observant que ce tombeau dans sa forme ne doit pas être aussi grand que le tableau de la loge qui est de 6 pieds de long sur 4 de large, il est placé dans sa forme ordinaire avec une branche d'accassia, au dessus est un M et un B, qui est le mot de M.re ; lié ensemble au bas, une tête de mort avec 2 os en sautoir, et au dessous un G. mot de passe des M.re, enfin au milieu du tombeau est une corde, qui entoure le cercueil, et dont les deux bouts tombent négligemment dans le tableau par la porte du midi ; le surplus du quarré du tombeau est parsemé de larmes.

Le R. M. est toujours placé à l'orient derrière l'autel ; les c. a. f. sur. à l'occident en face du M.re, et les u. f. qui composent la loge au midi, et au sept.on les officiers dans leurs places se tiennent debout, ainsi

triangle in the centre and a key, in which [1] is represented the name of the Great Architect in Hebrew [2]. At the base of the Tracing Board is a pointed cornerstone, in the centre of which is a **L**, to indicate the password of the Perfect Master, and on the corner is the jewel of the Perfect Master, consisting of an open compass over a quarter circle, placed on the end of the cornerstone. There is a kind of porch in the South, North and West of the Tracing Board. At the South of the Tracing Board the tomb of Hiram Abif is represented, at a distance of about six inches from the Tracing Board, taking it that the form of the tomb should be less long than the Tracing Board, the latter being six feet long and four wide. It [3] is placed in the ordinary place, with a branch of acacia, over it a **M** and a **B**, the Master word. Besides, linked and below a death's head with two cross-bones [4] and below a **G**, the password of the Masters. Finally, in the centre of the tomb is a cord, which encircles the coffin and the ends of which hang deliberately on the Tracing Board at the South porch. The remainder of the square of the tomb is sprinkled with tears.

The Most Respectable Master always sits in the East, behind the altar. The Very Worshipful brethren are in the West, over against the Master, and the Worshipful brethren, who compose the lodge, in the South and North. The Officers at their places are standing, as

---

[1] This means apparently the triangle.
[2] This means Tetragram.
[3] This may refer to the tomb of Hiram.
[4] This means interlaced.

56.° que les ff. ayant leurs Epées.

Le M.˚ et tous les autres ff. sont décorés d'un g. Cordon vert, où pend un Compas ouvert sur les deux bouts d'un quart de Cercle.

Il y a des loges, où on n'est décoré que d'un petit Cordon vert, au bas duquel est le bijou attaché à la boutonnière de l'habit, ce qu'on appèle le petit cordon, le tout nonobstant la décoration des gants, tablier et autres choses.

L'ordre de la loge est de porter la main droite sur le Cœur comme Compagnon.

Lorsque la loge est ouverte par les questions d'app., de Comp., et de M..; ensuite par celle d'ap., en marquant l'ordre et les signes de chaque grade; le 2.° Surv.˚ va chercher un des Récip.˚, le fait passer dans la 2.ᵐᵉ pièce, et le questionne sur les 3 1.ᵉʳˢ grades, sur les signes, attouchements, paroles, et mots de passe; — enfin, il lui fait faire les marches des 3 Grades.

Lorsque le 2.° Surv.˚ s'est assuré de la capacité du Récip.˚, il le conduit à la porte de la loge sans bandeau, il observera qu'il soit décoré des gants, et tablier de M.˚; alors il annonce le Récip.˚ en frappant avec son marteau 4 Coups (...|.), le M.˚ répond en frappant de même sur l'autel, le .ᵉʳ Surv.˚ répète les 4 Coups sur le pommeau de son Epée, et dit au

que les Frères ayant leurs épées.

Le Maître et tous les officiers sont décorés d'un grand cordon vert où pend un compas ouvert sur les deux bouts d'un quart de cercle.

Il y a des loges où on n'est décoré que d'un petit cordon vert, au bas duquel est le bijou, attaché à la boutonnière de l'habit, ce que l'on appelle le petit cordon, le tout nonobstant la décoration des gants, tabliers et autres choses.

L'ordre de la loge est de porter la main droite sur le cœur comme [le] Compagnon.

Lorsque la loge est ouverte, par les questions d'Apprenti, de Compagnon et de Maître, ensuite, par celles de Parfait, en marquant l'ordre et les signes de chaque grade, le Second Surveillant va chercher un des récipiendaires, le fait passer dans la seconde pièce et le questionne sur les trois premiers grades, sur les signes, attouchements, paroles et mots de passe; enfin, il lui fait faire les marches des trois grades.

Lorsque le Second Surveillant s'est assuré de la capacité du **récipiendaire**, il le conduit à la porte de la loge sans bandeau, il observe [1] qu'il [2] soit décoré des gants et tablier de Maître; alors, il annonce le récipiendaire en frappant avec son marteau [3] quatre coups (●●●/●), le Maître répond en frappant de même sur l'autel, le Premier Surveillant répète les quatre coups sur le pommeau de son épée et dit au

do the brethren, with their swords.

The Master and all officers are decorated with a large green collar, from which hangs an open compass resting on the ends of a quarter circle.

There are lodges, where no decoration is worn, but a small green collaret, at the end of which hangs the jewel, fixed to the button of the dress, which is called the small collar, all this notwithstanding the decoration with gloves, aprons and other things.

The Order of the lodge is to place the right hand on the heart, as do Fellow Crafts do.

When the lodge is opened by means of the questions of Apprentice, Fellow Craft and Master and then of Perfect Master, giving the signs of each degree, the Junior Warden goes to see one the candidates, lets him pass into the second apartment and questions him on the three first degrees, on the signs, grips, words and passwords. Finally, he has him make the steps of the three degrees.

When the Junior Warden has assured himself of the capacities of the candidate, he brings him to the door of the lodge, without bandaged eyes; he takes care [1] that he [2] wears his gloves and Master's apron. He then announces the candidate by giving with his mallet four knocks (●●●/●). The Master replies with the same on the altar, the Senior Warden repeats the four knocks on the head of his sword and says to

---

[1] Au sens de vérifier...
[2] Le récipiendaire...
[3] C'est-à-dire son maillet...

[1] In the sense of verify.
[2] The candidate.

57.

M∴, quelqu'un frappe en M∴ p∴, aussitôt il va à la porte pour voir qui c'est; et l'ayant entr'ouverte, il dit t. u. f. Se. f.: que demandez-vous? celui-ci répond, t. u. f. 1er. S., c'est un app∴, Com∴, et M∴ qui désire de parvenir au grade de p∴, après avoir toutefois subi l'examen ordinaire; le 1er f∴ ferme la porte et va rendre compte au M∴, qui après avoir pris le consentement des ff∴ de la L∴ dit au f∴ 1er. f∴ de faire entrer le Récip∴ en la manière accoutumée.

Le 2d Surv∴ en attendant le retour du 1er f∴ dit au Récip∴ de mettre l'épée à la main, et d'être ferme en entrant en loge; le 1er Surv∴ étant revenu ouvrir la porte présente la pointe de son épée sur le cœur du Récip∴ en lui demandant s'il n'a pas d'armes à feu; aussitôt un des ff∴ députés, qui doit être le f∴ Terrible, retiré suivant des côtés de la porte de la loge se jette précipitamment sur le poignet du Récip∴ et le désarme, en lui disant de cacher son Épée. Pendant ce temps le 2d Surv∴ passe un cordon de soie verte au Col du Récip∴, lequel cordon est noué sur le devant; alors tous les ff∴ mettent l'épée à la main et la tiennent jusqu'à ce que le Récip∴ ait prononcé son obligation; en cet état le 2d Surv∴ se saisit d'un bout du cordon passé au Col du Récip∴, et lui fait faire 4 fois le tour de la loge par le midi, et revient à l'occident où il le place entre les deux Surv∴; Dès qu'il y est

Maître que l'on frappe en Maître Parfait; ensuite, il va à la porte pour voir qui c'est et, l'ayant entr'ouverte, il dit : « *Très Vénérable Frère Second Surveillant, que demandez-vous ?* ». Celui-ci répond : « *Très Vénérable Frère Premier Surveillant, c'est un Apprenti, Compagnon et Maître qui désire parvenir au grade de Parfait, après avoir toutefois subi l'examen ordinaire.* » Le Premier Surveillant ferme la porte et va rendre compte au Maître qui, après avoir pris le consentement des Frères de la loge dit au Frère Premier Surveillant de faire entrer le Récipiendaire en la manière accoutumée.

Le Second Surveillant, en attendant le retour du Premier Surveillant, dit au récipiendaire de mettre l'épée à la main et d'être ferme en entrant en loge; le Premier Surveillant, étant venu ouvrir la porte, présente la pointe de son épée sur le cœur du récipiendaire, en lui demandant s'il n'a pas d'arme à feu; aussitôt un des Frères députés, qui doit être le Frère Terrible, retiré sur un des côtés de la porte, se jette précipitamment sur le poignet du récipiendaire et le désarme, en lui disant de cacher son épée. Pendant ce temps, le Second Surveillant passe un cordon de soie verte au col du récipiendaire, lequel cordon est noué sur le devant; alors, tous les Frères mettent l'épée à la main et la tiennent jusqu'à ce que le récipiendaire ait prononcé son Obligation; en cet état, le Second Surveillant se saisit d'un bout du cordon passé au col du récipiendaire et lui fait faire quatre fois le tour de la loge par le midi [1] et revient à l'occident où il [2] se place entre les deux Surveillants. Dès qu'il y est

the Master that someone knocks as a Perfect Master. Then he goes to the door to see who this is and having it half opened, he says : "*Most Worshipful brother Junior Warden, what do you ask ?*" He replies : "*Most Worshipful brother Senior Warden, it is an Apprentice, Fellow Craft and Master, who wishes to acquire the degree of Perfect after having, however, passed the ordinary examination.*" The Senior Warden shuts the door and reports to the Master, who after having received the consent of the brethren of the lodge says to the brother Senior Warden to let the candidate enter in the customary way.

The Junior Warden awaiting the return of the Senior Warden says to the candidate to take his sword in his hand and to be strong when entering the lodge. The Senior Warden comes to open the door and presents the point of his sword to the heart of the candidate, asking him whether he has any fire-arm. One of the deputed brethren, who must be the Terrible Brother, who stands withdrawn at one of the sides of the door, immediately takes hold of the fist of the candidate and disarms him, telling him to hide his sword. During this time the Junior Warden passes a string of green silk around the neck of the candidate. This string is knotted at the front. Then all brethren take their sword in hand and keep it thus until the candidate has taken his oath. In this state the Junior Warden takes hold of one end of the collar around the neck of the candidate and makes him travel four times around the lodge via the South [1] and then return to the West, where he places him [2] between the Wardens. As soon as he has

---

[1] C'est-à-dire *sinistrorsum*.
[2] Le récipiendaire...

[1] This means sinistrorsum.
[2] The candidate.

arrivé le 2.̊ f. frappe 4 coups sur l'épaule du 1.̊ qui lui répond de même et lui dit T. U. f. 2.ᵉ f. que demandez vous? Le f. surv.̃ répond, c'est un app. com. et m. reconnu pour tel qui désire parvenir au grade de p.; ce que le 1.̊ répète au m.̊ Pendant ce temps le 2.ᵉ f. lâche le récip.̃ de sa corde pour le laisser libre ; le m. le questionne sur les signes, mots, attouchemens et mots de passe d'ap.. com., et m., et lui fait faire les marches des 3 grades ; il faut observer que ces marches doivent se faire à petits pas de façon qu'au dernier pas de m. le récip.̃ se trouve au bas de la loge de parfait ; alors le V.ᵇˡᵉ demande aux ff. leur consentement pour admettre le candidat dans la loge de p. et dit T. M. 1.ᵉʳ et 2.ᵉ f. M. f. qui composez cette loge, consentez vous que le f.̃...... soit admis dans la loge d'ep., comme étant suffisamm.ᵗ instruit dans l'art royal et ayant les qualités requises ; aussitôt tous les ff. changent leurs Epées de main, — lèvent la main droite en signe d'approbation

Alors le T. R. ordonne au s.ᵗᵉ surv.ᵗ de faire entrer le Récip.̃ par l'espèce de faction qui sépare le tableau du Tombeau et doit entrer par 3 pas, savoir en faisant du bas du tableau au g.ᵈ pas le pied droit placé vis-à-vis la porte du midi, et assemblant le pied gauche derrière en équerre, qui portent le pied gauche en dedans du Tableau et assemblant le pied gauche en

arrivé, le Second Surveillant frappe quatre coups sur l'épaule du Premier Surveillant, qui lui répond de même et lui dit : « *Très Vénérable Frère Second Surveillant, que demandez-vous ?* ». Le Second Surveillant répond : « *C'est un Apprenti, Compagnon et Maître qui désire parvenir au grade de Parfait !* », ce que le Premier Surveillant répète au Maître. Pendant ce temps, le Second Surveillant lâche le récipiendaire de sa corde pour le laisser libre; le Vénérable [1] questionne [le récipiendaire] sur les signes, mots, attouchements et mots de passe d'Apprenti, [de] Compagnon et [de] Maître et lui fait faire les marches des trois grades; il faut observer que ces marches doivent se faire à petits pas, de façon qu'au dernier [pas] de Maître le Récipiendaire se trouve au bas de la loge [2] de Parfait; alors le Vénérable demande aux Frères leurs consentements pour admettre le candidat dans la loge de Parfait et dit : « *Très Vénérables Premier Surveillant et Second Surveillant, Vénérables Frères qui composez cette loge, consentez-vous que le Frère ........ soit admis dans la loge de Parfait, comme étant suffisamment instruit dans l'Art Royal et ayant les qualités requises ?* ». Aussitôt les Frères changent leur épée de main et lèvent la main droite en signe d'approbation.

Alors le Très Respectable ordonne au Premier Surveillant de faire entrer le récipiendaire par l'espèce de sentier qui sépare le Tableau du Tombeau et [il] doit [y] entrer par trois pas, savoir, en faisant, du bas du Tableau, un grand pas le pied droit placé vis-à-vis [de] la porte du midi et [en] assemblant le pied gauche derrière en équerre, [puis en] [3] portant le pied [droit] [4] en dedans du Tableau et assemblant le pied gauche en

---

[1] C'est-à-dire le Président...

[2] On entend par là, vraisemblablement, que le récipiendaire se trouve au bas du Tableau de Loge.

[3] Le manuscrit port le mot *qui* et cela n'a aucun sens...

[4] Le manuscrit parle du pied *gauche*, mais, à la ligne suivante, indique que l'on doit ramener le pied *gauche* en équerre... Il y a donc certainement une nouvelle faute de copiste.

arrived there, the Junior Warden gives four knocks on the shoulder of the Senior Warden, who replies in the same way, saying : "*Most Worshipful brother Junior Warden, what do you require ?*" The Junior Warden replies : "*Here is an Apprentice, Fellow Craft and Master, who desires to acquire the degree of Perfect.*" This is repeated by the Senior Warden to the Master. During this time, the Junior Warden frees the candidate from his string, in order to let him free. The Worshipful [1] questions the candidate about the signs, words, grips and passwords of Apprentice, Fellow Craft and Master and has him make the steps of the three degrees. He points to the fact that these steps are to be taken with small steps, so that at the last, the Master step, the candidate arrives at the base of the lodge [2] of Perfect. Then the Worshipful ask the brethren for their consent to admit the candidate to the lodge of Perfect and says : "*Very Worshipful Senior Warden and Junior Warden, Worshipful brethren, who compose this lodge, do you consent that brother ..... is admitted to the lodge of Perfect, being sufficiently instructed in the Royal Art and having the required qualities ?*" The brethren immediately change their swords to the other hand and lift their right hand as a token of approval.

Then the Most Worshipful orders the Senior Warden to let the candidate enter through the so-called path between the Tracing Board and the tomb, which he enters by three steps, viz. by making from the base of the Tracing Board one great step with the right foot placed over against the South porch drawing the left foot behind in a square, bringing the right [3] foot within the Tracing Board and drawing the left foot in a

---

[1] This means the President.

[2] Probably it is to be understood that the candidate stands at the base of the Tracing board of the lodge.

[3] The MS speaks of the left leg, but in the next line it says that the left foot is brought in the form of a square. This would be a mistake of the copyist.

équerre; on lui apprend après la marche de Sp. qui est de mettre le pied droit sur la base de la Colonne à droite en assemblant le pied gauche en équerre; puis le pied gauche sur la base de la Colonne à gauche le pied droit assemblé derrière; ensuite le pied droit sur le haut de la Colonne et le pied gauche assemblé; puis le pied gauche sur le haut de la Colonne à gauche et le pied droit assemblé; enfin porter le pied droit sur le centre de la pierre quarrée, et assemble le pied gauche derrière; de rapporter le pied droit sur le haut de la Colonne à droite et joindre le pied gauche en ployant le genouil droit par derrière, ce qui forme un triangle par la jambe gauche; puis porter le pied gauche en arrière, sur la base de la Colonne à gauche et joindre le pied droit en ployant le genouil gauche; puis porter le pied droit sur la base de la Colonne à droite et rejoindre le pied gauche toujours levé en ployant le genouil droit; ensuite il faut porter le pied gauche sur le haut de la Colonne à gauche, et rejoindre le pied droit levé en ployant aussi le genouil gauche; enfin on rapporte le pied droit en arrière sur le centre de la pierre quarrée et on assemble le pied gauche au pied droit en formant l'équerre, et en face du T. R. — Ces 2 sortes de marches distinctes sont analogues aux 4 Cercles et aux 4 quarrés figurés sur la pierre du milieu du Tableau de la loge; Lorsque ces deux marches sont faites les M⁺. Surv⁺. fait parvenir le Récip.ⁿ à l'autel par une équerre; on lui apprend ensuite la marche de Parfait, qui est de mettre le pied droit sur la base de la colonne à droite, en assemblant le pied gauche en équerre; puis le pied gauche sur la base de la colonne à gauche, le pied droit assemblé derrière; ensuite le pied droit sur le haut de la colonne et le pied gauche assemblé; enfin, porter le pied droit sur le centre de la pierre carrée et assembler le pied gauche derrière; de reporter le pied droit sur le haut de la colonne à droite et joindre le pied gauche en ployant le genou droit par derrière, ce qui forme un triangle par la jambe gauche; puis porter le pied gauche en arrière, sur la base de la colonne à gauche et joindre le pied droit en ployant le genou gauche, puis porter le pied droit sur la base de la colonne à droite et rejoindre le pied gauche toujours levé en ployant le genou droit; ensuite, il faut porter le pied gauche sur le haut de la colonne à gauche et rejoindre le pied droit levé en ployant aussi le genou gauche; enfin, on rapporte le pied droit en arrière sur centre de la pierre carrée et on assemble au pied droit en formant l'équerre et [on fait] face que Très Respectable.

    Ces deux sortes de marches distinctes sont analogues aux quatre cercles et aux quatre carrés figurés sur la pierre du milieu du Tableau de la loge. Lorsque ces deux marches sont faites, le Premier Surveillant fait parvenir le récipiendaire à l'autel par un

square. He is taught the Perfect step, which is to place the right foot on the base of the right column, drawing the left foot in a square. Then the left foot on the base of the left column, the right foot drawn behind. Then the right foot on the top of the column and the left foot drawn. Finally, bring the right foot on the centre of the square stone and draw the left foot behind. Bring the right foot back to the top of the right column and draw the left foot, bending the right leg behind. This forms a triangle with the left leg. Then bring the left foot back, on the base of the left column and join the right foot by bending the left knee. Then bring the right foot on the base of the right column and join the left foot, always lifted, by bending the right knee. Then, bring the left foot to the top of the left column and draw the right foot, bending the left knee. Finally, draw the right foot back on the centre of the square stone and join to the right foot, thus forming the square in front of the Most Worshipful.

    These two kinds of distinct steps are analogous to the four circles and the four squares painted on the stone in the centre of the Tracing Board of the lodge. When these two steps have been made, the Senior Warden makes the candidate advance to the altar by a

60.

grand pas, et assemblant le p[ied] gauche derrière le pied droit, après que le Récip.ᵉ est parvenu à l'autel, le T. R. le fait mettre à genoux devant l'autel, lui ôte le cordon qu'il a au col, et lui fait mettre la main droite nue sur l'évangile, pour lui faire prêter son obligation, alors tous les ff. prennent leurs Épées de la main gauche, et levant la main horisonta=
=lement tendue vers le Récip.ᵉ, pendant tout le cours de l'obligation qu'ile T. R. lui fait prêter.

### Obligation

Je promets devant le G. A. de l'univers, et cette très vᵇˡᵉ assemblée, sous les mêmes obligations que j'ai contractées aux réceptions précédentes, de garder tous les sécrets de ϕ. envers les off. Comp.ᵗˢ et M.ᵗˢ comme j'ai gardé ceux des Maçons envers les profanes, ainsi Dieu me soit en aide.

Après cette obligation, qui est la ratification de toutes les autres, le T. R. fait lever le nouveau M. ϕ., et lui passe au col le g. ruban vert; ensuite il l'embrasse en signe de M.ᵉ, et le fait placer à sa droite; alors tous les ff. remettent leurs Épées dans le fourreau en attendant un nouveau Récip.ᵉ

Lorsque tous les Candidats sont reçus le T. R. leur donne à chacun, les signes, paroles, attouchements et mots de passe ainsi qu'il suit:

3

great step, joining the left foot behind the right foot. After the candidate has arrived at the altar, the Most Worshipful has him kneel in front of the altar, takes off his collar, which he had on his neck, and has his uncovered right hand [1] placed on the Bible, in order to have him take his oath. Then all brethren take their sword in the left hand and lift their hand [2] horizontally in the direction of the candidate during the time the oath, which the Most Respectable makes him take.

## Oath

*"I promise before the Great Architect of the Universe and this 'very honorable assembly, under the same oaths I engaged 'myself to at the preceding receptions, to guard all secrets 'of a Perfect from Apprentices, Fellow Crafts and Masters, as 'I did with those of Freemasons from profanes. So help me God."*

After this oath, which is the ratification of all former ones, the Most Respectable has the new Perfect Master raised and hangs on his neck the large green collar. He then embraces him as a Master and has him take a place at his right. Then all of the brethren return their swords to the sheath, waiting for the next candidate.

When all candidates have been received, the Most Respectable gives to each of them the signs, words, grips and passwords as follows.

---

[1] He should have to take off his right glove first.

[2] This refers to the right hand, as seen further on at the third movement of the sign.

---

*French original:*

grand pas et [en] assemblant le pied gauche derrière le pied droit. Après que le récipiendaire soit [1] parvenu à l'autel, le Très Respectable le fait mettre à genoux devant l'autel, lui ôte le cordon qu'il a au col et lui fait mettre la main droite nue [2] sur l'Evangile pour lui faire prêter son Obligation. Alors, tous les Frères prennent leur épée de la main gauche er lèvent la main [3] horizontalement tendue vers le récipiendaire pendant tout le cours de l'Obligation que le Très Respectable lui fait prêter.

## Obligation

*« Je promets devant le Grand Architecte de l'Univers et cette très vénérable assemblée, sous les mêmes Obligations que j'ai contractées aux réceptions précédentes, de garder tous les secrets de Parfait envers les Apprentis, [les] Compagnons et [les] Maîtres, comme j'ai gardé ceux des Maçons envers les profanes. Ainsi Dieu me soit en aide ! »*

Après cette Obligation, qui est la ratification de toutes les autres, le Très Respectable fait lever le nouveau Maître Parfait et lui passe au col le grand ruban vert; ensuite, il l'embrasse en signe de Maître et le fait placer à sa droite; alors tous les Frères remettent leurs épées dans le fourreau en attendant un nouveau récipiendaire.

Lorsque tous les candidats sont reçus, le Très Respectable leur donne à chacun les signes, paroles, attouchements et mots de passe ainsi qu'il suit.

---

[1] Nous avons rectifié la syntaxe...

[2] Il lui fait donc, préalablement, ôter le gant droit.

[3] Il s'agit de la main droite, comme on le verra plus loin au troisième mouvement du signe.

## Signe

Le signe de pp. se fait par 4 points figuratifs. Le 1.er est de mettre la main droite sur le cœur; le 2.e de la lever vers le ciel; le 3.e de la tendre horisontalement vers les ff.; le 4.e de la laisser tomber vers la terre; observant que les yeux doivent faire les mêmes mouvemens que la main dans les 3 derniers figuratifs.

## Attouchements.

L'attouchement de Parfait est le même que celui de M.re maçon doublé (c. à. d.) que l'on fait la même prise de la main gauche que de la main droite, en se prenant réciproquement de l'une et l'autre main, et en observant d'appliquer les 4 mains croisées l'une sur l'autre, ce qui fait un nœud d'A.

## Mot.

La Parole de pp. est . . . . . qui est le nom du g. a. en hébreu, et l'ancien mot de M.re, qui, malgré les circonstances de la mort d'hiram abif n'est point perdu.

Le mot de Passe est Mont Liban.

Après ces instructions les nouveaux pp. doivent donner les signes, mots &c. à tous les ff. de la loge; cela fait le T. R. ferme la loge en la manière accoutumée par les questions de ff.., de M.re, de Com., et enfin d'app. en marquant les ordres et signes de chaque grade; à l'égard des cérémonies de table, elles sont les mêmes que celles de la maçonnerie ordinaire; à l'exception néanmoins des titres et qualités attribués aux officiers et membres ainsi qu'il a été expliqué dans la Réception.

### Sign

The sign of a Perfect is made by four points of movement. The first is by placing the right hand on the heart, the second by lifting it to heaven, the third is by extending it horizontally to the brethren, the fourth is by letting it fall down, the eyes following the same movements as the hand during the last three movements.

### Grip

The grip of a Perfect is the same as that of a Master Mason doubled, viz. that the left hand is taken in the same way as the right hand, by taking reciprocally both hands, taking care that the four hands cross each other and thus forming a knot of four.

### Word

The word of a Perfect is     [1], which is the name of the Great Architect in Hebrew and the old Master word, which notwithstanding the circumstances of the death of Hiram Abif was not at all lost.

The password is **Mount Lebanon**.

After these instructions the new Perfects have to give signs, words, etc. to all brethren of the lodge. After this the Most Respectable closes the lodge in the customary manner by the questions [2] of the Perfect, the Master, the Fellow Craft and finally the Apprentice, giving the orders and signs of each degree. With regard to the table ceremony, this is the same as in the Craft Masonry, with the exception, however, of the titles and qualities of the Officers and members as explained in the reception.

---

[1] The MS shows an open space, the Word is not indicated. The context makes it clear that it should read Jehovah.

[2] This means the instructions.

# Catéchisme.

62.

D. Êtes-vous parfait?

R. J'ai vu le cercle et sa quadrature.

D. Comment êtes-vous parvenu au grade de p.?

R. Par les 3 degrés d'app., Com., et M.˙. par où j'ai passé.

D. Qui vous a reconnu pour app., Com. et M.˙.?

R. Le 2.ᵉ Surv.ᵗ qui m'a examiné avant de m'introduire.

D. Comment avez-vous été introduit dans la loge de p.?

R. L'Épée à la main dont je fus bientôt dépouillé, la corde au col, la pointe de l'Épée sur le cœur, et par une voûte mistérieuse.

D. Pourquoi dépouillé de votre Épée?

R. Pour nous faire souvenir que nous ne devons pas nous fier à nos propres forces, et que souvent nous succombons au moment où nous nous y attendons le moins.

D. Que nous représente la Corde au Col?

R. Elle nous apprend que notre délicatesse ne doit pas rougir des épreuves qu'on nous fait subir, et que notre Constance doit se faire voir en toute chose.

D. Pourquoi la pointe de l'Épée sur le cœur?

R. Pour marquer notre fermeté, même dans les plus grands périls.

D. Quelle est cette route mistérieuse?

R. C'est que lorsque je fus introduit en loge de p. le 2.ᵉ Surv.ᵗ m'eut fait 4 fois le tour par le midi, et m'a remis à l'occid.ᵗ entre les mains du 1.ᵉʳ Surv.ᵗ

## Catéchisme

D. Etes-vous Parfait ?
R. J'ai vu le cercle et sa quadrature.
D. Comment êtes-vous parvenu au grade de Parfait ?
R. Par les trois degrés d'Apprenti, [de] Compagnon et [de] Maître par où je suis [1] passé.
D. Qui vous a reconnu pour Apprenti, Compagnon et Maître ?
R. Le Second Surveillant, qui m'a examiné avant de m'introduire.
D. Comment avez-vous été introduit dans la loge de Parfait ?
R. L'épée à la main, dont je fus bientôt dépouillé, la corde au col, la pointe de l'épée sur le cœur et par une route mystérieuse.
D. Pourquoi dépouillé de votre épée ?
R. Pour me faire souvenir que nous ne devons pas nous fier à nos propres forces et que, souvent, nous succombons au moment où nous nous y attendons le moins.
D. Que représente la corde au col ?
R. Elle nous apprend que notre délicatesse ne doit pas rougir des épreuves qu'on nous fait subir et que notre constance doit se faire en toutes choses.
D. Pourquoi la pointe de l'épée sur le cour ?
R. Pour marquer notre fermeté, même dans les plus grands périls.
D. Quelle est cette route mystérieuse ?
R. C'est que, lorsque je fus introduit en loge de Parfait, le Second Surveillant m'en fit faire quatre fois le tour par le midi et m'a remis, à l'occident, entre les mains du Premier Surveillant.

## Lecture

Q. Are you a Perfect ?
A. I have seen the circle and its quadrature.
Q. How did you acquire the degree of Perfect ?
A. By the three degrees of Apprentice, Fellow Craft and Master.
Q. Who recognised you as an Apprentice, Fellow Craft and Master ?
A. The Junior Warden, who examined me before introducing me.
Q. How were you introduced in the lodge of Perfect ?
A. The sword in hand, of which I was quickly pilfered, the string around the neck, the point of the sword on my heart and by a mysterious path.
Q. Why were you deprived of your sword ?
A. To remember that we should not boast about our own strength and that we very often succumb in the moment in which we expect it the least.
Q. What does the string around the neck represent ?
A. It teaches us that our sensitivity should not make us blush for the tests, which we are to be submitted to and that our constancy should apply to all things.
Q. Why the point of the sword on your heart ?
A. To mark our firmness, even in the greatest danger.
Q. What is this mysterious path ?
A. That is, when I was introduced in the lodge of Perfect, that the Junior Warden had me make four perambulations by the South and brought me back to the West, between the hands of the Senior Warden.

---

[1] Simple rectification de syntaxe...

D. qui a fait de vous le 1.er surv.t ?

R. après les cérémonies ordinaires, il m'a enseigné le secret pour devenir m.

D. par où êtes-vous entré dans la loge de m. ?

R. par la Porte du Midi.

D. Pourquoi par cette Porte ?

R. Pour vous apprendre que nous devons nous écarter de la route ordinaire pour échapper aux regards avides des indiscrets; il y en a deux autres celle du Sept.on et celle de l'Ocid.t pour nous faire souvenir des 3 portes du temple de Salomon.

D. que vîtes-vous d'abord dans la Loge ?

R. une grande Pierre quarrée, sur laquelle étaient gravés ou tracés 4 Cercles, et 4 quarrés avec un J au milieu.
Les 4 quarrés représentent les 4 parties du monde sur lesquelles le g. ar. étend sa puissance.
Les 4 Cercles, l'immensité de l'être suprême, qui n'a ni commencement ni fin; et le g.d J qui est au milieu des Cercles et des quarrés, nous fait voir que Dieu est la cause de toutes les lumières.

D. où est placée cette Pierre quarrée ?

R. au milieu des 2 Colonnes en sautoir qui sont les mêmes qui étaient placées à la porte du Temple.

D. que signifient J. et B. ?

R. ce sont deux mots hébreux dont l'un signifie une force en Dieu, et l'autre, la Persévérance dans le bien.

D. que signifient ces deux Colonnes dans la loge de m. ?

R. elles nous prouvent que sans le secours du g.d a. (c.à.d.) sans

D. Qu'a fait de vous le Premier Surveillant ?
R. Après les cérémonies ordinaires, il m'a enseigné le sentier pour devenir Parfait.
D. par où êtes-vous entré dans la loge de Parfait ?
R. Par la porte du midi.
D. Pourquoi par cette porte ?
R. Pour nous apprendre que nous devons nous écarter de la route ordinaire, pour échapper aux regards avides des indiscrets; il y en a deux autres, celle du septentrion et celle de l'occident, pour nous faire souvenir des trois portes du Temple de Salomon.
D. Que vîtes-vous d'abord dans la loge ?
R. Une grande pierre carrée, sur laquelle étaient gravés ou tracés quatre cercles et quatre carrés, avec un J au milieu.
   Les quatre carrés représentent les quatre parties du monde, sur lesquelles le Grand Architecte étend sa puissance.
   Les quatre cercles [**représentent**] l'immensité de l'Etre Suprême, qui n'a ni commencement ni fin; et le grand J, qui est au milieu, dans les cercles et les carrés, nous fait voir que Dieu est la cause de toutes les lumières.
D. Où est placée cette pierre carrée ?
R. Au milieu des deux colonnes en sautoir, qui sont les mêmes [**que celles**] qui étaient placées à la porte du Temple.
D. Que signifient J. et B. ?
R. Ce sont deux mots hébreux dont l'un signifie **ma force est en Dieu** et l'autre **la persévérance dans le bien.**
D. Que signifient ces deux colonnes dans la loge de Parfait ?
R. Elles nous prouvent que, sans le secours du Grand Architecte, c'est-à-dire [1] sans

Q. What did the Senior Warden do with you ?
A. After the ordinary ceremonies he showed me the path to become a Perfect.
Q. Where did you enter the lodge of Perfect ?
A. By the South porch.
Q. Why by this porch ?
A. To teach us that we have to avoid the ordinary path, to escape the greedy sight of the indiscrete. There are two others, the one at the North and the one at the West, to remember the three porches of the Temple of Solomon.
Q. What did you see first in the lodge ?
A. A large square stone upon which were engraved or drawn four circles and four squares, with a J in the centre.
   The four squares represent the four quarters of the world, over which the Great Architect spreads His power.
   The four circles represent the immensity of the Supreme Being, Who has no beginning nor end. And the large J, which is in the centre of the squares and circles shows us that God is the cause of all light.
Q. Where is this square stone placed ?
A. In the centre of the two crossed columns, which are the same as were placed at the porch of the Temple.
Q. What do **J** and **B** mean ?
A. They are two Hebrew words, of which one means "**my strength is in God**" and the other "**perseverance in the good.**"
Q. What do these two columns mean in the Perfect lodge ?
A. They prove to us that without assistance of the Great Architect, viz. [1] without

---

[1] La locution, écrite en abrégé, est mise, sans que l'on voit bien pourquoi, entre parenthèses dans le manuscrit.

[1] The expression was written in abbreviation between brackets, without showing any reason.

64.° la force qui nous vient de lui, et sans la Persévérance dans le bien, nous ne pouvons rien faire qui soit agréable à l'être suprême.

D. que vîtes-vous au bas de la loge de P.· ?

R. la Pierre angulaire, sur laquelle tout bon maçon doit poser son édifice.

D. qu'entendez-vous par cet édifice ?

R. C'est que nous devons compenser toutes nos actions par la Justice, suivant ces deux préceptes sacrés ; vous aimerez votre Créateur par dessus toutes choses, et votre Prochain comme vous même.

D. qu'avez-vous vu en tête de loge ?

R. Le soleil, la lune, et un triangle la R.·ble. du chef pour nous faire souvenir, que comme le soleil préside au jour, la lune à la nuit ; de même le souverain Créateur préside à toutes les actions des hommes.

D. que vîtes-vous à côté de la lune de P.· vers le midi ?

R. le tombeau de M.·. R.·. M.·. dont nous ne devons jamais perdre la mémoire ; et un cordon qui est autour du Cerceuil, qui nous apprend qu'étant liés par les liens de la fraternité, nous devons nous aider jusqu'au dernier moment de la vie.

D. quels sont les liens de la fraternité ?

R. Des signes, attouchement et parole.

D. Combien avez-vous de signes ?

R. Un, par 4 figuratifs. (on les donne)

la force nous vient de Lui et sans la persévérance dans le bien, nous ne pouvons rien faire qui soit agréable à l'Etre Suprême.

D. Que vîtes-vous au bas de la loge de Parfait ?
R. La Pierre Angulaire, sur laquelle tout bon Maçon doit poser son édifice.
D. Qu'entendez-vous par cet édifice ?
R. C'est que nous devons compasser [1] toutes nos actions suivant ces deux principes sacrés : vous aimerez votre Créateur par-dessus toute chose et votre prochain comme vous-même.
D. Qu'avez-vous vu en tête de loge ?
R. Le Soleil, la Lune et un triangle respectable au chef, pour nous faire souvenir que, comme le Soleil préside au jour, la Lune à la nuit, de même le Souverain Créateur préside à toutes les actions des hommes.
D. Que vîtes-vous, à côté de la loge [2] de Parfait, vers le midi ?
R. Le Tombeau de notre Respectable Maître, dont nous ne devons jamais perdre la mémoire, et une corde qui est autour du cercueil [et] qui nous apprend qu'étant liés par les liens de la fraternité, nous devons nous aider jusqu'au dernier moment de la vie.
D. Quels sont les liens de la fraternité ?
R. Des signes, attouchements et paroles.
D. Combien avez-vous de signes ?
R. Un par quatre de figuratif. (On les donne.)

the strength, which comes from Him, and the perseverance in the good, we can do nothing, which would be agreeable to the Supreme Being.

Q. What did you see at the base of the lodge of Perfect ?
A. The cornerstone, on which every good Mason has to build his house.
Q. What do you mean by that house ?
A. It means that we are to judge [1] all our actions according to two holy principles : love thy Creator above all and your neighbour as yourself.
Q. What did you see at the head of the lodge ?
A. The Sun, the Moon and a triangle reverent to the chief to remember that, as the Sun presides over the day, the Moon over the night, so the Sovereign Creator presides over all human actions.
Q. What did you see at the South of the lodge [2] of Perfect ?
A. The tomb of our Respectable Master, of which we should never lose the memory, and a cord, which is around the coffin, teaching us that bound by the ties of fraternity, we shall assist each other until the last moment of life.
Q. What are the ties of fraternity ?
A. The signs, grips and words.
Q. How many signs do you have ?
A. One with four movements. (they are given)

---

[1] Ce néologisme, dérivé de compas, est courant dans les textes de l'époque.
[2] Une faute de copiste fait que le manuscrit porte le mot lune, qui se trouve à l'opposé du Tombeau.

[1] The MS shows "compasser" and this neologism, derived from the compass, is current in texts of the period.
[2] A mistake of the copyist, where the MS shows the word Moon, being opposite the tomb.

65.

Le 1.<sup>r</sup> signifie que tout bon maçon doit garder dans le cœur les secrets qu'on lui a confiés.

Le 2.<sup>e</sup>, que nous devons regarder avec admiration les effets de la divine Providence.

Le 3.<sup>e</sup> que nous devons tendre une main charitable à nos ff.

Le 4.<sup>e</sup>, que tout mortel doit fléchir devant l'être suprême Et que comme nous sortons de terre, nous retournerons en terre.

D. Combien avez-vous d'attouchements ?
R. un, 2, 3, ou 4. (on les donne).

Ils marquent la force de l'union qui doit régner entre les ff.

D. Combien avez-vous de paroles ?
R. une sacrée et p.<sup>ble</sup> (on la donne)

Elle signifie le nom du g. a. en hébreu, c'est l'ancien mot de M.<sup>e</sup> et qui ne s'est point perdu.

D. avez-vous un mot de passe ?
R. oui, et un très mémorable (on le donne)
c'est le nom de la montagne s.<sup>te</sup>.

D. que signifie la couleur verte que vous portez en loge ?
R. l'espérance de parvenir à un plus haut degré de perfection.

D. quelle forme avait votre loge de pp.
R. un quarré formant les 4 parties du monde.

D. où se tenait le T. R. quand vous êtes entré en loge ?
R. à l'orient du temple.

D. Pourquoi en cet endroit ?
R. Comme le soleil se lève à l'orient pour éclairer notre hémisphère, et que les hautes vérités doivent être

Le premier [1] signifie que tout bon Maçon doit garder dans le cœur les secrets qu'on lui a confiés.

Le second [2] [signifie] que nous devons regarder avec admiration les effets de la Divine Providence.

Le troisième [3] [signifie] que nous devons tendre une main charitable à nos Frères.

Le quatrième [4] [signifie] que tout mortel doit fléchir devant l'Etre Suprême et que, comme nous sortons de terre, nous retournerons en terre.

D. Combien avez-vous d'attouchements ?
R. Un par quatre [5]. (On les donne.)
Ils marquent la force de l'union qui doit régner entre les Frères.
D. Combien avez-vous de Paroles ?
R. Une sacrée et respectable. (On la donne [6].)
Elle signifie le Nom du Grand Architecte en hébreu, c'est l'ancien Mot de Maître et qui ne s'est point perdu.
D. Avez-vous un Mot de Passe ?
R. Oui, et un très mémorable. (On le donne [7]).
C'est le nom de la montagne sainte.
D. Que signifie la couleur verte que vous portez en loge ?
R. L'espérance de parvenir à un plus haut degré de perfection.
D. Quelle forme avait votre loge de Parfait ?
R. Un carré formant les quatre parties du monde.
D. Où se tenait le Très Respectable quand vous êtes entré en loge ?
R. A l'orient du Temple.
D. Pourquoi en cet endroit ?
R. Comme le Soleil se lève à l'orient pour éclairer notre hémisphère et que les hautes vérités doivent être

---

[1] Porter la main droite sur le cœur comme au grade de Compagnon.
[2] Lever la main droite vers le ciel.
[3] Tendre la main droite horizontalement vers les Frères.
[4] Laisser tomber la main droite vers la terre.
[5] Le fameux « nœud de quatre » formés avec les mains.
[6] Il s'agit, sous une forme ou une autre, de *Jéhovah*.
[7] Il s'agit de *Mont Liban*.

---

The first [1] signifies that every good Mason should guard in his heart the secrets, which were confided to him.

The second [2], that we are to regard with admiration the effects of the Divine Providence.

The third [3], that we are to extend a charitable hand to our brethren.

The fourth [4] that every mortal must kneel before the Supreme Being and that, as we shall leave the earth, we shall return on earth.

Q. How many grips do you have ?
A. One in four [5]. (they are given)
They mark the strength of the union, which should reign among brethren.
Q. How many words do you have ?
A. One sacred and respectable one. (it is given [6])
It means the Name of the Great Architect in Hebrew, it is the ancient Master word, which was not lost at all.
Q. Do you have a password ?
A. Yes, and a very memorable one. (it is given [7])
It is the name of the holy mountain.
Q. What means the green colour you wear in lodge ?
A. The hope to reach a higher degree of perfection.
Q. What was the form of the lodge of Perfect ?
A. A square, forming the four quarters of the world.
Q. Where was the Most Respectable, when you entered the lodge ?
A. In the East of the Temple.
Q. Why at that place ?
A. As the Sun is rising in the East to illuminate our hemisphere and the high truths must be

---

[1] Bring the right hand to the heart as in the Fellow Craft degree.
[2] Raise the right hand to heaven.
[3] Stretch the right hand out to the brethren.
[4] Let the right hand fall at the side.
[5] The famous "knot of four", made with the hands.
[6] This refers in one way or another to Jehovah.
[7] This refers to Mount Lebanon.

66.° renfermer dans le sanctuaire du Temple, de même le T∴ R∴ se tient à cette porte, pour éclairer les V bles ff∴ de ses lumières et ouvrir la L∴ de ♦p.

D. où se tiennent les Très V∴ S∴ ?
R. à l'occident du temple pour aider le R ble m e dans ses travaux et fermer la loge de ♦p.

D. où se tiennent les V∴ M∴ ♦p ?
R. au midi et au septon du temple.

D. pourquoi indifféremment dans ces parties ?
R. pour nous marquer l'égalité et la conformité parmi les ff∴ g arf∴ et qu'enfin les maçons de quelque rang qu'ils puissent être, sont égaux

D. quel âge avez-vous ?
R. 3 fois 3 fois 3 ans, c'est mon âge bien compté en conformité des lumières, qui font le même nombre. (c. à d.) 27.

D. quelle heure est-il ?
R. Douze heures ⸻⸻⸻⸻⸻⸻

renfermées dans le sanctuaire du Temple, de même le Très Respectable se tient à cette porte [1] pour éclaire les Vénérables Frères de ses lumières et ouvrir la loge de Parfaits.

D. Où se tiennent les Très vénérables Surveillants ?
R. A l'occident du Temple, pour aider le Respectable Maître dans ses travaux et fermer la loge de Parfaits.
D. Où se tiennent les Vénérables Maîtres Parfaits ?
R. Au midi et au septentrion du Temple.
D. Pourquoi indifféremment dans ces parties ?
R. Pour nous marquer l'égalité et la conformité parmi les Frères Parfaits et qu'enfin les Maçons, de quelque rang qu'ils puissent être, sont égaux.
D. Quel âge avez-vous ?
R. Trois fois trois fois trois ans, c'est mon âge bien compté, en conformité des lumières qui font le même nombre, c'est-à-dire vingt-sept.
D. Quelle heure est-il ?
R. Douze heures.

included in the sanctuary of the Temple, so the Most Respectable is situated at that porch [1] to illuminate the Worshipful brethren with his lights and to open the lodge of Perfect.

Q. Where are the Most Worshipful Wardens ?
A. At the West end of the Temple to assist the Respectable Master with his work and to close the Perfect.
Q. Where are the Worshipful Perfect Masters ?
A. In the South and North of the Temple.
Q. Why indifferently in those areas ?
A. To mark the equality and the conformity among the Perfect brethren and finally that the Masons of any rank are equal.
Q. What is your age ?
A. Three times three years, that is my age well counted, in conformity with the lights, which have the same number, viz. twenty seven.
Q. What is the hour ?
A. Twelve o'clock.

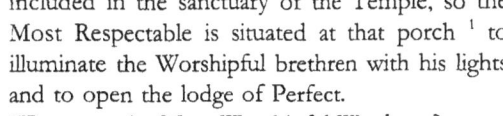

---

[1] Comme, en loge de Parfait, les portes sont au midi, au septentrion et à l'occident, il doit falloir lire partie et non porte comme l'a fautivement écrit le copiste.

[1] As in the Lodge of Perfect, the doors are in the South, North and West. This should be read as region instead of door, as the copyist wrongly wrote.

## 67.

# Le Parfait maitre irlandais,
## 6.e Grade — Explication.

La loge doit être éclairée de 16 lumières placées aux 4 coins de la loge, qui sera tendue de rouge ; le très illustre M.e se place à l'orient sous un daïs bleu parsemé d'étoiles d'or : les rideaux du daïs doivent être rouges et houppés.

### Manière d'ouvrir la Loge.

Le très illustre M.e placé à l'orient, les surv.ts à l'occident, tous les officiers et illustres Maîtres à leurs places ; le très illustre M.e irlandais frappe 4 coups sur l'autel, qui sont répétés par les surv.ts ; puis, il leur demande

D. Mes très illustres ff., avez vous fait votre devoir ?
R. Très illustre M.e, la loge est couverte, et nous pouvons commencer nos travaux.
D. Où se tient notre M.e ?
R. Partout.
D. Pourquoi ?
R. Pour veiller à la conduite des ouvriers, et prendre part à leurs travaux.
D. Quelle heure est-il ?
R. Le point du jour, huit heures, deux heures et sept heures.

Le très illustre frappe 4 coups de maillet sur l'autel, qui sont répétés par les surveillans, et dit : puisqu'il est le point du jour, huit heures, deux heures et 7 heures, il est temps que les ouvriers aillent aux travaux de la loge des

## Le Parfait Maître Irlandais
### Sixième grade Explication

La loge doit être éclairée par seize lumières placées aux quatre coins de la loge, qui sera tendue de rouge; le Très Illustre Maître se place à l'orient, sous un dais bleu parsemé d'étoiles d'or; les rideaux du dais doivent être rouges et houppés [1].

### Manière d'ouvrir la Loge

Le Très Illustre Maître placé à l'orient, les Surveillants à l'occident, tous les Officiers et Illustres Maîtres à leurs places, le Très Illustre Maître Irlandais frappe quatre coups sur l'autel, qui sont répétés par les Surveillants, puis il leur demande
D. Mes Très Illustres Frères, avez-vous fait votre devoir ?
R. Très Illustre Maître, la loge est couverte et nous pouvons commencer nos travaux.
D. Où se tient votre Maître ?
R. Partout.
D. Pourquoi ?
R. Pour veiller à la conduite des ouvriers et présider à leurs travaux.
D. Quelle heure est-il ?
R. Le point du jour, huit heures, deux heures et sept heures.
Le Très Illustre frappe quatre coups de maillet sur l'autel, qui sont répétés par les Surveillants et dit :
« *Puisqu'il est le point du jour, huit heures, deux heures et sept heures, il est temps que les ouvriers aillent aux travaux de la loge des*

---

[1] Ce vieux mot, participé passé du verbe désuet *houpper* utilisé à la fin du XVII^me siècle, indique que le dais devait être garnis de pompons.

## The Perfect Irish Master
### Sixth degree explanation

The lodge must be lighted by sixteen lights placed in the four corners of the lodge, which must have red decorations. The Most Illustrious Master is seated in the East under a blue canopy strewn with gold stars. The curtains of the canopy must be red and with waves [1].

### To open the lodge

When the Most Illustrious Master is seated in the East and the Wardens in the West and all officers and Illustrious Masters at their places, the Most Illustrious Irish Master gives four knocks on the altar, which are repeated by the Wardens; he then asks :
Q. My Most Illustrious brethren, did you do your duty ?
A. Most Illustrious Master, the lodge is tiled and we can begin with our work.
Q. Where is the Master situated ?
A. Everywhere.
Q. Why ?
A. To watch over the conduct of the workmen and preside over their work.
Q. What is the hour ?
A. The start of the day, eight hours, two hours and seven hours.
The Most Illustrious gives four knocks with his mallet on the altar, repeated by the Wardens and says : "*As it is the beginning of the day, eight hours, two hours and seven hours, it is time that the workmen set to the work of the lodge of*

---

[1] The MS shows "houppés". This old word, passed participle of the verb houpper, no more in use since the 17th century, indicates that the canopy must be adorned with pompons.

68.e Illustres M.res irlandais; nous sommes tous M.res irlandais, ensuite tous les off. frappent 4 coup dans leurs mains, puis ils se placent.
   Lorsqu'il y a une réception à faire, le très illustre M.e ordonne au f.e introd.r d'aller préparer le Récip.e; lorsqu'il le conduit à la porte, il doit frapper 4. coups, qui sont rendus par le 2.d surv.t et répétés par le très illustre M.e; à qui les surv.ts disent que l'on frappe à la porte d'un M.e irlandais, le très illustre M.e ordonne d'aller voir ce que c'est, les surv.ts viennent lui dire que c'est le f.e ..... qui demande de passer au Grade de M.e irlandais. le très illustre M.e ordonne au 2.d surv.t de lui demander s'il a fait son temps; s'il a travaillé et si ses maît.s sont contents de lui; si le f.e introd.r l'a examiné sur tous les Grades où il a passé, et s'il en répond, le Récip.e et le f.e introd.r ayant répondu aux questions, le 2.d surv.t vient rendre compte au très illustre M.e, qui ordonne de le faire entrer; alors le 2.d surv.t ouvre la porte au f.e introd.r, qui conduit le Récip.e et le fait placer à l'occident entre les deux surv.ts, où il le laisse et vient reprendre sa place; le 1.r surv.t prend le Récip.e par la main, et lui ayant fait prononcer le mot Civi, il lui fait mettre le Genou droit à terre; puis il lui met une épée sur l'épaule gauche; le très illustre M.e après quelque temps d'intervalle, ayant prononcé le mot K L, le 2.d surv.t fait relever le f.e, lui fait faire 4. fois le tour de la loge, à la fin de chaque tour il lui fait saluer le très illustre M.e, et aut.t il prononce le mot

*Illustres Maîtres Irlandais : nous sommes tous Maîtres Irlandais !* ». Ensuite, tous les Frères frappent quatre coups dans leurs mains puis ils se placent.

Lorsqu'il y a une réception à faire, le Très Illustre Maître ordonne au Frère Introducteur d'aller préparer le récipiendaire; lorsqu'il [1] le conduit à la porte, il doit frapper quatre coups, qui sont rendus par le Second Surveillant et répétés par le Très Illustre Maître, à qui les Surveillants disent que l'on frappe à la porte en [2] Maître Irlandais, le Très Illustre Maître ordonne d'aller voir ce que c'est, les Surveillants viennent lui dire que c'est le Frère ....., qui demande de passer au grade de Maître Irlandais; le Très Illustre Maître ordonne au Second Surveillant de lui demander s'il a fait son temps, s'il a travaillé et si les Maîtres sont contents de lui, si le Frère Introducteur l'a examiné sur tous les grades qu'il a passés et s'il en répond. Le récipiendaire et le Frère Introducteur ayant répondu aux questions, le Second Surveillant vient rendre compte au Très Illustre Maître, qui ordonne de le [3] faire entrer; alors le Second Surveillant ouvre la porte au Frère Introducteur, qui conduit le récipiendaire et le fait placer à l'occident entre les deux Surveillants, où il le laisse et vient reprendre sa place. Le Premier Surveillant prend le récipiendaire par la main et, lui ayant fait prononcer le mot Civi, il lui fait mettre le genou droit à terre, puis il lui met une épée sur l'épaule gauche. Le Très Illustre Maître, après quelque temps d'intervalle, ayant prononcé le mot Ki [4], le Second Surveillant fait relever le Frère, lui fait faire quatre fois le tour de la loge. A la fin de chaque tour, il lui fait saluer le Très Illustre Maître et, ainsi, il prononce le mot.

---

[1] Le Frère Introducteur...
[2] Le manuscrit porte « *de* », ce qui est certainement une faute du copiste.
[3] Le récipiendaire...
[4] Dans le manuscrit, ce mot est écrit KI.

*Illustrious Irish Masters : we all are Irish Masters !"* Then all brethren give four knocks in their hands and take their seat.

When there is a reception to be made, the Most Illustrious Master orders the brother Introducer to go and prepare the candidate. When he [1] conducts him to the door, he must give four knocks, which are replied by the Junior Warden and repeated by the Most Illustrious Master, to whom the Wardens say that someone knocks at the door as [2] an Irish Master. The Most Illustrious Master orders to go and see who it is, the Wardens come and tell him that it is brother ...., who wishes to pass to the Irish Master degree. The Most Illustrious Master orders the Junior Warden to ask, if he has fulfilled his time, if he has worked and if his Masters are content with him, and if brother Introductor has examined him on all degrees he passed and if he answers for him. The candidate and the brother Introductor reply to these questions and the Junior Warden comes to report to the Most Illustrious Master, who orders to have him [3] enter. Then the Junior Warden opens the door for the brother Introductor, who conducts the candidate and has him placed in the West between the two Wardens, where he leaves him and resumes his seat. The Senior Warden takes the candidate by the hand and after he made him say **Civi**, he has him kneel on his right knee; he then gives him a sword in the left hand. The Most Illustrious Master pronounces after a short interval the word **Ki** [4] and the Junior Warden raises the brother; he then conducts him four times around the lodge. At the end of each voyage he has him salute the Most Illustrious Master and also to pronounce the word

---

[1] The Brother Introductor.
[2] The MS shows "de", certainly a mistake of the copyist.
[3] The candidate.
[4] The MS shows KI.

69.

d'app:., au 2.d celui de Com:., au 3.e celui de M.e, il lui donna le mot de M.e irlandais, & lui fit prononcer Jekoys.

Après les 4 tours faits, le très illustre M.e ordonna de le faire avancer au pied du trône, en lui faisant prendre possession des 4 portes du temple ; voici de quelle manière cela se fait : on met le récip:.e un pan au dessous de la loge, tracée vis-à-vis la porte de l'occident, on lui fait croiser la jambe gauche, c'est-à-dire, il faut que le dessus du pied gauche s'emboîte dans la jointure de la jambe droite ; dans cette attitude, il doit faire un saut du lieu où il est, jusques sur la porte de l'occident ; il faut qu'il s'y tienne toujours sur le pied droit, sans jamais appuyer le gauche à terre ; de la porte de l'occid.t, il doit faire un saut sur celle du Midi, un autre sur celle du nord, un 4.e enfin, sur celle de l'orient, y étant arrivé, il pose ses pieds en équerre, et salue le très illustre M.e qui lui dit :

R.ble M.e c'est avec une joie infinie que je viens récompenser votre zèle pour la m.e çonnerie, et votre attachem.t pour le M.e des M.es en vous constituant Prévôt et juge sur tous les ouvriers de cette loge, comme nous sommes convaincus de votre discrétion, nous ne faisons aucune difficulté de vous confier nos secrets les plus importants, acquittez vous de vos devoirs dans ce nouveau grade, comme vous l'avez fait dans tous ceux qui l'ont précédé. Nous vous confions le lieu où repose le corps et la cendre de notre R.ble M.e ; assurez-nous que vous ne découvrirez jamais l'endroit où il

D'Apprenti [au premier salut], au second, celui de Compagnon, au troisième, celui de Maître; il [1] lui donne le mot de Maître Irlandais et lui fait prononcer Jehoux.

Après les quatre tours faits, le Très Illustre Maître ordonne de le [2] faire avancer au pied du trône, en lui faisant prendre possession des quatre portes du Temple. Voici de quelle manière cela se fait : on met le récipiendaire un peu en dessous de la loge tracée [3], vis-à-vis de la porte de l'occident, on lui fait croiser la jambe gauche, c'est-à-dire [qu'] il faut que le dessus du pied gauche s'emboîte dans la jointure de la jambe droite [4]; dans cette attitude, il doit faire un saut du lieu où il est jusque sur la porte de l'occident; il faut qu'il s'y tienne, toujours sur le pied droit, sans jamais appuyer le gauche à terre; de la porte de l'occident, il doit faire un saut sur celle du midi, un autre sur celle du nord, un quatrième, enfin, sur celle de l'orient; y étant arrivé, il pose ses pieds en équerre et salue le Très Illustre Maître qui lui dit :

« *Respectable Maître, c'est avec une joie infinie que je viens récompenser votre zèle pour la Maçonnerie et votre attachement pour le Maître des Maîtres, en vous constituant Prévôt et Juge sur tous les ouvriers de cette loge; comme nous sommes convaincus de votre discrétion, nous ne faisons aucune difficulté de vous confier nos secrets les plus importants. Acquittez-vous de vos devoirs dans ce nouveau grade comme vous l'avez fait dans tous ceux qui l'ont précédé. Nous vous confions le lieu où reposent le corps et le cœur de notre Respectable Maître. Assurez-nous que vous n'en découvrirez jamais l'endroit où il*

of the Apprentice, then at the second the one of a Fellow Craft, on the third the one of a Master. He [1] gives him the word of an Irish Master and has him pronounce **Jehoux.**

After the four perambulations the Most Illustrious Master orders to have him [2] advance to the base of the throne, taking possession of the four porches of the Temple. This is the way in which it is done : the candidate is placed at a little distance of the base of the Tracing Board, opposite the West porch. He has to cross the left leg, viz. the top of the left foot comes into the joint of the right leg [3]. In that attitude he has to make a jump from the place where he is on to the West porch. He has to stay on his right foot, without touching the floor with his left. He then must make a jump to the North porch and finally a fourth on that in the East. Having arrived there, he places his feet in a square and salutes the Most Illustrious Master, who says to him :

"*Respectable Master, it is with an infinite joy that I will recompense your zeal for Freemasonry and your attachment to the Master of Masters, by installing you as Provost and Judge over the workmen of our lodge. As we are convinced of your discretion, we encounter no difficulty in confiding to you our most important secrets. Fulfil your duties in this new degree, as you have done in all preceding ones. We confide to you the place where the corpse and the heart of our Respectable Master rest. Make sure that you will never disclose the place where it*

---

[1] Le Second Surveillant...
[2] Le récipiendaire...
[3] C'est-à-dire du Tableau de Loge.
[4] C'est-à-dire derrière le genou droit.

[1] The Junior Warden.
[2] The candidate.
[3] This means behind the right knee.

70.

repose; nous croyons ne pas nous tromper dans notre attente.

## Engagement.

Montres illustre M̃ᵉ, je promets devant le G∴ ar∴ de l'u. notre g̃ᵈ et parfait m̃ᵉ et devant les N̄bles ff∴ ici présents, de ne rien réveler de ce qui concerne les mistères du grade, soit verballement ou par écrit, sous quelque prétexte ce puisse être; et de terminer ou faire terminer à l'amiable tous les différens qui pourraient naître parmi mes ff∴ — d'être juge équitable, puisque je suis constitué dans cette loge pour rendre la justice, et c'est sous ces même peines, auxquelles je me suis soumis dans mes 1ᵉʳˢ obligatᵒⁿˢ, que je m'oblige encore; ainsi Dieu veuille m'en — donner la force en me donnant les sentimens d'— l'équité et de la justice.

L'engagement fini le très illustre M̃ᵉ fait relever le Récipᵈᵃⁱʳᵉ, et l'ayant fait annoncer, il lui donne deux coups d'épée sur chaque épaule, en lui disant, " par le pouvoir que j'ai reçu de la très illustre loge, je vous constitue Prévôt et Juge sur tous les ouvriers et ouvrages du temple: ensuite il lui met le tablier de m̃ᵉ irlandais, en lui passant au col un cordon rouge, au bout — duquel est attachée une clef d'or ou de métal doré; il lui donne ensuite le signe, le mot et l'attouchemᵗ.

Le signe se fait en formant sur la mentone une équerre avec le pouce et l'index de la main droite; auquel signe on doit répondre en formant un compas sur le nez avec les 2ᵈˢ premiers doigts de la main droite.

L'attouchement de m̃ᵉ irlandais est de même

*repose. Nous croyons ne pas nous tromper dans notre attente. »*

## Engagement

« *Mon Très Illustre Maître, je promets, devant le Grand Architecte de l'Univers, notre Grand et Parfait Maître, et devant les Respectables Frères ici présents, de ne rien révéler de ce qui concerne les mystères du grade, soit verbalement ou par écrit, sous quelque prétexte [que] ce puisse être; et de terminer ou faire terminer à l'amiable tous les différents qui pourraient naître parmi mes Frères, d'être [un] juge équitable, puisque je suis constitué dans cette loge pour rendre la justice, et c'est sous les mêmes peines auxquelles je me suis soumis dans mes premières Obligations que je m'oblige encore; ainsi Dieu veuille m'en donner la force en me donnant les sentiments de l'équité et de la justice.* »

L'engagement fini, le Très Illustre Maître fait relever le récipiendaire et, l'ayant fait annoncer, il lui donne un coup d'épée sur chaque épaule, en lui disant : « *Je vous constitue Prévôt et Juge sur tous les ouvriers et ouvrages du Temple !* ». Ensuite, il lui met le tablier de Maître Irlandais, en lui passant au col un cordon rouge au bout duquel est attachée une clef d'or ou de métal doré; il lui donne ensuite le signe, le mot et l'attouchement.

Le signe se fait en formant sous le menton une équerre avec le pouce et l'index de la main droite, auquel signe on doit répondre en formant un compas sur le nez avec les deux premiers doigts de la main droite.

L'attouchement de Maître Irlandais est le même

*rests. We believe we do not err in our attitude."*

## Oath

"*My Most Illustrious Master, I promise before the Great Architect of the Universe, our Grand and Perfect Master and before the Respectable brethren here present, that I will reveal nothing of what concerns the mysteries of this degree, neither by word nor in writing, under whatever pretext it may be and to end or cause to end in a friendly way all differences which may rise between my brethren, to be an equitable judge, because I am constituted in this lodge to render justice; and it is under the same fines to which I submit as I did in my former oath that I engage myself once more. So help me God and give me strength by giving me the sense of equity and justice.*"

When the oath is finished the Most Illustrious Master has the candidate rise and after he has been announced, he gives him a knock with his sword on each shoulder saying : "*I constitute you Provost and Judge over all workmen and work of the Temple !.*" Next he puts on the apron of Irish Master and passes around his neck a red collar at the end of which is attached a gold or gilded key. He then gives him the sign, the word and the grip.

The sign is given by making a square under the chin with the thumb and index of the right hand, to which sign the answer is to form a compass on the nose with the two first fingers of the right hand.

The grip of the Irish Master is the same

que celui de Mᵉ., avec la différence que celui qui le dorine, frappe un coup avec le petit doigt sur la phalange du petit doigt de celui qui l'examine; celui-là répond par 2 coups, et celui qui a commencé doit en rendre 4 pour se faire reconnaître.

Le Mot de Mᵉ. illustre et parfait irlandais est __tito__

Le Mot de passage est __xaucken__ qui signifie le siège de l'âme

Le Mᵉ. présent-ois porte un Tablier blanc doublé de rouge bordé de même, dans le milieu duquel, est une petite poche doublée de Taffetas rouge, parsemée de même couleur, et de rosettes blanches. Sur la bavette du tablier doit être une petite clef brodée en or.

## Alphabet des Lettres

Ces lettres sont les lettres alphabétiques maçonnes de Mᵉ. Irlandais; on peut s'en servir dans le style maçon.

## Instruction.

D. Etes-vous Mᵉ. illustre et parfait irlandais ?
R. interrogés-moi en Parfait et j'y répondrai.
D. Comment avez vous été annoncé à la loge ?
R. Par 4 coups
D. que signifient ils ?
R. les 4 Portiques du Temple.
D. qu'avez vous rencontré à la porte ?
R. un 2ᵈ Surv.ᵗ qui m'a conduit à la porte d'occident.
D. qu'a-t-on fait de vous ?
R. le 1.ᵉʳ Surv.ᵗ m'a fait prononcer le mot __Civi__, et m'a fait mettre le Genouil droit à terre.

que celui de Maître, avec la différence que celui qui le donne frappe un coup, avec le petit doigt, sur la phalange du petit doigt de celui qui l'examine, celui-ci répond par deux coups et celui qui a commencé doit en rendre quatre pour se faire reconnaître.

Le mot de Maître Illustre et Parfait Irlandais est **Tito**.

Le mot de passe est **Xainchen**, qui signifie le siège de l'âme.

Le Maître Irlandais porte un tablier blanc doublé de rouge [et] bordé de même, dans le milieu duquel est une petite poche, doublée de taffetas rouge, parsemée de même couleur et de rosettes blanches. Sur la bavette du tablier doit être une petite clef brodée en or.

## *Alphabet des lettres*

Ces lettres sont les lettres alphabétiques maçonnes de Maître Irlandais; on peut s'en servir dans le style maçon [1].

## *Instruction*

D. Etes-vous Maître Illustre et Parfait Irlandais ?
R. Interrogez-moi en parfait et j'y répondrai !
D. Comment avez-vous été annoncé en loge ?
R. Par quatre coups.
D. Que signifient-ils ?
R. Les quatre portiques du Temple.
D. Qu'avez-vous rencontré à la porte ?
R. Un Second Surveillant qui m'a conduit à la porte de l'occident.
D. Qu'a-t-on fait de vous ?
R. Le Premier Surveillant me fit prononcer le mot **Civi** et m'a fait mettre un genou en terre.

as the one of the Master, differing in that he who gives it gives one knock with the little finger on the joint of the little finger of the one who examines; he answers with two knocks and the one who began must give four, thus making himself known.

The word of Illustrious Master and Irish Perfect is **Tito**.

The password is **Xainchen**, which means the seat of the soul.

The Irish Master wears a white apron lined with red and bordered with the same. In the centre of it is a small pouch lined with red silk, spread with rosettes of this and white colour. On the flap of the apron is a small key embroidered in gold.

## *Alphabet in letters*

These letters are the Masonic alphabetic letters of the Irish Master; they can be used in the Masonic style [1].

## *Lecture*

Q. Are you Illustrious Master and Irish Perfect ?
A. Interrogate me as a Perfect and I will reply.
Q. How were you announced in lodge ?
A. By four knocks.
Q. What do they mean ?
A. The four porches of the Temple.
Q. Whom did you encounter at the porch ?
A. A Junior Warden, who conducted me to the West porch.
Q. What did they do to you ?
A. The Senior Warden had me pronounce the word **Civi** and made me kneel.

---

[1] Malheureusement, le manuscrit ne donne pas cet alphabet...

[1] Unfortunately the MS does not show the alphabet.

72.ᵉ D. que vous a répondu le très illustre ?
R. K.L.
D. que signifient ces deux mots ?
R. le 1.ᵉʳ signifie, fléchissez le Genouil, et le 2.ᵈ levez vous
D. qu'a fait de vous le Serv.ᵗ ?
R. il m'a fait voyager autour du temple 4 fois.
D. que signifient ces tours ?
R. les 4 divers ages de l'homme, sa naissance, sa virilité, sa vieillesse et sa Caducité ou sa mort.
D. ne vous a-t-il pas conduit aux pieds du très illustre ?
R. oui très illustre, par 4 pas d'all.ᶜᵉ qui m'ont conduits sur les 4 Portiques du Temple.
D. que vous marque cette marche ?
R. l'extérieure inspection que nous avons sur les ouvriers, ou sur tous les ouvrages du temple.
D. qu'a fait de vous le très illustre ?
R. sur le témoignage qu'il a reçu de mon zèle, il m'a constitué Prévôt, juge et M.ᵉ Jalandair.
D. que vous a-t-il donné ?
R. une Clef pour marquer mon grade; un attouchem.ᵗ et une Parole pour me faire reconnaître.
D. à quoi sert la Clef ?
R. à ouvrir le petit Coffre d'ébime où étaient renfermés les dessins qui devaient servir à la construction du temple.
D. que veut dire l'attouchement ?
R. qu'il n'y a que nous qui sachions où repose le canu de notre R.ᵇˡᵉ Zerebizan.
D. Donnez moi la Parole
R. Tito.

| | |
|---|---|
| D. Que vous a répondu le Très Illustre ? | Q. What did the Most Illustrious reply ? |
| R. **Ki.** | A. **Ki.** |
| D. Que signifient ces deux mots ? | Q. What do these two words mean ? |
| R. Le premier signifie fléchissez le genou et le second levez-vous. | A. The first means bend your knee and the second rise. |
| D. Qu'a fait de vous le Surveillant ? | Q. What did the Warden have you do ? |
| R. Il m'a fait voyager autour du Temple quatre fois. | A. He had me travel four times around the Temple. |
| D. Que signifient ces tours ? | Q. What do these perambulations mean ? |
| R. Les quatre divers âges de l'homme, sa naissance, sa virilité, sa vieillesse et sa caducité ou sa mort. | A. The four different ages of man, his birth, his manhood, his old age and his decline or death. |
| D. Ne vous a-t-il pas conduit aux pieds du Très Illustre ? | Q. Did he not conduct you to the feet of the Most Illustrious ? |
| R. Oui, Très Illustre, par quatre pas de Maître qui m'ont conduit sur les quatre portiques du Temple. | A. Yes, Most Illustrious, by four Master steps, which brought me to the four porches of the Temple. |
| D. Que vous marque cette marche ? | Q. What does this step mean ? |
| R. L'entière inspection que nous avons sur les ouvriers, ou sur tous les ouvrages du Temple. | A. The whole inspection we have over the workmen, or over all the work on the Temple. |
| D. Qu'a fait de vous le Très Illustre ? | Q. What did the Most Illustrious make of you ? |
| R. Sur le témoignage qu'il a reçu de mon zèle, il m'a constitué Prévôt, Juge et Maître Irlandais. | A. On the evidence he received of my zeal he instituted me as Provost and Judge and Irish Master. |
| D. Que vous a-t-il donné ? | Q. What did he give you ? |
| R. Une clef pour marquer mon grade, un attouchement et une parole pour me faire reconnaître. | A. A key to mark my degree, a grip and a word to have me recognised. |
| D. A quoi sert la clef ? | Q. What is the purpose of the key ? |
| R. A ouvrir le petit coffret de bois où étaient renfermés les dessins qui devaient servir à la construction du Temple. | A. To open the small wooden chest, where were enclosed the plans, which should serve to the construction of the Temple. |
| D. Que veut dire l'attouchement ? | Q. What does the grip mean ? |
| R. Qu'il n'y a que nous qui sachions où repose le cœur de notre Respectable Père Hiram. | A. That only we know, where the heart of our Respectable Father Hiram reposes. |
| D. Donnez-moi la parole ! | Q. Give me the word ? |
| R. **Tito.** | A. **Tito.** |

73.

D. que signifie-t-elle?
R. le nom du Royen des M\*\*\* Irlandais.
D. qu'avez vous apperçu dans la Loge?
R. la houppe dentelée, où était suspendu un dais sous lequel était un petit coffre d'ébenne.
D. qu'y avait-il dans ce Coffre?
R. Tous les dessins qui devaient servir à la construction du Temple.
D. n'avez vous rien vu de plus?
R. J'ai vu au milieu de la loge un triangle dans lequel étaient entrelacés ces deux lettres G. A.
D. que signifient elles?
R. que Dieu ayant été lui-même le Géomètre et l'architecte pour la construction du temple; il en avait aussi inspiré les desseins à David et Salomon.
D. qu'y a-t-il de plus dans votre loge?
R. une balance qui signifie l'exactitude que nous devons avoir à remplir nos fonctions; puisque nous sommes mandé pour terminer tous les différens qui surviennent entre les ouvriers du Temple.
D. où repose le corps de Notre R\*\*\* Père Hiram?
R. sous le 2.e degré du temple en entrant.
D. où repose son âme?
R. Dans une urne d'or enflammée, qui est dans le sanctuaire.
D. que signifient les lettres X. C. qui sont tracées sur votre tableau?
R. Xainchen qui signifie le siège de l'âme. (C'est là le mot de passe.)
D. que signifient les lettres J. B. S. avec la branche d'accassia
R. L'J. signifie Jéhova, l'B. signifie Hiram, et l'S.

D. Que signifie-t-elle ?
R. Le nom du doyen des Maîtres Irlandais.
D. Qu'avez-vous aperçu dans la loge ?
R. La houppe dentelée où était suspendu un dais sous lequel était un petit coffre d'ébène.
D. Qu'y avait-il dans ce coffre ?
R. Tous les dessins qui devaient servir à la construction du Temple.
D. N'avez-vous rien vu de plus ?
R. J'ai vu, au milieu de la loge, un triangle dans lequel étaient entrelacées les deux lettres G. A.
D. Que signifient-elles ?
R. Que Dieu, ayant été lui-même le Géomètre et l'Architecte pour la construction du Temple, Il en avait ainsi inspiré les dessins à David et [à] Salomon.
D. Qu'y a-t-il de plus dans votre loge ?
R. Une balance, qui signifie l'exactitude que nous devons avoir dans nos fonctions puisque nous sommes mandés pour terminer tous les différends qui surviennent entre les ouvriers du Temple.
D. Où repose le corps de notre Respectable Père Hiram ?
R. Sous le deuxième degré du Temple, en entrant.
D. Où repose son cœur ?
R. Dans une urne d'or enflammée, qui est dans le sanctuaire.
D. Que signifient les lettres **X** [et] **C** qui sont tracées sur votre tableau ?
R. **Xainchen**, qui signifie le siège de l'âme (c'est là le mot de passe).
D. Que signifient les lettres **J.H.S.**, avec la branche d'acacia ?
R. Le J signifie **Jéhova**, le H signifie **Hiram** et le S

Q. What does it mean ?
A. The name of the dean of the Irish Masters.
Q. What did you observe in the lodge ?
A. The knotted cord, where was suspended a canopy under which was a small chest of ebony wood.
Q. What was contained in that trunk ?
A. All of the plans which serve to construct the Temple.
Q. Did you not see more ?
A. I have seen, in the centre of the lodge, a triangle in which were the intertwined two letters G and A.
Q. What do they mean ?
A. That God, Who is Himself the Geometer and Architect for the construction of the Temple had thus inspired the design to David and Solomon.
Q. What else does your lodge contain ?
A. A balance, which means the exactness we have to keep in our functions, because we have the charge to end all differences, which may occur between the workmen of the Temple.
Q. Where does the corpse of our Respectable Father Hiram repose ?
A. Under the second step of the Temple, on entering.
Q. Where does his heart repose ?
A. In a urn of flaming gold, which is in the sanctuary.
Q. What do the letters **X** [and] **C** mean, which are drawn on your Tracing Board ?
A. Xainchen, which signifies the seat of the spirit (that is why it is the password).
Q. What do the letters **J.H.S.** with the branch of acacia mean ?
A. The J signifies **Jehova**, the H signifies **Hiram** and the S

74.° signifie Stokin qui est le nom du M.˙. qui trouva le corps d'Hiram ; et la branche d'accassia représente celle qui fut mise sur la fosse pour marquer l'endroit où était le corps.

D. Quel est le lieu où l'on vous a placé ?
R. À la Chambre du Milieu.

D. N'avez-vous pas travaillé à quelque chose de mémorable en qualité de M.˙. irlandais ?
R. J'ai travaillé au tombeau d'Hiram.

D. De quoi vous a revêtu le très illustre après vous avoir reçu M.˙. Irland.
R. D'un tablier blanc doublé de couleur de feu, sur le milieu duquel est une poche rouge, et autour des rosettes blanches et rouges.

D. À quoi sert la poche qui est au milieu ?
R. Elle sert au Doyen des M.˙. Irlandais pour y mettre les dessins quand il va les communiquer aux M.˙. pour en prendre les proportions sur leurs planches à tracer.

D. Que représentent les rosettes ?
R. Les rouges représentent le sang d'Hiram ; les blanches, la fidélité des M.˙.

D. Quel âge avez-vous ?
R. 4 fois 16 ans.

D. D'où venez-vous ?
R. Je viens et je vais partout.

D. Quelle heure est-il ?
R. Le point du jour, 8 heures, 2 heures, et 7 heures.

D. Pourquoi ?
R. Parce que le M.˙. Irlandais, Prévot et Juge, se trouve partout et à toute heure.

fin.

signifies **Stokin**, which is the name of the Master, who found the corpse of Hiram, and the branch of acacia represents that which was put in the grave to mark the place where the corpse was.
Q. What is the place where you were put?
A. In the middle chamber.
Q. Did you not work at something memorable as an Irish Master?
A. I worked at the tomb of Hiram.
Q. With what did the Most Illustrious clothe you, after he received you as an Irish Master?
A. With a white apron, lined with a fiery colour, on the centre of which is a red pouch and around are white and red rosettes.
Q. To what purpose serves the pouch, which is in the centre?
A. It serves the Dean of the Irish Masters for putting the plans into, when he goes communicating them to the Masters to take the proportions on the drawing boards.
Q. What do the rosettes represent?
A. The red ones represent the blood of Hiram, the white ones the fidelity of the Masters.
Q. What is your age?
A. Four times sixteen years.
Q. From where do you come?
A. I come and go everywhere.
Q. What is the hour?
A. The beginning of the day, eight hours, two hours and seven hours.
Q. Why?
A. Because the Irish Master, Provost and Judge, is everywhere at every hour.

End

# Le Maître anglais
## 7.e Grade

Le Récip.re doit se presenter à la porte de la loge, les pieds nuds, sans chapeau, et les yeux couverts; le m.e des Cérémonies qui l'introduit, frappe 5 coups; les 1.er Surv.t ayant dit au très R.ble que l'on frappe, il lui répond d'avoir ce que c'est; s'étant approché de la porte, il frappe 5 coups, et l'ayant ouverte tant soit peu, demande ce qu'on souhaite; le M.e des Cérémonies répond, c'est un M.e parfait irlandais, qui demande à être reçu M.e anglais. Le Surv.t rend compte au très R.ble qui lui demande s'il a reconnu au Récip.re les qualités requises pour être admis à ce grade; le Surv.t doit répondre qu'il les a, et le très R.ble dit, qu'on l'introduise. on le fait entrer, et on le place entre les 2 Surv.ts, de façon qu'il soit en face du très R.ble, qui ordonne suivant les formes ordinaires de lui faire faire les 5.q.d tours; apres quoi le R.ble fait découvrir le tableau de la loge, et lui en fait l'explication; ce qui étant fait, il le fait avancer par 5 pas d'exactitude jusqu'au pied du trône où il prête le serment dans la forme ordinaire sur ce qui va lui être révelé; cela fait, le très R.ble lui donne les signes, qui sont; le 1.er de Surprise, qui se fait en portant la main droite vis-à-vis le front, les ongles des doigts tournés vis-à-vis les yeux; le 2.e celui d'admiration; on le fait en levant les yeux tant soit peu en haut, en croisant les mains, les doigts en haut, et les laissant tomber sur la veste. le 3.e est celui de douleur, on porte la main droite sur le flanc droit, un peu crochue, en faisant un petit mouvement comme si on voulait tater.

## Le Maître Anglais
### Septième Grade

---

Le *récipiendaire* doit se présenter à la porte de la loge les pieds nus, sans chapeau et les yeux couverts; le Maître des Cérémonies, qui l'introduit, frappe cinq coups; le Premier Surveillant ayant dit au Très Respectable que l'on frappe, il [1] lui répond de voir qui c'est. S'étant approché de la porte, il [2] frappe cinq coups et, l'ayant ouverte tant soit peu [3], demande ce qu'on souhaite. Le Maître des Cérémonies répond : « *C'est un Maître Parfait Irlandais qui demande à être reçu Maître Anglais* ». Le Surveillant rend compte au Très Respectable, qui lui demande s'il a reconnu au récipiendaire les qualités requises pour être admis à ce grade; le Surveillant doit répondre qu'il les a et le Très Respectable dit qu'on l'introduise. On le [4] fait entrer et on le place entre les deux Surveillants, de façon qu'il soit en face du Très Respectable, qui ordonne, suivant les formes ordinaires, de lui faire faire les cinq grands tours. Après quoi, le Respectable fait découvrir le tableau de la loge et lui en fait l'explication. Ce qui étant fait, il [5] le [6] fait avancer par cinq pas d'exactitude jusqu'au pied du trône, où il [7] prête le serment dans la forme ordinaire [de garder le secret] sur ce qui va lui être révélé. Cela fait, le Très Respectable lui donne les signes qui sont : le premier, de **surprise**, qui se fait en portant la main droite vis-à-vis du front; le second, celui d'**admiration**, on le fait en levant les yeux tant soit peu en haut, en croisant les mains, les doigts en haut et [en] les laissant tomber sur la veste; le troisième est celui de **douleur**, on porte la main droite sur le flanc droit, un peu crochue, en faisant un petit mouvement comme si l'on voulait tâter.

---

[1] Le Très Respectable...
[2] Le Premier Surveillant...
[3] Il s'agit de la porte...
[4] Le récipiendaire...
[5] Le Très Respectable...
[6] Le récipiendaire...
[7] Toujours le récipiendaire...

## The English Master
### Seventh degree

---

The candidate shall present himself at the door of the lodge with bare feet, without hat and the eyes covered. The Director of Ceremonies, who introduces him, gives five knocks. The Senior Warden informs the Most Respectable that someone knocks and he [1] answers him to see who this is. Having approached the door, he [2] gives five knocks and after opening a little [3] he asks what he desires. The Director of Ceremonies replies: "*It is a Perfect Irish Master, who wishes to be received as an English Master.*" The Warden reports to the Most Respectable, who asks whether he has recognised in the candidate the required qualities to be admitted to this degree. The Warden should reply that he possesses them and the Most Respectable says that he shall be introduced. He [4] is allowed to enter and placed between the two Wardens with his face turned to the Most Respectable, who orders according to the usual manners to have him make the five grand perambulations. After this, the Respectable has the Tracing Board of the lodge uncovered and gives the explanation. When this is done, he [5] lets him [6] advance by five exact steps to the base of the throne, where he [7] takes his oath in the ordinary form regarding what is being revealed to him. After this the Most Respectable gives him the signs, which are: the first that of **surprise**, holding the right hand before him, the one of **admiration**, made by lifting the eyes slightly on high, crossing the hands, the fingers high and then letting them fall on the waistcoat. The third is that of **sadness** holding the right hand on the right hip, slightly bent and making a slight movement as if one would finger.

---

[1] The Most Respectable.
[2] The Senior Warden.
[3] It refers to the door
[4] The candidate.
[5] The Most Respectable.
[6] The candidate.
[7] The candidate.

76. L'attouchement se fait en passant la main dans la manche de la veste, de sorte qu'on ne touche la chemise, et on se presse fortement l'os du coude.

Les mots sont Jiachim et Jehova.

La loge doit être éclairée de 27 lumières disposées par 5, 7 et 15.

Le mot de passe est Zabulon.

## Catéchisme

D. Etes vous anglais ?
R. J'ai pénétré dans l'intérieur du Temple.
D. Comment y êtes vous entré ?
R. Déchaussé.
D. Pourquoi ?
R. Parceque Moyse l'étoit lorsqu'il entra dans la terre S.te.
D. Comment avez vous été introduit ?
R. Par 5 coups de maillet.
D. Dequelle manière êtes vous entré ?
R. D'une manière peu ordinaire.
D. Qu'avez vous vû en entrant ?
R. Rien.
D. Qu'avez vous entendu ?
R. 5 coups.
D. Que vous ont-ils annoncé ?
R. Les 5 points de félicité.
D. Que vous ont-ils produit ?
R. Les deux jours S.ts.
D. Que vous ont-ils fait ?
R. Ils m'ont doucement découvert les yeux.
D. Que vous ont-ils fait de plus ?
R. Ils m'ont fait voyager 5 fois autour du temple de Salomon

L'attouchement se fait en passant la main dans la manche de la veste, de sorte que l'on en touche la chemise, et on presse fortement l'os du coude.

Les mots sont **Jiachim** et **Jehova**.

La loge doit être éclairée de vingt-sept lumières disposées par cinq, sept et quinze.

Le mot de passe est **Zébulon**.

## *Catéchisme*

---

D. Etes-vous Anglais ?
R. J'ai pénétré dans l'intérieur du Temple.
D. Comment y êtes-vous entré ?
R. Déchaussé.
D. Pourquoi ?
R. Parce que Moïse l'était lorsqu'il entra dans la terre sainte.
D. Comment avez-vous été introduit ?
R. Par cinq coups de maillet.
D. De quelle manière êtes-vous entré ?
R. D'une manière peu ordinaire.
D. Qu'avez-vous vu en entrant ?
R. Rien.
D. Qu'avez-vous entendu ?
R. Cinq coups.
D. Que vous ont-ils annoncé ?
R. Les cinq points de félicité.
D. Que vous ont-ils [1] produit ?
R. Les deux Surveillants.
D. Que vous ont-ils fait ?
R. Ils m'ont soutenu et découvert les yeux.
D. Que vous ont-ils fait de plus ?
R. Ils m'ont fait voyager cinq fois autour du Temple de Salomon.

The grip is made by passing the hand in the sleeve of the waistcoat, so that one touches his shirt and then pressing the bone of the elbow.

The words are **Jiachin** and **Jehova**.

The lodge should be illuminated by twenty seven lights, divided in five, seven and fifteen.

The password is **Zebulon**.

## *Lecture*

---

Q. Are you English ?
A. I penetrated into the interior of the Temple.
Q. How did you enter ?
A. Without shoes.
Q. Why ?
A. Because Moses had none when he entered the holy land.
Q. How were you introduced ?
A. By five knocks of the mallet.
Q. How did you enter ?
A. In a manner which was not ordinary.
Q. What did you see on entering ?
A. Nothing.
Q. What did you hear ?
A. Five knocks.
Q. What was announced to you ?
A. The five points of happiness.
Q. Who produced them [1] for you ?
A. The two Wardens.
Q. What did they do ?
A. They supported me and uncovered my eyes.
Q. What more did they do ?
A. They made me travel, five times around the Temple of Solomon.

---

[1] This refers to five knocks given at the door of the lodge.

---

[1] Il s'agit des cinq coups frappés à la porte de la loge.

77.

D. Pourquoi ?
R. Pour en admirer la structure.
D. qu'ont produit ces voyages dans votre esprit ?
R. beaucoup de surprise, d'admiration et de douleur.
D. En quoi ?
R. En ce qu'ils m'ont rappelé le souvenir de Notre T. V. S. Hiram, si inhumainement massacré.
D. Etes-vous succombé à la douleur ?
R. J'y serais succombé sans le secours de ceux qui m'ont soutenu, et que j'ai reconnu pour mes ff.
D. à quoi les avez-vous reconnu ?
R. au gd. Nom incommunicable qu'ils ont invoqué après avoir prononcé Jiachim.
D. avez-vous promis de garder le secret de ces choses ?
R. oui.
D. que vous êtes-vous imposé en cas de parjure ?
R. d'avoir le ventre coupé et les entrailles arrachées.
D. Comment avez-vous marché ?
R. Par 5 pas d'exactitude.
D. Comment cela ?
R. Par 5 pas graves, en m'approchant du trou du très R.ble
D. avez-vous vu notre Mre ?
R. oui je l'ai vu
D. Comment était-il habillé ?
R. D'or et d'azur.
D. Pourquoi de cette façon ?
R. Parceque l'Eternel était suivan usage d'or et d'azur, — lorsqu'il donna les tables de la loi à Moyse sur le mont Sinaï
D. qu'avez vous vu dans le temple après y avoir été introduit ?
R. une Mer, une Etoile, des vases, des autels, un gd. Chandelier, et

| | |
|---|---|
| D. Pourquoi ? | Q. Why ? |
| R. Pour en admirer la structure. | A. To admire the structure. |
| D. Qu'ont produit ces voyages dans votre esprit ? | Q. What did these perambulations produce in your spirit ? |
| R. Beaucoup de surprise, d'admiration et de douleur. | A. Much surprise, admiration and the sadness. |
| D. En quoi ? | Q. In what respect ? |
| R. En ce qu'ils m'ont rappelé le souvenir de notre Très Vénérable Père Hiram, si inhumainement massacré. | A. By recalling in me the memory of our Most Worshipful Father Hiram, who was massacred so inhumanely. |
| D. Avez-vous [1] succombé à la douleur ? | Q. Did you succumb to the sadness ? |
| R. J'y aurais [2] succombé sans le secours de ceux qui m'ont soutenu et que j'ai reconnu pour mes Frères. | A. I would have succumbed without the assistance of those who supported me and I have recognised them as my brethren. |
| D. A quoi les avez-vous reconnus ? | Q. How did you recognise them ? |
| R. Au Grand Nom incommunicable, qu'ils ont invoqués après avoir prononcé Jiachim. | A. By the Great Name not communicable, which they invoked after pronouncing Jiachin. |
| D. Avez-vous promis de garder le secret de ces choses ? | Q. Did you promise to guard the secret of these things ? |
| R. Oui. | A. Yes. |
| D. Que vous êtes-vous imposé en cas de parjure ? | Q. What was imposed upon you in case of perjury ? |
| R. D'avoir le ventre coupé et les entrailles arrachées. | A. To have my stomach opened and the entrails torn out. |
| D. Comment avez-vous marché ? | Q. How did you travel ? |
| R. Par cinq pas d'exactitude. | A. With five steps of exactness. |
| D. Comment cela ? | Q. How so ? |
| R. Par cinq pas graves, en m'approchant du trône du Très Respectable. | A. By five grave steps, approaching the throne of the Most Respectable. |
| D. Avez-vous vu votre Maître ? | Q. Did you see your Master ? |
| R. Oui, je l'ai vu. | A. Yes, I have seen him. |
| D. Comment était-il habillé ? | Q. How was he dressed ? |
| R. D'or et d'azur. | A. With gold and azure. |
| D. Pourquoi de cette façon ? | Q. Why in this way ? |
| R. Parce que l'Eternel était sur un nuage d'or et d'azur lorsqu'Il donna les Tables de la Loi à Moïse sur le mont Sinaï. | A. Because the Eternal was on a cloud of gold and azure, when He gave the Tables of the Law to Moses on Mount Sinai. |
| D. Qu'avez-vous vu dans le Temple, après y avoir été introduit ? | Q. What did you see in the Temple after having been introduced ? |
| R. Une mer, une étoile, des vases, des outils, un grand chandelier et | A. A sea, a star, vases, tools, a large candlestick and |

---

[1] Nous avons rectifié la syntaxe fautive.
[2] Nouvelle rectification syntaxique.

78. ce que je ne puis exprimer.
D. que vous ont-ils signifié ?
R. la pureté et la conduite des sacrifices et des hommages.
D. vous reste-t-il des lumières ?
R. l'aurore est éclairée pour moi, l'étoile des mages m'a conduit.
D. où avez vous été conduit ?
R. je ne puis vous le dire.
D. quel age avez vous ?
R. 27 ans.
D. quel nombre avez vous remarqué ?
R. 5 particulier.
D. que signifient-ils ?
R. Différentes choses.
D. nommez les moi ?
R. les 5 points de félicité, les 5 ordres d'architecture, — employés au temple, le 5 sens de nature, le 5 lumières et les 5 Zones du monde habitées par les francs maçons.
D. que signifient les 7 branches du chandelier ?
R. les 7 dons de l'esprit divin, ainsi que les 7 planettes qui brillent dans le Ciel.
D. quels sont les 5 points de félicité ?
R. Marcher, intercéder, prier, aimer et secourir les ff. pour n'avoir avec eux qu'un même Esprit et un même Lame.

## Bijoux de M<sup>res</sup> anglais.

————————————————  derrière du bijou.
a ..... Maçon libre ..... a ..... Dieu tout puiss.<sup>t</sup>
B .... un seul Dieu .... B ..... Dieu.
C ..... à vous seul Eternel ... C ..... Dieu.

what I cannot express.
Q. What did they signify ?
A. The purity and the conduct of the sacrifices and honours.
Q. Do you still have darkness ?
A. The dawn is lighted for me, the star of the Magi conducted me.
Q. Where were you conducted ?
A. I cannot tell you.
Q. What is your age ?
A. Twenty seven years.
Q. Which number did you observe ?
A. Five particularly.
Q. What signify these ?
A. Different things.
Q. Tell me them ?
A. The five points of felicity, the five orders of architecture used in the Temple, the five senses of nature, the five lights and the five regions of the world, inhabited by the Freemasons.
Q. What do the seven branches of the candlestick mean ?
A. The seven gifts of Spirit [1], equal to the seven planets which shine in heaven.
Q. What are the five points of felicity ?
A. Walk, intercede, pray, love and assist the brethren to have with them but one spirit and one same heart.

## Jewel of the English Master

|   |                  | on the back |             |
|---|------------------|-------------|-------------|
| A | Free Masons      | a           | God Almighty |
| B | One single God   | b           | God         |
| C | To You only Eternal | c        | God         |

---

[1] It will prove to refer to the Holy Spirit.

Le M.˚ porte le tablier doublé de rouge, ayant au milieu une Étoile à 5 rayons de même couleur; les Officiers portent un g.ᵈ Cordon rouge de droite à gauche où pend le bijou ci-dessus, les simples M.ˢ portent les bijoux pendus à la boutonnière de leurs habits, attaché par un g.ᵈ nœud de ruban couleur de feu.

## Explication
## de la Loge de M.˚ anglaise

1.˚ représente l'Étoile des Mages.
2.˚ le Chandelier à 7 branches représente les 7 dons du S.ᵗ Esprit.
3.˚ un Autel en pointe, et un en quarré.
4.˚ 3 vases servant aux Purifications.
5.˚ la g.ᵈᵉ mer d'airain, dont le vase est porté par des têtes de bœuf.

Fin

Le Maître [Anglais] porte le tablier doublé de rouge, ayant au milieu une étoile à cinq rayons de même couleur; les Officiers portent un grand cordon rouge de droite à gauche où pend le bijou ci-dessus, les simples Maîtres portent les bijoux pendus à la boutonnière de leur habit, attachés par un grand nœud de ruban couleur de feu.

## *Explication de la Loge de Maître Anglais*

1° représente l'étoile des Mages.
2° le Chandelier à sept branches représente les sept dons du Saint Esprit.
3° un autel en pointe et un en carré.
4° trois vases servant aux purifications.
5° le grande mer d'airain dont le vase est porté par des têtes de bœufs.

Fin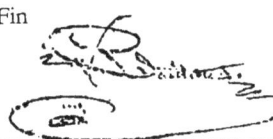

The [English] Master wears the apron lined with red, in the centre of it a star with five rays of the same colour. The officers wear a large red collar from the right side to the left, to which hangs the above-mentioned jewel; the ordinary Masters wear the jewels from the button of their dress, attached by a large knot of fiery coloured ribbon.

## *Explanation of the lodge of the English Master*

1° represents the star of the Magi
2° the candlestick with seven branches represents the seven gifts of the Holy Spirit.
3° a pointed altar and a square altar.
4° three vases to serve the purifications
5° the large brass sea of which the basin is supported by the heads of bulls.

End

80. **Loge de Maître anglais.**
ouverture de la Loge 11.1.11.1.11.1.
___

D. Vénérables ff∴ 1ᵉʳ et 2ᵈ Surv.ᵗˢ, aidés-moi à ouvrir la Loge anglaise, et dites-moi qui conduit ici vos pas ?

R. L'amour de la Maçonnerie, nos obligations, et le désir ardent de suivre le dégré de perfection d'un V.ᵇˡᵉ maçon.

D. Qu'apportés vous ici ?

R. Un faux zélé, ami et partisan de la vertu.

D. Quelles sont les qualités propres à nous la faire acquérir ?

R. Zèle, ferveur et constance.

D. Pourquoi ces trois qualités ?

R. Parceque les 2 premières, nous conduisent immédiatement à la 3ᵉ, qui bien soutenue, nous procure l'autre de la G∴ L∴

D. Quelles sont les dispositions d'un f∴ véritablem.ᵗ anglais ?

R. Éloigner sans cesse de son cœur l'iniquité, l'inimitié, la jalousie et la vengeance, être toujours prêt à faire le bien, n'employer jamais sa langue au mensonge, à la médisance ni à la calomnie.

D. Comment doit on être en celieu ?

R. Avec un profond respect.

D. Quel en est le sujet, puisque la pauvre, le riche, le prince, les sujets sont égaux, amis et ff∴ ?

R. C'est qu'il est ici chose plus grande que vous ; c'est u. dans le triangle répété sous le cercueil et au firmament.

D. Que veut dire ce mot de respect ?

R. C'est parceque le triangle contient le nom du G∴ A∴ D∴ L'U. connu et révéré dans le ciel et sur la terre et qu'en tout temps et en tout lieu, nous ne devons jamais le perdre de vue.

## Lodge of English Master
*Opening of the lodge* ●● ● ●● ● ●● ● [1]

Q. Worshipful Brethren Senior and Junior Warden, assist me to open the English lodge and tell me who conducts here your steps ?

A. Love for Freemasonry, my obligations and the ardent desire to follow the degree of perfection of a Worshipful Mason.

Q. What do you bring with you.

A. A zealous heart, friend and advocate of virtue.

Q. What are the proper qualities to be acquired by us ?

A. Zeal, fervour and constancy.

Q. Why these three qualities ? [2]

A. Because the first two bring us immediately to the third, which when maintained well, provides us with the entry into the Grand Lodge.

Q. What are the dispositions of a true English [3] heart ?

A. To eliminate continuously the iniquity from his heart, as well as the enmity, jealousy and revenge, to be always ready to do well, never to employ his tongue for deceit, slander or calumny.

Q. How do you have to behave in that place ?

A. With a deep respect.

Q. What is the subject, since the poor, the rich, the prince, the subjects are equal, friends and brethren ?

A. That is because there is something greater than you, Most Worshipful, in the triangle repeated under the coffin and in the firmament.

Q. What does this word of respect mean ?

A. That is because the triangle contains the name of the Great Architect of the Universe, known and revered in heaven and on earth and at all times and all places, we never should lose sight of it.

---

[1] This refers to the battery.

[2] On this and the next page Duncan is written as well as oysters 50. These notes were not reproduced, as of no use.

[3] As it refers to the degree and not to the nationality, this word begins with a capital.

D. Quel age avez vous?
R. 9 ans accomplis.
D. Pourquoi 9 ans accomplis?
R. Parceque je suis M.˙. depuis longtemps, les épreuves sont passées; c'est à moi maintenant de recueillir le fruit de mes pénibles travaux.
D. Quelle heure est-il?
R. Midi plein.
D. Que veut dire midi plein?
R. Que le soleil nous éclaire afin de travailler plus efficacement à l'ouvrage de notre perfection, qu'il est encore temps de profiter de sa générosité, et que nous ne devons rien faire que nous ne soyons en état de faire paraître au g.˙. jour.
D. Où trouvez vous des matériaux?
R. Dans les Trésors des Vertueux Maçons en compensant et réglant nos actions et nos cœurs par l'équerre, le compas de la sagesse.
D. Où trouverés vous cette sagesse?
R. Dans le sein de chaque f.˙. de cette R.˙. L.˙. dont vous êtes le Soutien. Le V.˙.bl.˙. répond

C'est sur les vôtres, mes très chers et V.˙.bles ff.˙. que je vais modeler la mienne, je vais m'efforcer de seconder vos désirs; et à cet effet, vous, 1.˙. et 2.˙. Surv.˙.ts, annoncés à la R.˙. loge que la L.˙. de M.˙. A.˙. est ouverte, et que chacun travaille avec zèle, ferveur et constance. 11.1. 11.1. 11.1.

Le 1.˙. Surv.˙. dit au 2.˙. de dire à la L.˙. que la loge de M.˙. A.˙. est ouverte. Le T.˙. R.˙. instruit la loge du sujet qui les rassemble, et après avoir pris de la L.˙. son approbation à la manière accoutumée, il ordonne au 2.˙. Surv.˙. d'aller

Q. What is your age?
A. Nine years completed.
Q. Why nine years completed?
A. Because I have been a Master for a long time, I have passed the tests. It is up to me now to collect the fruit of my hard work.
Q. What is the hour?
A. High noon.
Q. What is meant by high noon?
A. That the Sun illuminates us so that we work more efficiently at the labour of our perfection and that it is still time to profit from its generosity and that we may do nothing that we cannot afford to have appear in the full light of day.
Q. Where do you find the materials?
A. In the treasury of the virtuous Masons; by guiding and regulating our actions and our hearts by the Square and Compass of wisdom.
Q. Where do you find that wisdom?
A. In the heart of each brother of this Worshipful lodge, of which you are the support.

[The Most Respectable says:] *"It is on yours, my Very Dear and Worshipful brethren, that I want to model mine. I'm going to try to support your desires and for this purpose you, Senior and Junior Wardens, announce to the Worshipful Lodge that the Lodge of English Masters is open and that everybody will work with zeal, fervour and constancy."*

[Then he knocks] ●● ● ●● ● ●● ●

The Senior Warden says to the Junior Warden that the lodge of English Masters is open. The Most Respectable instructs the lodge about the subject for which it assembles and after having received from the lodge the approval in the customary manner, he orders the Junior Warden to go

82.ᵉ

chercher le Postulant; le 2.ᵈ surv.ᵗ va le chercher et rentre en loge avec le Postulant en frappant à la porte à l'usage de la L. de M.˙ax.

Le 1.ᵉʳ surv.ᵗ en avertit le T. R. qui lui ordonne de voir qui c'est, en frappant et se répondant de même, l'un en dedans, et l'autre en dehors; le 1.ᵉʳ surv.ᵗ fait ensuite le rapport du f.ᵉ qui a frappé.

Le T. R. ordonne de faire entrer le 2.ᵈ surv.ᵗ entre l'Epée à la main, avec le Postulant et le place ainsi que lui derrière le Parvis du sanctuaire qui est fermé, alors le T. R. adresse la parole au Postulant, il est en dedans du sanctuaire, et les rideaux étant bien fermés pour que le Postulant ne puisse le voir, il lui dit, que venez vous faire ici? — êtes vous M.˙?

Le Postulant répond, nous connaissons l'accassia, nous avons pleuré la mort de M. M.˙, et nous demandons la récompense de nos travaux, de notre constance et de notre zèle.

Voulez vous passer plus loin? répondez oui.

Sortez mes U. f. de cette loge; je vous ferai avertir quand il sera temps que vous puissiez rentrer.

Le Postulant sort, après quoi, le T. R. redemande l'aveu de la L.; ensuite on le fait rentrer toujours derrière le Parvis du sanctuaire, et le T. R. lui fait le Discours suivant.

Votre Conscience ne vous reproche t'elle pas rien? n'êtes vous pas coupable de trahison envers quelqu'un de vos ff., envers votre Religion ou votre Patrie? n'avez-

chercher le postulant : le Second Surveillant va le chercher et rentre en loge avec le postulant, en frappant à la porte [selon] l'usage [1] de la Loge de Maîtres Anglais.

Le Premier Surveillant en avertit le Très Respectable, qui lui ordonne de voir qui c'est, en frappant et en répondant de même, l'un dedans et l'autre dehors; le Premier Surveillant fait ensuite le rapport du Frère qui a frappé.

Le Très Respectable ordonne de faire entrer le Second Surveillant, [qui] entre l'épée à la main, avec le postulant, et le place ainsi que lui derrière le parvis du Sanctuaire, qui est fermé [2]. Alors le Très Respectable adresse la parole au postulant, il [3] est en dedans du sanctuaire et, les rideaux étant bien fermés pour que le postulant ne puisse le voir, il lui dit : « *Que venez-vous faire ici ? Etes-vous Maître ?* ».

Le postulant répond : « *Nous connaissons l'acacia, nous avons pleuré à la mort de Notre Maître, et nous demandons la récompense de nos travaux, de notre constance et de notre zèle* » [4]

[**Le Très Respectable**] « *Voulez-vous passer plus loin ? Répondez oui !* »

[**Le postulant ayant répondu, le Très Respectable reprend**] : « *Sortez, mes Frères* [5], *de cette loge; je vous ferai avertir quand il sera temps que vous puissiez rentrer* »

Le postulant sort. Après quoi le Très Respectable redemande l'aveu [6] de la Loge; ensuite on le [7] fait rentrer, toujours derrière le parvis du Sanctuaire, et le Très Respectable lui fait le discours suivant :

« *Votre conscience ne vous reproche-t-elle rien ? N'êtes-vous pas coupable de trahison envers quelqu'un de vos Frères, votre Religion ou votre Patrie ? N'avez-*

and look for the postulant: the Junior Warden goes to get him and returns into the lodge with the postulant by knocking in the usual manner [1] at the door of the lodge of English Masters.

The Senior Warden reports to the Most Respectable, who orders him to see who it is by knocking from the inside and the other from the outside. The Senior Warden then reports concerning the brother who has knocked.

The Most Respectable orders to have the Junior Warden enter. He enters with his sword in his hand, with the postulant and places him as well we himself behind the forecourt of the Sanctuary, which is closed [2]. The Most Respectable addresses the postulant, he [3] being in the sanctuary with the curtain well drawn so that the postulant cannot see him. He says to him: "*What do you come to do here ? Are you a Master?*"

The postulant replies: "*We* [4] *know the acacia, we have wept at the death of Our Master, and we desire the recompense for our work, our constancy and our zeal.*"

[**He is then asked :**] "*Do you want to proceed ? Answer me !*"

[**The postulant answers and the Most Respectable says :**] " *Go my brethren* [5], *from this lodge. I will inform you, when time has come for you to return.*"

The postulant leaves. After this the Most Respectable requests anew the consent of the lodge. Then he [6] is allowed to return, always behind the forecourt of the Sanctuary, and the Most Respectable gives the following address :

" *Does your consciousness reproach you of nothing ? Are you not guilty of treason to anybody of your brethren, your religion or your country ? Have you never let anything escape about*

---

[1] Toute cette partie de la cérémonie est décrit ensuite...

[2] Les décorations du temple ne sont pas décrites. On peut cependant déduire ici que le temple était partagé en deux parties par une tenture, que le Second Surveillant et le postulant ne franchissent pas à leur entrée.

[3] Le Très Respectable...

[4] L'emploi du « *nous de majesté* » est inhabituel en Maçonnerie et il est probable que l'on recevait plusieurs postulants dont l'un seulement répondait au Très Respectable.

[5] Ce pluriel conforte notre hypothèse précédente.

[6] Au sens d'accorD.

[7] Le ou les postulants...

---

[1] All of this ceremony is described later on.

[2] The decorations of the temple are not described. It can however be taken that the temple was divided into two parts by a hanging, which the Junior Warden and the candidate do not pass on entering.

[3] The Most Respectable.

[4] The use of the plural is unusual in Freemasonry; may-be more than one candidate were received at the same time of whom only one replied to the Most Respectable.

[5] This plural confirms the previous hypothesis.

[6] One or more candidates.

vous jamais rien laissé échapper de nos mistères sacrés, aux Profanes? répondez.

Qu'auriés vous fait si vous eussiés vécu dutemps que ces malheureux assassinèrent N. R. M.; auriez-vous vengé sa mort? répondés.

N'avez vous rien trouvé dans vos obligations, qui soit contraire à la Religion, à l'État, aux mœurs, à vous-même, et qui vous fassent répugner à les suivre? répondez.

Sachés pour ne l'oublier jamais, que si la tiédeur, et le degout de nos sacrés mistères, s'emparaient de votre Cœur, vous seriés d'autant plus coupable, que vous vous trouveriés dans un dégré plus eminent dela lumière; votre Crime serait dans un plus gd. jour etant M. a.; vous allez voir que c'est le but dela maçonnerie, à laquelle Vous serez encore plus particulièrement attaché par des obligations indispensables et qui vous sont encore inconnues. Vous connaitrez nos mistères dans toute leur etendue; par représailles, vos ff. vont vous devenir plus chers que jamais; leurs besoins vont devenir les vôtres; car n'en doutez pas, le fort doit travailler pour le faible; plus de Respect humain, plus d'acception particulière de personne, plus de distinction que celle que produit la vertu, il ne sera plus en notre pouvoir de renoncer aux actes particuliers des vertus maçonniques ni à nos ftes libations.

Sortez encore, et vous recueillés surtout ce que je viens de vous dire; si, après vos réflexions, vous êtes déterminé à passer outre, vous vous annoncerés.

Il sort avec les 1rs. Surv.t, qui le ramène la

vous jamais rien laissé échappé de nos mystères sacrés aux profanes ? Répondez ! » [1]

« Qu'auriez-vous fait, si vous aviez vécu du temps que ces malheureux assassinèrent notre Respectable Maître ? Auriez-vous vengé sa mort ? Répondez ! »

« N'avez-vous rien trouvé dans vos Obligations qui soit contraire à la Religion, à l'Etat, aux mœurs, à vous-même et qui vous fasse répugner à les suivre ? Répondez ! »

« Sachez, pour ne l'oublier jamais, que si la tiédeur ou le dégoût de nos sacrés mystères s'emparaient de votre cœur, vous seriez d'autant plus coupable que vous vous trouvez dans un degré plus éminent de la lumière. Votre crime serait dans un plus grand jour, étant Maître Anglais. Vous allez voir que c'est le but de la Maçonnerie, à laquelle vous serez encore plus particulièrement attaché par des obligations indispensables et qui vous sont encore inconnues. Vous connaîtrez nos mystères dans toute leur étendue : par représailles [2], vos Frères vont vous devenir plus chers que jamais; leurs besoins vont devenir les vôtres, car, n'en doutez pas, le fort doit travailler pour le faible. Plus de respect humain, plus d'acception particulière de personne, plus de distinction que celle que produit la vertu. Il ne sera plus en notre pouvoir de renoncer aux actes particuliers des vertus maçonniques ni à nos saintes libations.

Sortez encore et vous recueillez sur tout ce que je viens de dire; si, après vos réflexions, vous êtes déterminé à passer outre, vous vous annoncerez »

Il [3] sort avec le Premier Surveillant, qui le ramène le

---

[1] Bien que cela ne soit pas précisé, il est évident que le postulant répond de manière satisfaisante aux différentes interrogations.

[2] Au sens que « *par conséquence* »....

[3] Le postulant...

our sacred mysteries to profanes ? Answer !" [1]

"What would you have done, if you had lived in the time that the unfortunate assassinated our Respectable Master ? Would you have revenged his death ? Answer !"

"Did you find nothing in your oaths that would be contrary to Religion, the State, to morals, to yourself and those who would make you turn away from following them ? Answer !"

"Know ye then never to forget that if the tepidity or disgust for our mysteries would take possession of your heart, you would be less guilty than you would be in a degree more eminent with light. Your crime would be more spot-lighted if you were an English Master. You will see that it is the target of Freemasonry, to which you will be the more particularly attached by the indispensable oaths, being still unknown to you. You will know our mysteries in all their extension : in view of the reprisals [2], your brethren will become more dear to you than ever, their needs will become yours, for do not doubt, the strong have to work for the weak. More human respect, more particular acceptance of the person, more distinction than what virtue produces. It will be no longer in our power to abstain from the particular deeds of Masonic virtues, nor from our holy libations."

"Leave now and reflect on all I have just said. If you are determined after your reflections to proceed, then you may announce yourself."

He [3] leaves with the Senior Warden, who brings him

---

[1] Though this is not specified, it is clear that the candidate replies satisfactorily to the different questions.

[2] In the meaning of consequently.

[3] The candidate.

84. moment d'après, en frappant suivant l'usage de la loge de M. an.

Ensuite le T. R. dit,.. mes ff., êtes-vous toujours dans la même bienveillance pour le f. nouveau reçu ; et vous, mon f., persistez-vous toujours à contracter de nouveaux engagemens ?

Le Postulant répond oui, après quoi le T. R. ordonne qu'on ouvre le Parvis du temple et qu'on le fasse entrer dans le Sanctuaire. Le Parvis étant ouvert par le 2d Surv.t, le T. R. lui dit, . lavez vos mains mon f.e pour nous montrer que vous n'avez jamais violé vos engagemens.

Pendant qu'il se lave les mains, le T. R. lui dit, — souvenez vous que vous suivez en cela l'usage de nos Sœurs, lorsqu'ils juraient qu'ils étaient innocens des Crimes dont on les accusait.

Présentement, mon f.e, réunissez votre esprit et votre Cœur, pour prendre un plus redoutable engagement, — que ceux que vous avez contracté jusqu'à présent, et — surtout, soyez circonspect, lorsque vous donnerez les mains et la voix pour recevoir les aveugles Profanes — dans notre ordre.

faites donc avancer le f.e par le midi, au pied du trône à fin de prêter son obligation solemnelle.

Le Postulant s'avance au pied du trône par le midi, met les deux Genoux sur un coussin, la main droite sur le S.t évangile, et dit mot à mot son obligation, ou bien dit oui sur ce qu'on lui demande.

## Obligation

Ne promettez vous pas à la face du g. a. d. l'u. et sur le trésor sacré des Chrétiens de lui être fidèle, ainsi

shortly after, knocking customarily as an English Master.

Then the Most Respectable says: "*My brethren, do you still feel the kindness for the newly received brother? And you, my brother, do you still persist to take on new oaths?*"

The postulant replies yes. Then the Most Respectable orders the forecourt of the Temple to be opened to allow the brother to enter the sanctuary. The forecourt being opened by the Junior Warden, the Most Respectable says to him [1]: "*Wash your hands, my brother, to show us that you have never violated your engagements.*"

While washing his hands, the Most Respectable says: "*Remember that you thus follow the use of our fathers, when they swore that they were innocent of the crimes of which they were accused.*

*Now, my brother, unite your spirit and your heart to take on a more serious relationship than those you have contracted until now and above all be circumspect, when you give your hands and voice to receive the blind profanes in our Order.*

*Let the brother now advance by the South* [2] *to the base of the throne so that he can take his solemn oath.*"

The postulant advances to the base of the throne by the South, places both knees on the cushion, the right hand on the Bible, or to say yes to what is asked him [3].

## Oath

---

"*Do you promise before the Great Architect of the Universe and on the sacred treasure of the Christians* [4], *to be true to Him* [5]

---

[1] This refers to the candidate.

[2] This means *sinistrorsum*.

[3] This second way of working, of which no other example is known, is used here. To each question the candidate answers yes.

[4] It refers to the Bible

[5] The context shows that the Great Architect is meant.

qu'à la Religion dans laquelle vous voulez vivre et mourir ? R. oui.

Ne promettez vous pas d'être constamment attaché à votre Patrie, contre laquelle vous ne porterés jamais les armes ; — que vous ne tremperés dans aucune conspiration, et que vous en avertirés l'État, si elle venait à votre connaissance, même au péril de votre vie ? R. oui.

Ne promettez vous pas de ne jamais révéler, écrire, tracer, peindre ni buriner aucun de nos mistères qui vous ont été confiés, ce que vous en aurés, sçu ou saurez directement ni indirectement, ni de le faire sur le sable, cuivre, bois, métal, et généralement sur chose quelconque qui puisse paraître aux yeux des hommes ? R. oui.

Ne promettez vous pas de ne jamais parler en L.˙. de Religion, de Matières de l'État, de Politique, et en un mot de tout ce qui peut produire des discutions ; et de ne jamais rendre compte des délibérations prises en loge, même à d'autres maçons, de ne jamais dire du mal de vos ff.˙. et de les secourir de vos bras et de votre bourse, ainsi que de vos conseils, lorsque vous le pourrez sans vous léser ni votre famille ? R. oui.

Ne promettez vous pas d'aller visiter et consoler votre f.˙. malade au lit de la mort ; de visiter pareillement ceux qui serait chargés des chaines, habitans les horreurs des Prisons, et de les consoler ? R. oui.

Ne promettez vous pas d'assister dans tous les temps, au moins une fois l'an, en loge, à moins que vous ne puissiés le faire davantage ; d'y appeler le pauvre comme le riche dès qu'il sera vertueux ; de ne point rougir de reconnaitre pour votre f.˙. un maçon dans la dernière indigence, s'il vous

qu'à la religion dans laquelle vous voulez vivre et mourir[1] ? »
R. Oui.

« Ne promettez-vous pas d'être constamment attaché à votre Patrie, contre laquelle vous ne porterez jamais les armes, que vous ne tremperez dans aucune conspiration et que vous en avertirez l'Etat, si elle venait à votre connaissance, même au péril de votre vie ? »
R. Oui.

« Ne promettez-vous pas de ne jamais révéler, écrire, tracer, peindre ni buriner aucun de nos mystères, qui vous ont été confiés, ce que vous en aurez su ou saurez, directement ou indirectement, ni de le faire sur le sable, cuivre, bois, métal et, généralement, sur chose quelconque qui puisse paraître aux yeux des hommes ? »
R. Oui.

« Ne promettez-vous pas de ne jamais parler en la Loge de Religion de matières d'Etat, de politique et, en un mot, de tout ce qui peut produire des dissensions; et de ne jamais rendre compte des décisions prises en Loge, même à d'autres Maçons, de ne jamais dire de mal de vos Frères et de les secourir de vos bras et de votre bourse, ainsi que de vos conseils, lorsque vous le pourrez, sans vous léser ni votre famille ? »
R. Oui.

« Ne promettez-vous pas d'aller visiter et consoler votre Frère malade, au lit de la mort; de visiter pareillement ceux qui seraient chargés de chaînes, habitant les horreurs des prisons, et de les consoler ? »
R. Oui.

« Ne promettez-vous pas d'assister dans tous les temps, au moins une fois l'an, en loge, à moins que vous ne puissiez faire davantage, d'y appeler le pauvre comme le riche dès qu'il sera vertueux, de ne point rougir de reconnaître pour votre Frère un Maçon dans la dernière indigence, s'il vous

as to the religion in which you want to live and die ?"[1]
A. Yes.

"Do you promise to be constantly attached to your country, against which you will never raise arms, that you will not engage in any conspiracy and that you will inform the State about it, if it would come to your knowledge, even with the danger of your life ?"
A. Yes.

"Do you promise never to reveal, write, draw, paint or engrave any of our secrets, which have been confided to you and of which you bear knowledge now or will bear knowledge in the future, neither directly nor indirectly, nor to entrust them to sand, copper, wood, metal and generally to any material, which may appear to the eyes of man ?"
A. Yes.

"Do you promise never to speak in lodge about religion and state affairs, politics and in one word about all which may produce dissension and never to inform about the decisions taken in lodge, even to other Masons, and never to speak ill of your brethren and to assist them with your arm and your purse, equally with your advice, when you will be in a position thereto, without harming yourself nor your family ?"
A. Yes.

"Do you promise to visit and console your sick brother, on his deathbed, to visit equally those who are charged and in chains, inhabiting the horrors of prisons and to console them ?"
A. Yes.

"Do you promise to assist at all times, at least once a year, in lodge, unless you cannot do more, to call on the poor as on the rich, as soon as he is virtuous, never to blush to recognise as your brother a Mason in his ultimate poverty, if you

---

[1] On notera cette formule souvent employée par les Calvinistes français.

[1] This formula was often used by the Calvinists in France.

86 - donne des marques suffisantes, et de ne point partie de nos mistères qu'en loge; et de ne point admettre des visiteurs sans des légitimes preuves et Certificats ? R. oui.

Ne promettez-vous pas de ne jamais habiter avec la femme de votre f⁂ reconnu M⁂ au⁂, ni de déshonorer sa fame ? R. oui.

Ne Jurez vous pas encore, par le fer, et par toute autre arme offensive, de venger le g. a., et la maçonnerie dans la personne des traîtres ? R. oui.

Ne promettez vous pas de ne vous dessaisir jamais de la marque que je vais vous donner, de l'alliance que vous contractez avec la vertu et les vertueux, comme aussi, de ne jamais conférer le grade sans la permission de celui de qui vous le recevez aujourd'hui ? R. Oui.

## Cérémonial.

La vertu du pouvoir dont je suis revêtu, et que je n'ai acquis que par mon travail assidu, mon exactitude et ma Constance, et de votre serment, je vous sacre, mon f⁂ de l'huile S⁂ dont furent oints jadis le g⁂ Prêtre aaron, le Roi David et le Sage Salomon ; qu'il vous serve de marque du sceau redoutable du g. a. de l'u., afin que vous viviez tout le temps de votre vie, en sa présence, qu'il soit toujours présent à votre mémoire, votre esprit et votre cœur, afin qu'il puisse y pénétrer comme l'huile pénètre le fer, et que le zèle, la ferveur et la constance, soient les mobiles de toutes vos actions.

Il lui met l'huile S⁂ aux tempes, front et mamelles,

3

donne des marques suffisantes; et de ne point parler de nos mystères qu'en loge; et de ne point admettre des visiteurs sans de légitimes preuves et certificats ? »
R. Oui.

« Ne promettez-vous pas de ne jamais habiter de votre Frère reconnu Maçon Anglais, ni de déshonorer sa sœur ? »
R. Oui.

« Ne jurez-vous pas encore, par le fer et par toute autre arme offensive, de venger le Grand Architecte et la Maçonnerie dans la personne des traîtres ? »
R. Oui.

« Ne promettez-vous pas de ne vous dessaisir jamais de la marque que je vais vous donner de l'alliance que vous contractez avec la vertu et les vertueux, comme aussi de ne jamais conférer le grade sans la permission de celui que vous recevez aujourd'hui ? »
R. Oui.

## Cérémonial

« En vertu des pouvoirs dont je suis revêtu et que je n'ai acquis que par mon travail assidu, mon exactitude et ma constance, et de votre serment, je vous sacre, mon Frère, de l'huile sainte dont furent oints jadis le Grand Prêtre Aaron, le roi David et le sage Salomon; qu'il vous serve de marque du sceau redoutable du Grand Architecte de l'Univers, afin que vous viviez, tout le temps de votre vie, en Sa présence, qu'Il soit toujours présent à votre mémoire, votre esprit et votre cœur, afin qu'Il puisse y pénétrer comme l'huile pénètre le feu et que le zèle, la ferveur et la constance soient les mobiles de toutes vos actions. »

Il [1] lui [2] met l'huile sainte aux tempes, front et mamelles.

---

[1] Le Très Respectable...
[2] Le postulant...

give sufficient marks. And never to speak about our mysteries except in lodge. And never to admit visitors without legitimate proofs and certificates ?"
A. Yes.

"Do you promise never to live on your brother English Master, nor to dishonour his sister ?"
A. Yes.

"Do you swear also to carry out revenge by iron and by any other offensive weapon the Great Architect and Freemasonry on the person of traitors ?"
A. Yes.

"Do you promise never to abolish the mark I am going to give you of the alliance, which you engage upon with the virtue and the virtuous, as also never to confer the degree without the permission of the one from whom you receive it today ?"
A. Yes.

## Ceremony

"By the authority with which I am invested and which I have only acquired by my assiduous work, my exactness and my constancy, and by your oath, I ordain you, my brother, with the sacred oil, with which formerly the Great Priest Aaron, king David and the wise Solomon were anointed. May it serve you as a mark of the tremendous seal of the Great Architect of the Universe, so that you may live, all during your life, in His presence, that He may always be present in your memory, your spirit and your heart, so that He may penetrate therein, as the oil penetrates the fire and that the zeal, the fervour and the constancy may be the urge for all your actions."

He [1] applies the sacred oil to the postulant's temples, his forehead and breast.

---

[1] The Most Respectable.

87.

Ensuite il lui dit :
Prenez cet anneau en signe de l'alliance que vous contractez avec la vertu et les vertueux, et promettez que vous le porterez toujours sur vous jusqu'à l'article de la mort, où vous pourrez le donner à une Épouse vertueuse, à votre fils ainé, ou à celui qui aura mérité le plus votre confiance.

Il lui met l'anneau au doigt.

Mangés du Pain, et buvez de ce breuvage en signe qu'il ne faut jamais se refuser le nécessaire, et que lorsque la g. a. d. l'u. aura béni vos travaux, vous partagerez votre pain et votre breuvage avec le f. vertueux.

Tous les ff. mangent un petit morceau de pain, et boivent tous dans le même vase avec le f. nouveau reçu.

Recevez aussi cette couronne de fleurs que je pose sur votre tête, comme la marque que vous donne cette R. L. de la plus parfaite estime, de l'amitié la plus pure, et comme la récompense de votre vertu, sagesse et humanité.

Placés vous, mon f., entre le 1.er et le 2.d surv.t pour entendre la lecture de notre historique maçonique à l'usage des g. L. au. ; f. orateur, faites en la lecture à la R. L. ; ensuite nous Commencerons la doctrine des gp. M. a. ; après quoi nous donnerons les signes, attouchemens et mots, à n. nouveau f. ; ensuite mes ff. si vous n'avez rien à proposer à cette loge, vous m'aiderez à fermer celle de M.r au.

Le f. nouveau reçu garde sa couronne sur la tête jusqu'au moment que la loge soit fermée ; tous les ff. s'assoient pendant la lecture de l'historique, et se relèvent pour la doctrine des gp. M. a.

Ensuite, il lui dit :

« *Prenez cet anneau en signe de l'alliance que vous contractez avec la vertu et les vertueux et promettez que vous le porterez toujours sur vous jusqu'à l'article de la mort, où vous pourrez le donner à une épouse vertueuse, à votre fils aîné ou à celui qui aura le plus mérité votre confiance* »

Il lui met l'anneau au doigt [puis déclare] :

« *Mangez du pain et buvez de ce breuvage en signe qu'il ne faut jamais se refuser le nécessaire et que, lorsque le Grand Architecte de l'Univers aura béni vos travaux, vous partagerez votre pain et votre breuvage avec les Frères vertueux* »

Tous les Frères mangent un petit morceau de pain et boivent tous dans le même vase avec le Frère nouveau reçu. [Puis, le Très Respectable dit :]

« *Recevez aussi cette couronne de fleurs que je pose sur votre tête, comme la marque que vous donne cette Respectable Loge de la plus parfaite estime, de l'amitié la plus pure, et comme la récompense de votre vertu, sagesse et humanité.*

*Placez-vous, mon Frère, entre le Premier et le Second Surveillant pour entendre la lecture de notre historique maçonnique à l'usage des Grandes Loges Anglaises. Frère Orateur, faites-en la lecture à la Respectable Loge. Après quoi, nous donnerons les signes, attouchements et mots à notre nouveau Frère. Ensuite, mes Frères, si vous n'avez rien à proposer à cette Loge, vous m'aiderez à fermer celle de Maître Anglais* »

Le Frère nouveau reçu garde sa couronne sur la tête jusqu'au moment que la loge soit fermée. Tous les Frères s'assoient pendant la lecture de l'historique et se relèvent pour la doctrine des Parfaits Maîtres Anglais.

He then says :

"*Take this ring as a token of the alliance you engage with virtue and the virtuous and promise that you will always wear it with you until the moment of death, when you will give it to a virtuous wife, to your eldest son, or to the one who will have best earned your confidence.*"

He puts the ring on the finger :

"*Eat bread and drink of this brew as a token that one never can refuse the mission and that, when the Great Architect of the Universe has blessed your work, you will share your bread with the virtuous brethren.*"

All brethren eat a piece of bread and all drink from the same bowl with the newly-received brother. [Then the Most Respectable says :]

"*Also receive this crown of flowers which I place on your head as a mark given by this respectable lodge for the most perfect esteem, the purest friendship, and as a recompense for your virtue, wisdom and humanity.*

*Take your place between the Senior and Junior Warden in order to hear the lecture of our Masonic history in use with the English Grand Lodges. Brother Orator, give the lecture to the Respectable lodge. After this we shall give the signs, grips and words to our new brother. Then, my brethren, if you have nothing to propose to this lodge, you will assist me to close the lodge of English Master.*"

The newly-received brother keeps his crown on his head until the moment that the lodge will be closed. All brethren sit down during the lecture of the history and rise for the doctrine of the Perfect English Masters.

88. Après l'historique le T. R. demande aux 1.er et 2.d Surv.ts

D. Etes-vous M.e anglais ?
R. oui je le suis, et m'en fais honneur.
D. Comment avez-vous obtenu cette faveur insigne ?
R. de la bonté du très R.ble et de tous les ff qui ont crû trouver en moi les qualités requises.
D. quelles sont ces qualités requises ?
R. Zèle, ferveur et constance.
D. es-ce un 1.er grade ?
R. non, c'est la récompense des travaux d'un bon maçon.
D. Comment êtes-vous entré en loge ?
R. avec la fermeté et le courage dans le cœur, et sur le front, caractère ordinaire des âmes innocentes et vertueuses.
D. que vites-vous en entrant dans la Loge ?
R. grande douleur.
D. dura-t-elle longtemps ?
R. non; j'avais la joie qui vient d'avoir retrouvé le corps du M.e
D. que vites vous de plus ?
R. 9 grandes lumières qui représentent les 9 jours que furent les Compagnons à la recherche des traîtres; et les M.es à la recherche du R. adoniram.
D. qu'avez-vous vu de plus ?
R. le Chandelier à 7 branches qui représente les 6 années consacrées à l'édification du temple, et la 7.e à la dédicace
D. quel age avez vous ?
R. 9 ans accomplis.
D. Combien employa-t-on de Compagnons à la recherche pour punir les traîtres qui avaient assassiné N. R. M. ?

Après l'historique [1], le Très Respectable demande aux Premier et Second Surveillants :
D. Etes-vous Maître Anglais ?
R. Oui, je le suis et m'en fais honneur.
D. Comment avez-vous obtenu cette faveur insigne ?
R. De la bonté du Très Respectable et de tous les Frères, qui ont cru trouver en moi les qualités requises.
D. Quelles sont ces qualités requises ?
R. Zèle, ferveur et constance.
D. Est-ce un véritable huitième grade ?
R. Non, c'est la récompense des travaux d'un bon Maçon.
D. Comment êtes-vous entré en loge ?
R. Avec la fermeté et le courage dans le cœur et sur le front, caractère ordinaires des âmes innocentes et vertueuses.
D. Que vîtes-vous en entrant en loge ?
R. Grande douleur.
D. Dura-t-elle longtemps ?
R. Non, par la joie qu'on eut d'avoir retrouvé le corps du Maître.
D. Que vîtes-vous de plus ?
R. Neuf grandes lumières qui représentent les neuf jours que furent les Compagnons à la recherche des traîtres et les Maîtres à la recherche du respectable Adonhiram [2].
D. Qu'avez-vous vu de plus ?
R. Le chandelier à sept branches qui représente les six années consacrées à l'édification du Temple et la septième à la dédicace.
D. Quel âge avez-vous ?
R. Neuf ans accomplis.
D. Combien employa-t-on de Compagnons à la recherche pour punir les traîtres qui avaient assassiné notre Respectable Maître ?

After the history [1], the Most Respectable asks the Senior and Junior Warden :
Q. Are you an English Master ?
A. Yes, I am and I feel honoured.
Q. How did you receive this remarkable favour ?
A. By the goodness of the Most Respectable and of all brethren, who thought to find in me the required qualities.
Q. Which are these required qualities ?
A. Zeal, fervour and constancy.
Q. Is it a true eighth degree ?
A. No, it is the recompense of the work of a good Mason.
Q. How did you enter the lodge ?
A. With the firmness and the courage in my heart and on my forehead, the ordinary character of innocent and virtuous souls.
Q. What did you see on entering the lodge ?
A. Great sadness.
Q. Did it last long ?
A. No, for the joy that the corpse of the Master was found again.
Q. What did you see further ?
A. Nine great lights which represent the nine days which the Fellow Crafts used, to search for the traitors, and the Masters for the search of the respectable Adonhiram [2].
Q. What else did you see ?
A. The candlestick with seven branches, which represents the six years dedicated to the building of the Temple and the seventh for the dedication.
Q. What is your age ?
A. Nine years completed.
Q. How many Fellow Crafts were employed for the search to punish the traitors, who had assassinated our Respectable Master ?

---

[1] Cet historique figure plus loin sous le nom d'histoire de la Maçonnerie.
[2] Nous pensons que l'apparition d'Adonhiram est la conséquence d'une sorte d'actualisation lors de la copie d'après 1785.

[1] This history is mentioned later on under the name of History of Freemasonry.
[2] We feel that the apparition of Adonhiram be the consequence of a kind of updating in copies after 1785.

89.

R. 60; 15 à l'orient, 15 à l'occident, 15 au midi, et autant pour la garde du temple, c'est à dire, 5 à chaque porte.

D. quels noms avaient les assassins ?

R. Giblain, Giblas, Giblot.

D. quelle peine leur fit-on subir ?

R. celle du Talion.

D. Comment nommés vous le lieu, où Salomon construisit le Temple ?

R. l'aire d'aunée, près la montagne de Moria.

D. Comment sçut-on que c'était des Compagnons qui avaient commis ce g.' Crime ?

R. Par l'appel général qu'on fit des ouvriers, et par l'absence de Giblin, Giblas, et Giblot.

D. où furent-ils après cette horrible action ?

R. au village prochain, par différentes routes.

D. quels honneurs rendit-on à N. R. M. lors de son enterrem.' ?

R. il fut inhumé dans le sanctuaire, avec autant de magnificence que si c'eût été Salomon même ; on mit sur son tombeau, une médaille d'or en forme de triangle, où le nom du g.' ar. était gravé, et on éleva un baldaquin au-dessus ; tous les M.'' assistèrent à ses obsèques en tabliers et gants blancs.

D. Pourquoi portaient-ils des tabliers et des gants blancs ?

R. Salomon voyant la consternation des M.'' et des Comp., causée par la crainte que le sang répandu ne retombât sur eux, et sur leurs descendans, jusqu'à la 7.' génération, il leur donna pour marque de leur innocence, et leur

R. Soixante : quinze à l'orient, quinze à l'occident, quinze au midi et autant pour la garde du Temple, c'est-à-dire cinq à chaque porte.
D. Quels noms avaient les assassins ?
R. **Giblain, Giblas** et **Giblot**.
D. Quelle peine leur dit-on subir ?
R. Celle du talion.
D. Comment nommez-vous le lieu où Salomon construisit le Temple ?
R. L'aire d'Arunée, près de la montagne Moria.
D. Comment sut-on que c'étaient des Compagnons qui avaient commis ce grand crime ?
R. Par l'appel général qu'on fit des ouvriers et par l'absence de **Giblin** [1], **Giblas** et **Giblot**.
D. Où furent-ils après cette horrible action ?
R. Au village prochain, par différentes routes.
D. Quels honneurs rendit-on à notre respectable Maître lors de son enterrement ?
R. Il fut inhumé dans le Sanctuaire, avec autant de magnificence que si c'eut été Salomon même; on mit sur son tombeau une médaille en or, en forme de triangle, où le nom du Grand Architecte était gravé, et on éleva un baldaquin dessus; tous les Maîtres assistèrent à ses obsèques en tabliers et gants blancs.
D. Pourquoi portaient-ils des tabliers et gants blancs ?
R. Salomon, voyant la consternation des Maîtres et des Compagnons, causée par la crainte que le sang répandu ne retombât sur eux et sur leurs descendants, jusqu'à la septième génération, il leur donna [2], pour marque de leur innocence en leur

---

[1] Il est difficile de savoir où est la faute du copiste : le premier meurtrier est-il *Giblain* ou *Giblin* ?
[2] Ces tabliers et ces gants blancs...

A. Sixty : fifteen in the East, fifteen in the West, fifteen in the South and the same for the guard of the Temple.
Q. Which were the names of the assassinators ?
A. **Giblain, Giblas, Giblot**.
Q. Which punishment had they to undergo ?
A. That of retaliation.
Q. What do you call the place, where Solomon constructed the Temple ?
A. The threshing floor of Arauna, near the mountain Moria.
Q. How was it known that they were Fellow Crafts who had committed that great crime ?
A. By the general appeal for all workers and by the absence of **Giblin** [1], **Giblas** and **Giblot**.
Q. Where were they after this horrible action ?
A. In a nearby village, by different paths.
Q. Which honours were given to our respectable Master for his burial ?
A. He was buried in the Sanctuary, with equal magnificence as if it were Solomon himself. On his tomb a gold jewel was placed, in the form of a triangle, upon which was engraved the name of the Great Architect, and over which was erected a canopy. All Masters assisted in this burial ceremony with white apron and gloves.
Q. Why did they wear white aprons and gloves ?
A. When Solomon saw the consternation of the Masters and the Fellow Crafts, caused by the fear that the blood spread would fall back on them and their descendants until the seventh generation, he gave them to them [2] as a mark of their innocence and

---

[1] It is hard to know where the copyist made a mistake: was the first murderer Giblain or Giblin?
[2] Those white aprons and gloves.

90.° enjoignant de ne point regarder ce jour et cette action comme criminelle, mais comme une œuvre de vertu, et un jour de triomphe et de gloire pour eux.

D. quelle place occupaient les M.˙˙ dans le temple lors des funérailles ?

R. les app. occupaient la nef du sept.ᵒⁿ, les Com.ᵒⁿ celle du midi, et les M.˙˙ occupaient la Gallerie du l.ieu qui formait le cercle du Sanctuaire.

D. que se passa-t-il à la suite des obseques ?

R. une représentation exacte de toutes les Phases du corps du R. M.

D. Comment distingua-t-on notre M.˙˙ du roy de Tyr ?

R. par le Surnom d'Adon qui Signifie inspiré.

D. que Signifie le cordon rouge que nous portons.

R. c'est en commémoration du Sang que notre M.˙˙ avait perdu pour la Maçonnerie, et il nous rappel que nous devons toujours être disposés à en faire autant.

D. où trouve-t-on les lettres du Roi de Tyr ?

R. dans le Paralipomène.

D. où fut trouvé le corps de N. d. M. ?

R. au midi près d'un hameau nommé Giblim, dans un monceau de terre graviés, élevé de 9 pieds cube.

D. quel est le nom de passe des app. et des Com.

R. Teluobeck parceque Salomon à la mort du M.˙˙ changea les Consignes, afin que les coupables absents fussent reconnus en cas qu'ils revinssent, il est ensuite guerre avec les Egyptiens, les conquit, les rendit tributaires, leur accorda la paix, et épousa la fille

enjoignant de ne point regarder ce jour et cette action comme criminelles, mais comme une œuvre de vertu et un jour de triomphe et de gloire pour eux.

D. Quelle place occupaient les Maîtres, dans le Temple, lors des funérailles ?

R. Les Apprentis occupaient la nef du septentrion, les Compagnons celle du midi, et les Maîtres occupaient la galerie du lieu qui formait le cercle du Sanctuaire.

D. Que se passa-t-il à la suite des obsèques ?

R. Une représentation exacte de toutes les choses du corps du Respectable Maître.

D. Comment distingue-t-on notre Maître du roi de Tyr ?

R. Par le surnom d'**Adon**, qui signifie inspiré.

D. Que signifie le cordon rouge que nous portons ?

R. C'est en commémoration du sang que notre Maître avait perdu pour la Maçonnerie, et il nous rappelle que nous devons toujours être disposés à en faire autant.

D. Où trouve-t-on les lettres du roi de Tyr ?

R. Dans le Paralépomène [1].

D. Où fut trouvé le corps de notre Respectable Maître ?

R. Au midi, près d'un hameau nommé **Giblim**, dans un monceau de terre [et de] graviers, élevé de neuf pieds cubes.

D. Quel est le nom de passe des Apprentis et [des] Compagnons ?

R. **Telnobeck**, parce que Salomon, à la mort du Maître, changea les consignes, afin que les coupables, absents, fussent reconnus au cas où ils reviendraient [2]. Il fut ensuite [en] guerre avec les Egyptiens, les conquit, les rendit tributaires, leur accorda la paix et épousa la fille

enjoined upon them not to regard this day and this action as criminal, but as a work of virtue and a day of triumph and glory for them.

Q. Which place was occupied by the Masters during the funeral ceremony in the Temple ?

A. The Apprentices occupied the nave of the North, the Fellow Crafts that of the South and the Masters occupied the gallery of the place which formed the circle around the Sanctuary.

Q. What happened after the obsequies ?

A. A true representation of all of the corpse of the Respectable Master.

Q. How is our Master distinguished from the king of Tyr ?

A. By the surname of **Adon**, which means "inspired".

Q. What is the meaning of the red collar, which we bear ?

A. This is in commemoration of the blood which our Master lost for Freemasonry, and it reminds us that we shall always be prepared to do the same.

Q. Where do we find the letters of the king of Tyr ?

A. In the Paralpomene [1].

Q. When was the corpse of our Respectable Master found ?

A. At noon, near the village called **Giblim**, in a heap of earth and gravel, of a height of nine feet cube.

Q. What is the password of the Apprentices and Fellow Crafts ?

A. **Telnobeck**, because Solomon changed at the death of the master the instructions in order that the guilty, who were absent, should be recognised in case they would return [2]. Then there was a war with the Egyptians, and he conquered them, made them tributary, granted them peace and married the daughter

---

[1] Il s'agit, en fait, des *paralipomènes*, livres historiques plus connus sous le nom de Chroniques, en hébreu דברי הימים [*dibré hayamim*] ou *Paroles du jour*.

[2] Le manuscrit porte « *au cas qu'ils reviennent* », qui est du bien mauvais français... mais qui est du néerlandais traduit.

[1] In fact it means paralipomenes, historical books, better known as Chronicals, in Hebrew דברי הימים or Words of the day.

[2] The MS shows "in case they return", very bad French. It is translated Dutch.

91.

de Pharaon. Par ce traité les Egyptiens devinrent amis et alliés des hébreux, plusieurs demeurèrent parmi eux; mais ils ne pouvaient être admis au travail du temple conformément à l'ordre que les hébreux en avaient reçu du très haut, les Egyptiens ne pouvant prononcer le mot comme les Juifs, il servit à les distinguer. On en fit pareillement usage en Guerre, et tous ceux qui voulaient passer les Gardes avancées, comme hébreux, étaient obligés de prononcer le mot, ceux qui ne le prononçaient pas, étaient passés au fil de l'épée et jetés dans le Jourdain.

D. Pourquoi bandons-nous les yeux à un aspirant, et lui mettons-nous la Corde au Col ?

R. Pour rappeler à l'homme qu'il naquit sans connaître le mot; 2°, lorsque nous recevons la vie, nous sommes privés de la vie; 3° Moïse ne vit pas l'Éternel dans le buisson ardent, il n'entendit que sa voix, et ne le posséda que lorsqu'il fut dans sa gloire; de même, nos mystères ne furent dévoilés qu'à la mort de N. C. M. La Corde est aussi symbolique, parceque les Pierres ne peuvent parvenir au haut de l'édifice sans son secours.

D. Pourquoi sommes-nous dénués de tous métaux ?

R. Lorsque Salomon fit construire son temple, les grands, le peuple, les femmes mêmes se dépouillèrent de tous leurs bijoux les plus précieux, et les donnèrent pour fondre et faire des vases d'or et d'argent; de même nous devons nous trouver heureux lorsque nous pouvons assister nos ff.

D. Pourquoi le Genouil nud-et le soulier en pantoufle, comme

of the Pharaoh. By this treaty the Egyptians became friends and allies of the Hebrews. Many lived among them. But they were not admitted to the work at the Temple, in conformity with the order the Hebrews received from the Almighty. The Egyptians could not pronounce the word as the Jews did, so it served to distinguish them. The same use was made during war and all who wanted to pass the guards had to pronounce the word; those who could not pronounce the word were put to the sword and thrown in the Jordan.

Q. Why do we bind the eyes of a candidate and do we put a string around his neck ?

A. To remind the man that he was born without knowing the word. Secondly, when we receive life, we are deprived of sight. Thirdly, Moses did not see the Eternal in the burning bush, he just heard His voice and did not see it [1] until He was in His glory. Equally our mysteries were only revealed at the death of our dear Master. The string is also symbolical, because the stones can only be raised to the top of the building by its assistance.

Q. Why are we deprived of all metals ?

A. When Solomon had the Temple built, the Grand people, the ordinary people, even the women disposed of all their most precious jewels and gave them to be molten and vases of gold and silver to be made. Equally we should feel lucky, when we can assist our brethren.

Q. Why the knee bare and the foot in a slipper [2], as

---

[1] So to say the word.
[2] This means undone laces.

9ᵉ. l'app⸫, et pourquoi fait-on laver les mains aux Mᵉˢ anglois ?

R. Lorsque nos frères prêtaient serment aux portes des villes, on leur découvrait le genou, un crieur faisait 3 tours devant le peuple et disait « de la part du gᵈ Dieu vivant, je vous annonce qu'un tel se dépouille de son intérêt pour être fidèle à sa promesse ; et lorsqu'il était accusé et qu'il prouvait son innocence, il se lavait les mains, et un crieur annonçait ce qui faisait l'essence du serment ; Le soulier en pantoufle est aussi une imitation de Moïse, lorsqu'il voulut s'approcher du buisson ardent, l'éternel lui dit, ôte tes sandales, le lieu où tu vas entrer, est un lieu St. et sacré.

D. Pourquoi découvre-t-on la mamelle aux app⸫ ?

R. Parceque nos faux doivent être découverts pour nos ff⸫

D. Que signifient les voyages qu'on leur fait faire à l'escalier du temple ?

R. Qu'on n'arrive pas à la vertu, du 1ᵉʳ jour.

D. Que signifient l'orient, l'occident, le midi et le septᵒⁿ ?

R. Le septᵒⁿ signifie le cahos du monde avant sa formation ou ne l'éclaire pas, parceque c'est le lieu où les scélérats formèrent leur exécrable complot ; le midi que le soleil nous éclaire et nous échauffe, pour profiter du temps ; l'occident, le temps du repos, et l'orient le fruit de nos travaux.

D. Que signifie la marche des app⸫ et des Comp⸫ ?

R. Combien on marche en aveugle avant que d'atteindre à la raison.

D. Que signifie celle des Mᵉˢ ?

R. Les routes pénibles et affreuses que firent les Mᵉˢ pour retrouver le corps du R⸫

l'Apprenti, et pourquoi fait-on laver les mains au Maître Anglais ?

R. Lorsque nos pères prêtaient serment aux portes des villes, on leur découvrait le genou, un crieur faisait trois tours devant le peuple et disait : « *De la part du Grand Dieu Vivant, je vous annonce qu'un tel se dépouille de son intérêt pour être fidèle à sa promesse !* ». Et, lorsqu'il était accusé et qu'il prouvait son innocence, il se lavait les mains et un crieur annonçait ce qui faisait l'essence des serments. Le soulier en pantoufle est aussi une imitation de Moïse; lorsqu'il voulut s'approcher du Buisson Ardent, l'Eternel lui dit : « *Ote tes sandales, le lieu où tu vas entrer est un lieu saint et sacré !* »

D. Pourquoi découvre-t-on la mamelle aux Apprentis ?

R. Parce que nos cœurs doivent être découverts pour nos Frères.

D. Que signifient les voyages qu'on leur fait faire à l'escalier du Temple ?

R. Qu'on n'arrive pas à la vertu du premier jour.

D. Que signifient l'orient, l'occident, le midi et le septentrion ?

R. Le **septentrion** signifie le chaos du monde avant sa formation, on ne l'éclaire pas parce que c'est le lieu où les scélérats formèrent leur exécrable complot; le **midi** [signifie] que le Soleil nous éclaire et nous échauffe pour profiter du temps; l'**occident** [signifie] le temps du repos et l'**orient** le fruit de nos travaux.

D. Que signifie la marche des Apprentis et des Compagnons ?

R. Combien on marche en aveugler avant que d'atteindre à la raison.

D. Que signifie celle des Maîtres ?

R. Les routes pénibles et affreuses que firent les Maîtres pour retrouver le corps du Respectable.

an Apprentice and why has the English Master to wash his hands ?

A. When our fathers took their oath at the porch of the town, their knee was made bare, a bell-ringer made three rounds for the people and said : On behalf of the Great Living God I announce to you that so and so abstains from his interest in order to become true to his promise. And when he was accused and proved his innocence, he washed his hands and a bell-ringer announced what the essence was of the oath. The foot in a slipper is also an imitation of Moses. When he wished to approach the burning bush, the Eternal said to him : "*Undo your sandals, the place where you are is a holy and sacred one.*"

Q. Why is the breast of an Apprentice uncovered ?

A. Because our hearts should be uncovered to our brethren.

Q. What do the perambulations mean, which are to be made to approach the steps of the Temple ?

A. That virtue is not reached on the first day.

Q. What do the East, the West, the South and the North mean ?

A. The **North** signifies the chaos of the world before its formation, it is not illuminated, because it is the place, where the villains foment their execrable conspiracy. The **South** [means] that the Sun lightens and warms us profiting of the season. The **West** [signifies] the time of rest and the **East** the fruit of our work.

Q. What does the step of the Apprentice and Fellow Crafts mean ?

A. How much we walk as a blind person, before we reach reason.

Q. What does that of the Masters mean ?

A. The difficult and terrible paths which the Masters took to find the corpse of the Respectable again.

D. Pourquoi la Maîtrise ne se donne-t-elle qu'à 20 ans ?
R. Parceque c'est l'âge où Salomon commença son édifice.
D. Que représentent les 3 bijoux immobiles ?
R. La Pierre brute, l'homme qui ne fait que de naître ; la Pierre Cubique, l'homme commençant à connaître son état ; la planche à tracer, les tables de la Loi données à Moyse, les statuts et la justice de notre ordre.
D. Que signifient les 3 Pilliers ?
R. La force, la sagesse du g. a. d. l. et la beauté de ses ouvrages.
D. Que signifient les 3 bijoux mobiles ?
R. L'équerre le g. a., le Niveau le fils, la Perpendiculaire le St. Esprit.
D. Que signifie l'équerre renversée ?
R. Que tout doit fléchir le genouil devant l'éternel, tout n'étant que cendre et poussière à ses yeux.
D. Que signifient les voyages des app. des Com. et des Mes. ?
R. Les ouvriers s'étant dispersés pour chercher le Mre et les auteurs de sa mort ; ils imprimèrent leurs pieds dans le sable ou la poussière pour marquer qu'ils avaient déjà passé par là ; ils en firent aussi usage en quittant Jérusalem, pour ne pas s'égarer en chemin.
D. Que signifie le mot de Passe des Mres ?
R. Le nom du hameau où fut trouvé le corps du R. o. a.
D. Que signifie le signe de Secours ?
R. Les Mres en firent usage lorsqu'ils cherchaient hiram, étant sur les montagnes, ils prouvaient à ceux qui étaient en bas qu'ils n'avaient encore rien trouvé.

| | |
|---|---|
| D. Pourquoi la Maîtrise ne se donne-t-elle qu'à vingt ans ? | Q. Why is the Master degree only given after twenty years ? |
| R. parce que c'est l'âge où Salomon commença son Edifice. | A. Because it is the age at which Solomon started with his edifice. |
| D. Que représentent les trois bijoux immobiles ? | Q. What do the three immobile jewels represent ? |
| R. La Pierre Brute [représente] l'homme qui ne fait que naître; la Pierre Cubique [représente] l'homme commençant à connaître son état; la Planche à Tracer [représente] les Tables de la Loi données à Moïse, les statuts et la justice de notre Ordre. | A. The Rough Ashlar, man, who is just born. The Perfect Ashlar, man, who starts to understand his situation. The tracing board the Tables of the Law given to Moses, the statutes and the justice of our Order. |
| D. Que signifient les trois piliers ? | Q. What do the three pillars mean ? |
| R. La force, la sagesse du Grand Architecte et la beauté de Ses ouvrages. | A. The Strength, the Wisdom of the Great Architect and the Beauty of His work. |
| D. Que signifient les trois bijoux mobiles ? | Q. What do the three mobile jewels mean ? |
| R. L'**Equerre** [représente] le Grand Architecte, le **Niveau** [représente] le Fils, la **Perpendiculaire** [représente] le Saint-Esprit. | A. The **Square** [represents] the Great Architect, the **Level** [represents] the Son, the **Plumb rule** [represents] the Holy Spirit. |
| D. Que signifie l'Equerre renversée ? | Q. What does the reversed Square mean ? |
| R. Que tout doit fléchir le genou devant l'Eternel, tout n'étant que cendres et poussière à Ses yeux. | A. That everybody has to bend his knee before the Eternal, all being but ashes and dust in His eyes. |
| D. Que signifient les voyages des Apprentis, des Compagnons et des Maîtres ? | Q. What do the perambulations of the Apprentices, the Fellow Crafts and Masters mean ? |
| R. Les ouvriers s'étant dispersés pour chercher le Maître et les auteurs de sa mort, ils imprimèrent leurs pieds dans le sable ou la poussière pour marquer qu'ils étaient déjà passés par là; ils en firent aussi usage en quittant Jérusalem, pour ne pas s'égarer en chemin. | A. As the workmen were dispersed searching for the Master and the perpetrators of his death, they pressed their feet in the sand or the dust to mark that they had already been there. They did so also on leaving Jerusalem, not to loose the way. |
| D. Que signifie le mot de passe des Maîtres ? | Q. What does the Master password mean ? |
| R. Le nom du hameau où fut trouvé le corps du Respectable. | A. The name of the village where the corpse of the Respectable was found. |
| D. Que signifie le signe de secours ? | Q. What does the sign of distress mean ? |
| R. Les Maîtres en firent usage lorsqu'ils cherchaient Hiram, étant sur les montagnes, ils prouvaient à ceux qui étaient en bas qu'ils n'avaient rien trouvé. | A. The Masters used it when they searched for Hiram; being in the mountains, they signed to those who were in the plain that they had found nothing. |

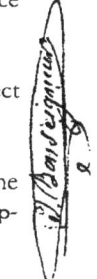

94

D. Quelles sont les obligations de M. m.?

R. De ne jamais visiter une loge clandestine; de ne point refuser de connaître un f⸱ indigent et vertueux qui donne des preuves suffisantes, visiter les malades et les prisonniers les consoler, ne point abuser de la femme de son f⸱ ne point deshonorer sa sœur, se trouver une fois chaque année en loge, si on ne le peut d'avantage, venger l'Éternel, sa Patrie, ses ff., punir les traîtres et ne jamais rompre l'engagement contracté avec les vertueux dont l'anneau est la marque.

D. Que signifient les Épreuves.

R. Que l'acquisition de la vertu est le fruit de beaucoup de peines que les M. s souffrirent quantité de fatigues avant de trouver ce qu'ils cherchaient; et nos Pères bien des poursuites avant d'entrer dans la terre promise.

D. Combien avons-nous de signes?

R. Cinq; savoir: 1° d'horreur, le pouce levé sur les blessures, la tête penchée sur l'épaule gauche; le bras perpendiculairement... 2° d'admiration, le pied gauche en avant, le talon levé, les bras ouverts; 3° de secours, les mains sur la tête. 4° de satisfaction, en laissant tomber les deux bras perpendiculairement sur les côtés et le 5.e en disant Cous.

D. Pourquoi les M. s voyagent ils de l'Oce: à l'O.

R. Pour marquer l'étendue sans bornes de g. a., et que de tout temps on a observé cet usage dans les Temples qui lui sont dédiés.

D. Quelles sont les Obligations de Maître Anglais ?

R. De ne jamais visiter une loge clandestine; de ne point refuser de reconnaître un Frère indigent et vertueux qui donne des preuves suffisantes; [de] visiter les malades et les prisonniers [pour] les consoler; [de] ne point abuser la femme de son Frère; [de] ne point déshonorer sa sœur; [de] se trouver chaque année en loge, si on le peut davantage; [de] venger l'Eternel, sa Patrie, ses Frères; [de] punir les traîtres et [de] ne jamais rompre l'engagement contacté avec les vertueux, dont l'anneau est la marque.

D. Que signifient les épreuves ?

R. Que l'acquisition de la vertu est le fruit de beaucoup de peines, que les Maîtres souffrirent quantité de fatigues avant de trouver ce qu'ils cherchaient, et nos pères bien des poursuites avant d'entrer dans la Terre Promise.

D. Combien avez-vous de signes ?

R. Cinq, savoir : [premièrement,] d'**horreur**, le pouce levé sur les blessures, la tête penchée sur l'épaule gauche, le bras perpendiculairement; deuxièmement, d'**admiration**, le pied gauche en avant, le talon levé, les bras ouverts; troisièmement, de **secours**, les mains sur la tête; quatrièmement, de **satisfaction**, en laissant tomber les deux bras perpendiculairement sur les côtés; et, cinquièmement, en disant Cons.[1].

D. Pourquoi les Maîtres voyagent-ils de l'occident à l'orient ?

R. Pour marquer l'étendue sans borne du Grand Architecte et que, de tout temps, on a observé cet usage dans les temples qui Lui sont dédiés.

Q. What are the obligations of the English Master ?

A. Never to visit a clandestine lodge, never to refuse to recognise a poor and virtuous brother, who gives sufficient proof. To visit the sick and the prisoners to console them. Not to abuse a brother's wife. Not to dishonour his sister. To be in lodge each year, and if possible more often. To revenge the Eternal, his Country, his brethren. To punish the traitors and never to break the promise given to the virtuous, of which the ring is the mark.

Q. What do the proofs mean ?

A. That the acquisition of virtue is the fruit of many sufferings, that the Masters suffered a great number of fatigues before they found what they searched for and our fathers had to make many pursuits before they could enter the Promised Land.

Q. How many signs do you have ?

A. Five, viz. that of **horror**, the thumb placed on the wounds, the head bent on the left shoulder, the arm perpendicular; the second of **admiration**, the left foot advanced with the leg lifted, the arms opened; third, that of **distress**, the hand on the head; fourth, that of **satisfaction**, having the two arms falling perpendicularly to the sides; fifth by saying Cons.[1].

Q. Why do the Masters travel from the West to the East ?

A. To mark the extent of the Great Architect without bounds and to remind us that this habit was at all times observed in the Temple, which was dedicated to Him.

---

[1] Ce mot est difficilement lisible... Il s'agit de « *Cons.* », forme anrégée de « *Consumatum est* ».

[1] This word is hard to read. It is Cons. and is an abbreviation of "Consumatum est".

95.e

D. Pourquoi fait-on le signe du neutre, le pouce levé sur la blessure, et la rejoint en se fuyant les entrailles, la tête détournée ?

R. En mémoire des blessures de N. C. M., pour marquer qu'on doit détourner la tête des passions honteuses.

D. Pourquoi l'ancien mot de M.˙ revient-il présument ?

R. Par la certitude que N. R. ne le savait point révélé, — puisque les 3 M.˙ qui accompagnèrent les 3 détachements de 15 Compagnons, le demandèrent aux Coupables pour sauver leur vie, et qu'ils ne purent le donner.

D. Pourquoi ne se donne-t-il qu'aux M.˙ de loge ?

R. Parcequ'il est le nom du g. a. et qu'on ne doit point le prodiguer indifféremment à tout le monde.

D. Pourquoi le triangle est-il l'ornement le plus précieux du M.˙

R. La justesse et son égalité représentent le mistère de la Trinité et de la maçonnerie.

D. Pourquoi l'équerre et le compas sont ils l'attribut du M.˙

R. Parceque ce doit être la règle immuable de nos actions, sans nous écarter jamais des sages limites.

D. Que veut dire la lettre G. ?

R. Goot qui signifie en anglais, Dieu

D. Pourquoi l'appelons-nous aussi Gabaon ?

R. C'est le nom du lieu où les israëlites déposèrent l'arche dans le tems de trouble et de persécution, et celui que Salomon donna à la mère d'Hy.. où elle pleura son fils le reste de sa vie.

D. Pourquoi frappons-nous des mains, avant et après le travail ?

R. Pour témoigner d'une manière sensible, la joie que nous avons de pratiquer les œuvres de Charité, de Justice et de vertu.

D. Pourquoi fait-on le signe du ventre, le pouce levé sur la blessure et la réponse en se fendant les entrailles, la tête détournée ?

R. En mémoire des blessures de notre cher Maître, pour marquer qu'on doit détourner la tête des passions honteuses.

D. Pourquoi l'ancien mot des Maîtres revint-il parmi nous ?

R. Par la certitude que notre Respectable ne l'avait pas révélé, puisque les trois Maîtres qui accompagnaient les trois détachements de quinze Compagnons, le demandèrent aux coupables pour sauver leur vie et qu'ils ne purent le donner.

D. Pourquoi ne se donne-t-il qu'aux Maîtres en loge ?

R. Parce qu'il est le nom du Grand Architecte et qu'on ne doit point le prodiguer indifféremment à tout le monde.

D. Pourquoi le triangle est-il l'ornement le plus précieux du Maçon ?

R. Sa justesse et son égalité représentent le mystère de la Trinité et de la Maçonnerie.

D. Pourquoi l'Equerre et le Compas sont-ils l'attribut du Maître ?

R. Parce que ce doit être la règle immuable de nos actions, sans nous écarter jamais des sages limites.

D. Que veut dire la lettre G ?

R. **Goot** [1], qui signifie en anglais Dieu.

D. Pourquoi l'appelons-nous aussi **Gabaon** ?

R. C'est le lieu où les Israélites déposèrent l'Arche dans le temps de trouble et de persécution et celui que Salomon donna à la mère d'Hiram, où elle pleura son fils le reste de sa vie.

D. Pourquoi frappons-nous des mains, avant et après le travail ?

R. Pour témoigner, d'une manière sensible, la joie que nous avons de pratiquer les œuvres de charité, de justice et de vertu.

Q. Why is the sign of the belly made, the thumb placed on the wound and the response by defending the entrails, the head turned aside ?

A. In memory of the wounds of our Dear Master, marking that one has to turn his head away from shameful passions.

Q. Why does the old Master word come back among us ?

A. By the certainty that our Respectable did not reveal it, because the three Masters, who accompanied the three groups of fifteen Fellow Crafts, asked it of the guilty to save their lives. They could not give it.

Q. Why is it only given to the Masters in lodge ?

A. Because it is the name of the Great Architect and it should not be divulged indifferently to anybody.

Q. Why is the triangle the most precious ornament of a Mason ?

A. Its justness and equality represent the mystery of the Trinity and of Freemasonry.

Q. Why are the Square and the Compass the attributes of the Master ?

A. Because this should be the inalterable rule of our actions, without ever diverting from the wise limits.

Q. What does the letter G signify ?

A. **Goot** [1], which means in English God.

Q. Why do we also call it **Gabaon** ?

A. That is the place, where the Israelites deposed the Arch during the time of troubles and persecutions and which Solomon gave to the mother of Hiram, where she wept over her son during the rest of her life.

Q. Why do we applaud with our hands before and after the work ?

A. To demonstrate in a sensible way the joy we feel in practising the works of charity, justice and virtue.

---

[1] En fait, Dieu se dit God en anglais et en néerlandais, Gott en allemanD... Goot est un mot néerlandais voulant dire gouttière...

[1] In fact it means God, but Goot is a Dutch word means gutter.

96.° D. Que signifie la Poudre rouge et blanche ?

R. Booz ayant donné à glaner à Ruth, ce qui ne laissait ordinairement aux pauvres étrangers, reconnut tant de vertu en cette femme, qu'il ordonna à sa famille et à ses serviteurs de la recevoir parmi eux, et de lui laisser tremper son pain dans le vinaigre, ce qui ne s'accordait qu'aux affranchis : ainsi ceux qui commettent des fautes sont traités en — Profanes et réduits à la Poudre blanche.

D. Où trouve-t-on nos mistères ?

R. Dans Flavius, Joseph et dans les larmes ou tradition — des juifs.

D. Pourquoi les femmes sont-elles interdites dans nos loges ?

R. C'est que toute loge est un temple à l'éternel, et que dans les temples les femmes n'entraient pas dans le sanctuaire ; — d'ailleurs, elles ne travaillent jamais aux bâtimens.

D. Quel sujet de méditation vous offre Salomon ?

R. Que le plus sage, le plus digne et le plus vertueux maçon, loin de s'enorgueillir, doit toujours être dans une S.te — défiance de lui-même, puisqu'un regard, un mot, une réflexion peut commencer et achever notre ruine.

D. Pourquoi disons-nous qu'il pleut quand il y aura des Profanes parmi nous ?

R. Lorsqu'il pleut les travaux cessent, et les Profanes sont un aussi grand obstacle à nos travaux, que la pluie l'est aux ouvriers.

D. Pourquoi gardons-nous N. V. M.es ?

R. Pour marquer le respect qu'on doit avoir pour la place qu'il occupe et celui qu'il représente ; nous le gardons aussi dans la crainte qu'il se trouve de nos jours des traîtres pour attenter à sa vie.

D. Que signifie la poudre rouge et blanche ?
R. Booz, ayant donné à glaner à Ruth [1] ce qui se laissait ordinairement aux pauvres étrangers, reconnut tant de vertu en cette femme qu'il ordonna à sa famille et à ses serviteurs de la recevoir parmi eux et de lui laisser tremper son pain dans le vinaigre [2], ce qui ne s'accordait qu'aux affranchis; ainsi ceux qui commettent des fautes sont traités en profanes et réduits à la poudre blanche.
D. Où trouve-t-on nos mystères ?
R. Dans Flavius Josèphe et dans les larmes ou traditions des Juifs.
D. Pourquoi les femmes sont-elles interdites en loge ?
R. C'est que toute loge est un temple à l'Eternel et que, dans les temples, les femmes n'entraient pas dans le sanctuaire; d'ailleurs, elles ne travaillaient jamais aux bâtiments.
D. Quel sujet de méditation vous offre Salomon ?
R. Que le plus sage, le plus digne et le plus vertueux Maçon, loin de s'enorgueillir, doit toujours être dans une sainte défiance de lui-même, puisqu'un regard, un mot, une réflexion peut commencer et achever notre ruine.
D. Pourquoi disons-nous qu'il pleut quant il y a [3] des profanes parmi nous ?
R. Lorsqu'il pleut, les travaux cessent; et les profanes sont un aussi grand obstacle à nos travaux que la pluie l'est aux ouvriers.
D. Pourquoi gardons-nous notre Vénérable Maître ?
R. Pour marquer le respect qu'on doit avoir pour la place qu'il occupe et celui qu'il représente; nous le gardons aussi dans la crainte qu'il se trouve, de nos jours, des traîtres pour attenter à sa vie.

Q. What does the red and white powder mean ?
A. Booz, letting Ruth [1] gather ears, which was normally only permitted to the poor strangers, discovered so much virtue in this woman, that he ordered his family and servants to receive her among themselves and to let her dip her bread in the vinegar [2], as was only permitted to free persons. So, those who commit faults are treated as profanes and reduced to white powder.
Q. Where are our mysteries to be found ?
A. In Flavius Josephus and in the tears or traditions of the Jews.
Q. Why are women not admitted to the lodge ?
A. Because each lodge is a temple for the Eternal and because in the temples women did not enter into the sanctuary. Besides, they do never work on buildings.
Q. Which subject for meditation does Solomon offer to you ?
A. That the wisest, the most worthy and most virtuous Mason, far from becoming proud, must always mistrust himself, because a look, a word, a reflection may start and end our ruin.
Q. Why do we say that it rains, when there are profanes among us ?
A. When it rains, the work is interrupted. And the profanes are an equally great obstacle to our work as is the rain to the workmen.
Q. Why do we guard our Worshipful Master ?
A. To mark the respect to be given for the place he occupies and the one he represents. We guard him too because of the fear that there are traitors these day who wish to waylay his life.

---

[1] Le copiste a écrit Rhut...
[2] Voir *Ruth* 2:14.
[3] Simple rectification de syntaxe.

[1] The copyist wrote Rhut.
[2] see Ruth 2:14.

97.

D. Pourquoi mettons nous l'Épée à la main à l'arrivée d'un M. a.?
R. Parcequ'on ne peut trop honorer la vertu, et qu'en recevant un M.˙ anglais, nous le croyons assez courageux pour exposer sa vie pour la Religion, sa Patrie et ses ff.˙

D. Que doit faire un M.˙ de loge, quand un M.˙ a.˙ vient le visiter, après en avoir reçu le mot ?
R.˙ Le M.˙ de la Loge doit lui offrir le trône et le maillet, et le M. a. doit être assez discret pour ne pas l'accepter.

Voilà mon f.˙ nouveau reçu, nos usages, nos obligations, enfin l'explication de tous nos mistères depuis notre 1.er grade jusqu'à ce jour où vous venez de contracter avec nous, une alliance que la seule mort peut rompre.

Pour terminer notre travail et couronner votre réception nous allons la Cimenter, en vous faisant donner par le f.˙ 1.er Surv.t les signes, paroles, attouchemens et mots de passe pour que vous puissiés vous faire reconnaître sur toute la surface de la terre.

f.˙ 1.er Surv.t, instruisés le f.˙ nouveau reçu, de nos signes, attouchemens, paroles et mot de passe, qu'il rendra à chaque f.˙ avec le baiser de Paix qui se terminera jusqu'à moi, pour vérifier si tout est dans l'ordre et conforme à nos usages.

Le 1.er Surv.t lui donne les signes &c. et la fait rendre à tous les ff.˙ jusqu'au M.˙ qui l'approuve et qui le trouve juste.

Ensuite le V.ble Dit:

Tout est dans l'ordre, aucun traître n'a pu encore pénétrer nos S.ts mistères; nous ne pouvons que nous applaudir de la bonne acquisition que nous venons de faire; rentrons mes ff.˙ dans les Ténèbres, si aucun de nous n'a rien à proposer pour le bien de cette R.˙ L.˙ Craignons que nos

D. Pourquoi mettons-nous l'épée à la main à l'arrivée d'un Maître Anglais ?

R. Parce qu'on ne peut trop honorer la vertu et qu'en recevant un Maître Anglais, nous le croyons assez courageux pour exposer sa vie pour la Religion, sa Patrie et ses Frères.

D. Que doit faire un Maître de Loge quand un Maître Anglais vient le visiter, après en avoir reçu le mot ?

R. Le Maître de la loge doit lui offrir le trône et le maillet et le Maître Anglais doit être assez discret pour ne pas l'accepter.

[Le Très Respectable dit alors :] « *Voilà, mon Frère nouveau reçu, nos usages, nos obligations, enfin l'explication de tous nos mystères depuis notre premier grade jusqu'à ce jour où vous venez de contracter avec nous une alliance que la seule mort peut rompre.*

*Pour terminer notre travail et couronner votre réception, nous allons la cimenter, en vous faisant donner par le Frère Premier Surveillant les signes, paroles, attouchements et mots de passe pour que vous puissiez vous faire reconnaître sur toute la surface de la terre.*

*Frère Premier Surveillant, instruisez le Frère nouveau reçu de nos signes, attouchements, paroles et mots de passe, qu'il rendra à chaque Frère avec le baiser de paix, qui se terminera jusqu'à moi* [1]*, pour vérifier si tout est dans l'ordre et conforme à nos usages* »

Le Premier Surveillant lui donne les signes, etc, et le fait rendre à tous les Frères jusqu'au Maître, qui l'approuve et qui le trouve juste.

Ensuite, le Vénérable dit :

« *Tout est dans l'ordre, aucun traître n'a pu pénétrer nos saints mystères; nous ne pouvons que nous applaudir de la bonne acquisition que nous venons de faire; rentrons, mes Frères, dans les ténèbres, si aucun de nous n'a rien à proposer pour le bien de cette Respectable Loge. Craignons que nos*

---

[1] C'est-à-dire que le Très Respectable reçoit, en dernier, les signes, etc.

Q. Why do we take the sword in the hand at the arrival of the English Master ?

A. Because we can never too much honour virtue and by receiving an English Master, we believe that he will be sufficiently courageous to expose his life for Religion, his Country and his Brethren.

Q. What has a Master of the lodge to do, when an English Master comes to visit, after having received the word ?

A. The Master of the lodge has to offer him the throne and the mallet and the English Master has to be sufficiently discrete not to accept them.

[Then the Most Respectable says :] "*These are, my newly received brother, our usages, obligations, finally the explanation of all our mysteries from the first degree on to this day when you have just contracted with us an alliance which only death can break.*

*In order to end our work and to crown your reception we are going to cement it by having the Senior Warden to give you the signs, words, grips and passwords, so that you can have yourself recognized on the whole surface of the earth.*

*Brother Senior Warden, instruct the newly received brother about our signs, grips, words and passwords, which he will give to each brother, with the fraternal embracement. This will end with me* [1] *verifying that all is correct and in conformity with our usages.*"

The Senior Warden gives him the signs, etc., and has him give them to all brethren up to the Master, who approves and finds it correct.

The Worshipful says :

"*It is all correct, no traitor has been able to penetrate into our sacred mysteries. We can only applaud for the good acquisition we just made. My brethren, let us return to the darkness, if nobody has anything to propose for the benefit of this Respectable lodge. Let us be careful that*

---

[1] This means the Most Respectable receives, finally, the signs etc.

Cœurs ne se rendent coupables de quelque crime, remercions l'Éternel de toutes ses bontés, et disons tous ensemble.

Dirige ô suprême moteur de l'univers, nos actions, nos démarches et nos désirs, préserve nos cœurs des larmes que nos ennemis pourraient nous tendre; qu'éclairés du flambeau divin de ton Esprit, il ne soit pour nous jamais de nuit; Donne nous les moyens d'exister, et de répandre sur les Pauvres les dons précieux de la libérale Providence; rends nos cœurs dignes de tes Célestes bienfaits, afin que nos travaux ne soient pas vains et inutiles; Bénis les et les sanctifie, qu'agissant par ton Esprit, nous ne vivions que pour ta gloire, en pratiquant sans relâche les vertus que la maçonnerie nous enseigne.

## Clôture de la Loge.

D. F. 1.er Surv.t, quelle heure est-il ?
R. minuit.
D. Pourquoi ?
R. Parce qu'après le travail vient le repos; et que l'oisiveté est pour les ouvriers d'iniquité.
D. quel motif a conduit ici vos F∴ ?
R. le désir ardent de pratiquer en commun des actes de Justice, de Doctrine et de Vertu.
D. qu'a d'attrayant pour vous cette Loge ?
R. Le triangle, sujet de l'ardeur que nous avons de le posséder.
D. Pourquoi se répète-t-il au tombeau et à la voûte ?
R. Pour marquer le Pouvoir du g∴ a∴ qui commande —

cœurs ne se rendent coupables de quelque crime, remercions l'Eternel de toutes ses bontés et disons, tous ensemble :

*Dirigez, ô Suprême Moteur de l'Univers, nos actions, nos démarches et nos désirs, préservez nos pieds des lacs [1] que nos ennemis pourraient nous tendre; qu'éclairés du flambeau divin de Ton Esprit, il ne soit point pour nous jamais de nuit; donnez-nous les moyens d'exercer et de répandre sur les pauvres les dons précieux de la libérale Providence; rends nos cœurs dignes des Tes célestes bienfaits, afin que nos travaux ne soient pas vains et inutiles; bénis les et sanctifie les [2], qu'agissant par Ton Esprit, nous ne vivions que pour Ta gloire, en pratiquant sans relâche les vertus que la Maçonnerie nous enseigne [3].*

## Clôture de la Loge

D. Frère Premier Surveillant, quelle heure est-il ?
R. Minuit.
D. Pourquoi ?
R. Parce qu'après le travail vient le repos et que l'oisiveté est pour les ouvriers d'iniquité.
D. Quel motif a conduit ici vos pas ?
R. Le désir ardent de pratiquer en commun des actes de justice, de doctrine et de vertu.
D. Quoi d'attrayant pour vous [a] cette Loge ?
R. Le triangle, sujet de l'ardeur que nous avons de le posséder.
D. Pourquoi se répète-t-il au tombeau et à la voûte ?
R. Pour marquer le pouvoir du Grand Architecte qui commande

our hearts do not become guilty of any crime, let us thank the Eternal for all His goodness and let us say together :

*Direct, o Supreme Master of the Universe, our actions, our steps and our wishes, preserve our feet from pitfalls, which our enemies could set up for us. That as we are illuminated by the divine torch of Your Spirit, it never will be night for us. Give us the means to exercise and distribute to the poor the precious gifts of liberal Providence. Make our hearts worthy of Thy celestial benefits, so that our works should not be in vain and useless. Bless and sanctify them, so that we, acting by Thine Spirit, only live for Thy glory, practising without relief the virtues, which Freemasonry teaches us.* [1]

## Closing of the lodge

Q. Brother Senior Warden, what is the hour ?
A. Midnight.
Q. Why ?
A. Because after work comes relaxation and because idleness is for the workmen of iniquity.
Q. Which purpose did direct your steps here ?
A. The ardent desire to practise together acts of justice, of doctrine and of virtue.
Q. What is the attraction this lodge has for you ?
A. The triangle, subject of the ardour we should have to possess it.
Q. Why is it repeated on the tomb and in the vault ?
A. To mark the power of the Great Architect, Who commands

---

[1] Au sens de *pièges*...
[2] Simple rectification de syntaxe...
[3] Dans cette prière, le Tu et le Vous sont alternativement employés. Nous avons cru devoir respecter cette pratique, qui devait avoir un sens...

[1] In this prayer both words Tu and Vous (singular and plural) are used. We continued this approach, having in some way a meaning.

à la terre et aux Cieux, et pour nous rappeler encore que
N. R. M. après avoir bâti à l'éternel un temple périssable
dans lequel il fut assassiné, participa au bonheur dont jouit
le vertueux maçon dans la G. L. où préside le Suprême a. de l'u.

D. quel fruit vous proposez vous de retirer de cette Loge?
R. vaincre mes passions, n'avoir de volonté que celle qu'inspire
la vertu et pratiquer journellement des actes de sagesse,
d'amitié et de Charité.
D. qu'emportez vous d'ici?
R. un plus g.d attachement pour la maçonnerie.
D. quel âge avez vous?
R. 9 ans accomplis.

ff. 1.er et 2.e Surv.ts, montrés votre zèle pour recueillir
les secours que les ff. sont en état de donner, pour le
soulagement des Infortunés.

On fait passer la boîte pour les pauvres; et la
boîte ayant passé le T. R. dit.

D. qu'a de plus à décrire un M.e qui n'ignore aucun
des mistères, étant élevé au plus éminent digré de la maçonnerie?
R. Une mort heureuse, et l'entrée de la g.de Loge.
D. Cela étant, avertissez les ff. que la L. de M. an.
est fermée et qu'il est minuit.

Les Surv.ts disent. mes ff. la Loge de M.e an.
est fermée, attendu qu'il est minuit.

On frappe des mains à l'ordinaire, et chacun
se retire avec décence, de l'enceinte du Sanctuaire.

à la terre et aux cieux, et pour nous rappeler encore que notre Respectable Maître, après avoir bâti à l'Eternel un Temple périssable, dans lequel il fut assassiné, participa au bonheur dont jouit le vertueux Maçon dans la Grande Loge où préside le Suprême Architecte de l'Univers.

D. Que fruit vous proposez-vous de retirer de cette Loge ?
R. Vaincre mes passions, n'avoir de volonté que celle qu'inspire la vertu et pratiquer journellement des actes de sagesse, d'amitié et de charité.
D. Que remportez-vous d'ici ?
R. Un plus grand attachement pour la Maçonnerie.
D. Quel âge avez-vous ?
R. Neuf ans accomplis.

[Le Très Respectable dit alors :] « *Frères Premier et Second Surveillants, montrez votre zèle pour recueillir les secours que les Frères sont en état de donner pour le soulagement des infortunés* »

On fait passer la boîte pour les pauvres et, la boîte étant passée, le Très Respectable dit :
D. Qu'a de plus à espérer un Maître qui n'ignore aucun des mystères, étant élevé au plus éminent degré de la Maçonnerie ?
R. Une mort heureuse et l'entrée de la Grande Loge.
D. Cela étant, avertissez les Frères que la Loge de Maîtres Anglais est fermée et qu'il est minuit.

Les Surveillants disent : « *Mes Frères, la Loge de Maîtres Anglais est fermée, attendu qu'il est minuit* »

On frappe des mains à l'ordinaire et chacun se retire avec décence de l'enceinte du Sanctuaire.

on earth and in heaven and to remind us again that our Respectable Master, after having built a perishable temple for the Eternal, in which he was assassinated, shared in the happiness which the virtuous Mason enjoys in the Grand Lodge, where the Supreme Architect of the Universe presides.

Q. Which fruit do you propose to draw from this lodge ?
A. To overcome my passions, to have but the will inspired by virtue and to practise daily the acts of wisdom, friendship and charity.
Q. What do you take with you from this lodge ?
A. A far greater attachment to Freemasonry.
Q. What is your age ?
A. Nine years completed.

[Then the Most Respectable says :] "*Brethren Senior and Junior Warden, show your zeal by collecting the support, which the brethren are able to give for the help of the unfortunate.*"

The trunk for the poor circulates and, when the trunk has passed, the Most Respectable says :
Q. What has a Master more to wish for, who ignores all mysteries, being elevated to the most eminent degree of Masonry ?
A. A happy death and the entry into the Grand Lodge.
Q. As this is so, inform the brethren that the lodge of English Master is closed and that it is midnight.

The Wardens say : "*My brethren, the lodge of English Master is closed, as it is midnight.*"

The ordinary applause is given and each retires with decency from the enclosure of the Sanctuary.

# Histoire de la Maçonnerie

David s'étant affermi sur le Trône de Juda voulut accomplir la Prophétie qui lui avait été annoncée, que sa famille éleverait un temple au Seig.r; mais s'étant rendu indigne de cette faveur par son adultère avec Bersabé femme d'Urie l'un des principaux officiers de ses troupes, et par le meurtre d'Urie qu'il fit périr dans un combat pour jouir plus particulièrement de son épouse. Le Seig.r justement irrité lui fit dire par le Prophète Nathan, que des mains impures ne lui éleveraient point d'autel et qu'il réservait cette faveur à un de ses fils qui lui succederait. David pénétré de repentir reçut avec soumission les ordres du Seig.r fit pénitence et mourut.

Salomon son fils lui succéda; quoiqu'il n'eût encore que 20 ans, il donna des preuves d'une si haute sagesse, qu'on doit la regarder comme un don particulier du Très haut.

Il accorda la Paix à Pharaon roy d'Egypte, avec lequel il était pour lors en Guerre, il épousa sa fille pour cimenter l'alliance qu'il contractait avec lui et la rendre durable, il s'attacha ensuite à faire fleurir le Commerce et à faire regner l'abondance dans ses Etats, afin de pouvoir se livrer tout entier à l'éxécution des ordres du Seig.r et lui élever un temple.

Il envoya une magnifique ambassade avec de riches présents à Hiram, roy de Tyr, pour lui demander son alliance, et la faculté de faire couper sur le mont Liban, la quantité de cèdres et de cyprès nécessaires pour la construction de ce vaste édifice, et de les faire tailler et sculpter sur le —

## Histoire de la Maçonnerie

David, s'étant affermi sur le trône de Juda, voulut accomplir la prophétie qui lui avait été annoncée, que sa famille élèverait un Temple au Seigneur; mais, s'étant rendu indigne de cette faveur par son adultère avec Berusabe [1], femme d'Urie, l'un des principaux officiers de ses troupes, et par le meurtre d'Urie, qu'il fit périr dans un combat pour jouir plus particulièrement de son épouse, le Seigneur, justement irrité, lui fit dire par le prophète Nathan que ses mains [2] impures ne Lui élèveraient point d'autel et qu'Il réserverait cette faveur à l'un de ses fils, qui lui succéderait. David, pénétré de repentir, reçut avec soumission les ordres du Seigneur, fit pénitence et mourut [3].

Salomon, son fils, lui succéda; quoiqu'il n'eût encore que vingt ans, il donna des preuves d'une si haute sagesse qu'on doit le regarder comme un don particulier du Très-Haut.

Il accorda la paix à Pharaon, roi d'Egypte, avec lequel il était, pour lors, en guerre; il épousa sa fille pour cimenter l'alliance qu'il contractait avec lui et la rendre durable; il s'attacha ensuite à faire fleurir le commerce et à faire régner l'abondance dans ses Etats, afin de pouvoir se livrer tout entier à l'exécution des ordres du Seigneur et lui élever un Temple.

Il envoya une magnifique ambassade, avec de riches présents, à Hiram, roi de Tyr, pour lui demander son alliance et la facilité de faire couper, sur le mont Liban, la quantité de cèdres et de cyprès nécessaire pour la construction de ce vaste édifice, et de les faire tailler et sculpter sur les

---

[1] Corruption évidente de Bethsabée, en hébreu בת־שבע [Bath-Sheba].
[2] Celles de DaviD...
[3] Ici se trouve le mot « bonsoir », griffonné sur un blanc.

## History of Freemasonry

When David took possession of the throne of Judah, he wished to fulfil the prophesy, which was announced to him, that his family would raise up a Temple to the Lord, but as he made himself unworthy of this favour by his adultery with Berusabe [1], the wife of Uriah, one of the principal officers of his troops, and because of the murder of Uriah, whom he let be killed in battle in order to enjoy his wife in safety, the Lord, justly irritated, let the prophet Nathan tell him that his impure hands [2] would never build up an altar for Him and that He reserved this favour for one of his sons, who would succeed him. David, who was filled with repentance received the orders of the Lord with submission, made penitence and died. [3]

Solomon, his son, succeeded him. Although he was only twenty years old, he gave proof of such wisdom that he is to be regarded as a special gift from the Most High.

Solomon signed peace with the Pharaoh, King of Egypt, with whom he was at that moment at war. He married Pharaoh's daughter in order to settle the alliance he had made with him and to make it lasting. He then concentrated on making commerce flourish and making abundance reign in his realm, in order to be able to concentrate completely on the execution of the orders of the Lord and to deliver a Temple to Him.

He sent a magnificent ambassadorial mission with rich presents to Hiram, the King of Tyre, in order to ask him for his alliance and the facilities to have the quantity of cedars and cypresses cut on Mount Lebanon, which were necessary for the construction of that vast edifice, and to have them squared and cut on the

---

[1] Apparent corruption of Bethsheba, in Hebrew בת־שבע [Bath-Sheba]
[2] Those of David.
[3] Here is the word "good evening" written on a blank.

lieu, suivant les proportions relatives au plan qu'il avait dressé, avec offre de les lui payer suivant la fixation qui en serait faite par ses ministres.

Hiram accepta avec plaisir l'alliance que lui proposait un Roi aussi R.ble par sa justice et par sa sagesse, qu'il était puissant par la quantité de ses sujets et les richesses immenses qu'il possédait, tant en or qu'en argent et pierres précieuses.

Il répondit à ses ambassadeurs qu'il se trouvait trop flatté de contribuer en quelque chose à l'exécution d'un si pieux dessein, pour ne pas accorder à leur M.té ce qu'ils lui demandaient en son nom; — qu'il pouvait disposer de tout ce qui était dans l'étendue de sa domination et envoyer au mont Liban la quantité d'ouvriers qu'il jugerait convenable pour prendre les bois; qu'il donnerait ses ordres pour qu'ils fussent traités comme ses propres sujets, et qu'il n'entendait pas que ses ministres exigeassent d'eux aucun argent; mais que la récolte de froment et d'huile, ordinairement très abondante à Tyr, ayant manqué cette année, ses sujets se trouvaient dans une extrême disette, et qu'ils auraient une obligation infinie à Salomon s'il voulait les secourir.

Salomon fut charmé de trouver cette occasion pour témoigner à Hiram sa reconnaissance, lui envoya 9 vaisseaux chargés d'huile et de froment; et se pourvut ensuite des autres matériaux qui lui étaient nécessaires, et fit à cet effet le — dénombrement des ouvriers de différente espèce.

Pour faciliter l'exportation des pierres, il ordonna qu'elles fussent taillées dans les carrières, ainsi que les bois devaient l'être dans les forêts, ce qui fut cause que dans la suite, l'on n'entendit dans l'enceinte aucun coup de marteau; il acheta l'aire d'Arunée près la montagne de Moria, comme le lieu

lieux, suivant les proportions relatives au plan qu'il avait dressé, avec offre de les lui payer suivant la fixation qui en serait faite par ses ministres.

Hiram accepta avec plaisir l'alliance que lui proposait un roi aussi respectable par sa justice et par sa sagesse qu'il était puissant par la quantité de ses sujets et les richesses immenses qu'il possédait, tant en or qu'en argent et [en] pierres précieuses.

Il [1] répondit à ses ambassadeurs [2] qu'il se trouvait trop flatté de contribuer en quelque chose à l'exécution d'un si pieux dessein pour ne pas accorder à leur maître ce qu'ils lui demandaient en son nom; qu'il [3] pouvait disposer de tout ce qui était dans l'étendue de sa domination et envoyer au mont Liban la quantité d'ouvriers qu'il jugerait convenable pour prendre les bois; qu'il [4] donnerait ses ordres pour qu'ils [5] fussent traités comme ses propres sujets et qu'il n'entendait pas que ses ministres exigeassent d'eux aucun argent mais que, la récolte de froment et d'huile, ordinairement très abondante à Tyr, ayant manqué cette année, ses sujets se trouvaient dans une extrême disette et qu'ils auraient une obligation infinie à Salomon s'il voulait les secourir.

Salomon fut charmé de trouver cette occasion pour témoigner à Hiram sa reconnaissance. [Il] lui envoya neuf vaisseaux chargés d'huile et de froment et se pourvut ensuite des autres matériaux qui lui étaient nécessaires et fit, à cet effet, le dénombrement des ouvriers des différentes espèces.

Pour faciliter l'exportation des pierres, il ordonna qu'elles fussent taillées dans les carrières, ainsi que les bois devaient l'être dans les forêts, ce qui fut cause que, dans la suite, l'on n'entendit, dans l'enceinte, aucun coup de marteau. Il acheta l'aire d'Arunée [6], prés la montagne Moria [7], comme le lieu

spot, according to the proportions indicated in the plan he drew up, together with the offer to have him paid according to the sum fixed made by his ministers.

Hiram accepted the alliance with pleasure proposed by a king so respectable for his justice and wisdom that he was mighty by the great numbers of his subjects and the immeasurable riches he possessed in gold and in silver and precious stones.

He [1] answered the ambassadors [2] that he felt extremely flattered to be allowed to contribute to the execution of a thing of such pious design that he [3] could only agree to their leader to do what they requested in his name. He could have control over everything within the extent of his realm. So he sent to Mount Lebanon the number of workmen he deemed necessary for the cutting of the wood. He [4] said that he would give his orders that they [5] would be treated as his own subjects and that he did not expect that his ministers would demand any money, but that at the harvest of corn and oil, which was normally very abundant in Tyre and was this year much in arrears, his subjects were in extreme scarcity and that they would be endlessly obligated, if he could help them out.

Solomon was charmed to find this opportunity to show Hiram his recognition. He sent him nine ships loaded with oil and corn and procured other materials that he needed and set up, to this end, the number of workmen of the different professions.

For the exportation of the stones he ordered that they should be hewn in the quarries, just as the wood had to be in the forests. This was the cause that later on no sound of hammers was heard within the precinct. He bought the threshing floor of Arauna [6], near Mount Moria [7], as the place

---

[1] Le roi Hiram...
[2] Ceux de Salomon...
[3] Salomon...
[4] Hiram de Tyr...
[5] Les ouvriers de Salomon...
[6] Corruption de l'hébreu ארונה ['Aravnah], qui, par ailleurs, figure sous le nom d'Areuna dans certaines versions françaises de la Bible.
[7] En hébreu מריה [Moriah], colline située au nord de la cité de DaviD.

[1] King Hiram
[2] Those of Solomon.
[3] Solomon
[4] Hiram of Tyr.
[5] The workmen of Solomon
[6] Corruption of the Hebrew ארונה. ['Aravnah] which is represented under the name of Arouna in certain versions of the Bible.
[7] In Hebrew מריה [Moriah] a hill situated north of the city of David.

le plus propre par son étendue ; il fit ensuite connaître son intention à son peuple, ou plutôt, les ordres du Seig.; il manda aux Gouverneurs des différentes provinces de son Royaume de faire partir pour Jérusalem tous les Gens à talent et en état de travailler. Salomon eut la satisfaction de voir ses ordres exécutés avec la plus grande exactitude, et même au delà de ses espérances, chacun s'empressa à l'envi de se rendre à Jérusalem, les uns pour avoir la Gloire de mettre la main au Temple du Seig.; les autres pour faire briller leurs talents ; d'autres enfin pour se procurer les secours nécessaires à la vie, les Grands, les Nobles et les anciens voulurent aussi contribuer à la perfection de cet œuvre, et se dépouillèrent ainsi que leurs Epouses, de leur or, de leur argent et de leurs bijoux les plus précieux, pour l'ornement intérieur du Temple. Salomon en reçut d'abord une si grande quantité qu'il fut obligé d'arrêter le zèle de ses sujets et leur déclarer qu'il en avait suffisamment.

À mesure que les ouvriers se rendaient à Jérusalem, l'on inscrivait leurs noms, surnoms et talens ; adoniram fut nommé pour les commander, et après lui 3 ff. nommés <u>Méphibazeth</u>, <u>Jabac</u> et <u>abyram</u>, d'autres les nommés <u>Giblem</u>, <u>Giblas</u>, <u>Giblot</u>. excellens ouvriers en architecture, mais détestables par la perversité de leurs cœurs, leur Jalousie, leur ambition démesurée, leurs intrigues et leurs Cabales

Cet Edifice fut commencé la 4.e année du regne de Salomon, 480 ans après que les Juifs furent sortis d'Egypte, et 1030 ans avant l'avenement de Jésus christ
Dans ce même temps hiram roi de Tyr, venait

le plus propre par son étendue. Il fit ensuite connaître son intention à son peuple ou, plutôt, les ordres du Seigneur. Il manda aux gouverneurs des différentes provinces de son royaume de faire partir pour Jérusalem tous les gens à talents et en état de travailler. Salomon eut la satisfaction de voir ses ordres exécutés avec la plus grande exactitude, et même au-delà de ses espérances. Chacun s'empressa à l'envie de se rendre à Jérusalem, les uns pour avoir la gloire de mettre la main au Temple du Seigneur, les autres pour faire briller leurs talents, d'autres, enfin, pour se procurer les secours nécessaires à la vie. Les Grands, les nobles et les anciens voulurent aussi contribuer à la perfection de ce grand œuvre et se dépouillèrent, ainsi que leurs épouses, de leur or, de leur argent et de leurs bijoux les plus précieux pour l'ornement intérieur du Temple [1]. Salomon en reçut d'abord une si grande quantité qu'il fut obligé d'arrêter le zèle de ses sujets et de leur déclarer qu'il en avait suffisamment.

A mesure que les ouvriers se rendaient à Jérusalem, l'on écrivait leur nom, surnom et talent. Adonhiram fut nommé pour les commander et, après lui, trois frères nommés **Méphibazeth**, **Sabac** et **Abyram**, d'autres les nomment **Giblon**, **Giblas**, **Giblot**, excellents ouvriers en architecture mais détestables par la perversité de leurs cœurs, leur jalousie, leur ambition démesurée, leurs intrigues et leurs cabales.

Cet Edifice fut commencé la quatrième année du règne de Salomon, quatre cent quatre-vingts ans après que les Juifs furent sortis d'Egypte et neuf cents ans avant la venue de Jésus-Christ.

Dans ce même temps, Hiram, roi de Tyr, venait

most proper in his realm. He then made known his intention to his people or, rather the orders of the Lord. He asked the governors of the different provinces of his kingdom to have all the people with talents and able to work depart for Jerusalem. Solomon had the satisfaction of seeing his orders executed with the greatest care and far beyond his expectations. Everybody did his utmost to hasten to Jerusalem, some for having the glory of lending a hand to the Temple of the Lord, others to have their talents brightened and finally others to procure the necessary support in life. The Great people, nobility and old people, as well, wanted to contribute to the perfection of this great work and they and even their wives sacrificed their gold, silver and their most precious jewellery for the adornment of the inner Temple [1]. Solomon immediately received such a quantity that he was obliged to stop the zeal of his subjects and to explain to them that he had enough.

In proportion to the workmen going to Jerusalem, their names, first names and talents were noted down. Adonhiram was called to survey them and after him three brethren called **Mepohibazeth**, **Sabac** and **Abyram**, others call them **Giblon**, **Giblas**, **Giblot**, excellent workmen in architecture but detestable because of the perversity of their hearts, their jealousy, their extravagant ambition, their intrigues and their rows.

This edifice was started in the fourth year of Solomon's reign, four hundred eighty years after the Jews had left Egypt and nine hundred years before the advent of Jesus Christ.

In the same time Hiram, the king of Tyre, went

---

[1] Tout ce passage est tiré de *I Chroniques* 29:6 à 8, mais déplacé du règne de David à celui de Salomon.

[1] The whole text was derived from I Chronicles 29:6 to 8, but switched from the reign of David to that of Solomon.

103.

de faire construire un palais dont il avait confié la conduite à un nommé Hiram, ou Hiram-abif, homme rempli de l'esprit du Seig.r, et le plus g.d a. de son temps, et possédant supérieurement les talens d'étendre les métaux malléables; Ce Hiram ou Hiram Abif était né à Tyr d'un juif de la tribu de Nephtal qui s'y était établi, pour y exercer ses talens.

Salomon instruit par ses ambassadeurs qu'il avait envoyé à Tyr, de la magnificence de ce palais, ainsi que des rares qualités de ce g.d homme a.a., plus recommandable encore par la candeur de ses mœurs que par ses talens, s'adressa à Hiram pour le prier de s'en défaire en sa faveur: et lui envoya à cet effet, une nouvelle ambassade et des nouveaux présents. Hiram, quoique particulièrement attaché à Hiram dont il connaissait le mérite, voulut donner à Salomon une nouvelle preuve de l'estime qu'il avait pour lui, et resserrer plus étroitement l'alliance qu'il lui avait jurée; il fit donc partir Hiram chargé de présents avec une lettre pour Salomon, dans laquelle il lui détaillait les vertus et les talens de ce g.d homme, l'assurant qu'il ne pouvait mieux placer sa confiance, et qu'après lui, il n'y avait aucun homme sur la terre, qui lui fût comparable.

Hiram ou Hiram-abif, arrivé à Jérusalem, examina avec Salomon tous les plans que ce g.d Roi avait dressé lui même, et lui donna des nouvelles idées pour la décoration intérieure du Temple. il fit la revue des ouvrages commencés, ainsi que le dénombrement des ouvriers qui se trouvaient au nombre de 153.600; il vit avec douleur que cet ouvrage trainoit en longueur et en rechercha la cause; il reconnut que son retardement ne provenait que du désordre et de la

de faire construire un palais dont il avait confié la conduite à un nommé Hiram, ou Hiram Abif, homme rempli de l'esprit du Seigneur et le plus grand architecte de son temps, possédant supérieurement les talents de rendre les métaux inusables; cet Hiram [1], ou Hiram Abif, était né à Tyr, d'un Juif de la tribu de Nephtali [2], qui s'y était établi pour y exercer ses talents.

Salomon, instruit par ses propres ambassadeurs qu'il avait envoyés à Tyr, de la magnificence de ce palais ainsi que des rares qualités de ce grand homme, plus recommandable encore par la candeur de ses mœurs que par ses talents, s'adressa à Hiram pour le prier de s'en défaire en sa faveur et lui envoya, à cet effet, une nouvelle ambassade et de nouveaux présents. Hiram, quoique particulièrement attaché à Hiram, dont il connaissait le mérite, voulut donner à Salomon une nouvelle preuve de l'estime qu'il avait pour lui et resserrer plus étroitement l'alliance qu'il lui avait jurée; il fait donc partir Hiram, chargé de présents, avec une lettre pour Salomon, dans laquelle il lui détaillait les vertus et les talents de ce grand homme, l'assurant qu'il ne pouvait mieux placer sa confiance et qu'après lui, il n'y avait aucun homme sur la terre qui lui fut comparable.

Hiram ou Hiram Abif, arrivé à Jérusalem, examina avec Salomon tous les plans que ce grand roi avait dressés lui-même et lui donna de nouvelles idées pour la décoration intérieure du Temple. Il fit la revue des ouvrages commencés ainsi que le dénombrement des ouvriers, qui se trouvèrent au nombre de cent cinquante-trois mille six cents [3]. Il vit, avec douleur, que cet ouvrage traînait en longueur et en rechercha la cause; il reconnut que son retard ne provenait que du désordre et de la

to have a palace constructed of which he had entrusted the conduct to a certain Hiram, or Hiram Abif, a man full of the spirit of the Lord and the greatest architect of his time, possessing in a superior way the talents to make metals workable. This Hiram [1], or Hiram Abif, was born in Tyre from a Jew of the tribe Naphtali [2], who had settled there exercising his talents.

Solomon, informed by his own ambassadors, whom he had sent to Tyre, about the magnificence of this palace and about the rare qualities of this great architect, the more recommendable because of the sincerity of his morals and his talents, addressed himself to Hiram in order to beg him to do him the favour of letting him go, and sent him for this purpose a new ambassadorial mission and new presents. King Hiram, although particularly attached to Hiram Abif, whose merits he knew, wished to give to Solomon a new proof of the esteem he had for him and to draw the ties of the alliance even more closely than he had promised. He let Hiram leave, loaded with presents and a letter for Solomon, in which he explained to him the virtues and the talents of this great man, assuring him that he could not do better than give him his confidence and that after him there was no man on earth who would be comparable.

Hiram Abif, on arriving in Jerusalem inspected all the plans with Solomon, which this great king had made himself, and gave him new ideas for the decoration of the interior of the Temple. He made a tour of the works already started and examined the organisation of the workmen, who amounted to one hundred fifty three thousand six hundred [3]. He saw with sadness that this work was delayed and investigated the cause. He realized that its delay came from the disorder and from the

---

[1] Le manuscrit porte, selon les endroits, la graphie Hiram ou la graphie Kiram. Nous avons systématiquement retenu la première...

[2] Selon *I Rois* 7:14, Hiram était le fils d'une veuve de la tribu de Nephtali et d'un père tyrien, donc non-Juif.

[3] Notre manuscrit suit donc *II Chroniques* et non *I Rois* en ce domaine.

[1] The MS shows at various places the name Hiram or Kiram. We retained systematically the first one

[2] According to I Kings 7:14 Hiram was the son of a widow of the tribe Naphtali and of a Tyrian father, so not a Jew.

[3] Our MS follows II Chronicles and not I Kings in this respect.

confusion qui regnoit parmi les ouvriers, qui cabalaient entr'eux pour se procurer une paie plus forte, et que les 3 ff. dont nous avons parlé ci-devant fomentaient ces dissentions pour se rendre plus utiles auprès de Salomon, à qui ses grandes occupations ne permettaient pas d'apporter toute l'attention nécessaire pour pénétrer dans leur conduite et y remédier.

Pour détruire ces cabales et rétablir l'ordre dans ses travaux, hiram proposa à Salomon de diviser les ouvriers en 3 classes, et de donner à chacune des signes, des attouchemens et des paroles pour se reconnaître, et se procurer le paiement de leur salaire, avec défense sous les peines les plus rigoureuses à la 1re classe de les réveler à la 2e, et à la 2e de les réveler à la 3e, et enfin à la 3e d'en faire part à ceux qui n'étaient point inscrits p. les travaux.

Salomon voyant qu'hiram était supérieur à tout ce qu'on lui en avait dit, et découvrant tous les jours de nouvelles perfections dans cet homme merveilleux, qui n'avait d'autre guide dans toutes ses actions que la justice, la sagesse et l'équité, l'établit le surintendant de sa maison et des travaux du temple, l'admit dans le conseil privé et lui donna toute sa confiance, voulant qu'on le regardât comme la 1re personne du Royaume; il le laissa absolument le Mre de faire tous les changemens qu'il croirait convenables dans les dispositions, tant intérieures, qu'extérieures des travaux, et d'y établir l'ordre qu'il jugerait à propos.

hiram comblé de bienfaits par son nouveau Mre voulut

confusion qui régnait parmi les ouvriers, qui cabalaient entre eux pour se procurer une paie plus forte, et que les trois frères dont nous avant parlé ci-devant fomentaient ces dissensions pour se rendre plus utiles auprès de Salomon, à qui ses grandes occupations ne permettaient pas d'apporter toute l'attention nécessaire pour pénétrer dans leur conduite et y remédier.

Pour détruire ces cabales et rétablir l'ordre dans les travaux, Hiram proposa à Salomon de diviser les ouvriers en trois classes et de donner à chacun des signes, des attouchements et des paroles pour se reconnaître et se procurer le paiement de leur salaire, avec défense, sous les peines les plus rigoureuses, à la première classe de les révéler à la seconde et à la seconde de les révéler à la troisième et, enfin, à la troisième d'en faire part à ceux qui n'étaient pas inscrits pour les travaux.

Salomon, voyant qu'Hiram était supérieur à tout ce qu'on lui en avait dit et découvrant tous les jours de nouvelles perfections dans cet homme merveilleux, qui n'avait d'autre guide dans toutes ses actions que la justice, la sagesse et l'équité, l'établit le surintendant de sa maison et des travaux du Temple, l'admit dans le conseil privé et lui donna toute sa confiance, voulant qu'on le regardât comme le premier personnage du royaume. Il le laissa absolument le maître de faire tous les changements qu'il croirait convenables dans les dispositions, tant intérieures qu'extérieures, des travaux et d'y établir l'ordre qu'il jugerait à propos.

Hiram, comblé de bienfaits par son nouveau Maître, voulut

confusion, which reigned among the workmen, who quarrelled among themselves for higher pay and that the three brethren, about whom we have spoken heretofore, incited these dissentions, to make themselves more useful to Solomon, whose great occupations did not allow him to give all the needed attention to understand their conduct and to remedy it.

In order to stop these quarrels and to re-establish order in the work, Hiram proposed to Solomon to split up the workmen into three classes and to give each of them signs, grips and words for recognising each other and to have the payment of their salary procured with the interdiction, under the most severe punishments, to the first class to reveal themselves to the second class and to the second class to reveal themselves to the third class and, finally, to the third class to give them to those, who were not inscribed for the work.

Solomon, who saw that Hiram was superior to all that had been told about him, every day discovered new perfections in this remarkable man, who had no other guide for all his actions than justice, wisdom and equity. Solomon made him superintendent of his house and of the work of the Temple. He admitted him into the private council and gave him his complete confidence and wanted him to be regarded as the first person in his kingdom. Hiram was absolutely left at liberty to apply any change he might think convenient for the dispositions of the work, for the interior as well as for the exterior, and to establish the order he judged correct.

Hiram, who was overwhelmed with benefactions by his new Master, wished

les mérites, et regarda comme la chose la plus essentielle, le rétablissement de l'harmonie dans les travaux du temple; et pour y parvenir, il distribua, selon ce qu'il avait arrêté avec Salomon, les ouvriers en 3 classes, la 1ère, des M\M. au nombre de 3600; la 2e des Comp. au nombre de 80000, la 3e d'App. au nombre de 10000. Il régla les gages des ouvriers de chaque classe, indiqua le lieu, où ils devaient s'assembler pour les recevoir; ainsi que les signes, attouchemens et paroles de chaque classe qui serviraient pour se reconnaître entre eux, et afin de ne faire injustice à personne, il entra dans le détail le plus scrupuleux des mœurs et des talens de chaque ouvrier.

Les 3 ff. qui dirigeaient les travaux lors de l'arrivée d'Hiram, méritaient par leurs talens d'être dans la classe des M\M., mais pour les punir des désordres qu'ils avaient fait, et du retardement qu'ils avaient apporté aux travaux, Hiram jugea à propos de ne les placer que dans la classe des Comp., espérant qu'ils rentreraient en eux-mêmes, et que se repentant de leurs fautes, mériteraient par leur docilité, ainsi que par leur travail, la faveur dont il les privait.

Mais loin de rentrer en eux-mêmes, et de s'appliquer de mériter la bienveillance d'un si digne et si R\ble Chef, ils allèrent porter leurs plaintes à Salomon qui leur répondit qu'Hiram avait sans doute ses raisons pour les traiter ainsi, et que c'était à lui qu'ils devaient s'adresser; qu'ils devaient prendre ses ordres et lui obéir comme à lui-même, sous peine d'encourir la disgrâce, et mériter par leur zèle, leur ferveur et leur constance et leur soumission, la place à laquelle ils s'étendaient. Outrés de rage et de

les mériter et regarda comme la chose la plus essentielle le rétablissement de l'harmonie dans les travaux du Temple. Et, pour y parvenir, il distribua, selon ce qui avait été arrêté avec Salomon, les ouvriers en trois classes : la première, des Maîtres au nombre de trois mille six cents; la seconde, des Compagnons au nombre de quatre-vingt mille; la troisième, d'Apprentis au nombre de soixante-dix mille. Il régla les gages des ouvriers de chaque classe, indiqua le lieu où ils devaient s'assembler pour les recevoir ainsi que les signes, attouchements et paroles de chaque classe, qui serviraient pour se reconnaître entre eux, et, afin de ne faire injustice à personne, il entra dans le détail le plus scrupuleux des mœurs et des talents de chaque ouvrier.

Les trois frères, qui dirigeaient les travaux lors de l'arrivée d'Hiram, méritaient par leur talent d'être de la classe des Maîtres. Mais, pour le punir des désordres qu'ils avaient faits et du retardement qu'ils avaient apporté aux travaux, Hiram jugea à propos de ne les placer que dans la classe des Compagnons, espérant qu'ils rentreraient en eux-mêmes et que, se repentant de leurs fautes, mériteraient, par leur docilité ainsi que par [leur] travail, la faveur dont il les privait.

Mais, loin de rentrer en eux-mêmes et [de] s'appliquer [à] [1] mériter la bienveillance d'un si digne et si respectable chef, ils allèrent porter leurs plaintes à Salomon, qui leur répondit qu'Hiram avait sans doute ses raisons pour les traiter ainsi et c'était à lui qu'ils devaient s'adresser, qu'ils devaient prendre ses ordres et lui obéir comme à lui-même, sous peine d'encourir sa disgrâce, et mériter, par leur zèle, leur ferveur, leur constance et leur soumission la place à laquelle ils prétendaient. Outrés de rage et de

to merit them and saw as the most essential thing to reestablish the harmony in the works of the Temple. And in order to reach that he divided the workmen, according to the arrangements with Solomon, into three classes : the first of the Masters, numbering three thousand six hundred, the second of the Fellow Crafts numbering eighty thousand, the third of Apprentices numbering seventy thousand. He arranged the payments of the workmen of each class, indicated the place, where they had to assemble for receiving them, as well as the signs, grips and words of each class, which served to recognize each other and in order not to inflict injustice on anybody, he entered into the study of the most scrupulous detail of the morals and talents of each workman.

The three brethren, who directed the works before the arrival of Hiram, deserved by their talents, to belong to the class of Masters. But in order to punish them for the disorder they had caused and the delay they had introduced to the work, Hiram judged it correct to place them in the class of Fellow Crafts, hoping that they would improve themselves and that repenting their faults, they would merit, by their docility as by their work, the favour which he had deprived them of.

But, far from improving themselves and meriting the kindness of such a worthy and respectable chief, they went to submit their complaints to Solomon, who replied to them that Hiram would without doubt have his reasons for treating them thus and it would be to him that they should have to address, that they had to take his orders and had to obey Hiram as they would the king himself, under the fine of risking disgrace and earning by their zeal, their fervour, their constancy and their submission the place they strived for. Outraged and

---

[1] Rectifications de syntaxe indispensables...

106. dépit, de n'avoir pu réussir à acquérir la confiance de Salomon, et de se voir déchu du grade qu'ils occupaient sans espoir d'y rentrer autrement que par des soumissions, ces scélérats se retirèrent bien résolus de se venger de la prétendue injustice qu'Hiram leur faisait ; ils épièrent à cet effet, les démarches de ce vertueux personnage, et remarquèrent que tous les jours après les travaux finis, il en faisait la revue, adressait sa prière à l'Éternel et allait ensuite chez Salomon lui rendre compte de ce qui s'était fait pendant la journée et prendre les ordres pour le lendemain. Charmés de cette découverte, ils s'assemblèrent un soir dans la partie sept.^{ale} du temple, et ils formèrent l'exécrable dessein de forcer hiram à leur donner la parole de M.^{re}, ou de l'assassiner en cas de refus ; ils se divisèrent à cet effet, et se cachèrent, l'un près de la porte de l'occident, l'autre près de celle du midi, et le 3.^{e} près de la porte de l'orient.

Hiram vint à son ordinaire faire la revue des travaux, entra dans le temple, et adressa sa prière au g.^{d} a, il voulut ensuite se rendre chez Salomon par la porte de l'occident, mais il y rencontra Giblon, qui lui présentant un poignard lui dit : qu'il y avait assez longtemps que par la plus criante des injustices, il était privé du salaire des M.^{res}, qu'il méritait par ses talens ; que Salomon ne l'aurait jamais avili jusqu'à le confondre parmi les Comp.^{ons}, et le faire gémir sous le joug des M.^{res}, sans ses pernicieux conseils, et qu'il avait juré de lui arracher la vie, s'il

dépit de n'avoir pas réussi à acquérir la confiance de Salomon et de se voir déchus du grade qu'ils occupaient sans espoir d'y rentrer autrement que par des soumissions, ces scélérats se retirèrent, bien résolus de se venger de la prétendue injustice qu'Hiram leur faisait. Ils épièrent, à cet effet, les démarches de ce vertueux personnage et remarquèrent que tous les jours, après les travaux finis, il en faisait la revue, adressait sa prière à l'Eternel et allait ensuite chez Salomon lui rendre compte de ce qui s'était fait pendant la journée et prendre ses ordres pour le lendemain. Charmés de cette découverte, ils s'assemblèrent une fois dans la partie septentrionale du Temple et ils formèrent l'exécrable dessein de forcer Hiram à leur donner la parole de Maître, ou de l'assassiner en cas de refus. Ils se divisèrent à cet effet et se cachèrent, l'un, près de la porte de l'occident, l'autre, près de celle du midi, et le troisième, près de la porte de l'orient.

Hiram vint, à son ordinaire, faire la revue des travaux, entra dans le Temple et adressa sa prière au Grand Architecte. Il voulut, ensuite, se rendre chez Salomon par la porte de l'occident, mais il y rencontra **Giblon** qui, lui présentant un poignard, lui dit qu'il y avait longtemps que, par la plus criante des injustices, il était privé du salaire des Maîtres, qu'il méritait par ses talents, que Salomon ne l'aurait jamais avili ainsi jusqu'à le confondre parmi les Compagnons et le faire gémir sous le joug des Maîtres, sans ses pernicieux conseils, et qu'il avait juré de lui arracher la vie, s'il

disappointed not to have succeeded in acquiring the confidence of Solomon and having lost the degree they had without hope of recovering it in another way than by submission, the villains retired, well determined to revenge the pretended injustice, which Hiram had inflicted on them. For this purpose, they spied upon the steps of this virtuous person and observed that every day, after finishing work, he made his rounds, addressed his prayer to the Eternal and then went to Solomon to report about what had been done during the day and to receive the orders for the next day. Delighted with this discovery, they assembled in the northern part of the Temple and they made the execrable plan of forcing Hiram giving them the Master word, or of assassinating him, if he refused. They therefore split up and hid themselves, one near the western porch, one near that in the South and the third near the porch in the East.

Hiram came, as usual, to review the works, entered the Temple and addressed his prayer to the Great Architect. He then wanted to go to Solomon by the West porch, but he met **Giblon**, who, showing him a poniard, said to him that it was a long time since, by the most cruel injustice, that he had been deprived of the Masters' wage. He said that he had not merited being treated like that by Solomon, because of his talents; placing him together with the Fellow Crafts and making him sigh under the yoke of the Masters, without these pernicious councils, and that he had sworn to take away his life, if he

107.

ne lui donnerait à l'instant les signes et attouchemens, et la parole nécessaire pour se faire reconnaître M.˚ et obtenir le salaire.

Hiram surpris de la témérité de ce scélérat, lui répondit avec sa douceur et sa tranquillité ordinaire, qu'il connaissait ses talens, et qu'il lui rendait la justice d'avouer qu'il méritait les gages des M.˚˚, mais qu'il n'y avait qu'un changement de conduite et une docilité exemplaire qui pût lui faire accorder de gré, ce qu'il voulait exiger de force ; à cette réponse le malheureux s'avance sur lui et le frappa à la gorge ; — Hiram blessé s'échappa de ses mains et s'enfuit du côté du midi ; il y rencontre à la porte Giblas, qui, aussi déterminé que son f.˚, lui fit la même demande, et n'en ayant pas eu d'autre réponse, il lui ouvrit le bas ventre.

Hiram grièvement blessé, et ayant toutes les peines du monde à retenir ses entrailles, eut cependant assez de force pour fuir jusqu'à la porte de l'orient, où il trouva Giblot qui lui fit la même demande ; Hiram lui dit, tu es m.˚ de m'arracher la vie, tu vois l'état où il ont réduit les ff.˚˚, mais ne crois pas que je meure parjure et que je te révèle jamais, ce que j'ai promis de ne réveler qu'à des f˚˚. aussi méritant par la sagesse de leurs mœurs que par leurs talens ; à cette réponse ce monstre altéré de sang, lui plongea le poignard dans le sein et il tomba mort.

Ces scélérats se rejoignirent après leur exécrable parricide, firent le tour du temple pour voir s'ils n'auraient point été apperçus, et n'ayant rencontré personne, ils cherchèrent un lieu commode pour déposer le cadavre, jusqu'à ce qu'ils trouvassent l'occasion de le transporter plus

ne lui donnait à l'instant les signes, attouchements et parole nécessaires pour se faire reconnaître Maître et en tirer le salaire.

Hiram, surpris de la témérité de ce scélérat, lui répondit, avec sa douceur et sa tranquillité ordinaires, qu'il connaissait ses talents et qu'il lui rendait justice d'avouer qu'il méritait les gages des Maîtres, mais qu'il n'y avait qu'un changement de conduite et une docilité exemplaire qui pût lui faire accorder de gré ce qu'il voulait exiger de force. A cette réponse, le malheureux s'avance sur lui et le frappe à la gorge. Hiram, blessé, s'échappe de ses mains et s'enfuit du côté du midi. Il y rencontre, à la porte, **Giblas** qui, aussi déterminé que son frère, lui fit la même demande et, n'en ayant pas eu d'autre réponse, il lui ouvrit le bas-ventre.

Hiram, grièvement blessé et ayant toutes les peines du monde à retenir ses entrailles, eut cependant assez de force pour fuit jusqu'à la porte de l'orient, où il trouva **Giblot**, qui lui fit la même demande. Hiram lui dit : « *Tu es maître de m'arracher la vie, tu vois l'état où m'ont réduit tes frères, mais ne crois pas que je meure parjure et que je te révèle jamais ce que j'ai promis de ne révéler qu'à des Compagnons aussi méritants par la sagesse de leurs mœurs que par leurs talents !* ». A cette réponse, le monstre lui plongea le poignard dans le cour et il tomba mort.

Ces scélérats se rejoignirent après leur exécrable parricide, firent le tour du Temple pour voir s'ils n'auraient point été aperçus et, n'ayant rencontré personne, ils cherchèrent un lieu commode pour déposer le cadavre, jusqu'à ce qu'ils trouvassent l'occasion de le transporter plus

would not immediately give him the signs, grips and word required to make himself known as a Master and for receiving his wages.

Hiram, surprised by the audacity of the villain, answered him, with his usual sweetness and tranquillity, that he recognized his talents and that he would do him justice admitting that he would earn the Master's wages, but that there would have to be a change in his conduct and an exemplary docility which might lead to allowing him to have the degree he wanted to acquire by force. At that reply, the unfortunate came at him and gave him a stroke with the poniard to his throat. Hiram being wounded, escaped from his hands and fled to the South. There he met **Giblas** at the porch, who equally determined like his brother, put forward the same demand as his brother and not getting any different reply, he ripped open Hiram's belly.

Hiram, heavily wounded, and having all the pains of the world to hold his entrails inside him, still had enough strength to flee to the porch in the East, where he found **Giblot**, who put the same demand. Hiram said to him :"*You are in a position to take my life. You see the condition your brothers have brought me to, but I do not believe I will die as a perjurer and that I will ever reveal to you that which I promised to reveal only to Fellow Crafts, who will deserve it by wisdom as well as by their talents !*" At that reply, the monster plunged his poniard into Hiram's heart and he fell dead.

Those villains came together after their execrable parricide and made the tour of the Temple to see whether they had not been observed by anybody; they looked for a place to deposit the corpse until they would find the occasion to transport him

loin. Ils découvrirent du côté du midi un monceau de pierres, de gravier, et des décombres du temple; ils firent promptement une fosse et y portèrent le corps de N. C. M. qu'ils recouvrirent de terre; et pour reconnaître plus facilement l'endroit, où ils l'avaient caché, ils arrachèrent une branche d'accacia qui se trouva aux environs, la plantèrent sur la fosse, et se retirèrent chacun par un chemin opposé.

Salomon accoutumé à recevoir tous les soirs la visite de son favori, fut extrêmement surpris de ne le point voir, et inquiet de sa santé, il envoya s'informer. Comme on ne le trouva point chez lui, il le fit chercher dans tous les endroits où il allait le plus fréquemment, et fit parcourir le temple et son enceinte; ses envoyés vinrent lui rapporter qu'ils n'avaient point trouvé Hiram, et qu'il fallait absolument qu'il lui fût arrivé quelque chose d'extraordinaire, d'autant qu'il y avait une grande quantité de sang répandu dans le temple. Salomon pénétré de la plus vive douleur garda un instant le silence après lequel il s'écria qu'il avait perdu Hiram l'appui de son Trône, et qu'il avait été sans doute assassiné par quelques jaloux d'une fortune qu'il n'avait méritée que par ses vertus et ses talens, il fit faire l'appel général des ouvriers de chaque classe, auxquels il ne manqua que Giblou, Giblas et Giblot, pour lors, il ne douta plus qu'ils ne fussent les auteurs de l'assassinat et donna les ordres les plus précis pour qu'on les poursuivît et qu'on leur fît subir la peine du talion, après toutefois s'être assuré que la force des tourmens n'avait point arraché à Hiram, la parole de M.

loin. Ils découvrirent, du côté du midi, un monceau de pierres de gravier et de décombres du Temple. Ils firent promptement une fosse et y portèrent le corps de notre cher Maître, qu'ils recouvrirent de terre et, pour reconnaître plus facilement l'endroit où ils l'avaient caché, ils arrachèrent une branche d'acacia, qui se trouvait aux environs, la plantèrent sur la fosse et se retirèrent, chacun par un chemin opposé.

Salomon, accoutumé à recevoir tous les soirs la visite de son favori, fut extrêmement surpris de ne point le voir et, inquiet de sa santé, il envoya s'informer. Comme on ne le trouva point chez lui, il le fit chercher dans tous les endroits où il allait le plus fréquemment et fit parcourir le Temple et son enceinte. Ses émissaires vinrent lui rapporter qu'ils n'avaient point trouvé Hiram, et qu'il fallait absolument qu'il lui fût arrivé quelque chose d'extraordinaire, d'autant qu'il y avait une grande quantité de sang répandu dans le Temple. Salomon, pénétré de la plus vive douleur, garda un instant le silence. Après, il s'écria qu'il avait perdu Hiram, l'appui de son trône, et qu'il avait été sans doute assassiné par quelques jaloux d'une fortune qu'il n'avait mérité que par ses vertus et par ses talents. Il fit faire l'appel général des ouvriers de chaque classe, auquel il ne manqua que **Giblon**, **Giblas** et **Giblot**. Pour lors, il ne douta plus qu'ils fussent les auteurs du parricide et donna les ordres les plus précis pour qu'on les poursuivît et qu'on leur fît subir la peine du talion après, toutefois, s'être assuré que la force des tourments n'avait point arraché à Hiram la parole de Maître.

further away. They discovered, at the South, a heap of stones and gravel and debris of the Temple. They immediately made a grave and brought the corpse of our dear Master there, whom they covered with earth and for easier recognition of the spot where they had buried him they tore off a branch of acacia, which they found in the vicinity, and planted it on the grave and withdrew, each in an opposite direction.

Solomon, who was accustomed to receive the visit of his favourite every night, was extremely surprised at not seeing him and uneasy about his health he sent for information. As he was not found at home, he had them search in all the places where he went more frequently and had the Temple and its surroundings searched. His informants came to report that they had not found Hiram at all and that it must absolutely have happened that he had met with something extraordinary, so the more as there was a great quantity of blood spread about in the Temple. Solomon, filled with heavy sorrow, kept silent for a moment. Then he cried out that he had lost Hiram, the support of his throne and that he without doubt had been assassinated by some person jealous of Hiram's fortune merited by his virtue and talents. He called for a general roll-call of the workmen of each class, from which **Giblon**, **Giblas** and **Giblot** were missing. He no longer doubted that they were the authors of the parricide and he gave the most exact orders to persecute them and to have them suffer the punishment of retaliation and to make sure that the intensity of the torments he had suffered had definitely not taken away from Hiram the Master's word.

Ces scélérats ayant scu que Salomon avait ordonné un appel G.al des ouvriers, avaient appréhendé d'être découverts, soit par quelque marque extérieure, soit par le remord de leur Conscience; qui, dans la Stupidité où ils étaient n'eût pas manqué de les trahir; ils avaient en conséquence pris la fuite, et de peur d'être reconnus pour ouvriers du temple et être arrêtés en cette qualité, ils s'étaient dépouillés des vetemens qui les distinguoient, et étaient partis l'un par la route de l'orient, l'autre du midi, et le 3.e de l'occident.

Les Com. désespérés de la perte de leur C. M. et que la vie lui eût été ôtée par des ouvriers de leur classe, coururent se prosterner aux pieds de Salomon, et le prièrent de permettre qu'ils vengeassent eux mêmes ce Cruel Parricide. ce qu'il leur avait accordé, leur défendant d'effacer la moindre trace du Sang répandu jusqu'à ce que la Vengeance fût accomplie. il en choisit à cet effet 60 dont 15 restèrent à la garde du temple à postés Cinq à chaque porte, et les autres 45 se divisèrent en 3 bandes de 15 chacune ; les uns partirent du Côté de l'orient, les autres du Côté du midi et les autres du Côté de l'occident, après être convenus d'une marche particulière pour pouvoir distinguer les endroits où ils auraient passé, ainsi que d'un Signe particulier pour se rallier s'il en était nécessaire. ceux qui marchèrent du Côté de l'occident rencontrèrent Giblon, et lui demandèrent quel motif l'avait pû porter à ôter la vie à un S.t et R.ble Personnage ; il leur avoua de bonne foi, qu'il ne l'avait pas tué mais que sur le refus qu'il avait fait de lui donner la Parole de M., il lui avait porté un Coup à la Gorge ; ils lui répliquèrent en lui faisant subir la même peine, brulèrent son Corps et en jettèrent les Cendres au vent ; ils reprirent ensuite la route de Jérusalem, où ils arrivèrent le 9.e jour, et le 5.e de la mort.

Ces scélérats, ayant su que Salomon avait ordonné un appel général des ouvriers, avaient appréhendé d'être découverts, soit par quelque marque extérieure, soit par le remord de leur conscience qui, dans la perplexité où ils étaient, n'eut pas manqué de les trahir. Ils avaient, en conséquence, pris la fuite et, de peur d'être reconnus pour ouvriers du Temple et être arrêtés en cette qualité, ils s'étaient dépouillés des ornements qui les distinguaient et étaient partis, l'un par la route de l'orient, l'autre du midi et le troisième de l'occident.

Les Compagnons, désespérés de la perte de leur cher Maître que la vie lui eût été ôtée par des ouvriers de leur classe, coururent se prosterner aux pieds de Salomon et le prièrent de permettre qu'ils vengeassent eux-mêmes ce cruel parricide. Ce qu'il [1] leur avait accordé, leur défendant d'effacer la moindre trace du sang répandu jusqu'à ce que la vengeance fût accomplie. Il en [2] choisit, à cet effet, soixante, dont quinze restèrent à la garde du Temple, postés cinq à chaque porte, et les quarante-cinq autres se divisèrent en trois bandes de quinze chacune. Les uns partirent du côté de l'orient, les autres du côté du midi et les autres du côté de l'occident, après être convenus d'une marche particulière pour pouvoir distinguer les endroits où ils seraient passés, ainsi qu'un signe particulier pour se rallier s'il en était nécessaire. Ceux qui marchèrent du côté de l'occident rencontrèrent **Giblon** et lui demandèrent quel motif l'avait porté à ôter la vie à un si saint et respectable personnage. Il leur avoua, de bonne foi, qu'il ne l'avait pas tué mais que, sur le refus qu'il avait fait de lui donner la parole de Maître, il lui avait porté un coup à la gorge. Ils lui répliquèrent en lui faisant subir la même peine, brûlèrent sont corps et jetèrent les cendres au vent. Ils reprirent ensuite la route de Jérusalem, où ils arrivèrent le troisième jour [de leur départ] et le cinquième de la mort.

Those villains knew that Solomon had called a general roll-call of the workmen and realised they would have been discovered, be it by some external clue, be it by the remorse of their conscience, which in the perplexity they felt had not failed to betray them. They had consequently fled and for fear of being recognized by workmen of the Temple and of being arrested as such, they had put off all ornaments, which distinguished them and went off, one to the east, one to the south and the third to the west.

The Fellow Crafts, in despair of the loss of their dear Master whose life had been taken by workmen of their class, came running to Solomon and prostrated themselves at his feet and begged him to permit them that they would revenge themselves of that cruel parricide. What he [1] did allow them, under condition not to take away the least sign of the blood spread about in the Temple until the revenge had been accomplished. He chose [2] for this purpose sixty, of whom fifteen remained as guards in the Temple, each five of them posted at each porch, and the remaining forty-five split up into three groups of fifteen each. One group departed to the east, the one to the south and the one to the west, after having agreed upon a particular step to distinguish the places where they had been, and a particular sign to assemble, if that should be necessary. Those who went to the west met with Giblon and asked him what his motive had been to take the life of such a holy and respectable person. He avouched to them in good faith that he had not the intention of killing him, but that on Hiram's refusal to give him the Master's word, he had given him a blow to the throat. They retaliated by having him endure the same punishment, burned his corpse and threw his ashes to the wind. They then took the road to Jerusalem, where they arrived the third day, being the fifth day after the death.

---

[1] Salomon...
[2] Parmi les Compagnons....

---

[1] Solomon.
[2] Among the Fellow Crafts

110.

Giblas fut rencontré au midi par ceux qui avaient pris cette route, et sur l'assurance qu'il leur donna qu'il n'avait fait qu'ouvrir le ventre d'A[h]l.: sans avoir malgré cela rien obtenu de lui, ils lui ouvrirent aussi le ventre, lui arrachèrent les entrailles, ainsi que le cœur, le brûlèrent et jetèrent les cendres au vent, ils arrivèrent ensuite à Jérusalem le 5.e jour après leur départ, et le 7.e de la mort.

Quand à Giblot, il fut rencontré à l'orient par les autres Com. qui lui firent la même question; ils apprirent de lui qu'il n'avait pas été plus heureux que ses ff., et que la force des tourmens n'avait pu arracher à Hiram la Parole de M.e, que le seul désespoir de ne pouvoir l'obtenir l'avait porté à lui ôter la vie en lui plongeant son poignard dans le cœur; sur son aveu ils lui arrachèrent le cœur, les entrailles et la langue, lui coupèrent la tête et les 4 membres qu'ils exposèrent aux 4 parties du monde, sur des piquets, et brûlèrent les restes de ce malheureux dont ils jettèrent les cendres au vent, et revinrent à Jérusalem le 7.e jour de leur départ et le 9.e de la mort.

Les M.es de leur côté ne restèrent pas dans l'inaction; Salomon les fit assembler après le départ des Com., et les conjura par le respect et l'amitié qu'ils avaient pour leur digne chef dont la perte lui serait toujours sensible, de faire tous leurs efforts, pour recouvrer les restes précieux de ce g.d homme, afin qu'il pût avoir en quelque moyen la satisfaction de le dédommager par la pompe et la magnificence de ses obsèques, des récompenses qui devait attendre par sa sagesse, sa vertu et ses talens, il divisa ensuite les M.es en 9 bandes dont la 1.re partit tout de suite, après être convenus, ainsi que les four. du signe de ralliement, et d'une marche

**Giblas** fut rencontré au midi par ceux qui avaient pris cette route et, sur l'assurance qu'il leur donna qu'il n'avait fait qu'ouvrir le ventre d'Hiram, sans avoir, malgré cela, rien obtenu de lui, ils lui ouvrirent le ventre, lui arrachèrent les entrailles ainsi que le cœur, le brûlèrent et jetèrent les cendres au vent. Ils arrivèrent ensuite à Jérusalem, le cinquième jour après leur départ et le septième de la mort.

Quant à **Giblot**, il fut rencontré à l'orient par les autres Compagnons, qui lui firent la même question. Ils apprirent de lui qu'il n'avait pas été plus heureux que ses frères et que la force des tourments n'avait pu arracher à Hiram la parole de Maître, que le seul désespoir de n'avoir pu l'obtenir l'avait porté à lui ôter la vie, en lui plongeant son poignard dans le cœur. Sur son aveu, ils lui arrachèrent le cour, les entrailles et la langue, lui coupèrent la tête et las quatre membres, qu'ils exposèrent aux quatre parties du monde sur des piquets, et brûlèrent les restes de ce malheureux dont ils jetèrent les cendres au vent et revinrent à Jérusalem le septième jour de leur départ et le neuvième de la mort.

Les Maîtres, de leur côté, ne restèrent pas dans l'inaction. Salomon les fit assembler après le départ des Compagnons et les conjura, par le respect et l'amitié qu'ils avaient pour leur digne chef dont la perte leur serait toujours sensible, de faire tous leurs efforts pour recouvrer les restes précieux de ce grand homme, afin qu'il put avoir, en quelque moyen, la satisfaction de le dédommager, par la pompe et la magnificence de ses obsèques, des récompenses qu'il devait attendre par sa sagesse, sa vertu et ses talents. Il divisa ensuite les Maîtres en trois bandes dont la première partit tout de suite, après avoir convenu, ainsi que les Compagnons, du signe de ralliement et d'une marche

**Giblas** was met at noon by those who had taken that path and upon the assertion he gave that he had only cut open Hiram's belly without receiving anything from him, they opened his belly, took away his entrails and his heart, burned him and threw the ashes to the wind. They then arrived at Jerusalem on the fifth day after their departure, the seventh after the murder.

As far as **Giblot** is concerned he was met in the east by the other Fellow Crafts, who asked him the same question. They learned from him that he had not been luckier than his brethren and that the force of the torments had not enabled him to filch the Master's word from Hiram, and that solely the despair of not having obtained it had moved him to take his life by plunging his poniard into Hiram's heart. On this avowal they took out Giblot's heart, his entrails and his tongue, cut off his head and dismembered him, which parts they exposed on pikes to the four parts of the world, and burned the remainder of the villain and threw the ashes to the wind. They returned to Jerusalem on the seventh day after their departure, the ninth day after the death.

The Masters, on their part, did not remain immobile. Solomon called them together after the departure of the Fellow Crafts and consoled them, because the respect and friendship they felt for their chief and whose loss would always be felt by them, to do their utmost to recover the precious remains of this great man. Solomon wanted, in a certain way, to have the satisfaction of compensating Hiram by the pomp and magnificence of his burial; a recompense he might expect for his wisdom, his virtue and his talents. He then divided the Masters into three groups of which the first departed immediately, after having agreed upon, just as the Fellow Crafts did, a sign for assembling and a special step

111.ᵉ

distinguée, pour reconnaître les lieux où ils auraient passé, ils revinrent à Jérusalem après 3 jours de recherches, sans avoir pû rien découvrir.

La seconde particule ne fut pas plus heureuse que la 1ᵉʳᵉ, ils revinrent aussi après 3 jours de recherches inutiles.

La 3ᵉ et dernière bande partit à sonturne, et revenait le 3ᵉ jour, sans avoir rien trouvé, lorsqu'un des Mᵉˢ excédé de fatigue, et de douleur de se voir privé de rendre les derniers devoirs à l'homme du monde pour lequel ils avaient la vénération la plus particulière voulut s'asseoir sur une petite éminence près du temple, et qui n'était occasionnée que par la petite quantité de décombres qu'on y avait apporté. En s'asseyant, il appuya son coude sur la terre, et la trouva molle et fraîchement remuée, il saisit aussitôt une branche d'acashia, pour se relever plus facilement, il vit avec surprise que cette branche verte, et sans racines, n'avait été plantée là que pour quelque reconnaissance, il ne douta plus que le trésor qu'il cherchait, ne fût déposé en cet endroit, il appelle aussitôt ses Couff., l'espoir ranima leurs forces, et ils travaillèrent avec tant d'ardeur, qu'en peu de temps, ils découvrirent le précieux cadavre qui était tellement corrompu, que celui qui était le plus courbé ne put en supporter l'odeur, et se retira précipitamment, reculant d'un pas, et laissant tomber son bras gauche perpendi- = culairement le long de son Corps, portant la main droite en Compagⁿ, et la relevant en Mᵉ, porta ses doigts sous son nez, la tête penchée sur l'épaule gauche, et s'écria Grgoth qui signifie, il pue; on continua cependant de creuser et on trouva N. R. M., la jambe droite levée en équerre, et la main en Compagnon, il le fit remarquer à ses Camarades et augura qu'il n'avait rien révélé; il lui prit ensuite la main en app. en Com. et en Mᵉ, et s'apercevant que la chair se séparait

distinguée [1] pour reconnaître les lieux où ils auraient passé. Ils revinrent à Jérusalem après trois jours de recherche, sans avoir pu rien découvrir.

La seconde partie ne fut pas plus heureuse que la première; ils revinrent aussi après trois jours de recherches inutiles.

La troisième et dernière bande partit à son tour et revenait, le troisième jour, sans avoir rien trouvé, lorsqu'un des Maîtres, excédé de fatigue et de douleur de se voir privé de rendre les derniers devoirs à l'homme du monde pour lequel ils avaient la vénération la plus particulière, voulut s'asseoir sur une petite éminence, près du Temple, et qui n'était occasionnée que par la petite quantité de décombres qu'on y avait apportée. En s'asseyant, il appuya son coude sur la terre et la trouva molle et fraîchement remuée. Il saisit aussitôt une branche d'acacia pour se relever plus facilement; il vit, avec surprise, que cette branche, verte et sans racine, n'avait été plantée là que pour quelque reconnaissance; il ne douta plus que le trésor qu'il cherchait ne fut déposé en cet endroit; il appela aussitôt ses confrères, l'espoir ranima leurs forces et ils travaillèrent avec tant d'ardeur qu'en peu de temps ils découvrirent le précieux cadavre, qui était tellement corrompu que celui qui était le plus courbé ne put en supporter l'odeur et se retira précipitamment, reculant d'un pas et, laissant tomber son bras gauche perpendiculairement [2] le long de son corps, portant la main droite en Compagnon et la relevant en Maître, porta ses doigts sur son nez, la tête penchée sur l'épaule gauche et s'écria **Gigoth**, qui signifie « *il pue !* ». On continua cependant de creuser et on trouva notre Respectable Maître la jambe droite levée en équerre et la main en Compagnon. Il [3] le fit remarquer à ses camarades et augura qu'il [4] n'avait rien révélé. Il lui prit ensuite la main en Apprenti, en Compagnon et en Maître et, s'apercevant que la chair se séparait

---

[1] Au sens de reconnaissable, de distinguable.
[2] C'est-à-dire verticalement, la verticale étant perpendiculaire à l'horizontale
[3] Peut-être le Maître qui avait trouvé l'acacia ?
[4] Hiram...

for recognizing the places they had passed. They returned to Jerusalem after three days of searching without having been able to discover anything.

The second group had no more fortune than the first; they also returned after three days of useless search.

The third and last group left in its turn and also returned on the third day without having found anything, when one of the Masters, exhausted by fatigue and sadness because he saw himself deprived of rendering the last duties to the man of the world whom they had venerated so particularly and who wanted to sit down on a small hill, in the neighbourhood of the Temple and which was composed by a small quantity of rubble brought there. When sitting down he leaned with his elbow on the soil and observed that it was weak and recently moved. He immediately took hold of a branch of acacia in order to pull himself up more easily. He saw with surprise that this branch, green and without roots, was only placed there for the purpose of recognition. He no longer doubted that the treasure he searched for was deposited in that mound. He immediately called his brethren, the hope reinforced their strength and they worked with such an ardour that shortly after they had discovered the precious corpse, which had decayed to such extent that the one who had bent forward most could not sustain the odour and retired hastily, receded one step and let his left arm fall down perpendicularly [1] along his body, his right hand as a Fellow Craft and then lifting it as a Master, brought his fingers to his nose, the head inclined on the left shoulder, crying **Gigoth**, which means '*it stinks*'. They continued digging and found our Respectable Master with the right leg drawn up in a square and the hand held as a Fellow Craft. He [2] drew the attention of his companions to this and concluded that he [3] had revealed nothing. He then took his hand as an Apprentice, as a Fellow Craft and as a Master and observing that the skin had left

---

[1] This is perpendicularly, as the perpendicular is square to the horizontal.
[2] Probably the Master who found the acacia.
[3] Hiram.

112.

des os; il allongea la main droite jusqu'au dessous de son coude et lui portât la main gauche sous l'épaule droite, pied contre pied et genouil contre Genouil mis en dehors, il le releva de cette manière; mais de l'effort qu'il fit, il lui enfonça le doigt du milieu dans les côtes, aussitôt l'air qui était enfermé dans le cadavre, en sortit avec un tel bruit que celui qui le tenait s'écria, que si le R:ble eut été vivant, on eut cru qu'il aurait prononcé Moabon, il le retira de la fosse avec l'aide de les Compagnons Camarades, et ils l'étendirent sur un brancard qu'ils firent avec des jeunes arbres le couvrirent de feuilles et le portèrent au Temple où 9 g.d M.res restèrent en sentinelle jusqu'à ce qu'il fût inhumé; ils allèrent ensuite chez Salomon lui annoncer que le R:ble était retrouvé. Salomon satisfait de pouvoir au moins recueillir les précieux restes d'un si g.d homme, ordonna qu'on lui fit des obsèques aussi pompeuses et aussi magnifiques que si c'était lui même; il donna ensuite audience aux som. qu'il n'avait pas voulu écouter jusqu'à ce que le Corps de N.R. fut retrouvé; il apprit d'eux avec satisfaction que le crime de ces scélérats, ne leur avait apporté aucune utilité, et qu'hiram était mort sans avoir rien revelé. S'appercevant qu'ils étaient dans la consternation par la crainte que le sang qu'avaient versé ces malheureux ne retombât sur eux et sur leurs descendans jusqu'à la 7.e Génération, il les consola, les rassura; que loin d'avoir offensé le g.d A. leur action était innocente et même méritoire; il leur ordonna d'effacer jusqu'au moindre vestige de sang qui avait été répandu dans le temple, et de se laver les mains en signe d'innocence, et de se trouver à la Cérémonie des obsèques, en tablier et gants blancs, leur promettant de se

des os, il allongea la main droite jusqu'au-dessous du coude et, en portant la main gauche sous l'épaule droite, pied contre pied et genou contre genou, mis en dehors, il le releva de cette manière. Mais, de l'effort qu'il fit, il lui enfonça le doigt du milieu dans les côtes. Aussitôt, l'air qui était enfermé dans le cadavre en sortit avec un tel bruit que celui qui le tenait s'écria que, si le Respectable avait été vivant, on eut cru qu'il avait prononcé **Moabon**. Il le retira de la fosse avec l'aide de ses Compagnons camarades et ils l'étendirent sur un brancard, qu'ils firent avec de jeunes arbres, le couvrirent de saule et le portèrent au Temple où quelques Maîtres restèrent en sentinelle jusqu'à ce qu'il fût inhumé [1]. Ils allèrent ensuite chez Salomon lui annoncer que le respectable était retrouvé. Salomon, satisfait de pouvoir au moins recueillir les précieux restes d'un si grand homme, ordonna qu'on lui fasse des obsèques aussi pompeuses et aussi magnifique que si c'était lui-même [que l'on enterrait]. Il donna ensuite audience aux Compagnons, qu'il n'avait pas voulu écouter jusqu'à ce que le corps de notre Respectable ait été retrouvé; il apprit d'eux, avec satisfaction, que le crime de ces scélérats ne leur avait apporté aucune utilité et qu'Hiram était mort sans avoir rien révélé. S'apercevant qu'ils étaient dans la consternation par la crainte que le sang qu'avaient versé ces malheureux ne retombât sur eux et sur leurs descendants jusqu'à la septième génération, il les consola, les rassura, [leur dit] que, loin d'avoir offensé le Grand Architecte, leur action était innocente et même méritoire. Il leur ordonna d'effacer jusqu'au moindre vestige du sang qui avait été répandu dans le Temple, de se laver les mains en signe d'innocence et de se trouver à la cérémonie des obsèques, en tablier et gants blancs, leur promettant de se

the bones. He then extended his right arm until it was under the elbow and keeping the left hand under his right shoulder, foot to foot, knee to knee, at the outside, he raised him in this way. But by the effort he made, he pushed his middle finger into his side. Immediately, the air enclosed in the body came out with such a sound that the one who held him cried that if the Respectable had lived, he would have said **Moabon**. He withdrew him from the grave with the assistance of his companions and they laid him on a stretcher made of young trees, covered him with willows and carried him to the Temple, where some Masters remained as guards until he could be buried. They then went to Solomon to inform him that the respectable had been found. Solomon, who was satisfied that he could at least gather the precious remainder of this great man, ordered that a burial ceremony be prepared, as pompous and magnificent as if it were for himself. He then gave an audience to the Fellow Crafts, whom he had not wanted to listen to, until the corpse of our Respectable had been found. He learned from them with satisfaction that the crime of those villains had brought them no profit and that Hiram died without having revealed anything. Observing that they were concerned because they feared that the blood these unhappy people had let would come back upon them and their descendants until the seventh generation, he consoled them assuring them that far from having offended the Great Architect, their action had been innocent and even valuable. He ordered them to clean away even the slightest particle of blood which was spread in the Temple and to wash their hands as a token of innocence and to attend to the burial ceremony with a white apron and white gloves, promising them

---

[1] Nous avons du rectifier plusieurs fois la syntaxe de ce passage.

113.

rendre au Temple dès que les obsèques seraient finies; le corps du R. fut enfermé dans un Cercueil et déposé dans un superbe tombeau élevé dans ce Sanctuaire et fermé par une Pierre dans le milieu de laquelle était la lettre G. le Triangle était reposé dans un Baldaquin suspendu perpendiculairement au dessus du Mausolée.

Tous les ouvriers assistèrent à la Cérémonie; les M.res dans la tribune, les Comp.ons au midi sous cette Tribune, et les app. occupaient le vestibule.

3 jours après la Cérémonie, Salomon se rendit avec toute sa Cour au Temple, où tous les ouvriers se trouvèrent dans le même ordre où ils étaient lors des obsèques, il adressa sa Prière à l'Eternel, examina ensuite le Tombeau, et approuvant le Triangle réposé dans le Baldaquin, il leva les mains et les yeux au Ciel, et s'écria dans la joie de son Cœur, Consommatum est; tous les M.res s'entrelacèrent les mains, et répondirent : amen, amen, amen.

Il congédia ensuite toute sa Cour, ainsi que les app. et les Comp., et retint avec lui les M.res; il leur fit faire une répétition exacte, de tout ce qui s'était passé lors de la découverte du R. Instruit de toutes les particularités qui avaient accompagné cet Evénement, il leur enjoignit de conserver précieusement les mêmes signes, attouchemens et paroles en commémoration de leur digne chef, dont ils devaient toujours avoir les vertus gravées dans le Cœur et dans la mémoire; il ordonna ensuite qu'ils s'en servissent pendant la Construction du temple pour se reconnaître entre eux, les invita de vivre dans l'union et dans la Concorde et à se donner un baiser de paix en signe de l'amitié qu'ils se vouaient; ensuite il les congédia en leur ordonnant de reprendre le lendemain, les travaux du temple, que la mort du R. avait interrompus.

La g.de vénération que Salomon avait pour les vertus

rendre au Temple dès que les obsèques seraient finies. Le corps du respectable fut enfermé dans un cercueil et déposé dans un superbe tombeau élevé dans le sanctuaire et fermé par une pierre dans le milieu de laquelle était la lettre G, le triangle étant répété dans un baldaquin suspendu perpendiculairement au-dessus du mausolée.

Tous les ouvriers assistèrent à la cérémonie, les Maîtres dans la tribune, le Compagnons au midi, sous cette tribune et les Apprentis occupaient le vestibule.

Trois jours après la cérémonie, Salomon se rendit avec toute sa cour au Temple, où les ouvriers se trouvèrent dans le même ordre où ils étaient lors des obsèques. Il adressa sa prière à l'Eternel, examina ensuite le tombeau et, approuvant le triangle répété dans le baldaquin, il leva les yeux au ciel et s'écria, dans la joie de cœur, « *Consommatum est !* ». Tous les Maîtres s'entrelacèrent les mains et répondirent « *Amen, amen, amen !* ».

Il [1] congédia ensuite toute sa cour, ainsi que les Apprentis et les Compagnons et retint avec lui les Maîtres. Il leur fit faire une répétition exacte de tout ce qui s'était passé lors de la découverte du Respectable. Instruit sur toutes les particularités [2] qui avaient accompagné cet événement, il leur enjoignit de conserver précieusement les mêmes signes, attouchements et parole, en commémoration de leur digne chef, dont ils devaient toujours avoir les vertus gravées dans le cœur et dans la mémoire. Il ordonna ensuite qu'ils s'en servissent pendant la construction du Temple pour se reconnaître entre eux, les invitant de vivre dans l'union et dans la concorde et à se donner un baiser de paix en signe de l'amitié qu'ils se vouaient. Ensuite, il les congédia en leur ordonnant de reprendre, le lendemain, les travaux du Temple, que la mort d'Hiram avait interrompus.

La grande vénération que Salomon avait pour les vertus

to go to the Temple as soon as the burial ceremony would be over. The corpse of the respectable was enclosed in a coffin and deposited in a splendid tomb, erected in the sanctuary and closed by a stone in the centre of which was the letter G. The triangle was repeated in a canopy suspended vertically over the mausoleum.

All workmen attended the ceremony, the Masters on the tribune, the Fellow Crafts in the south, under that tribune, and the Apprentices occupied the entrance hall.

Three days after the ceremony, Solomon went with the whole court to the Temple, where the workmen were in the same order as during the burial. He addressed his prayer to the Eternal, then examined the tomb and approving that the triangle was repeated in the canopy, he raised his eyes to heaven and cried with a joyous heart *"Consommatum est !"* All Masters crossed their hands and answered *"Amen, Amen, Amen !"*

He [1] then sent away the whole court as well as the Apprentices and Fellow Crafts and kept the Masters with himself. He had them exactly repeat all that had happened during the discovery of the Respectable. Informed about all the particulars [2] which had accompanied this event, he enjoined them to carefully preserve the same signs, grips and word in memory of their worthy chief, whose virtues they had to keep engraved in their hearts and their memory. He ordered then that they would use them during the construction of the Temple as a sign of recognition among them and invited them to live in union and concord and to give each other the embracement as a token of friendship they promised each other. Then he sent them away and ordered them to start again the work on the Temple the next day, which had been interrupted by the death of Hiram.

The great veneration which Solomon had for the virtues

---

[1] Il s'agit de Salomon, bien entendu...
[2] Au sens de détails...

---

[1] It refers to Solomon.
[2] In the meaning of details.

114 et les talens d'Hiram, et le défaut de sujet propre à remplacer ce g.d a., le déterminèrent à se charger lui même de la conduite des travaux qui durèrent encore quelque temps, le temple se parachèva enfin l'an 3006, six ans après que Salomon en eût posé la 1.ere pierre et la dédicace s'en fit l'année suivante avec une pompe et une magnificence des plus éclatantes.

Cette cérémonie achevée, il donna audience à tous les ouvriers pendant 3 jours, les M.r fut par ordre les M.res qu'il fit introduire dans le milieu du temple, pendant que les Comp. et app. en gardaient la porte, il gratifia de la maîtrise les plus vertueux d'entre les Comp. et principalement ceux qui avaient vengé la mort du R.ble, il leur fit promettre solennellement de vivre entr'eux, dans la paix, l'union et la concorde d'exercer les œuvres de charité et d'urbanité, à l'imitation de leur chef de n'avoir comme lui d'autre base de leurs actions, que la justice, la sagesse et l'équité; de garder un profond silence sur leurs mistères, et de ne les révéler qu'à ceux des compagnons qui mériteraient par leur zèle, leur ferveur et leur constance, cette insigne faveur, et de se porter une mutuelle assistance dans leurs besoins; de punir sévèrement la trahison, la perfidie et l'injustice; il les bénit ensuite, leur accorda la faveur de voir à découvert l'arche d'alliance dans laquelle l'Éternel rendait ses oracles; ordonna plusieurs sacrifices et les admit aux S.tes libations, les embrassa et leur donna à chacun un anneau d'or pour preuve de l'alliance qu'ils contractaient avec la vertu et les vertueux, avec défense d'en disposer avant leur mort, et de ne le remettre en d'autres mains, que celles d'une épouse vertueuse, de leur fils aîné, ou de leur meilleur ami, les combla de présents, et permit de se retirer où bon leur

and talents of Hiram and the lack of a proper person to replace this great architect, made him decide to take up the conduct of the work himself, which still lasted some time. The Temple was finally ready in the year 3006, six years after Solomon had laid the first stone. And the dedication followed the next year with much pomp and was of the brightest magnificence.

After this ceremony he [1] gave an audience to all the workmen during three days. The first came the Masters, whom he introduced to the centre of the Temple, whereas the Fellow Crafts and the Apprentices stood guard at the porch. He granted the Mastership to the most virtuous among the Fellow Crafts and principally those who had revenged the death of the Respectable; he made them promise solemnly to live with each other in peace, union and concord; to exercise works of charity and benevolence, imitating their chief; not to have, like him, any other basis for their actions than justice, wisdom and equity; to guard a deep silence about their mysteries and not to reveal them but to those Fellow Crafts who deserved so by their zeal, fervour and constancy that remarkable favour and to support each other in their needs; to punish treason, perfidy and injustice severely. He then blessed them and gave them the favour of seeing the Arch of Alliance, in which the Eternal gave His oracles, he ordered several sacrifices and admitted them to the sacred libations, embraced them and gave each of them a golden ring as a proof of the alliance they had contracted with virtue and the virtuous, defending them to dispose of it before death and not to hand it over than to a virtuous wife, their eldest son or their best friend. He buried them with presents and permitted them to retire where they

---
[1] Always Solomon.

semblerait.

Le 2.e jour il donna audience aux Con. et le 3.e aux app.; il leur fit promettre ainsi qu'aux M.res de ne jamais s'écarter des principes de la vertu dont leur digne chef avait été le modèle; de vivre toujours unis; de s'aider dans leurs besoins; de garder entr'eux, les signes, paroles et attouchemens; de ne les communiquer qu'à leurs Enfans, ou à ceux qui les recevraient chez eux avec charité, ou en qui ils rencontreraient le Germe de la vertu; il les combla ensuite de présents et leur permit de se retirer où bon leur semblerait.

Il donna ses ordres pour qu'ils fussent défrayés jusqu'à ce qu'ils fussent dans leur Patrie.

Salomon ce Roi si sage, si vertueux, ce Roi que Dieu avait choisi selon son cœur, se rendit sourd à sa voix; orgueilleux de se voir un monarque le plus puissant de la terre, tant par ses richesses immenses, que par la quantité immense de ses sujets et d'avoir élevé un Temple dont l'étendue, la structure et la magnificence faisait l'admiration de l'univers, oublia bientôt les bienfaits du Seig.r et se livra à toute sorte d'excès; sa lâche complaisance pour un sexe dangereux l'attacha au culte de ses Pères; elle lui fesait profaner le St. Temple en offrant à l'idole de Moloch un encens qui ne devait brûler que pour le St. des St.s. Tous ces crimes pénétrèrent de la plus vive douleur les Maçons qui perpetuaient dans leurs cœurs et dans celui de leurs Enfans; les vertus qu'ils avaient prises dans l'union S.te et R.ble qui régnait entr'eux.

Ils tâchèrent tant par leurs exemple que par leurs conseils d'empêcher leurs concitoyens de se livrer à cette impiété et à ce sacrilège.

Désespérés de n'y pouvoir réussir, ils se rappelèrent dans l'amertume de leurs cœurs, la vengeance que Dieu avait exercée sur leurs Pères après le Crime de David; ils se représentaient la foudre prête à éclater sur leurs têtes, ce superbe Temple renversé, Jérusalem détruit, leurs Enfants gémissant sous le joug de leur triste esclavage,

semblerait.

Le deuxième jour, il donna audience aux Compagnons et aux Apprentis. Il leur fit promettre, ainsi [1] qu'aux Maîtres, de ne jamais s'écarter des principes de la vertu dont leur digne chef avait été le modèle; de garder entre eux les signes, paroles et attouchements, de ne les communiquer qu'à leurs enfants ou à ceux qu'ils recevraient chez eux avec charité ou en qui ils rencontreraient le germe de la vertu. Il les combla ensuite de présents et leur permit de se retirer où bon leur semblerait.

Il donna ses ordres pour qu'ils fussent défrayés jusqu'à ce qu'ils fussent dans leur patrie.

Salomon, ce roi si sage, si vertueux, ce roi que Dieu avait choisi selon Son cœur, se rendit sourd à Sa voix. Orgueilleux de se voir le monarque le plus puissant de la terre, tant par ses richesses immenses que par la quantité immense de ses sujets, et [que] d'avoir élevé un Temple dont l'étendue, la structure et la magnificence faisait l'admiration de l'univers, oublia bientôt les bienfaits du Seigneur et se livra à toutes sortes d'excès. Sa lâche complaisance pour un sexe dangereux l'arracha au culte de ses pères; elle lui faisait profaner le Saint Temple en y offrant à l'idole de Moloch un encens qui ne devait brûler que dans le Saint des Saints. Tous ces crimes pénétrèrent de la plus vive douleur les Maçons qui perpétuaient dans leurs cœurs et dans celui de leurs enfants les vertus qu'ils avaient prises dans l'union sainte et respectable qui régnait entre eux.

Ils tâchèrent, tant par leurs exemples que par leurs conseils, d'empêcher leurs concitoyens de se livrer à cette impiété et à ce sacrilège.

Désespérés de ne pouvoir réussir, ils se rappelèrent, dans l'amertume de leur cœur, la vengeance que Dieu avait exercée sur leurs pères après le crime de David; ils se représentaient la foudre prête à éclater sur leurs têtes, ce superbe Temple renversé, Jérusalem détruite, leurs enfants gémissant sous le joug de leur triste esclavage

wished.

The second day he gave an audience to the Fellow Crafts and the Apprentices. He made them promise, as he did with the Masters, never to deviate from the principles of virtue of which their worthy chief had been the example; to guard among them the signs, words and grips and not to communicate them but to their children or those whom they received with charity or those in whom they recognised the germ of virtue. He had them laden with presents and permitted them to withdraw where they would wish.

He gave the orders that their costs should be defrayed until they were back in their own countries.

Solomon, this wise king, so virtuous, that king God had chosen according to His Heart, became deaf to His voice. Proud, seeing himself the most powerful monarch on the earth, by his immense riches as well as by the enormous quantity of subjects, and having erected a Temple of which the extent, the structure and the magnificence caused universal admiration, he soon forgot the benevolence of the Lord and delivered himself to all kinds of excesses. His cowardly complicity for dangerous sex drew him away from the cult of his fathers. It made him profane the Holy Temple by offering incense to the idol of Moloch, which was only allowed to be burnt in the Holy of Holies. All these crimes filled most sorely with sadness the hearts of the Masons, who maintained in their hearts and in those of their children the virtues they had derived from the sacred and respectable union, which reigned among them.

They tried, by their example as well as by their councils, to prevent their fellow-citizens from delivering themselves to that impiety and profanation.

Desperate at not being able to succeed, they recalled in the bitterness of their hearts the revenge which God had exercised on their fathers after the crime of David. They imagined the lightning ready to explode on their heads, that Superb Temple turned over, Jerusalem destroyed, their children sighing under the yoke of their sad bondage.

---

[1] Au sens de *comme...*

116. Ces effrayantes idées réveillaient sans cesse leur imagination, et les déterminèrent à s'expatrier volontairement pour n'être pas témoins de ces horreurs; ils abandonnèrent la Judée et cherchèrent une nouvelle Patrie dans des terres étrangères, Egypte, en Syrie, en Scithie, jusques dans les déserts de la Thébaïde; d'autres passèrent les mers et se réfugièrent dans les Pays septent.<sup>ux</sup> dans l'angleterre, l'Ecosse et l'Irlande, c'est là que, fidèles à la vertu, ils se prêtaient une mutuelle assistance, et ne connaissant d'autre supériorité que celle que donne la vertu, ils devinrent l'admiration des peuples chez lesquels ils s'étaient réfugiés. L'Éternel versant chaque jour sur eux les dons les plus précieux; défenseurs de la veuve, ainsi que de l'orphelin, arbitres des différens, leurs décisions étaient respectées. g<sup>ds</sup> et petits trouvaient auprès d'eux un accès facile; le malheureux imploraient leur assistance remportant avec lui la douce consolation d'un bienfait dont il n'avait point à rougir; le Criminel même devenait un objet précieux de leur zèle infatigable, leur candeur répandue amollissait les cœurs les plus durs, et le jour qu'ils avaient ramené un mortel dans le chemin de la vertu était pour eux un j<sup>r</sup> de triomphe et de joie.

Quels sont donc ces nouveaux hôtes disaient ils ff. habitans du nord? sans envie, sans jalousie, sans ambition, affables, charitables et vertueux, ils vivent dans la plus parfaite union, et n'ont d'autre guide que la sagesse, la justice et l'équité; – sont-ce des hommes, des prophètes ou des anges? l'envie de profiter de leurs bons exemples et de pratiquer plus particulièrement la vertu détermina plusieurs d'entr'eux à faire société avec ces bons maçons; ils les prièrent de les admettre parmi eux et de les initier dans leurs mistères, en

Ces effrayantes idées réveillaient sans cesse leur imagination et les déterminèrent à s'expatrier volontairement pour n'être pas témoins de ces horreurs. Ils abandonnèrent la Judée et cherchèrent une nouvelle patrie dans des terres étrangères, [en] Egypte, en Syrie, en Scycthie, jusque dans les déserts de la Thébaïde. D'autres passèrent les mers et se réfugièrent dans les pays septentrionaux, dans l'Angleterre, l'Ecosse et l'Irlande. C'est là que, fidèles à la vertu, ils se prêtaient une mutuelle assistance et ne connaissaient d'autre supériorité que celle que donne la vertu. Ils devinrent l'admiration des peuples chez lesquels ils s'étaient réfugiés. L'Eternel versait chaque jour sur eux les dons les plus précieux. Défenseurs de la veuve ainsi que de l'orphelin, arbitres des différends, leurs décisions étaient respectées. Grands et petits trouvaient auprès d'eux un accès facile; le malheureux implorant leur assistance remportait avec lui la douce consolation d'un bienfait dont il n'avait pas à rougir; le criminel même devenait un objet précieux de leur zèle infatigable, leur candeur répandue amollissait les cœurs les plus durs et le jour qu'ils avaient ramené un mortel dans le chemin de la vertu était pour eux un jour de triomphe et de joie.

« *Quels sont donc ces nouveaux hôtes ?* », disaient les Frères habitants du Nord, « *Sans envie, sans jalousie, sans ambition, affables, charitables et vertueux, ils vivent dans la plus parfaite union et n'ont d'autres guides que la sagesse, la justice et l'équité. Sont-ils des hommes, des prophètes ou des anges ?* » L'envie de profiter de leurs bons exemples et de pratiquer plus particulièrement la vertu détermina plusieurs d'entre eux à faire société avec ces bons Maçons; ils les prièrent de les admettre parmi eux et de les initier dans leurs mystères.

Ces

These frightening ideas were incessantly recalled to their imagination and they decided to leave voluntarily in order not to be witness of these horrors. They left Judea and sought for a new country in strange lands, Egypt, Syria, Scythia, even to the deserts of Thebaide. Others passed over the seas and took refuge in northern lands, England, Scotland and Ireland. It was there that true to virtue, they rendered mutual assistance and only recognized as their superior what virtue provides. They became the admired of the populations among which they took refuge. The Eternal granted each day to them the most precious gifts. Defenders of the widow and the orphans, arbiters in differences, their decisions were always respected. Great and small found an easy access to them. The unhappy implored their assistance and retained the sweet consolation of benevolence, of which he was not to blush. Even the criminal became a precious object of their untirable zeal, their shining sincerity made the hardest hearts soft and the day they had brought back a mortal to the road of virtue was for them a day of triumph and joy.

"*Who are thus those new hosts ?*" asked the brethren who inhabited the North, "*Without envy, jealousy, ambition, affable, charitable and virtuous, they lived in the most perfect union and had no other guides than wisdom, justice and equity. Were they men, prophets or angels ?*" The envy to profit by their good examples and to practise in particular the virtue brought several among them to associate with the good Masons. They begged them to be admitted among them and to be initiated in their mysteries.

These

bons maçons choisirent les plus vertueux d'entre ce Peuple, leur apprirent leur histoire, les invitèrent à déplorer comme eux la fragilité du Coeur humain dont Salomon est un exemple mémorable, à fuir le vice et à pratiquer la vertu à l'imitation de leur C. M. S., et finirent par couronner leur zèle et leur constance, en leur faisant part de leurs mistères. Plusieurs siècles s'écoulèrent sans que ces sages maçons dégénérassent des sentiments qu'ils avaient reçu de leurs Pères, insensiblement le mélange opéra le relâchement. Ceux qui s'étaient préservés de la Corruption générale, sentirent avec regret que les Coeurs de la plupart de leurs ff. s'étaient lassés de la vertu; ils prirent le parti de renfermer leur secret, et de conserver pour se reconnaitre entre eux, des signes certains que la légèreté de leurs ff. avaient presque mis en oubli; ils vécurent ainsi, étrangers, dans leur propre patrie jusqu'au temps des Croisades.

Les Princes Chrétiens s'étant ligués entre eux pour conquérir la terre S.ᵗᵉ et délivrer Jérusalem des Barbares qui l'opprimaient ces bons et vertueux maçons, dignes héritiers de ceux qui avaient construit le temple de Salomon, voulurent contribuer à l'exécution d'une si pieuse et si Sᵗᵉ entreprise; ils offrirent leurs services aux Princes confédérés, sous condition qu'ils n'auraient pas d'autre chef que celui qu'ils éliraient; les princes acceptèrent leurs offres, ils arborèrent, comme eux, l'étendart de la Guerre et partirent. Dans le tumulte de la Guerre ils conservèrent toujours les principes de la vertu, dont leur Père leur avait tracé le modèle; ils vécurent toujours parfaitement unis, logeant dans les mêmes tentes, sans distinction de rang et de naissance, et ne connaissant de M.ᵉ qu'au combat; lequel fini, ils rentraient dans l'égalité, se donnant une mutuelle assistance, et étendant leur Charité sur tous les indigens, même sur leurs ennemis. Dans toutes les actions où ils se trouvaient, ils

bons Maçons choisirent les plus vertueux d'entre ce peuple, leur apprirent leur histoire, les invitèrent à déplorer, comme eux, la fragilité du cœur humain, dont Salomon est un exemple mémorable, à fuir le vice et à pratiquer la vertu, à l'imitation de leur cher Maître et Père, et finirent par couronner leur zèle et leur constance en leur faisant part de leurs mystères. Plusieurs siècle s'écoulèrent sans que ces sages Maçons dégénérassent des sentiments qu'ils avaient reçus de leurs pères. Insensiblement, le mélange opéra le relâchement. Ceux qui s'étaient préservés de la corruption générale sentirent avec regret que les cours de la plupart de leurs Frères s'étaient lassés de la vertu. Ils prirent le parti de renfermer leur secret et de conserver, pour se reconnaître entre eux, des signes certains, que la légèreté de leurs Frères avait presque mis dans l'oubli. Ils vécurent ainsi, étrangers dans leur propre patrie, jusqu'au temps des Croisades.

Les princes chrétiens s'étant ligués entre eux pour conquérir la Terre Sainte et délivrer Jérusalem des barbares qui l'opprimaient, ces bons et vertueux Maçons, dignes héritiers de ceux qui avaient construit le Temple de Salomon, voulurent contribuer à l'exécution d'une si pieuse et si sainte entreprise. Ils offrirent leurs services aux princes confédérés, sous condition qu'ils n'auraient d'autre chef que celui qu'ils éliraient; les princes acceptèrent leur offre; ils arborèrent, comme eux, l'étendard de la guerre et partirent.

Dans le tumulte de la guerre, ils conservèrent toujours les principes de la vertu, dont leurs pères leur avait tracé le modèle. Ils vécurent toujours parfaitement unis, logeant dans les mêmes tentes, sans distinction de rang ou de naissance et ne connaissant de Maître qu'au combat, lequel fini, ils rentraient dans l'égalité, se donnant une mutuelle assistance et étendant leur charité sur tous les indigènes, même sur leurs ennemis. Dans toutes les actions où ils se trouvaient, ils

good Masons chose the most virtuous among this people, taught them their history, invited them to deplore as well the fragility of the human heart, of which Solomon is a memorable example, to escape vice and practise virtue, imitating their dear Master and Father, and finally crowned their zeal and their constancy by letting them share their mysteries. Many centuries passed and the wise Masons did not denigrate the feelings they received from their fathers. Insensibly the mixture of the two groups caused a moral relaxation. Those who were preserved from the general corruption felt with regret that the hearts of the majority of their brethren relaxed from virtue. They took the decision to lock away their secrets and to keep certain signs for recognition among themselves, which the levity of their brethren nearly had brought to oblivion. They so lived, strangers in their own land, until the time of the Crusaders.

The Christian princes had united to conquer the Holy Land and to deliver Jerusalem from the barbarians, who oppressed it, and the good and virtuous Masons were worthy heirs of those, who had constructed the Temple of Solomon. They wished to contribute to the execution of such a pious and sacred enterprise. They offered their services to the united princes, under the condition that they would have no other chief than the one they would choose. The princes accepted their offer. They unfurled their standards of war and departed.

During the tumultuous war they always preserved the principles of virtue, of which their fathers had given them the example. They always lived in perfect union, living in the same tents, without distinction of rank or birth and recognised in battle a Master only, and after that they returned to equality, giving mutual assistance and spreading their charity to all inhabitants of those lands, even when their enemies. In all actions where they were, they

donnaient des preuves de la plus haute valeur; ils essuyèrent plus d'une fois tout l'effort des troupes ennemies, les Confédérés ne pouvant résister au choc impétueux des Turcs, lâchaient le pied, eux seuls rétablissaient les Combats et remportaient la victoire. Exemple mémorable de ce que peut le courage attaché à la vertu.

On les voyait au moindre signal, attaquer, s'ouvrir, se replier, se rallier et fondre sur leurs ennemis avec tant d'ardeur que rien ne pouvait leur résister, rien ne peut arrêter ce peuple maçon, les prodiges de valeur se succèdent tout à fait, tout est dispersé; le vent du midi ne balaie pas avec plus de rapidité la poussière des Champs.

Cette ardeur mâle, cette intrépidité dans les plus g.ds dangers, cette façon de Combattre en Légions, cette sagesse, cette union, cette ardeur, et plus que tout cela le désintéressement qu'ils poussaient jusqu'à refuser de partager les dépouilles des vaincus attira l'attention des Confédérés, et principalement des Ch.ers de St. Jean de Jérusalem; ces derniers veulent connaître ces héros, et députent vers eux pour demander leur alliance. Quel spectacle attendrissant de voir ces illustres Ch.ers, dignes défenseurs de la Religion, se jetter entre les bras de ces héros maçons, les nommer leurs frères, et leur offrir le tribut de la plus vive reconnaissance.

Ces Généreux maçons leur répondirent que le tribut n'était dû qu'au g. a. d. l'u., qu'ils s'étaient armés pour une cause qui leur était commune, que la Judée était leur ancienne Patrie, et que si leurs Pères avaient été obligés de l'abandonner depuis plusieurs siècles, ce n'avait été que par les circonstances dont les souvenirs leur arrachaient encore des larmes.

Les Députés surpris de trouver tant de vertu chez ces bons Israélites, leur demandèrent d'être admis dans leur Société, et d'être particulièrement initiés dans leurs mystères; ces maçons

gave proof of the highest values. They swept away more than once all efforts of the troops of the enemy : the confederates could not withstand the impetuous shock of the Turks, lost ground but they turned the battle and brought back victory, memorable example of what courage attached to virtue can do.

They were seen at the first signal. Attack, opening, gathering, rush and mix with the enemy with such an ardour that nothing could withstand them. Nothing can withhold this Mason people. The advantages of value succeeded completely. All were dispersed, the southern wind cannot sweep the dust of the fields with greater speed.

This male ardour, that intrepidity in the greatest dangers, this way of fighting by signals, that wisdom, that union, that charity and more than all this, the disinterestedness with which they refused to partake in the looting of the conquered, drew the attention of the confederates and especially of the Knights of Saint John of Jerusalem. The latter wished to know those heroes and sent [1] to them to ask for an alliance. What a softening spectacle seeing those illustrious knights, worthy defenders of Religion, throwing themselves into the arms of the Mason heroes, whom they called their fathers and offering them the tribute of the most vivid gratitude.

These generous Masons replied to them that the tribute was only due to the Great Architect of the Universe, that they were armed for a cause, common to them, that Judea was their old country and that if their fathers had been obliged to abandon it since many centuries, it had only been because of circumstances of which the memory still caused them to weep.

The deputies were surprised to find so much virtue with these good Israelites and asked them to be admitted to their society and particularly to be initiated into their mysteries. Those Masons

---

[1] The copyist passed to the presence, without reason, returning to the past in the next paragraph. We maintained this.

leur répondirent que la Sagesse, la justice, la probité, l'égalité, l'amour et l'amitié étaient leurs premières Loix, et qu'ils seraient chargés de récompenser leur zèle en les faisant participer à leurs mistères, s'ils s'en rendaient dignes par leur constance.

Les Chers de St Jean de Jérusalem consentirent à tout ce que ces bons maçons voulurent leur prescrire ; ils furent initiés dans tous leurs mistères et instruits de leur histoire ; ils leur apprirent qu'une nouvelle lumière avait paru sur la terre ; que le siècle des gds mistères était enfin revenu ; que les promesses faites à Abraham et à sa postérité étaient accomplies ; que le Messie, seule victime capable d'expier les fautes de nos 1ers Parens avait satisfait à la justice divine. nos Pères n'avaient point été instruits des bontés ineffables du Sauveur, ils avaient rompu tout le Commerce avec leurs anciennes Patries, théâtres de ces miracles, et la crainte de la nouveauté autant que leur attachement à une Religion Ste et Rble qu'ils tenaient de l'Éternel même, les avait jusques là retenus dans les Ténèbres de l'ignorance. La main du Tout Puissant leur arracha enfin le bandeau dont leurs yeux étaient couverts, le Christianisme vint éprouver leur vertu et y mettre la dernière main et le dernier sceau. Ils reçurent ce bienfait des Chers de St Jean de Jérusalem en échange de la maçonnerie, et par reconnaissance ils adoptèrent pour leur Patron St Jean précurseur du Messie. C'est par ces nouveaux Prosélites, ainsi que par ces dignes maçons, que la maçonnerie s'est perpétuée de siècle en siècle, et s'est répandue en Prusse, en Suède, en Allemagne, et dans toute l'Europe, sans qu'aucune de ces révolutions qui ont tant fait changer la face des Empires, y ait apporté la moindre des atteintes, et elle est parvenue jusqu'à nous, dans toute Sa pureté.

replied to them that wisdom, justice, probity, equality, love and friendship were their first laws and that they would be charmed by the recompense of their zeal by having them participate in their mysteries, if they would render themselves worthy by their constancy.

The knights of Saint John of Jerusalem consented to all the good Masons wished to prescribe to them. They were initiated into all their mysteries and instructed in their history. They [1] taught them that a new light had appeared on earth; that the century of the Great Mysteries had finally returned; that the promises given to Abraham and his posterity were accomplished; that the Messiah, the sole victim capable to expiate the faults of our first fathers had satisfied the divine justice. Our fathers had not been instructed of the ineffable benevolence of the Saviour. They had broken all commerce with their old country, theatre of those miracles, and the fear of the novelty as well as their attachment to a sacred and respectable Religion they received from the Eternal Himself, had them until now withheld from the darkness of ignorance.

The hand of the Almighty took finally the band away, which had covered their eyes, Christianity came to prove their virtue and to put the last hand and the last seal. They received this benefit from the Knights of Saint John of Jerusalem in exchange for Freemasonry and for gratitude they adopted as their Patron Saint John the precursor of the Messiah. Through these new proselytes and the worthy Masons, Freemasonry was perpetuated from century to century and spread in Prussia, Sweden, Germany and the whole of Europe, without any of those devolutions, which did so much change the appearance of the Empires. It has contributed the least to the decline of nations and it has arrived to us in all its purity.

---

[1] The Knights of Saint John of Jerusalem.

## Reception au grade de Chevallier du Temple

### Le Tableau de la Loge

La Chambre doit être tendue de noir, remplie de larmes, de têtes de mort et des os en sautoir.

Les Ch.ers sont ornés d'un ruban noir, bordé de blanc ; au milieu du ruban sur l'estomac est une tête de mort brodée en argent, un peu plus bas deux os en sautoir, et 3 larmes au dessus de la tête de mort, au bas du ruban pour l'attribut est une Lance en argent, on porte un ruban sur l'épaule gauche à la droite, une ceinture de Crêpe noir mise par dessus l'habit, un mouchoir blanc attaché au côté gauche, des gants bleus, et la tête une…… pour toute lumière il y a une Étoile flamboyante, laquelle donne ses rayons sur le tombeau ; ou la place au dessus du Tombeau jusqu'à ce qu'on ait retrouvé la lumière.

N° 1. Le M.e Sage se place au midi à genoux, sur le genouil droit, la main droite sur guerre, sur le tombeau, et sur le Cœur de Notre M.e hiram.

N° 2. Le 1.er Sage se tient à genoux de même que le M.e, en faisant signe, ayant les mains renversées en l'air au dessus de la tête.

N° 3. Le Second sage se tient aussi à Genoux ainsi que le 1.er, faisant le signe, les mains l'une dans l'autre et les doigts fermés.

N° 4. Les 1.er Sages servent se tient sur le coin de la loge à la gauche du M.e, à genoux sur le genouil droit, faisant le même signe du second sage, et a le visage contre terre.

## Réception au grade de Chevalier du Temple

### Le Tableau de la Loge

La chambre doit être tendue de noir, rempli de larmes, de têtes de mort et d'os en sautoir [1].

Les Chevaliers sont ornés d'un ruban noir, bordé de blanc; au milieu du ruban, sur l'estomac, est une tête de mort brodée en argent, un peu plus bas, deux os en sautoir, et trois larmes au-dessus de la tête de mort; au bas du ruban, pour l'attribut, est une lance en argent. On porte un ruban sur l'épaule gauche à la [hanche (?)] droite, une ceinture de crêpe noir mise par-dessus l'habit, un mouchoir blanc attaché au côté gauche, des gants blancs et [sur] la tête nue. Pour toute lumière, il y a une Etoile Flamboyante, laquelle donne ses rayons sur le tombeau; on la place au-dessus du tombeau jusqu'à ce que l'on ait retrouvé la lumière.

n° 1   Le Maître Sage se place au midi, à genoux sur le genou droit, la main droite en équerre sur le tombeau et sur le cœur de notre Maître Hiram.

n° 2   Le Premier Sage se tient à genoux de même que le Maître, en faisant le signe, ayant les mains renversées en l'air au-dessus de la tête.

n° 3   Le Second Sage se tient aussi à genoux, ainsi que le Premier, faisant le signe, les mains l'une dans l'autre et les doigts fermés.

n° 4   Le Premier Sage Servant se tient dans le coin de la loge, à la gauche du Maître, à genou sur le genou droit, faisant le même signe que le Second Sage, et a le visage contre terre.

---

[1] C'est-à-dire entrecroisés.

121

N° 5. Le second sage servant est à la porte au dedans de la loge, tient deux Épées nues à la main en croix ; au dessus de la tête de mort est aussi à genoux sur le genouil droit.

N° 6. Les autres Chev.ers se tournent à l'orient, faisant le signe du 2.e sage. Le Récip.re est en dehors de la loge.

## Pour ouvrir la Loge.

Le M.e sage demande au 1.er sage, informez-vous si le f.r 1.er sage servant de la loge a fini sa prière.

La parole se porte au 1.er sage, le 1.er sage au second ; le second au f.r second servant, et le second servant au 1.er servant, et la parole revient jusqu'au 1.er sage, ensuite elle revient au sage M.e. Il lui dit devoir s'il ne se présente pas de traités curieux, pour connaître les mistères que nous observons dans le S.t des S.ts ; la voix se porte de même comme ci-dessus, à l'exception que le second sage porte la parole au 1.er sage servant et que le M.e sage a demandé, il se leve et ouvre la porte de la loge et demande au Récip.re, n'avez vous pas vu des Profanes se présenter ? il répond oui ou non, et la parole revient comme elle a été portée : le premier sage répond oui ou non. sage Maître.

Le M.e sage leur dit : Voyageons pour recouvrer la lumière. Alors tous les ff. se relevent et suivent le M.e, qui commence par l'orient, le 1.er sage suit, le second suit les 1.er sage et les autres chevalliers font cinq fois neuf tours et se retrouvent à leur place.

L'étoile qui doit être couverte d'un nuage paraît.

Le M.e sage dit ; c'est la 1.re heure du jour ; l'aurore

n° 5  Le Second Sage Servant est à la porte, au-dedans de la loge, [et] tient deux épées nues à la main, en croix au-dessus de la tête de mort; [il] est aussi à genou sur le genou droit.

n° 6  Les autres Chevaliers se tiennent à l'orient, faisant le signe du Second Sage.

Le récipiendaire est en dehors de la loge.

## Pour ouvrir la Loge

Le Maître Sage demande au Premier Sage : « *Informez-vous si le Frère Premier Sage Servant a fini sa prière !* ».

La parole se porte au Premier Sage, le Premier Sage au Second [Sage], le Second [Sage] au Frère Second Servant et le Second Servant au Premier Servant et la parole revient jusqu'au Premier Sage, ensuite, elle revient au Sage Maître. Il [1] lui [2] dit de voir s'il ne se présente pas de traîtres curieux, pour connaître les mystères que nous observons dans le Saint des Saints. La voix se porte de même comme ci-dessus, à l'exception que le Second Sage porte la parole au Premier Sage Servant et que le Maître Sage a demandé. Il [3] se lève et demande au récipiendaire : « *N'avez-vous pas vu des profanes se présenter ?* ». Il [4] répond oui (ou non) et la parole revient comme elle a été portée; le Premier Sage répond : « *oui* (ou *non*), *Sage Maître !* ».

Le Maître Sage leur dit de voyager pour recouvrer la lumière. Alors, tous les Frères se relèvent et suivent le Maître, qui commence par l'orient, le Premier Sage [le] suit, le Second [Sage] suit le Premier Sage, et les autres Chevaliers font cinq fois neuf tours et se retrouvent à leurs places.

L'Etoile, qui doit être couverte d'un nuage, apparaît.

Le Maître Sage dit : « *Il est la première heure du jour, l'aurore*

---

[1] Le Maître Sage...
[2] Vraisemblablement le Premier Sage...
[3] Vraisemblablement le Premier Sage Servant...
[4] Le récipiendaire...

---

Nr.5 : The Junior Wise Servant is at the door, at the inner side of the lodge, holding two bare swords in the hand, crossed over the head of the dead. He is also kneeling on the right knee.

Nr.6 : The other knights are in the East, giving the sign of the Junior Wise.

The candidate is outside the lodge.

## Opening of the lodge

The Wise Master inquires of the Senior Wise : "*Inform whether the brother Senior Wise Servant has finished his prayer !*"

The word is given to the Senior Wise, the Senior Wise to the Junior Wise, the Junior Wise to the Junior Servant and the Junior Servant to the Senior Servant and the word returns to the Senior Wise. It then returns to the Wise Master. He [1] tells him [2] to see, whether there is a curious traitor, wishing to know the mysteries we observe in the Holy of Holies. The word goes the same way as heretofore, with the exception that the Junior Wise gives the word to the Senior Wise Servant, and that the Wise Master has asked. He [3] rises and inquires the candidate : "*Did you see one of the profanes present himself ?*" He [4] replies yes (or no) and the word returns as it circulated. The Senior Wise replies : "*yes*" (or no), *Wise Master !*"

The Wise Master tells them to travel to recover the light. Then all brethren rise and follow the Master, who commences in the East, the Senior Wise follows, the Junior Wise follows the Senior Wise, and the other knights make five times nine perambulations and return to their places.

The Star, which must be covered by a cloud, appears.

The Wise Master says : "*It is the first hour of the day, day-break*

---

[1] The Wise Master
[2] Probably the Senior Wise
[3] Probably the Senior Wise Servant.
[4] The candidate.

122. commença à dorer l'horison, commençons nos prières afin qu'il plaise au g.d architecte de récompenser N. C. R. M. H. martirisé pour avoir sçu se taire, qu'il soit reçu dans le Jardin d'Eden. Et comme l'homme juste, il jouisse de la vue des bons anges, et afin que nous l'adorions de concert, prijetons ensemble.

Tous les ff. se remettent à genoux, sur le Genouil droit, la jambe gauche allongée formant un équerre, le visage contre terre appuyé sur les mains, et se frappant la poitrine en disant 9 fois, il est innocent; après cela il est répété par les Cinq chev.rs en charge, ensuite on le relève.

Le M.e dit; avant que d'ouvrir la loge, mes ff. — examinons et voyons s'il ne se trouve pas parmi nous des Traitres, et pour nous donner des preuves de notre sincérité que les Signes, attouchemens et Paroles me parviennent.

### Signe.
C'est de mettre les mains jointes, renversées sur la tête, et le dedans des mains en dehors, et le genouil droit plié — comme si l'on voulait se mettre à genoux.

### Attouchemens
C'est de croiser les mains l'une dans l'autre, et se tenir à pleine main et serrer les doigts.

### Mots.
Abyram, Nicanor, Siduay me sont connus comme trois Scélérats, qui ont privé de la lumière notre R.ble M.e Hyram, s'il se trouve plus de Chevalliers en loge que les Cinq officiers, le Chevallier qui est à la droite du Maitre donne le — signe au ch.er qui est à coté de lui; aussi bien que

| | |
|---|---|
| commence donc à l'horizon; commençons nos prières afin qu'il plaise au Grand Architecte de récompenser notre Très Respectable Maître Hiram, martyrisé pour avoir su se taire. Qu'il soit reçu dans le *Jardin d'Eden* et, comme *l'homme juste, [qu']il jouisse de la vue des bons anges, afin que nous L'adorions* [1] *de concert. Répétons ensemble !* »<br><br>Tous les Frères se remettent à genoux, sur le genou droit, la jambe gauche allongée formant une équerre, le visage contre terre appuyé sur les mains, et se frappant la poitrine en disant neuf fois : « *Il est innocent !* ». Après cela il [2] est répété par les cinq Chevaliers en charge [3]. Ensuite, on [se] [4] relève.<br><br>Le Maître dit : « *Avant que d'ouvrir la loge, mes Frères, examinons et voyons s'il ne se trouve pas parmi nous des traîtres et, pour nous donner des preuves de notre sincérité, que les signes, attouchement et parole me parviennent !* ». | commences thus at the horizon. *Let us begin with our prayers to please our Great Architect to recompense our Most Respectable Master Hiram, martyred for having been silent. May he be received in the garden of Eden and as a just man, may he enjoy sight of the good angels, so that we may adore Him* [1] *together. Let us repeat together !"*<br><br>All brethren kneel again on the right knee, the left leg stretched to form a square, the face to the floor, leaning on the hands. They knock on the breast and say nine times : "*He is innocent !*". After this it [2] is repeated by the five knights in charge [3]. Then they [4] rise.<br><br>The Master says : "*Before opening the lodge let us examine, my dear brethren, and see whether there are no traitors among us and giving the proofs of our sincerity, may the signs, grip and word return to me !"* |

### *Signe*

C'est mettre les mains jointes, renversées, sur la tête, et le dedans des mains en dehors, et le genou droit plié, comme si on voulait se mettre à genoux.

### *Attouchement*

C'est de croiser les mains l'une dans l'autre et se tenir à pleines mains et serrer les doigts.

### *Mots*

**Abyram**, **Nicanor**, **Sidnay** me sont connus comme trois scélérats, qui ont privé de la lumière notre Respectable Maître Hiram.

S'il se trouve plus de Chevaliers en loge que les cinq officiers, le Chevalier qui est à la droite du Maître donne le signe au Chevalier qui est à côté de lui, aussi bien que

### *Sign*

This is made by placing the joined hands reversed on the head and the inner side to the exterior, and the right knee bent, as if one intended to kneel.

### *Grip*

It is made by crossing the hands in each other and holding the whole hands, the fingers closed.

### *Words*

**Abyram**, **Nicanor**, **Sidnay** are known to me as the three villains, who deprived the light from our Respectable Master Hiram.

If there are more knights in lodge than the five officers, the knight, who is at the right of the Master gives the sign to the knight next to him, just as

---

[1] Malgré l'étrange syntaxe, il s'agit ici de Dieu.
[2] Cette prosternation...
[3] Le Maître Sage; le Premier et le Second Sage et les deux Sages Servants...
[4] Le manuscrit porte *le*, mais il est évident qu'ils s'agit ici de l'ensemble des Frères.

[1] Apart from the curious syntax, it refers to God.
[2] This prostration.
[3] The Wise Master; The Senior and Junior Wise and the two Wise Servants.
[4] The MS shows "le", but it is evident that it refers to the assembly of the brethren.

123.

l'attouchement et le mot qu'on se fait passer de Fr." en Fr." jusqu'au 1.er Sage qui le donne au second Servant, le second Servant au second Sage, et le second Sage au 1.er Servant, et le 1.er Servant le donne au Sage M.e. Le Sage M.e dit : Mes ff., puisque nous Sommes assez heureux qu'il ne se trouve point de traître parmi nous, que tous de concert avec moi nous en témoignons notre joie, après quoi nous ouvrirons le S.te des ff.e. Tous les ff. forment une espèce de Chaine et se donnent l'attouchement en se disant à l'oreille, nous Serons des Elus devant notre grand architecte.

Le Sage M.e dit au f. 1.er Sage : de la part de notre Sage Loi nous devons prier pour N. N. et R. R. ; ainsi Mes ff., joignés vous tous avec moi. Tous les ff. se remettent à genoux sur le genouil droit, la Jambe allongée formant une Equerre, le visage appuyé sur les deux mains. les Fr.es peuvent repeter à voix basse avec le M.e Sage

Toi grand architecte qui as tiré du Cahos de la terre tous les Elemens, toi qui es Juste, accorde à notre Maître la récompense de ses travaux et le prix de son Silence.

Tous les ff. repètent 9 fois, ainsi Soit il.

Le M.e Sage dit, la prière nous a donné l'ouverture à la Loge et le commencement de nos Travaux.

Tous les ff. se relevent.

Quand il n'y a point de réception, on fait le Catéchisme

l'attouchement et le mot, qu'on se fait passer de Chevalier en Chevalier jusqu'au Premier Sage, qui le donne au Second Servant, le Second Servant au Second Sage et le Second Sage au Premier Servant, et le Premier Servant le donne au Sage Maître. Le Sage Maître dit : « *Mes Frères, puisque nous sommes assez heureux qu'il ne se trouve point de traître parmi nous, que tous, de concert avec moi, nous en témoignons notre joie. Après quoi, nous ouvrirons le Saint des Saints* » Tous les Frères forment une sorte de chaîne et se donnent l'attouchement en se disant à l'oreille : « *Nous serons des Elus devant notre Grand Architecte !* ».

Le Sage Maître dit au Frère Premier Sage : « *De la part de notre sage Loi, nous devons prier pour notre Respectable Maître Hiram; ainsi, mes Frères, joignez-vous tous avec moi* ». Tous les Frères se remettent à genoux sur le genou droit, la jambe [gauche] allongée formant une équerre, le visage appuyé sur les deux mains. Les Chevaliers peuvent répéter à voix basse avec le Maître Sage :

« *Toi, Grand Architecte, qui a tiré du chaos de la terre tous les éléments, Toi, qui es juste, accorde à notre Maître la récompense de ses travaux et le prix de son silence* »

Tous les Frères répètent neuf fois : « *Ainsi soit-il !* ».

Le Maître Sage dit : « *La prière nous a donné l'ouverture à la Loge et le commencement de nos Travaux* ».

Tous les Frères se relèvent.

Quand il n'y a point de réception, on fait le catéchisme.

the grip and the word, which are passed from knight to knight until the Senior Wise, who gives them to the Junior Servant, the Junior Servant to the Junior Wise and the Junior Wise to the Senior Wise, and the Senior Wise gives them to the Wise Master. The Wise Master says : "*My brethren, because we are rather fortunate that there are no traitors among us, that all are in concert with me, let us show our joy. After this we shall open the Holy of Holies.*" All brethren form a kind of chain and give each other the grip, saying in the ear : "*We shall be Elect before the Great Architect.*"

The Wise Master says to the brother Senior Wise : "*On behalf of our wise Law, we must pray for our Respectable Master Hiram. So, my brethren, let us all join with me.*" All brethren kneel again on the right knee, the left leg stretched to form a square, the face bent to the floor resting on the hands. The knights may repeat softly with the Wise Master :

"*Ye, Great Architect, Who has drawn from chaos of the earth all elements. Ye, Who is just, allow our Master the recompense for his work and the price of his silence.*"

All brethren repeat nine times : "*So be it.*"

The Master says : "*The prayer has given us the opening of the lodge and the beginning of our work.*"

All brethren rise.

When there is no reception, the lecture is given.

## Réception d'un Chev. du Temple.

Le sage M.͏re demande au 1.͏er sage s'il n'y a rien de nouveau.
Le 1.͏er sage répond, un M.͏re maçon se présente pour entrer dans le S.͏t des S.͏ts.

D. avez vous des preuves de son assiduité et s'il a accompli les fonctions qui peuvent établir par le d.͏t sage ; et s'il n'a pas trempé ses mains dans le sang de N. R. M. H, et répondez vous pour lui ?
R. Je ne réponds que pour moi-même.

Le M.͏re lui dit ; faites le examiner par le second f.͏re servant, et qu'il lui demande s'il n'est pas du nombre des assassins, et s'il n'a pas des armes à feu s'volés : que son G.͏ée doit lui suffire pour sa défense, qu'il consulte son courage avant d'aller plus avant, qu'il pourrait peut être se trouver en danger, ne s'étant trouvé personne qui voulût répondre pour lui, et même ceux qu'il croit ses meilleurs amis.

Alors le 1.͏er sage dit au second sage, le 2.͏d sage au 1.͏er servant, et le 1.͏er servant au 2.͏d qu'il donne sa place au plus ancien des chevalliers, et sort pour rendre compte au récip.͏re et revient dire au M.͏re ce qu'il a dit.

Le M.͏re sage dit au 1.͏er sage, allez dire qu'on prépare pour lui l'entrée du saint des saints.

## Préparation du Récipiend.͏re

Il doit être pieds nuds, la tête nue, les mains nues, sans tablier ; les yeux bandés, une corde au col laquelle lui fait 3 ou 4 tours autour du col ; le second sage

## Reception of a knight of the Temple

The Wise Master inquires of the Senior Wise whether there is nothing new.

The Senior Wise replies: *"A Master Mason presents himself to enter the Holy of Holies."*

Q. Do you have proofs of his assiduity and whether he has accomplished the functions, which were established by the Wise King. And if he has not immersed his hands in the blood of our Respectable Master Hiram, and do you answer for him?

A. I answer only for myself.

The Master says to him: *"Have him examined by the Junior Brother Servant and that he may ask whether he does not belong to the number of villains and whether he has no offensive weapons with im. That his sword may serve his defence; that he scrutinizes his courage before proceeding, that he may perhaps be in danger, as nobody wishes to answer for him and even those, whom he regards his best friends."*

Then the Senior Wise says tot the Junior Wise, the Junior Wise to the Senior Servant and the Senior Servant to the Junior Servant, that he passes his place to the senior knight so that he can report to the candidate and return to the Master to tell what he [1] said.

The Wise Master says to the Senior Wise: *"Go and inform that the entry to the Holy of Holies is being prepared for him."*

## Preparation of the candidate

He must go barefooted, bareheaded, barehanded, without apron, the eyes blindfolded, a string around his neck, which goes three or four times around his neck. The Junior Wise

---

[1] The candidate.

125.

servant le conduit à la porte de la loge en frappant 5 fois 9 coups. Le 1er servant qui est en dedans, lui répond de même. Notter que les 8 p.ers se frappent vite, et qu'il y a un petit intervalle au neuvième; ensuite on ouvre la porte de la loge. Le 1er Serv.t qui est en dedans lui dit que demandez vous, le 2.d lui répond, que c'est un M.e maçon qui demande à être reçu Ch.r du Temple.

Cela revient de voix en voix jusqu'au M.e sage.

Le M.e sage dit au 1.er sage, demandez-lui s'il se sent assez de force pour surmonter tous les obstacles et les dangers qui se peuvent rencontrer dans ces voyages.

Cela revient toujours de voix en voix; il répond oui ou non.

D. Demandez-lui son nom de M.e, son age et le mot de passe de M.e

R. Il les a rendus; son nom est Gabaon, et son age est 7 ans et plus. Le mot de passe est Giblim, on d'accassia m'est connu.

D. Faites le entrer

Le M.e sage demande pourquoi l'on ne fait pas avancer ce maçon; le 2.d sage répond, qu'il lui est impossible de pouvoir pénétrer plus avant.

D. qui vous empêche.

R. Sage M.e le soupçon que l'on a contre le f.e d'avoir eu commerce avec les misérables qui ont assassiné M. M. Hiram

Le sage M.e ordonne qu'on lui donne des armes, et qu'il jure et promette en qualité de vrai maçon, de lui faire les voyages qu'il n'ait percé le cœur des traitres qui

Servant conducts him to the door of the lodge and knocks five times nine knocks. The Senior Servant, who is indoors, replies the same way. Note that the eight first are quick and after a short interval follows the ninth. Then the door of the lodge is opened. The Senior Servant, who is inside, says to him: "*What do you desire ?*". The Junior replies that it is a Master Mason who wishes to be received Knight of the Temple.

This returns, from mouth to mouth, to the Wise Master.

The Wise Master says to the Senior Wise: "*Ask him whether he feels sufficient strength to surmount all obstacles and dangers, which may be encountered during the perambulations.*"

This always returns from mouth to mouth. He [1] replies yes or no [2].

Q. Ask him his name as a Master, his age and the password of a Master.

A. He gave them, his name is Gabaon and his age is seven years and more. The password is Giblim or the acacia is known to me.

Q. Let him enter.

The Wise Master inquires why this Mason is not made to advance. The Junior Wise replies that it is impossible for him to penetrate further.

Q. Who prevents you ?

A. Wise Master, the suspicion that the brother is suffering for having been dealing with the miserables, who assassinated our Master Hiram.

The Wise Master orders that he be given arms and that he swears and promises, as a true Mason, not to engage to the perambulations, if he had not pierced the heart of the traitors who

---

[1] The candidate.

[2] The text does not say what happens, if the candidate says no.

126. ont trempé leurs mains dans le sang de N. R. M. H.

Le R.·l·f·e répond, oui je jure et promets de ne pas finir mes Voyages que je n'aie vengé sa mort

Le Second Servant lui donne deux Epées, une à chaque main, les pointes en bas, et les tient à pleines mains par dessus les siennes. Le M.·e sage dit : puisqu'il a des armes et qu'il nous a promis de venger la mort de N. R. M. H., et de nous donner des preuves de son courage, qu'il commence ses Voyages; que l'orient, l'occident, le midi et le sept.·on soient témoins de son zèle et de sa fidélité.

On le fait voyager pendant neuf fois le tour de la loge, et commencent par l'orient; au neuvième tour, il se trouve des Ch.·ers au sept.·on qui font du bruit avec leurs Epées. le 2.·d Servant lui dit : mon f·re il faut retarder nos voyages voici des Ch.·ers en danger de périr, si vous ne les secondez. ils combattent contre les traîtres qui ont assassiné N. R. M.; montrez votre courage et montrez vous digne d'être Ch.·er.

Le Second Serv.·t lui fait tenir les Epées, la pointe en haut, et lui fait pousser neuf coups; ensuite il lui dit, mon f.·re, je vous félicite, les monstres sont morts, et vous vous êtes montré digne de devenir Ch.·er.

L'on crie 3 fois Victoire.

Le sage M.·e dit : puisqu'il nous a donné des preuves de son courage, qu'il continue ses voyages par les Elémens; savoir; le feu, le fer, l'eau et l'air. On

ont trempé leurs mains dans le sang de notre Respectable Maître Hiram.

Le récipiendaire répond : « *Oui, je jure et promets de ne pas finir mes voyages que je n'aie vengé sa mort !* »

Le Second Servant lui donne deux épées, une dans chaque main, les pointes en bas, et les tient à pleines mains par-dessus les siennes. Le Maître Sage dit : « *Puisqu'il a des armes et qu'il nous a promis de venger la mort de notre Respectable Maître Hiram et de nous donner des preuves de son courage, qu'il commence ses voyages, que l'orient, l'occident, le midi et le septentrion soient témoins de son zèle et de sa fidélité !* »

On le fait voyager pendant neuf fois le tour de la loge, en commençant par l'orient. Au neuvième tour, il se trouve des Chevaliers au septentrion qui font du bruit avec leurs épées, le Second Servant lui dit : « *Mon Frère, il faut retarder nos voyages, voici des Chevaliers en danger de péril, si vous ne les secondez. Ils combattent contre les traîtres qui ont assassiné notre Respectable Maître. Montrez votre courage et montrez-vous digne d'être Chevalier.* »

Le Second Servant lui fait tenir les épées, la pointe en haut, et lui fait pousser neuf coups. Ensuite, il lui dit : « *Mon Frère, je vous félicite, les monstres sont morts et vous vous êtes montré digne de devenir Chevalier* »

L'on crie trois fois : « *Victoire !* ».

Le Sage Maître dit : « *Puisqu'il nous a donné des preuves de son courage, qu'il continue ses voyages par les éléments, savoir le feu, le fer, l'eau et l'air !* ». On

have immersed their hands in the blood of our Respectable Master Hiram.

The candidate replies : "*Yes, I swear and promise not to end my perambulations, if I have not revenged his death.*"

The Junior Servant gives him two swords, one in each hand, the points down, and keeps them in the full hands over his. The Wise Master says : "*Because he has arms and that he promised us to revenge the death of our Respectable Master Hiram and to give us proofs of his courage, let him begin his perambulations; may the east, the west, the south and the north be witness of his zeal and his fidelity !*"

He is made to travel nine times the tour of the lodge, beginning in the east. At the ninth tour there are knights in the north, who make noise with their swords; the Junior Servant says to him : "*My brother, we have to slow down our journey; here are knights in perilous danger, if you do not support them. They fight against the traitors who have assassinated our Respectable Master. Show your courage and show yourself worthy to be knight.*"

The Junior Servant lets him keep the swords, the points upturned and makes him give nine blows. Then he says to him : "*My brother, I congratulate you, the monsters are dead and you showed yourself worthy to become knight.*"

They cry three times : "*Victory !*"

The Wise Master says : "*Because he gave us proofs of his courage, may he continue his perambulation through the elements, viz. fire, iron, water and air !*"

127.

le fait voyager 9 fois le tour de la Loge, tenant les Epées comme ci-dessus, la pointe en bas, à son 9.e tour, tous les ff. forment un Cercle autour de lui, et on lui fait jurer, s'il n'a pas trempé ses mains dans le Sang de N. R. M. H., ensuite le Sage M.e dit, qu'on le fasse passer par le feu.

On prend un flambeau, on y jette de la résine, qui forme une espèce d'éclair.

Le M.e Sage ordonne de lui faire continuer ses voyages.

On lui fait faire 9 fois le tour de la Loge comme ci-dessus et on lui fait les mêmes questions.

Le Sage M.e commande qu'il passe par le feu, les Ch.ers forment une espèce de voute avec leurs Epées au dessus de sa tête.

Le M.e dit de continuer ses voyages. Il voyage encore 9 tours comme ci-dessus, et on lui fait les mêmes questions.

On apporte de l'eau dans un bassin, on lui mouille les pieds, les mains et un peu la tête.

Le M.e Sage dit de continuer ses voyages. Il voyage 9 tours comme ci-dessus et on lui fait les mêmes questions.

Le M.e ordonne qu'il passe par l'air. Tous les Ch.ers l'enlèvent en l'air, et le couchent le ventre contre terre, au septentrion.

Le M.e Sage leur dit; Ch.ers donnez lui le secours, il est innocent.

Tous les Ch.ers le relèvent et le portent auprès du M.e, le Genouil droit en terre, la main gauche sur son Epée ; le M.e Sage tenant la main droite, en lui faisant prononcer son obligation.

Tous les Ch.ers le remettent dans la posture de l'ouverture de la Loge.

le fait voyager neuf fois le tour de la loge, tenant les épées comme ci-dessus, la pointe en bas. A son neuvième tour, tous les Frères forment un cercle autour de lui et on lui fait jurer [qu']il n'a pas trempé ses mains dans le sang de notre Respectable Maître Hiram. Ensuite le Sage Maître dit : « *Qu'on le fasse passer par le feu !* »

On prend un flambeau, on y jette de la résine, qui forme une espèce d'éclair.

Le Maître Sage ordonne de lui faire continuer ses voyages.

On lui fait faire neuf fois le tour de la loge, comme ci-dessus. Et on lui fait les mêmes questions.

Le Sage Maître commande qu'il passe par le fer, les Chevaliers forment une espèce de voûte avec leurs épées au-dessus de sa tête.

Le Maître dit de continuer ses voyages. Il voyage encore neuf tours comme ci-dessus et on lui fait les mêmes questions.

On apporte de l'eau dans une bassine, on lui mouille les pieds, les mains et un peu la tête.

Le Maître Sage dit de continuer ses voyages. Il voyage neuf tours comme ci-dessus et on lui fait les mêmes questions.

Le Maître ordonne qu'il passe par l'air. Tous les Chevaliers l'enlèvent en l'air et le couchent, le ventre contre terre, au septentrion.

Le Maître Sage leur dit : « *Chevaliers, donnez-lui le secours, il est innocent !* »

Tous les Chevaliers le relèvent et le portent auprès du Maître, le genou droit en terre, la main gauche sur son épée. Le Maître Sage, tenant sa main droite, lui fait prononcer son Obligation.

Tous les Chevaliers se remettent dans la posture de l'Ouverture de la Loge.

He is made to travel nine times around the lodge, holding the swords as above, the point down. At the ninth tour all brethren form a circle around him and he is made to swear that he did not immerse his hands in the blood of our Respectable Master Hiram. Then the Wise Master says : "*Let him pass through the fire !*"

A torch is taken, resin put on it, which causes a kind of lightning.

The Wise Master orders that he continues his perambulations.

He is made to make nine tours around the lodge, as above. The same questions are put forward.

The Wise Master orders that he pass through the iron; the knights form a kind of vault with their swords over his head.

The Master says to continue the perambulations. He travels nine tours more as above and the same questions are put forward.

Water is brought in a basin; he has to put his feet, his hands and his head in it.

The Wise Master says to continue the perambulations. He travels nine times as above and the same questions are put forward.

The Master orders that he pass through the air. All the knights lift him in the air and lay him down in the north, the stomach on the floor.

The Wise Master says to them : "*Knights, give him assistance, he is innocent !*"

All knights rise and carry him to the Master, the right knee on the floor, the left hand on his sword. The Wise Master, holding his right hand, has him pronounce his oath.

All knights return to the posture as in the Opening of the lodge.

## Obligation

O toi grand architecte qui tire du Cahos les 4 Elémens, qui nous a formé à ton image, qui nous a donné une âme dorée, dans laquel tu as répandu toutes les semences de toutes sortes de vertus. donne moi présentement la force de remplir les engagemens, les fonctions et les devoirs ausquels je vais présentement m'obliger: accorde moi ton secours et ta bonté, je promets donc et jure à toi g⁺ architecte, de ne jamais réveler aucuns des secrets, signes, mots et attouchemens qui me seront confiés dans la suite, et de ceux qui m'ont été desjà donnés: à aucun profane ni même à aucun f⁺ maçon que dans le Sancta Sanctorum, en la présence du tombeau de N. R. M. H., ayant reconnu des preuves de son innocence: Et au cas d'infraction, je consens d'avoir les levres brulées d'un fer rouge, la main coupée, mon corps pendu pendant la réception d'un Ch⁺ et qu'ensuite il soit brulé, et que mes Cendres et mon nom soient envoyés par toutes les Loges des fr⁺⁺ afin qu'on se souvienne de ma perfidie pour garder les promesses j'ai recours à toi Grand Dieu afin que tu me donnes la force de resister, ainsi qu'à fait N. R. M. H. à toutes les attaques qu'on pourrait me faire: aide moi grand Dieu à garder ma promesse.

Ensuite le M⁺ loge dit au 2ᵈ Servant; donnez lui la lumière, qu'il jouisse des biens accordés par notre grand architecte à ceux qui sont du nombre des

## Obligation

« *O Toi, Grand Architecte, qui tire du chaos les quatre éléments, qui nous a formés à Ton image, qui nous a donné un cœur docile, dans lequel Tu as répandu toutes les semences de toutes les sortes de vertu, donne-moi présentement la force de remplir les engagements, les fonctions et les devoirs auxquels je vais présentement m'obliger; accorde-moi Ton secours et Ta bonté. Je promets donc et jure à Toi, Grand Architecte, de ne jamais révéler aucuns des secrets, signes, mots et attouchement qui me seront confiés dans la suite et de ceux qui m'ont été déjà donnés à aucun profane ni même à aucun Frère Maçon que dans le Sancta Sanctorum, en présence du tombeau de notre Respectable Maître Hiram, ayant reconnu des preuves de son innocence. Et, au cas d'infraction, je consens d'avoir les lèvres brûlées d'un fer rouge, la main coupée, mon corps pendu pendant la réception d'un Chevalier et qu'ensuite, il soit brûlé et que mes cendres et mon nom soient envoyées par toutes les loges de Chevaliers, afin qu'on se souvienne de ma perfidie. Pour garder les promesses, j'ai recours à Toi, Grand Dieu, afin que Tu me donnes la force de résister ainsi qu'a fait notre Respectable Maître Hiram, à toutes les attaques qu'on pourrait me faire. Aide-moi, Grand Dieu, à garder ma promesse !* »

Ensuite, le Maître Sage dit au Second Servant : « *Donnez-lui la lumière, qu'il jouisse des biens accordés par notre Grand Architecte à ceux qui sont du nombre des*

## Oath

"*O Thou, Great Architect, Who drew from chaos the four elements, Who formed us to Your image, Who gave us a docile heart, in which You have strewn all seeds of all sorts of virtue, give me at present the strength to accomplish the engagements, the functions and the duties, to which I am going to engage at present. Grant me Your assistance and Your Goodness. I promise thus and swear to You, Great Architect, never to reveal any of the secrets, signs, words and grip, which are to be confided to me and those which I already received, to any profane even not to a brother Mason but in the Sanctum Sanctorum, in the presence of the tomb of our Respectable Master Hiram, having recognised proofs of his innocence. And in case of infraction I consent to have my lips burnt with a red iron, my hand cut off, my body hung during the reception of a knight and then to be burnt and that my ashes and my name will be sent to all lodges of knights, so that I will be remembered as perfidious. To guard the promises, I may rely upon You, Great God, so that You give me the strength to resist, as our Respectable Master Hiram did, to all attacks which might be made on me. So help me, Great God, to maintain my promise !*"

Then the Wise Master says to the Junior Servant : "*Give him the light, may he enjoy the benefits granted by our Great Architect to those who are counted among the number of*

Ch∴ du Temple                                                  129.

On fait un Silence. Le sage M∴, ainsi que tous les Ch∴ lui disent ; sage Ch∴, conservés-vous dans le bonheur dont vous jouissés ; Gouttés en les délices. Le Sanctuaire de la vérité vous est ouvert ; marchez-y d'un pas ferme. C'est ici le séjour de la Paix et de l'Égalité, l'amitié y fixe son empire et rappelle l'homme aux devoirs de l'humanité, de la Religion et de la société civile, qualités essentielles, sans lesquelles l'homme devient un fardeau sur la terre. F∴ sage 1er, donnés à notre f∴ nouvellement initié, les signes, attouchemens et paroles, pour que tous les Ch∴ puissent le reconnaître, l'accueillir et le secourir dans le S∴ des S∴, comme étant nombre des Ch∴.

Le 1er Sage lui donne le signe, l'attouchement et la parole, ensuite il les donne au second sage, au 1er Servant, au 2e serv∴ et aux autres Ch∴, et ensuite il revient les donner au M∴ Sage qui lui explique le signe. Sage Ch∴, le signe que vous venés de me donner ne peut être donné que dans le S∴ des S∴, l'attouchement se peut donner partout ; — Cependant prenez garde que quelque Profane s'en apperçoive. Le mot est abyram, Nicanor Siduay me sont connus ; ce sont les noms des trois scélérats que l'on soupçonne avoir assassiné N. R. M. H., ce qui nous a été reconnu par leur absence et qu'ils n'ont plus paru dans le Temple ; voilà ce que vous ignoriez, et ce qui vous met au nombre des Ch∴.

Le sage M∴ dit à tous les ff∴, Ch∴ sages ; que tous de concert nous nous félicitons d'avoir admis parmi nous un nouveau Ch∴, qui, loin de chercher la ruine de la

*Chevaliers du Temple !* »

On fait un silence. Le sage Maître, ainsi que tous les Chevaliers, lui disent : « *Sage Chevalier, conservez-vous dans le bonheur dont vous jouissez. Goûtez-en les délices, le sanctuaire de la vérité vous est ouvert, marchez-y d'un pas ferme. C'est ici le séjour de la paix et de l'égalité, l'amitié y fixe son empire et rappelle l'homme aux devoirs de l'humanité, de la Religion et de la société civile, qualités essentielles, sans lesquelles un homme devient un fardeau sur la terre. Frère Premier Sage* [1], *donnez à notre Frère nouvellement initié les signe, attouchement et parole pour que tous les Chevaliers puissent le reconnaître, l'accueillir et le secourir dans le Saint des Saints, comme étant du nombre des Chevaliers* » [2]

Le Premier Sage lui donne le signe, l'attouchement et la parole. Ensuite, il [3] les donne au Second Sage, au Premier Servant, au Second Servant et aux autres Chevaliers et, ensuite, il revient les donner au Maître Sage qui lui explique le signe : « *Sage Chevalier, le signe que vous venez de me donner ne peut être donné que dans le Saint des Saints, l'attouchement peut se donner partout, cependant prenez garde que quelque profane s'en aperçoive. Le mot est* "**Abyram, Nicanor, Sidnay me sont connus**"; *ce sont les noms des trois scélérats que l'on soupçonne* [d']*avoir assassiné notre Respectable Maître Hiram, ce qui nous a été reconnu par leur absence et* [parce] *qu'ils n'ont plus paru dans le Temple. Voilà ce que vous ignoriez et ce qui vous met au nombre des Chevaliers* »

Le Sage Maître dit à tous les Frères : « *Chevaliers Sages, que tous de concert nous nous félicitons d'avoir admis parmi nous un nouveau Chevalier qui, loin de chercher la ruine de la*

the Knights of the Temple !"

Then there is silence. The Wise Master and all knights then say to him : "*Wise knight, stay in the fortune which you enjoy. Taste the delicacies of it, the sanctuary of truth is open to you, go there with firm steps. Here is the abode of peace and equality, friendship fixes its empire here and reminds man of his duties to humanity, religion and human society, essential qualities without which a man becomes a burden on earth. Brother Senior Wise* [1], *give to our newly initiated brother the sign, grip and word so that all knights may recognize him, accept him and assist him in the Holy of Holies, as belonging to the number of the Knights.*" [2]

The Senior Wise gives him sign, grip and the word. Then the initiate gives them to the Junior Wise, to the Senior Servant, to the Junior Servant and to the other knights and then returns to give them to the Wise Master, who explains the sign : "*Wise Knight, the sign you just gave to me can only be given in the Holy of Holies, the grip can be given everywhere, however, take care that no profane can observe it. The word is* "**Abyram, Nicanor, Sidnay are known to me**". *These are the names of the three villains suspected of having assassinated our Respectable Master Hiram, which was known to us by their absence, having no more appeared in the Temple. That is what you did not yet know and which places you among the number of the Knights.*"

The Wise Master says to all brethren : "*Wise Knight, as we do all agree, we congratulate having admitted among us a new Knight, who far from searching the ruin of*

---

[1] Le copiste a fait ici une inversion.
[2] Malgré l'indication portée par le texte, il est fort peu probable que ces phrases aient pu être dites en chœur...
[3] Le récipiendaire...

[1] The copyist has made here an inversion.
[2] Notwithstanding the indication in the text, it is hardly probable that these phrases would have been said collectively.

130.

société, ne cherche que les moyens d'en assurer les fondemens, embrassons-nous m. ff., et faisons éclater notre joie.

Tous les ff. s'embrassent et frappent chacun 9 coups.

## Pour fermer la Loge

Le M.˙. f.˙. age dit : Sages ph.˙.˙., nous approchons de la dernière heure du jour, le soleil va finir sa carrière, il nous faut préparer à finir nos travaux.

Tous les ph.˙.˙.˙. se remettent comme à l'ouverture de la loge, et on observe le silence.

Premier f.˙. age, informés-vous si le f.˙. 1.˙. serv.˙. a fini sa Prière.

Le 1.˙. f.˙. age répond, oui f.˙. age M.˙.

Le M.˙. f.˙. age dit : Sages ph.˙.˙. puisque nous avons tous adressé notre Prière au g.˙. architecte, pour qu'il lui plaise de récompenser son zèle en faveur de N.˙. T.˙. R.˙. M.˙. h.˙. — martirisé p.˙. notaire en secret, qui a souffert la mort plutôt que d'enfreindre le serment qu'il avait fait au Roi des Rois, en présence de son R.˙. ble M.˙. f.˙. Salomon, afin qu'il jouisse de la vie des anges et pour l'adorer de concert avec eux, répétons tous ensemble ; sages ph.˙.˙., il est innocent.

Tous les ff. en chargent le répétiteur 9 fois ; alors le M.˙. f.˙. age dit ; sages ph.˙.˙. voilà nos Prières finies, — nous allons fermer la loge du f.˙. des f.˙.˙.; cachons s'il se peut un trésor si précieux et renfermons dans nos cœurs — le dépôt ignoré de tous les p.˙. hacen, et p.˙. en assurer la durée, que tous les ph.˙.˙. de concert avec moi — jurent et promettent au g.˙. arch.˙. devant le tombeau

société, ne cherche que les moyens d'en assurer les fondements. Embrassons-nous, mes Frères, et faisons exalter notre joie ! »

Tous les Frères s'embrassent et frappent chacun neuf coups.

## *Pour fermer la Loge*

Le Maître Sage dit : « *Sages Chevaliers, nous approchons de la dernière heure du jour, le Soleil va finir sa carrière, il nous faut préparer à finir nos travaux* »

Tous les Chevaliers se mettent comme à l'ouverture de la loge et on observe le silence.

[Le Maître Sage dit :] « *Premier Sage, informez-vous si le Frère Premier Servant a fini sa prière* »

Le Premier Sage répond : « *Oui, Sage Maître* »

Le Maître Sage dit : « *Sages Chevaliers, puisque nous avons tous adressé notre prière au Grand Architecte, pour qu'Il lui plaise de récompenser son zèle en faveur de notre Respectable Maître Hiram, martyrisé pour taire un secret, qu'il* [1] *a souffert la mort plutôt que d'enfreindre le serment qu'il avait fait au Roi des Rois* [2], *en présence de son Respectable Maître Salomon, afin qu'il jouisse de la vue des anges et pour L'adorer de concert avec eux, répétons tous ensemble, Sages Chevaliers, il est innocent !* »

Tous les Frères en charge le répètent neuf fois. Alors le Maître Sage dit : « *Sages Chevaliers, voilà nos prières finies, nous allons fermer la loge du Saint des Saints. Cachons, s'il se peut, un trésor si précieux et renfermons dans nos cœurs le dépôt ignoré de tous les profanes et, pour en assurer la durée, que tous les Chevaliers, de concert avec moi, jurent et promettent au Grand Architecte devant le tombeau*

---
[1] Hiram...
[2] Il s'agit ici de Dieu.

society), searches for the means to assure the foundations thereof. Let us embrace, my brethren, and let us exalt our joy."

All brethren embrace each other and each gives nine knocks.

## *Closing of the lodge*

The Wise Master says : "*Wise Knights, we approach the last hour of the day, the Sun is going to finish its course. It is necessary to prepare for finishing our work.*"

All knights stand as they did at the opening of the lodge and observe silence.

[The Wise Master says :] "*Senior Wise, inform us, whether the brother Senior Servant has finished his prayer.*"

The Senior Wise replies : "*Yes, Wise Master.*"

The Wise Master says : "*Wise Knights, as we all have addressed our prayer to the Great Architect, that He may be pleased to recompense His zeal in favour of our Respectable Master Hiram, martyred for keeping a secret, that he* [1] *rather suffered death than violate the obligation he took before the King of Kings* [2], *in the presence of his Respectable Master Solomon, to enjoy the sight of the angels and to adore Him in concert with them, let us repeat together, Wise Knights, he is innocent !*"

All brethren in charge repeat it nine times. Then the Wise Master says : "*Wise Knights, as our prayers have ended, we are going to close the lodge of the Holy of Holies. Let us hide, if possible, a treasure so precious and let us enclose in our hearts the depot, which profanes do not know of and assure it to last; let all Knights in concert with me, swear and promise to the Great Architect before the tomb*

---
[1] Hiram.
[2] Here is meant God.

131

de N. R. M. R., de ne jamais révéler à aucun profane ni même aux maçons, ce qui se passe dans le S$^t$. des S$^ts$.

Ici on répète la même obligation que ci-dessus.

Tous les Ch$^ers$ se relèvent.

Le M$^e$ Sage leur dit : Sages Ch$^ers$, les obligations auxquelles nous venons de nous engager, nous est une preuve que nos Cœurs se sont réunis, et qu'il ne se trouve pas de traîtres parmi nous, puisque nos travaux n'ont pas été interrompus ; — Embrassons-nous en véritables ff$^es$. et promettons et jurons de ne jamais proposer des maçons pour être reçus Ch$^ers$ du temple, qu'ils ne soient doués de toutes les vertus qu'il faut à un vrai maçon.

Tous les ff. s'embrassent, et frappent 5 fois 9 coups ensemble.

Le M$^e$ Sage dit au 1$^er$ Sage : avertissez les Ch$^ers$ que le S$^t$. des S$^ts$. est fermé.

## Instruction du Ch$^er$ du Temple.

D. Êtes-vous Chevalier ?
R. Tous les Ch$^ers$ me reconnaissent.
D. Comment vous faîtes vous reconnaître ?
R. Par le bien et la Prière.
D. Comment avez vous voyagé ?
R. Hors du monde.
D. Combien de voyages avez vous fait ?
R. 5 fois 9.
D. Comment ?
R. Du nord au midi par l'orient, du midi au nord par le couchant.

de notre Respectable Maître Hiram, de ne jamais révéler à aucun profane, ni mêmes aux Maçons, ce qui se passe dans le Saint des Saints »

Ici, on répète la même Obligation que ci-dessus.

Le Maître Sage leur dit : « *Sages Chevaliers, les Obligations auxquelles nous venons de nous engager nous sont* [1] *une preuve que nos cœurs se sont réunis et qu'il ne se trouve pas de traîtres parmi nous, puisque nos travaux n'ont pas été interrompus. Embrassons-nous en véritables Frères et promettons et jurons de ne jamais proposer des Maçons, pour être reçus Chevaliers du Temple, qui ne soient doués de toutes les vertus qu'il faut à un vrai Maçon* »

Tous les Frères s'embrassent et frappent cinq fois neuf coups ensemble.

Le Maître Sage dit au Premier Sage : « *Avertissez les Chevaliers que le Saint des Saints est fermé !* »

## Instruction du Chevalier du Temple

D. Etes-vous Chevalier ?
R. Tous les Chevaliers me reconnaissent.
D. Comment vous faites-vous reconnaître ?
R. Par le bien et la prière.
D. Comment avez-vous voyagé ?
R. Hors du monde.
D. Combien de voyages avez-vous faits ?
R. Cinq fois neuf.
D. Comment ?
R. Du nord au midi par l'orient, du midi au nord par le couchant.

of our Respectable Master Hiram never to reveal to any profane, even not to Masons, what happens in the Holy of Holies."

Here the same above oath is repeated.

The Wise Master says to them : "*Wise Knights, the oaths to which we just engaged ourselves are a proof that our hearts are united and that there are no traitors among us, as our work has not been interrupted. Let us embrace each other as true brethren and promise and swear never to propose Masons for reception as Knight of the Temple, who are not gifted with all virtues that a true Mason should possess.*"

All brethren embrace each other and give five times nine knocks in concert.

The Wise Master says to the Senior Wise : "*Inform the Knights that the Holy of Holies is closed.*"

## Lecture of the Knight of the Temple

Q. Are you a Knight ?
A. All knights recognise me as such.
Q. How do you have yourself recognized ?
A. By the good and the prayer.
Q. How did you travel ?
A. Beyond the world.
Q. How many perambulations did you make ?
A. Five times nine.
Q. How ?
A. From the North to the South via the East, from the South to the North via the West.

---

[1] Simple rectification de syntaxe.

132. D. avez-vous voyagé facilement ?
R. facilement et difficilement.
D. Combien avez-vous surmonté d'obstacles ?
R. beaucoup.
D. quels sont ces obstacles ?
R. la force de l'air, de l'eau, du feu et du feu, par où j'ai été purifié.
D. où allez-vous ?
R. au vrai bien et à l'utilité.
D. qui vous les montre ?
R. l'Etoile.
D. qui allume cette Etoile ?
R. le g.d architecte.
D. quel chemin vous montre cette lumière ?
R. celui de la Vertu.
D. avant que d'être ch.er où étiez vous ?
R. dans l'aveuglement.
D. pourquoi étiez vous dans l'aveuglement et privé de la lumière avant d'être ch.er, vous qui l'on avait reconnu g. maçon ?
R. l'Exemple et la mémoire de N. R. M. H. la perdit quand il fut assassiné et qu'on la retrouvé dans les Ténèbres.
D. d'où provient cet aveuglement ?
R. De la faiblesse, de la volonté et de la Sagesse.
D. Sur quoi est soutenu le temple ?
R. sur l'Egalité et la liberté.
D. sur quoi est fondé le f.t des f.t.s ?
R. sur le même.
D. Comment vous nommiez vous avant d'être ch.er ?
R. Gabaon.

| | |
|---|---|
| D. Avez-vous voyagé facilement ? | Q. Did you travel easily ? |
| R. Facilement et difficilement. | A. Easily and not easily. |
| D. Combien avez-vous surmonté d'obstacles ? | Q. How many obstacles did you surmount ? |
| R. Beaucoup. | A. The strength of the air, of water, of fire and of iron, I was purified by them. |
| D. Quels sont les obstacles ? | Q. Where do you go ? |
| R. La force de l'air, de l'eau, du feu et du fer, par où j'ai été purifié. | A. To the true good and to usefulness. |
| D. Où allez-vous ? | Q. Who is showing you them ? |
| R. Au vrai bien et à l'utilité. | A. The Star. |
| D. Qui vous les montre ? | Q. Who illuminates this Star ? |
| R. L'Etoile. | A. The Great Architect. |
| D. Qui allume cette Etoile ? | Q. Which road does that light show to you ? |
| R. Le Grand Architecte. | A. That of virtue. |
| D. Quel chemin vous montre cette lumière ? | Q. Before becoming a knight, where were you ? |
| R. Celui de la vertu. | A. In blindness. |
| D. Avant d'être Chevalier, où étiez-vous ? | Q. Why were you in blindness and deprived of light before becoming a knight, you who were recognised as a Mason ? |
| R. Dans l'aveuglement. | A. The example and the memory of our Respectable Master Hiram lost the light when he was assassinated and when he was found again in darkness. |
| D. Pourquoi étiez-vous dans l'aveuglement et privé de la lumière avant d'être Chevalier, vous que l'on avait reconnu pour Maçon ? | Q. From where does this blindness come ? |
| R. L'exemple et la mémoire de notre Respectable Maître Hiram la perdit quand il fut assassiné et qu'on l'a retrouvé dans les ténèbres. | A. From the weakness of will and wisdom. |
| D. D'où provient cet aveuglement ? | Q. What does the Temple support ? |
| R. De la faiblesse de la volonté et de la sagesse. | A. Equality and liberty. |
| D. Sur quoi est soutenu le Temple ? | Q. On what is the Holy of Holies based ? |
| R. Sur l'égalité et la liberté. | A. On the same. |
| D. Sur quoi est fondé le Saint des Saints ? | Q. What were you called before becoming a knight ? |
| R. Sur les mêmes. | A. **Gabaon.** |
| D. Comment vous nommiez-vous avant d'être Chevalier ? | |
| R. **Gabaon.** | |

133

D. Dequoi vivez vous à présent?
R. De la manne.
D. où êtes vous présentement?
R. Dans le monde des Ch.ers
D. Comment êtes vous entré dans le St. des St.s?
R. J'y suis entré doublement, lié de nœuds de ténèbres.
D. Pourquoi?
R. Parcequ'il me restait encore deux degrés de lumière.
D. De quel secours avez vous vû ces degrés de lumière?
R. Par le 5.e des Ch.ers
D. D'où venez vous?
R. Du séjour de lamentation; la tristesse qui doit être peinte sur notre visage, à l'aspect du tombeau de N. R. M. H. Par la joie vient notre innocence; et l'assurance que doivent avoir les véritables ff. de n'être pas du nombre de ces scélérats complices de ces assassins, et qu'il n'auront jamais d'entrée dans le St. des St.s
D. qui furent ces assassins?
R. Abyram Nicanor et Siduay.
D. quel est le monde des Elus?
R. Les Ch.ers qui composent le St. d'St.
D. En mémoire de quoi avez vous voyagé 5 fois 9?
R. en mémoire des 45 Compagnons qui furent à la recherche de N. R. M. H.
D. Pourquoi avez vous voyagé facilement et difficilement?
R. la difficulté n'était que dans les monstres qu'ils supposaient; la facilité était dans mon courage à défendre les Ch.ers qui me procuraient l'aisance de ma réception.
D. Pourquoi vous a t'on fait passer par les flammes?

D. De quoi vivez-vous à présent ?
R. De la manne.
D. Où êtes-vous présentement ?
R. Dans le monde des Chevaliers.
D. Comment êtes-vous entré dans le Saint des Saints ?
R. J'y suis entré doublement lié de nœuds de ténèbres.
D. Pourquoi ?
R. Parce qu'il me restait deux degrés de lumière.
D. Par quel secours avez-vous vu ces degrés de lumière ?
R. Par le cinquième des Chevaliers.
D. D'où venez-vous ?
R. Du séjour de lamentations; la tristesse qui doit être peinte sur notre visage à l'aspect du tombeau de notre Respectable Maître Hiram. Par la joie vient notre innocence et l'assurance que doivent avoir les véritables Frères de n'être pas du nombre de ces scélérats complices de ces assassins et qu'ils n'auront jamais d'entrer dans le Saint des Saints.
D. Qui furent ces assassins ?
R. **Abyram**, **Nicanor** et **Sidnay**.
D. Quel est le monde des Elus ?
R. Les Chevaliers qui composent le Saint des Saints.
D. En mémoire de quoi avez-vous voyagé cinq fois neuf ?
R. En mémoire des quarante-cinq Compagnons qui furent à la recherche de notre Respectable Maître Hiram.
D. Pourquoi avez-vous voyagé facilement et difficilement ?
R. La difficulté n'était que dans les monstres qu'ils supposaient; la facilité était dans mon courage à défendre les Chevaliers qui me procuraient l'aisance de ma réception.
D. Pourquoi vous a-t-on fait passer par les Eléments ?

Q. Of what do you exist nowadays ?
A. Of manna.
Q. Where are you at present ?
A. In the world of knights.
Q. How did you enter the Holy of Holies ?
A. I entered in a double way bound by knots of darkness.
Q. Why ?
A. As I had only two degrees of light.
Q. By what assistance did you see these degrees of light ?
A. By the fifth of the knights.
Q. From where do you come ?
A. From the place of lamentations. The sadness which should be seen from our face when seeing the tomb of our Respectable Master Hiram. The joy comes from our innocence and the assurance that must show the veritable brethren for not belonging to the number of villain accomplices with those assassinators and that they will never enter into the Holy of Holies.
Q. Who were these assassinators ?
A. **Abyram**, **Nicanor** and **Sidnay**.
Q. What is the world of the Elect ?
A. The Knights who compose the Holy of Holies.
Q. In memory of what did you travel five times nine ?
A. In memory of the forty-five Fellow Crafts, who were searching for our Respectable Master Hiram.
Q. Why did you travel easily and not easily ?
A. The difficulty lies only in the monsters they imagined. The easiness was in my courage to defend the knights, who procured to me the assurance of my reception.
Q. Why did you have to pass the elements ?

134

R. c'est qu'l'on ne peut entrer dans le St. des St.s sans être dépouillé de ses vices et passions.

D. Comment vous êtes vous pris pour être reçu Mre ?

R. en Criminel.

D. Pourquoi donc en Criminel ?

R. Pour avoir été soupçonné d'un crime qu'il m'a fallu éclaircir.

D. quel était le crime.

R. d'avoir trempé mes mains dans le sang de N. R. M. H.

D. Dans quel état avez vous paru dans les Ts. des Sts. ?

R. Dans un état, pauvre, soumis et humilié.

D. Pourquoi dans cet état ?

R. à l'imitation de Moïse quand Dieu lui a apparu dans un buisson ardent; qui lui dit : déchausse toi, tu n'es pas digne de fouler la terre que tu habites.

D. Combien notre Mre. avait-il d'ouvriers sous sa direction ?

R. Soixante et dix mille porte faix; quatre vingt mille — Commis pour veiller sur les autres.

D. quels sont les 3600 Commis ?

R. des Mres. respectables.

D. Comment les appelait-on ?

R. Kéradin.

D. que veut dire kéradin ?

R. Conducteurs ou Prévôts qui assistaient le Roi Salomon.

D. Parmi les 3600 Commis que vous appelés kéradim, ne s'en trouvait-il pas de plus experts les uns que les autres ?

R. oui très sages Mres.

D. Combien y en avait-il ?

R. trois cent.

D. Comment les nommait-on ?

R. C'est que l'on ne peut entrer dans le Saint des Saints sans être dépouillé de ses vices et passions.
D. Comment vous êtes-vous pris pour être reçu Maçon ?
R. En criminel.
D. Pourquoi donc en criminel ?
R. Pour avoir été soupçonné d'un crime qu'il m'a fallu éclaircir.
D. Quel était le crime ?
R. D'avoir trempé mes mains dans le sang de notre Respectable Maître Hiram.
D. Dans quel état avez-vous paru dans le Saint des Saints ?
R. Dans un état pauvre, soumis et humilié.
D. Pourquoi dans cet état ?
R. A l'imitation de Moïse, quand Dieu lui apparu dans un Buisson Ardent, qui lui dit : « *Déchausse-toi, tu n'es pas digne de fouler la terre que tu habites !* »
D. Combien notre Maître avait-il d'ouvriers sous sa direction ?
R. Soixante-dix mille portefaix, quatre-vingt mille [tailleurs de pierres et trois mille six cents] [1] commis pour veiller sur les autres.
D. Quels sont ces trois mille six cents commis ?
R. Des Maîtres respectables.
D. Comment les appelait-on ?
R. **Héradin** [2].
D. Que veut dire Héradin ?
R. Conducteurs ou prévôts qui assistaient le roi Salomon.
D. Parmi ces trois mille six cents commis que vous appelez Héradin, ne s'en trouvait-il pas de plus experts que les autres ?
R. Oui, Très Sage Maître.
D. Combien y en avait-il ?
R. Trois cents.
D. Comment les nommait-on ?

A. That is because one cannot enter in the Holy of Holies without being deprived of his vices and passions.
Q. How did you behave to be received as a Mason ?
A. As a criminal.
Q. Why as a criminal ?
A. For being suspected of a crime I had to explain.
Q. What was that crime ?
A. Having my hands immersed in the blood of our Respectable Master Hiram.
Q. In what state did you appear in the Holy of Holies ?
A. In a poor state, submissive and humiliated.
Q. Why in this state ?
A. In imitation of Moses, when the Lord appeared to him in the Burning Bush, Who said to him : "*Take off thy shoes, you are not worthy to touch the earth you inhabit !*"
Q. How many workmen did our Master have under his supervision ?
A. Sixty thousand porters, eighty thousand stone masons and [three thousand six hundred] [1] charged with the supervision of the others.
Q. Which are the three thousand six hundred supervisors ?
A. Respectable Masters.
Q. What did they call them ?
A. **Heradin** [2].
Q. What does Heradin mean ?
A. Conductors or provosts, who assisted King Solomon.
Q. Among three thousand six hundred conductors, whom you call Heradin, were there who were more experienced than the others ?
A. Yes, Most Wise Master.
Q. How many of them were they ?
A. Three hundred.
Q. What did they call them ?

---

[1] Le copiste a oublié des mots, vraisemblablement tirés de *II Chroniques* 2:18, et restitués ici pour la compréhension de la suite du texte.
[2] Corruption évidente de הרדים [*harodim*].

[1] The copyist forgot some words, probably taken from II Chronicles 2:18 and represented here to improve the comprehensibility of the text.
[2] Evident corruption of הרדים [*harodim*].

135

R. artistes ou Menatzchim.
D. que veut dire artiste ou Menatzchim
R. Inspecteurs et Consolateurs des Gens de travail.
D. Pourquoi ?
R. Par la connaissance de la Double Lumière.
D. Combien y avait-il de g.ds maîtres ?
R. trois.
D. Comment les appelés-vous ?
R. Le Roi Salomon, Le Roi hiram, et hiram.
D. à quoi vous sert la lance que vous portés pour votre attribut ?
R. Pour percer le cœur des traîtres qui ont assassiné N. R. M. H.
D. où les trouverés-vous ?
R. Dans une des 4. parties du monde.
D. qui vous y conduira ?
R. la Lumière.
D. où la trouvés-vous ?
R. Dans le St. des Sts.
D. où finira t-elle ?
R. au sept.on
D. qu'y ferés-vous ?
R. j'y pleurerai sans cesse la mort de N. R. M. H.
D. Pourquoi, vous qui avez été reçu Maçon, vous privé vous de la lumière ?
R. En mémoire de N. R. M. H. qui se perdit quand il fut assassiné, et qu'on la retrouvé dans les Tenebres.
              fin du Ch.r du Temple

A. Artists or **Menatzchim** [1].
Q. What means artists or Menatzchim?
A. Inspectors and consolers of the workmen.
Q. Why?
A. By the knowledge of the double light.
Q. How many Grand Masters were there?
A. Three.
Q. What was their name?
A. King Solomon, King Hiram and Hiram.
Q. What is the purpose of the lance you wear as your jewel?
A. To pierce the heart of the traitors, who assassinated our Respectable Master Hiram.
Q. Where can you find them?
A. In one of the four quarters of the world.
Q. Who will conduct you there?
A. The Light.
Q. Where do you find it?
A. In the Holy of Holies.
Q. Where does it end?
A. In the North.
Q. What do you do there?
A. I weep there incessantly on the death of our Respectable Master Hiram.
Q. Why were you who have been received a Mason, were you deprived of light?
A. In memory of our Respectable Master Hiram, who was lost when he was assassinated and who was recovered in the darkness.

End of the Knight of the Temple

---

[1] Evident corruption of מנצחים [*menatsahim*] to be translated by foreman.

## Loge du Parfait Maçon
### Elu qui a conservé la formule originelle de la Maçonnerie.
### Ornemens.

La loge qui represente le Cabinet de Salomon doit être proprement décorée, et la tapisserie peut être de plusieurs couleurs : à l'orient doit être un Trône brillant exhaussé de plusieurs marches. le Dais doit être assez large pour contenir deux personnes assises dans deux fauteuils sur la même ligne ; au pied du trône à la droite, on placera un petit autel couvert d'un tapis qui portera trois bougies de Cire jaune en équerre, un maillet, un poignard, un Compas, une Equerre et le livre de la Sagesse. la Loge doit être éclairée de neuf bougies jaunes suspendues dans un lustre, ou placées indistinctement dans des flambeaux à terre, mais il faut qu'il y en ait un séparé des autres au moins d'un pied.

Si l'on veut l'éclairer davantage, on peut representer le buisson ardent avec des feuilles ou des branches d'arbres, qu'on éclairera avec des Lampions.

La loge doit être crayonnée sur les Carreaux de la salle comme elle est representée dans le Tableau.

Il doit y avoir des Tabourets pour les ff.

Lorsqu'on tient loge d'Elu et qu'il y a quelque réception à faire ; avant que d'ouvrir la loge d'Elu, on ouvre celle

## Lodge of Perfect Elected Mason,
### who preserved the original formula of Freemasonry

### Ornaments

The lodge, which represents the study of Solomon, must be properly decorated and the decorations can be of different colours. In the East must be a brilliant throne elevated by several steps. The canopy must be rather large to cover two persons seated in two armchairs in the same line. At the base of the throne, to the right, a small altar is placed covered by a cloth, on which three candles of yellow wax, a square, a mallet, a poniard, a compass and the Book of the Sacred Law [1]. The lodge is illuminated by nine yellow candles, suspended in a lustre, or indifferently placed in torches on the floor, but it is required that one is separated from the others by at least one foot.

If further illumination should be applied, the Burning Bush could be represented with leaves or branches of trees, lighted by lanterns.

The lodge [2] is designed on the tiles of the room, as is represented in the Tracing Board [3].

There must be taborets to seat the brethren.

When a lodge of Elect will be held and there will be a reception, the opening of the lodge of Elect is preceded by the opening

---

[1] Here is evidently meant the Bible.
[2] Tracing Board.
[3] Which was not copied by the copyist.

137.

de M∴, et le Réc:ij: y assista.

Lorsque la Loge est ouverte à la Coutume ordinaire, le R∴ fait avancer le Récip:t auprès de l'autel; on le fait asseoir sur un Siége, et le très R∴ l'exhorte à prêter une oreille attentive au discours qu'on va lui faire qui concerne sa réception; ensuite on fait le discours, après quoi on l'envoie à la Chambre de réflexion, et de là l'on ouvre la loge.

1°. Cette Loge étant le Conseil de Neuf, on ne peut pas y tenir qu'on ne soit neuf, dont les deux premiers sont Salomon et Hyram roi de Tyr, qui occupent le trône; les deux Rois doivent être couronnés. La couronne de Salomon sera enrichie de Pierreries, et celle du Roi de Tyr sera seulement d'or; toutes les deux seront doublées de bleu. Salomon aura un Sceptre bleu doré à filets et surmonté d'un triangle lumineux, — (emblême de la Sagesse et de la Perfection); le Roi de Tyr — tiendra en main ung p? Poignard; le reste de l'habillement — sera semblable à celui des ff∴, excepté que Salomon aura des gands garnis de frange, et le tablier bordé d'une dentelle d'argent

2°. Tous les ff∴ seront vêtus de noir, et auront sur le côté — gauche, un petit Plastron sur lequel sera brodée une tête de mort, un os et un poignard en sautoir, en argent et autour de la devise (vaincre ou mourir). Ils auront un grand cordon de ruban moiré, large de 4 doigts, posé de gauche à droite, portant sur le devant, la devise ci-dessus, brodée en argent. au bas du cordon, il doit y avoir une petite — Rosette de ruban blanc, au bout de laquelle pend un petit poignard dans son fourreau long de 4 pouces. Le Tablier doit être de peau blanche, doublé de noir; sur la bavette sera

de Maîtres et le récipiendaire y assiste.

Lorsque la loge est ouverte à la coutume ordinaire, le Respectable fait avancer le récipiendaire au pied de l'autel; on le fait asseoir sur un siège et le Très Respectable l'exhorte à prêter une oreille attentive au discours qu'on va lui faire, qui concerne sa réception; ensuite, on fait le discours, après quoi on l'envoie à la Chambre de Réflexion, et de là [1] on ouvre la loge.

1° Cette loge étant le Conseil des Neuf, on ne peut pas la tenir qu'on ne soit neuf, dont les deux premiers sont Salomon et Hiram, roi de Tyr, qui occupent le trône. Les deux rois doivent être couronnés. La couronne de Salomon sera enrichie de pierreries et celle du roi de Tyr sera seulement d'or; toutes les deux seront doublées de bleu. Salomon aura un sceptre bleu, doré à filets et surmonté d'un triangle lumineux (emblème de la Sagesse et de la Perfection). Le roi de Tyr tiendra en main un grand poignard; le reste de l'habillement sera semblable à celui des Frères, excepté que Salomon aura des gants garnis de franges et le tablier bordé d'une dentelle d'argent.

2° Tous les Frères seront vêtus de noir et auront, sur le côté gauche, un petit plastron sur lequel sera brodée une tête de mort, un os et un poignard en sautoir, en argent et entouré de la devise (vaincre ou mourir). Ils auront un grand cordon de ruban noir, large de quatre doigts, portant, sur le devant, la devise ci-dessus, brodée en argent. Au bas du cordon, il doit y avoir une petite rosette de ruban blanc, au bout de laquelle pend un petit poignard dans son fourreau long de quatre pouces. Le tablier doit être de peau blanche, doublé de noir; sur la bavette sera

of that of Master, at which the candidate assists.

When the lodge is open in the usual manner, the Respectable has the candidate advance to the base of the altar. He is seated on a seat and the Most Respectable urges him to listen attentively to the address to be made for him, concerning his reception. Then the address is given after which he is sent away to the Chamber of Reflection and from then [1] on the lodge is opened.

1° This lodge is the Council of Nine, which cannot be held, if there are not nine present, of whom the first two are Solomon and Hiram, King of Tyre, who occupy the throne. These two kings must wear a crown. The crown of Solomon is enriched by precious stones and the one of the King of Tyre is only of gold. Both are to be lined with blue. Solomon will have a blue sceptre, gilded with wiring and surmounted by a shining triangle (emblem of Wisdom and Perfection). The King of Tyre holds in his hand a large poniard. The rest of the dress will be similar to that of the brethren, except that Solomon will wear gloves with fringes and his apron is lined with silver lace.

2° All brethren are dressed in black and have on the left a small plastron on which shall be embroidered a skull in silver, crossed bones and a poniard encircled by the device (vaincre ou mourir - conquer or die). They wear a large collar of black ribbon, four inches wide, on the front the mentioned device, embroidered in silver. At the end of the collar will be a rosette of white ribbon, on which hangs a small poniard of four inches, in his sheath. The apron is made of white leather, lined with black. On the flap will be

---

[1] Au sens d'*à ce moment*.

[1] In the sense of this moment.

138.
brodée une tête de mort avec un os et une épée en sautoir.– soumises à une Equerre brodée en or. Sur la poche du tablier sera une grosse larme, et au milieu du Tablier et sur les côtés, huit autres larmes plus petites ; au bout de la poche, une branche d'accacia. Les gands seront doublés de – Taffetas noir et bordés de même.

## Titre

Le M<sup>e</sup> se nomme, très Sage ; le Roi de Tyr, très puis<sup>nt</sup>, et les autres ff., très ol<sup>bles</sup>. Il n'y a point de surv<sup>ans</sup>, – mais le très Sage, aussitôt qu'il est monté au trône, – appelle un f<sup>e</sup>. que l'on nomme l'ancien du Conseil.

## Commencement du Travail

Le très Sage étant arrivé et couronné dit, au Roi de Tyr.
D. Très puiss<sup>t</sup> Roi de Tyr, quel sujet vous amène parmi nous ?
R. Très Sage, je viens vous demander vengeance de la mort de l'architecte du Temple, laquelle a resté impunie – jusqu'à ce jour.

Le Très Sage lui dit ; prenez Place et soyez témoin des recherches que je vais faire faire du meurtrier.

Le Roi de Tyr monte au trône, et s'assoit sous le dais, à la gauche d'Salomon.

Le très Sage nomme ensuite un f<sup>e</sup>. qui, à l'instant vient mettre un genouil en terre au pied du trône ; Salomon lui dit, en lui posant son Sceptre sur la tête, « Mon frère je vous constitue l'ancien du Conseil pour veiller à notre

brodée une tête de mort avec un os et une épée en sautoir, soumis à une équerre brodée en or [1]; sur la poche du tablier sera une grosse larme et, au milieu du tablier et sur les côtés, huit autres larmes plus petites; au bout de la poche [sera] une branche d'acacia. Les gants seront doublés de taffetas noir et bordés de même.

## *Titres*

Le Maître se nomme Très Sage, le roi de Tyr Très Puissant et les autres Frères Très Respectables. Il n'y a point de Surveillants mais le Très Sage, aussitôt qu'il est monté au trône, appelle un Frère que l'on nomme l'Intime du Conseil.

## *Commencement du Travail*

Le Très Sage, étant arrivé et couronné, dit au roi de Tyr
D. Très Puissant roi de Tyr, quel sujet vous amène parmi nous ?
R. Très Sage, je viens vous demander vengeance de la mort de l'architecte du Temple, laquelle est restée impunie jusqu'à ce jour.
Le Très Sage lui dit : « *Prenez place et soyez témoin des recherches que je vais faire faire du meurtrier* »
Le roi de Tyr monte au trône et s'assoit sous le dais, à la gauche de Salomon.
Le Très Sage nomme ensuite un Frère qui, à l'instant, vient mettre un genou en terre au pied du trône; Salomon lui dit, en posant son sceptre sur sa tête : « *Mon Frère, je vous constitue l'Intime du Conseil, pour veiller à notre*

---
[1] C'est-à-dire que la bavette porte, de haut en bas, l'équerre d'or, la tête de mort et l'os et l'épée entrecroisés.

embroidered a skull with crossed bones and a poniard, embroidered in gold [1]. On the pouch of the apron will be a large tear and in the centre of the apron and on the sides eight more smaller tears. At the end of the pouch a branch of acacia. The gloves are lined with black taffeta and lined in the same way as the apron.

## *Titles*

The Master is called Most Wise, the King of Tyre Most Puissant and the other brethren Most Respectable. There are no wardens, but the Most Wise summons a brother as soon as he has ascended the throne, who will be called the Intimate of the Council.

## *Beginning of the work*

The Most Wise says, after having arrived and placed his crown on his head, to the King of Tyre,
Q. Most Puissant King of Tyre, what is the subject you bring among us ?
A. Most Wise, I have come to ask you revenge for the murder of the architect of the Temple, which is left unpunished until this day.
The Most Wise says to him : "*Be seated and be a witness of the search I have made of the murderer.*"
The King of Tyre ascends the throne and takes a seat under the canopy, at the left of Solomon.
The Most Wise then chooses a brother, who immediately kneels on one knee at the base of the throne. Solomon says to him, laying his sceptre on his head : "*My brother, I install you as the Intimate of the Council, guarding our*

---
[1] This means that on the flap are from top to bottom a golden square, a death head and the bone and sword crossed.

sureté ; commencez vos fonctions pour vous assurer des qualités des
ff. qui sont ici présents. Le f⸫ S⸫lève, salue les deux Rois, et va
recevoir la Parole, le Signe et l'attouchement de chaque f⸫.

De retour au pied du Trône, il dit, en s'inclinant : très sage,
le Conseil n'a que des sujets fidèles. Salomon s'élève et dit,
Mes ff., que le g⸫ architecte nous éclaire, que l'équité nous dirige
et que la vérité prononce, f⸫ ancien écartez tous les Profanes,
je comprends sous ce nom, tous ceux qui ne sont pas honorés du
grade d'Élu.

Le f⸫ ancien va visiter tous les environs, et place en dedans
un f⸫ en sentinelle, l'épée à la main, et revient au pied du
Trône où il dit : tout est couvert ; les Gardes entourent les
Portes du Palais, nul Profane ne peut pénétrer nos mistères.
Salomon fait passer le f⸫ ancien aux Extrémités des ouvrages,
et sitôt qu'il y est il lui dit.

D. Quelle heure est-il ?
R. La pointe du jour, ou le commencement du jour.

Salomon frappe huit coups égaux, et un précipité, en
disant N. N. M. qui signifie vengeance. Tous les ff.
répètent N. N. M., frappent 9 coups dans leurs mains, —
après quoi Salomon annonce que la Loge d'Élu est ouverte,
il fait le signe de demande, et les ff. celui de réponse, —
après quoi il commence le Discours suivant.

## Discours.

Vous savez avec quelle douleur j'ai appris la mort de ce f.
homme que j'avais commis à la tête de nos ouvrages ; en vain
j'ai tout mis en œuvre pour découvrir les malheureux qui ont

sûreté. *Commencez vos fonctions par vous assurer des qualités des Frères qui sont ici présents* » Le Frère se lève, salue les deux rois et va recevoir la parole, le signe et l'attouchement de chaque Frère.

De retour au pied du trône, il dit en s'inclinant : « *Très Sage, le Conseil n'a que des sujets fidèles !* ». Salomon se lève et dit : « *Mes Frères, que le Grand Architecte nous éclaire, que l'équité nous dirige et que la vérité prononce ! Frère ancien, écartez tous les profanes, je comprends, sous ce nom, tous ceux qui ne sont pas honorés du grade d'Elu* »

Le Frère ancien va visiter tous les environs et place, en dedans, un Frère en sentinelle, l'épée à la main, et revient au pied du trône où il dit : « *Tout est couvert, les gardes entourent les portes du palais, nul profane ne peut pénétrer nos mystères* ». Salomon fait passer le Frère ancien aux extrémités des ouvrages [1] et, sitôt qu'il y est, il lui dit

D. Quelle heure est-il ?

R. La pointe du jour (ou le commencement du jour).

Salomon frappe huit coups égaux et un précipité en disant N.N.M. [2], qui signifie vengeance. Tous les Frères répètent N.N.M., frappent neuf coups dans les mains, après quoi Salomon annonce que la loge est ouverte, il fait le signe de demande et les Frères celui de réponse, après quoi il commence le discours suivant.

## *Discours*

« *Vous savez avec quelle douleur j'ai appris la mort de ce grand homme que j'avais commis à la tête de nos ouvrages; en vain, j'ai tout mis en œuvre pour découvrir les malheureux qui ont*

---

[1] C'est-à-dire près de la porte de la loge, à l'occident.

[2] Il s'agit de la *Parole*, ici Nekuo Nékum, corruptions de ⌐P⌐ (*naqam*), qui se traduit par *vengeance*. Selon l'ancienne pratique, on ne prononce que ces trois lettres.

---

security. *Begin your function by assuring us of the qualities of the brethren, who are here present.*" The brother rises, salutes the two kings and goes around demanding the word, the sign and the grip of each brother.

Returning to the base of the throne, he says with a bow : "*Most Wise, the Council has only loyal subjects.* Solomon rises and says : *My brethren, may the Great Architect enlighten us, may equity direct us and may we pronounce truth. Ancient brother, dismiss all profanes, I understand under this name all those who have not been honoured with the degree of Elect.*"

The ancient brother goes to inspect the environment and places a brother inside as guard, the sword in the hand. Then he returns to the base of the throne, where he says : "*It is all tiled, the guards surround the porches of the palace, no profane can penetrate our mysteries.*" Solomon sends the brother to the extremities of the work [1] and as soon as he is there, he says to him :

Q. What is the hour ?

A. The beginning of the day (or the commencement of the day).

Solomon gives eight equal knocks and one delayed, saying N.N.M. [2], which means revenge. All brethren repeat N.N.M. and give nine knocks with their hands, after which Solomon announces that the lodge is open. He gives the sign and inquires the brethren to give the sign of reply, after which he begins the following address.

## *Address*

"*You know with what sadness I learned of the death of this great man, whom I had put at the head of our work. Vainly I did my utmost to discover the unfortunates, who have*

---

[1] This means near the door of the lodge, i.e in the West.

[2] This deals with the word, here Nekuo Nekum, corruptions of ⌐P⌐ which can be translated by vengeance. According to the old practice only three letters are pronounced.

140. Commis le Crime; tout doit vous porter à la vengeance, le Roi de Tyr vient ici la réclamer; je lui laisse le soin de vous inspirer des sentimens qui vous excitent à la vengeance de la mort d'un homme qui était si digne de ma confiance.

Le roy de Tyr vient sur le tableau et montre avec la pointe de son épée le fils d'hiram qui y est représenté, Et dit : voilà, Mes. ff. le gage sacré que le gd. homme nous a laissé; il doit s'attendre que si sa mémoire vous est chère, les cris de cet Enfant, ses larmes et ses prières vous toucheront; il vous demande vengeance de la mort de son Père, qui était votre Compagnon et votre ami; unissons donc nos efforts pour découvrir l'assassin, et qu'il éprouve le châtimt. qu'il mérite.

Alors tous les ff. se mettent la main sur leur poignard, le tirent et s'écrient N. N. M.

Le Roi de Tyr remonte au Trône; et comme Salomon se lève pour recueillir les voix, on entend un gd. bruit à la porte qui se termine par 9 coups que frappe le diacre; que le fr. en sentinelle avertit en dedans par un coup. Salomon paraissant indigné dit avec colère, fr. intime voyez ce qui occasionne ce bruit et comment mes ordres sont remplis; le fr. sort, et rentrant tout d'un Coup, d'un air surpris dit : Très Sage, le Conseil est trahi; Tous les ff. lèvent le Poignard et disent N. N. M.

Salomon lui impose silence en levant son sceptre, Et dit; que votre indignation cède un instant à la nécessité d'entendre le fr. intime dans son rapport. Dites nous fr. qui a pu causer notre rumeur; qui a l'audace de troubler notre auguste Conseil?

commis le crime. Tout doit vous porter à la vengeance, le roi de Tyr vient ici la réclamer : je lui laisse le soin de vous inspirer des sentiments qui vous excitent à la vengeance de la mort d'un homme qui était si digne de confiance. »

Le roi de Tyr vient sur le tableau et montre avec la pointe de son épée le fils d'Hiram, qui y est représenté, et dit : « *Voilà, mes Frères, le gage sacré que le grand homme a laissé. Il doit s'attendre que, si sa mémoire vous est chère, les cris de cet enfant, ses larmes et ses prières, vous toucheront. Il vous demande vengeance de la mort de son père, qui était votre compagnon et votre ami. Unissons donc nos efforts pour découvrir l'assassin et qu'il éprouve le châtiment qu'il mérite !* »

Alors, tous les Frères se mettent la main sur le poignard, le tirent et s'écrient N.N.M.

Le roi de Tyr remonte au trône et, comme Salomon se lève pour recueillir les voix, on entend un grand bruit à la porte, qui se termine par neuf coups que frappe le récipiendaire, que le Frère en sentinelle avertit en dedans par un coup.

Salomon, paraissant indigné, dit avec colère : « *Frère Intime, voyez ce qui occasionne ce bruit et comment mes ordres sont remplis !* ». Le Frère sort et, rentrant tout d'un coup d'un air surpris, dit : « *Très Sage, le Conseil est trahi !* ». Tous les Frères lèvent le poignard et disent N.N.M.

Salomon leur impose silence en levant son sceptre et dit : « *Que notre indignation cède un instant à la nécessité d'entendre le Frère Intime dans son rapport. Dites-nous, Frère, qui a pu causer notre rumeur, qui a l'audace de troubler notre auguste Conseil ?* »

committed the crime. Everything has to lead us to the revenge that the King of Tyre has come here to claim. I leave to him the care to inspire you with feelings that incite you to the revenge of the death of a man, who deserved confidence so much."

The King of Tyre comes to the Tracing Board and shows with the point of his sword the son of Hiram, who is represented there, and says : *"There, my brethren, is the sacred salary the great man left behind. It can be expected that, if his memory is dear to you, the cries of this infant, his tears and prayers will touch you. It demands from you revenge for the death of his father, who was your companion and your friend. Let us therefore unite our efforts to discover the assassinator and may he experience the castigation he deserves !"*

Then all brethren place their hand on their poniard, pull it out and cry N.N.M.

The King of Tyre ascends the throne again and rises as Solomon does to gather the votes, a loud noise at the porch is heard, which terminates by nine knocks given by the candidate, replied from the inside by the brother guard by one knock.

Solomon, who seems to be annoyed, says with anger : *"Intimate brother, see who causes that noise and how my orders are executed."* The brother leaves and returning with one knock and a look of surprise says : *"Most Wise, the Council is betrayed."* All brethren raise the poniard and say N.N.M.

Solomon calls for silence and raising his sceptre says : *"May our indignation yield to the necessity of hearing the Intimate brother give his report. Tell us, brother, who has been able to cause this noise ? Who has the courage to disturb our august Council ?"*

141.

Le f∴ intime répond ; je viens de voir avec surprise qu'un f∴ s'est glissé furtivement dans l'intérieur de cet appartement ; il est à craindre qu'il ait entendu les secrets de votre Loge ; je le dirai même en tremblant, il est à présumer, qu'il est souillé de quelque gd. Crime, les mains pleines de sang et le glaive tranchant qu'il tient dans sa main, déposent contre lui, et ont excité mes soupçons.

Salomon levant son poignard dit : qu'il soit sacrifié aux manes d'Hiram.

Le Roi de Tyr se leve et dit.

"Grand Roi, écoutés votre Sagesse ordinaire et ne précipités rien si j'en crois mes soupçons cet homme est le meurtrier que nous cherchons, ou du moins, pourra t-il nous donner quelques indices, mon avis serait qu'il fut désarmé et introduit, le Corps, le Col, les mains liées, et les yeux couverts d'un bandeau afin que dans cet état, il réponde aux questions que votre Sagesse vous suggérera.

Salomon levant son sceptre dit : Mes R∴ble∴ ff∴ vous avez entendu les motifs de défiance, du Puiss∴ Roi de Tyr, et les précautions que sa Prudence lui inspire ; consentez vous que l'on suive ses Conclusions.

Les ff∴ acquiescent en étendant la main.

Salomon dit ensuite au f∴ ancien : allez trouver ce téméraire, faites lui part de ce que vous avez entendu ; — inspirés lui de la confiance et de la terreur ; amenez-le au pied du Trône. dans l'état dit—. (l'ancien sort.)

Le Frère Intime répond : « *Je viens de voir, avec surprise, qu'un Frère s'est glissé furtivement dans l'intérieur de cet appartement. Il est à craindre qu'il ait entendu les secrets de notre Conseil. Je le dirai même en tremblant, il est à présumer qu'il est souillé de quelque grand crime, les mains pleines de sang et le glaive tranchant qu'il tient dans sa main déposent contre lui et ont excité mes soupçons* »

Salomon, levant son poignard, dit : « *Qu'il soit sacrifié aux mânes d'Hiram !* »

Le roi de Tyr se lève et dit :

« *Grand roi, écoutez votre sagesse ordinaire et ne précipitez rien. Si j'en crois mes soupçons, cet homme est le meurtrier que nous cherchons ou, du moins, pourra-t-il nous donner quelques indices. Mon avis serait qu'il fût désarmé et introduit, le corps, le col, les mains liés et les yeux couverts d'un bandeau afin que, dans cet état, il réponde aux questions que votre sagesse vous suggérera* »

Salomon, levant son sceptre, dit : « *Mes Respectables Frères, vous avez entendu les motifs de défiance du puissant roi de Tyr et les précautions que sa prudence lui inspire. Consentez-vous que l'on suive ses conclusions ?* »

Les Frères acquiescent en étendant la main.

Salomon dit ensuite au Frère ancien : « *Allez trouver ce téméraire, faites-lui part de ce que vous avez entendu, inspirez-lui de la confiance et de la terreur, amenez-le au pied du trône dans l'état dit* » (L'ancien sort.)

The Intimate brother replies : "*I just saw with surprise, that a brother furtively slid into the interior of the apartment. We must fear that he has heard the secrets of our Council. As I tell this I tremble because we may presume that he is stained of a great crime, his hands full of blood and the sharp sword he has in his hand witnesses against him and has excited my suspicion.*"

Solomon raises his poniard and says : "*May he be sacrificed to the revenge of Hiram.*"

The King of Tyre rises and says :

"*Great king, listen to your common sense and do not hasten. If my suspicion is correct, this man is the murderer we are looking for, or at least he could give us some indications. My advise would be to disarm him and introduce him with the body, neck and hands bound, the eyes covered with a band so that he can in that state reply to the questions your wisdom will suggest to you.*"

Solomon raises his sceptre and says : "*My Respectable brethren, you have heard the motives of defiance of the Puissant King of Tyre and the precautions his prudence inspired in him. Do you consent that we follow his conclusions ?*"

The brethren acknowledge by stretching out their hands.

Solomon says then to the ancient brother : "*Go and find that miscreant, do to him what you have heard, inspire him with confidence and terror, bring him to the base of the throne in the state as described.*" (The ancient leaves.)

## Préparation du Candidat.

Le f. ancien en arrivant auprès de lui, se saisit de son Épée et l'envoie à la Loge par un f. qui l'accompagne; lequel f. en le présentant dit: Très Sage il est désarmé; il le quitte ensuite au bout de la Loge.

Le f. ancien passe au Récip.re le Cordon rouge par dessus le col, dont il lui attache les mains, et dans lequel il lui renferme le corps; il lui fait ensuite ôter les souliers lui bande les yeux et lui fait mettre des gands ensanglantés, lui ôte son chapeau et l'habille de son tablier de Maçon. Lorsqu'il est en cet état, le f. ancien lui dit: Sondez votre Cœur, mon f.re l'on vous soupçonne d'un gd. crime, digne d'un châtiment capable d'épouvanter les cœurs les plus féroces; vous pouvez cependant espérer de l'indulgence, si la sincérité guide vos paroles: si vous êtes innocent, suivés-moi avec confiance.

Ensuite le f. ancien lui met son poignard sur le Cœur, et l'amène à la porte de la Loge dont il doit avoir la clef; il l'ouvre, l'introduit, le place à l'occident, et lorsqu'il y est, tous les ff. assis, Salomon dit au Récip.re

D. que cherches-tu?

R. la récompense qui m'est due. (l'ancien lui dicte)

D. Crois-tu que les Maçons autorisent le crime et le meurtre? tremble plutôt du châtiment, qui t'es réservé, qui es-tu?

R. Le meilleur des Maçons, le plus zélé de tous les ff.

## Préparation du candidat

Le Frère ancien, en arrivant près de lui [1], se saisit de son épée et l'envoie [2] à la loge par un Frère qui l'accompagne, lequel Frère, en la présentant, dit : « *Très Sage, il est désarmé !* ». Il la quitte ensuite au bout de la loge [3].

Le Frère ancien passe au récipiendaire le cordon rouge par-dessus le col, dont il lui attache les mains et dans lequel il lui renferme le corps. Il lui fait ensuite ôter les souliers, lui bande les yeux et lui fait mettre des gants ensanglantés, lui ôte son chapeau et l'habille de son tablier de Maçon.

Lorsqu'il est dans cet état, le Frère ancien lui dit : « *Sondez votre cœur, mon Frère, l'on vous soupçonne d'un grand crime, digne d'un châtiment capable d'épouvanter les cœurs les plus féroces. Vous pouvez, cependant, espérer de l'indulgence si la sincérité guide vos paroles : si vous êtes innocent, suivez-moi avec confiance !* »

Ensuite, le Frère ancien lui met son poignard dur le cœur et l'amène à la porte de la loge, dont il doit avoir la clef ; il l'ouvre [4], l'introduit [5], le place à l'occident et, lorsqu'il y est, tous les Frères [étant] assis, Salomon dit au récipiendaire :

D. Que cherches-tu ?
R. La récompense qui m'est due ! (L'ancien lui dicte)
D. Crois-tu que les Maçons autorisent le crime et le meurtre ? Tremble plutôt du châtiment qui t'est réservé ! Qui es-tu ?
R. Le meilleur des Maçons, le plus zélé de tous les Frères,

---

[1] Il s'agit du récipiendaire...
[2] Il s'agit de l'épée du récipiendaire...
[3] C'est-à-dire qu'il dépose l'épée à l'occident.
[4] La porte...
[5] Le récipiendaire...

## Preparation of the candidate

The ancient brother coming to him [1], takes his sword and sends it [2] to the lodge with an accompanying brother, who by presenting him : "*Most Wise, he is disarmed !*". He leaves it then at the lower end of the lodge [3].

The ancient brother decorates the candidate with the red collar around his neck, to which he attaches the hands and with which he encloses the body. Then he has him take off his shoes, binds his eyes and has him put on bloody gloves, takes his hat off and puts his Master apron on.

When he is in that state, the ancient brother says to him : "*Look into your heart, you are suspected of having committed a great crime, worthy of a punishment, which would horrify the firmest hearts. You can, however, hope for indulgence, if sincerity guides your words. If you are innocent, follow me with confidence !*"

Then the ancient brother places his poniard on his heart and brings him to the door of the lodge, of which he has to have the key. He opens it [4], brings him [5] in, places him at the West and being there, all brethren seated, Solomon says to the candidate :

Q. What are you looking for ?
A. The recompense which is due to me. (The ancient makes it known.)
Q. Do you believe that the Masons authorise crime and murder ? You had rather tremble for the punishment, which awaits you. Who are you ?
A. The best among Masons, the most zealous of all brethren.

---

[1] This means the candidate.
[2] This means the sword of the candidate.
[3] It means that he deposits the sword in the West.
[4] The door.
[5] The candidate.

143.

ou du moins le plus digne de ce titre.

D. vil assassin qu'oses tu dire, quand tu te présente dans ce lieu sacré, les mains teintes d'un sang sans doute innocent; tout dépose contre toi, tout annonce le crime et le meurtre.

R. Je me soumets à tout si je suis coupable.

Le Roi de Tyr dit alors.. qu'hiram alloit être vengé, et les ff. disent N. N. N.

Salomon reprend la parole, et dit, " — Mes ff. le meurtre d'hiram est découvert, l'imposture est trop grossière, il est desjà coupable puisqu'il veut nous tromper.

D. que réponds tu?

R. que c'est à tort que l'on me soupçonne du meurtre d'un M<sup>e</sup> dont je respecte la Mémoire, je reviens, au contraire, qu'à dess. de vous en donner des nouvelles et les découvertes que j'ai fait

D. quelles sont elles?

R. une Caverne, un buisson ardent, une fontaine jaillissant un Chien pour guide, m'ont indiqué le lieu de sa retraite.

D. quels sont les garants?

R. mes mains trempées dans le sang de trois animaux, le lion, le tigre et l'ours qu'il avait apprivoisés pour garder l'entrée de sa Caverne, et que j'ai détruit pour y entrer.

D. que viens tu demander?

R. me jetter aux pieds du Roi pour prendre ses ordres s'il veut que je lui livre abyram mort ou vif.

D. quelles preuves donne tu de ta foi.

R. Les promesses les plus sacrées seront les garants de mon innocence, et les supplices les plus rigoureux —

ou, du moins, le plus digne de ce titre !
D. Vil assassin, qu'oses-tu dire, quand tu te présentes dans ce lieu sacré, les mains teintes d'un sang sans doute innocent ! Tout dépose contre toi, tout annonce le crime et le meurtre !
R. Je me soumets si je suis coupable.

Le roi de Tyr dit alors : « *Qu'Hiram Abif soit vengé !* » et les Frères disent N.N.M..

Salomon reprend la parole et fit : « *Mes Frères, le meurtrier d'Hiram est découvert, l'imposture est trop grossière, il est déjà coupable, puisqu'il veut nous tromper !* »

D. Que réponds-tu ?
R. Que c'est à tort que l'on me soupçonne du meurtre d'un Maître dont je respecte la mémoire, je ne viens, au contraire, qu'à dessein de vous donner des nouvelles et les découvertes que j'ai faites.
D. Quelles sont-elles ?
R. Une caverne, un Buisson Ardent, une fontaine jaillissante, un chien pour guide, m'ont indiqué le lieu de sa retraite.
D. Quels sont les garants ?
R. Mes mains trempées dans le sang de trois animaux, le lion, le tigre et l'ours, qu'il avait apprivoisés pour garder l'entrée de sa caverne et que j'ai détruits pour y entrer.
D. Que viens-tu demander ?
R. Me jeter aux pieds du roi pour prendre ses ordres s'il veut que je lui livre **Abiram** mort ou vif.
D. Quelles preuves donnes-tu de ta foi ?
R. Les promesses les plus sacrées seront les garants de mon innocence et les supplices les plus rigoureux

or at least the most worthy of that title.
Q. Vile assassinator, how dare you present yourself in this sacred place with hands coloured with blood, undoubtedly guilty ! It all speaks against you, it all announces crime and murder !
A. I submit, if I am guilty.

The King of Tyre then says : "*May Hiram Abif be revenged !*" and the brethren say N.N.M.

Solomon resumes the word and says : "*My brethren, the murderer of Hiram has been discovered, the imposture is too coarse, he is already guilty because he wants to betray us !*"

Q. What is your reply ?
A. It is wrong that I am suspected of a murder of a Master, whose memory I respect, on the contrary, I only come to bring you news of the discoveries I have made.
Q. What are they ?
A. A cave, a burning bush, a springing fountain, a dog as a guide indicated to me the place of his retreat.
Q. What guarantee do you give ?
A. My hands immersed in the blood of three animals, the lion, the tiger and the bear, he had tamed for guarding the entry to his cave, which I killed in order to enter there.
Q. What do you come to ask for ?
A. To prostrate myself at the feet of the king to receive his orders, whether he wishes that I deliver Abiram dead or alive.
Q. What proofs do you give of your credibility.
A. The most sacred promises will be the guarantee of my innocence and the most rigorous capital punishment

auxq. je consens d'être exposé si je suis reconnu pour parjure.

Salomon dit : "f. intime pour que le f. commence à calmer vos soupçons, faites lui avouer pas à pas, savoir 3 d'apprentif, 3 de compagnon et 3 de M.e jusqu'au trône, qu'on y vienne rendre les obligations entre vos mains. Le f. le fait avancer, ainsi qu'il est ordonné. étant arrivé, il met le genouil droit à terre, la main droite sur l'évangile et l'équerre, et à la gauche, il tient le compas et le maillet. Salomon lui pose son poignard sur le front, et le f. intime lui met une épée sur le dos; puis le très sage, en frappant un coup de son sceptre sur l'autel, ordonne que les ff. se lèvent, dit : "prenez garde à ce que vous allez faire, le moment est critique. Si vous cherchez à nous tromper, notre indulgence présente accroîtra la rigueur des supplices qui la suivront. Si vous êtes sincère, prononcez avec moi.

## Obligation.

Je promets, foi d'honnête homme, et devant cette auguste assemblée aux pieds des plus hautes puissances de ne jamais révéler à homme, qui n'ait fait ce que je fais, les secrets qui sont parvenus et donnent le titre sublime de M.e Élu; je promets d'en remplir scrupuleusement les obligations au péril de ma vie, en quelque rencontre ce puisse être; de sacrifier aux mânes d'Hiram les parjures qui pourraient révéler

aux[quels] je consens d'être exposé si je suis reconnu pour criminel.

Salomon dit : « *Frère Intime, pour que le Frère commence à calmer nos soupçons, faites-le avancer par neuf pas, savoir trois d'Apprenti, trois de Compagnon et trois de Maître, jusqu'au trône, pour venir y rendre ses Obligations entre nos mains* ». Le Frère [Intime] le fait avancer, ainsi qu'il est ordonné. Etant arrivé, il [1] met le genou droit à terre, la main droite sur l'Evangile et l'équerre et, à la gauche [2], il tient le compas et le maillet. Salomon lui impose son poignard sur le front et le Frère Intime lui met une épée nue sur le dos. Puis le Très Sage, en frappant un coup de son sceptre sur l'autel pour que les Frères se lèvent, dit : « *Prenez garde à ce que vous allez faire, le moment est critique. Si vous cherchez à nous tromper, notre indulgence présente accroîtra la rigueur des supplices qui la suivront. Si vous êtes sincère, prononcez avec moi* »

## *Obligation*

« *Je promets, foi d'honnête homme et devant cette auguste assemblée, aux pieds des plus hautes puissances, de ne jamais révéler à homme qui n'ait fait ce que je fais, les secrets qui font parvenir et donnent le titre sublime de Maître Elu. Je promets d'en remplir scrupuleusement les obligations au péril de ma vie, en quelque rencontre que ce puisse être, de sacrifier aux mânes d'Hiram les parjures qui pourraient révéler*

---

[1] Le récipiendaire...
[2] C'est-à-dire *de la main gauche*.

to which I agree to be exposed, if I am recognised as a criminal.

Solomon says : "*Intimate brother, for the purpose that the brother begins to calm our suspicion, let him advance by nine steps, viz. three of Apprentice, three of Fellow Craft and three of a Master, up to the throne, so that he may take his oath in my hands.*" The Intimate brother has him advance as ordered. Having arrived, he [1] kneels on the right knee, places his right hand on the Bible and the square and holding with the left hand the mallet and the compass. Solomon places his poniard on his forehead and the Intimate brother holds a drawn sword on his back. Then the Most Wise gives a knock with his sceptre on the altar and the brethren rise. He says : "*Be careful of what you are going to do, this is a critical moment. If you try to betray us, our actual indulgence will increase the rigour of the capital punishment, which is to follow. If you are sincere, repeat after me.*"

## *Oath*

''*I promise on my word of honour and before this august assembly, at the feet of the most high power never to reveal to a man, who did not do what I do, the secrets which lead to and cause the sublime title of Master Elect. I promise to fulfil scrupulously the obligations endangering my life, at whatever encounter this may be, to sacrifice the perjurers to the manes of Hiram, who might reveal*

---

[1] The candidate.

145.

quelques uns de nos Secrets aux Profanes; j'entends m'en engager ou que la mort la plus affreuse soit l'expiation de mon parjure après que mes yeux auront été privés de la lumière par la face rouge, que mon Corps devienne la pâture des vautours; que ma mémoire soit en exécration aux Enfans de la veuve par toute la terre; ainsi Dieu me soit aide.

Salomon dit N. N. M.; ce que tous les ff. répètent ensemble; ensuite il dit, mes R.bles ff., vous avez entendu, — jugés vous à propos que le f.t achève sa vengeance; tous les ff. marquent leur acquiescement par le signe de rigueur. Salomon relève alors le Décis.e et dit, f. intime faites retourner le frère à l'extrémité de la Loge par 3 pas de M.e, 3 de Compagnon, et 3 d'apprentif en arrière pour lui apprendre qu'on n'a rien sans peine, et qu'il ne doit jamais s'offenser des mortifications ordonnées par les Jugemens de la Loge, l'humilité étant le vrai chemin de la perfection maçonne, il adresse ensuite la parole au puiss.t roi de Tyr.

D. Très puiss.t monarque êtes vous satisfait?
R. Je le serai lorsque l'inconnu aura rempli ses obligations en nous livrant Abiram, mort ou vif.

Salomon dit: f. intime déliés les mains de l'inconnu armés le d'un glaive, et mettez le en état d'aller effectuer ses Promesses. après qu'il est délié, et que le f. intime lui a remis son Chapeau et son Epée, Salomon lui Dit; — Consomme ton ouvrage à la faveur des Ténèbres et rends toi digne du choix que nous voulons bien faire de toi pour faire expirer le meurtrier d'Hiram; mais tache de nous le

*quelques-uns de nos secrets aux profanes. Je tiendrai mes engagements ou que la mort la plus affreuse soit l'expiation de mon parjure : après que mes yeux auront été privés de la lumière par le fer rouge, que mon corps devienne la pâture de vautours, que ma mémoire soit en exécration aux Enfants de la Veuve par toute la terre ! Ainsi, Dieu me soit en aide !*

Salomon dit N.N.M., ce que tous les Frères répètent ensemble. Ensuite, il dit : « *Mes Respectables Frères, vous avez entendu. Jugez-vous à propos que le Frère achève sa vengeance ?* ». Tous les Frères marquent leur acquiescement par le signe de réponse. Salomon relève alors le récipiendaire et dit : « *Frère Intime, faites retourner le Frère à l'extrémité de la loge par trois pas de Maître, trois de Compagnon et trois d'Apprenti en arrière, pour lui apprendre qu'on n'a rien sans peine et qu'il ne doit jamais s'offenser des mortifications ordonnées par les jugements de la loge, l'humilité étant le vrai chemin de la perfection maçonne* ». Il adresse ensuite la parole au puissant roi de Tyr :

D. Très puissant monarque, êtes-vous satisfait ?

R. Je le serai lorsque l'inconnu aura rempli ses obligations en nous livrant Abiram, mort ou vif.

Salomon dit : « *Frère Intime, déliez les mains de l'inconnu, armez-le d'un glaive et mettez-le en état d'aller effectuer ses promesses !* ». Après qu'il[1] ait été[2] délié et que le Frère Intime lui [ait] remis son chapeau et son épée, Salomon lui dit : « *Consomme*[3] *ton ouvrage à la faveur des ténèbres et rends-toi digne du choix que nous voulons bien faire de toi pour faire expirer le meurtrier d'Hiram. Mais tâche de nous le*

*any of our secrets to profanes. I will keep my oath, or may the most horrible death be the expiation of my perjury. After having the light taken from my eyes with a red-hot iron, may my body become food for the vultures, that my memory may be an execration to the children of the Widow on the whole earth. So help me God !"*

Solomon says N.N.M. repeated by all brethren together. Then he says : *"My Respectable brethren, you have heard. Do you judge it correct that the brother finishes his revenge ?"* All brethren mark their agreement by the sign of response. Solomon then raises the candidate and says : *"Intimate brother, let the brother return backwards to the lower end of the lodge by three Master steps, three Fellow Craft steps and three Apprentice steps, so to learn that nothing can be obtained without effort and that he never becomes angry of the mortifications imposed by the judgements of the lodge, as humility is the right road to Masonic perfection."* He addresses then the word to the puissant King of Tyre :

Q. Most puissant monarch, are you satisfied ?

A. I will be so when the unknown has fulfilled his obligations by delivering Abiram to us, dead or alive.

Solomon says : *"Intimate brother, undo the hands of the unknown, arm him with a sword and bring him in a state that he can effectuate his promises !"* After he[1] has been undone and the Intimate brother has returned to him his hat and his sword, Solomon says to him : *"Fulfil*[2] *your work favoured by the darkness and make yourself worthy of the choice we are inclined to grant to you by making the murderer of Hiram expire. But try to*

---

[1] Le récipiendaire...
[2] Simple rectification de syntaxe.
[3] Au sens de « *accomplis* ».

---

[1] The candidate
[2] In the sense of terminated, accomplished.

146e livre vivant. Le fr∴ intime prenant le Récip.ⁿ par la main, le fait voyager par 8 tours lents et un précipité; au 9.e et dernier tour, on ouvre doucement la porte de la Loge et on le conduit, s'il se peut, sans qu'il s'en apperçoive, dans la Chambre obscure qui doit être ainsi disposée.

## Chambre obscure

Cette Chambre doit être tendue de noir; au fond du côté droit, doit être une espèce d'antre ou de caverne de feuillages. l'entrée ni le fonds n'en doivent pas être éclairés, dans la caverne doit être un fantôme assis dedans les branches, sa tête doit être garnie de cheveux, et seulement posée sur le reste du corps; ou la m.t d'avoir une attitude convenable. Dans cette Chambre tendue de noir, il doit y avoir une table, un tabouret devant, en face doit être un bras tenant un poignard, et le mot écrit VENGEANCE. Sur la table doit être un Gobelet; à terre doit être un poignard, et une lampe qui puisse se prendre à la main et fasse une faible lumière; de l'autre côté une fontaine avec de l'eau, et quelque chose dessous pour la recevoir par laquelle doit couler. Lorsque tout est ainsi disposé et que le fr∴ intime a conduit le Récip.ⁿ dans cet appartement, il le place sur le tabouret devant la table, la tête appuyée sur un de ses poignets; en cet état il lui dit, ne bougez point, mon fr∴ de cette situation que nous

*livrer vivant !* ». Le Frère Intime, prenant le récipiendaire par la main, le fait voyager par huit tours lents, et un précipité; au neuvième et dernier tour, on ouvre doucement la porte de la loge et on le conduit, s'il se peut sans qu'il s'en aperçoive, dans la Chambre Obscure qui doit être ainsi disposée.

## Chambre Obscure

Cette Chambre doit être tendue de noir. Au fond, du côté droit, doit être une espèce d'antre ou de caverne de feuillage, l'entrée ni le fond n'en doivent pas être éclairés. Dans la caverne doit être un fantôme [1] assis dedans les branches, sa tête doit être garnie de cheveux et seulement posée sur le reste du corps. On le met dans une attitude convenable. Dans cette chambre tendue de noir, il doit y avoir une table, un tabouret devant, en face doit être un bras tenant un poignard et le mot écrit **Vengeance**. Sur la table doit être un gobelet; à terre, doit être un poignard et une lampe, qui puisse se prendre à la main et fasse une faible lumière; de l'autre côté, une fontaine avec de l'eau et quelque chose dessous pour la recevoir parce qu'elle doit couler. Lorsque tout est ainsi disposé et que le Frère Intime a conduit le récipiendaire dans cet appartement, il le place sur le tabouret devant la table, la tête appuyée sur un de ses poignets. En cet état, il lui dit : « *Ne bougez point, mon Frère, de cette situation que vous*

---
[1] C'est-à-dire un mannequin.

*deliver him to us alive !*". The Intimate brother takes the candidate by the hand, makes him travel eight slow perambulations and one quick. At the ninth and last journey the door is opened softly and he is conducted, if possible without him noticing it, to the Chamber of Reflection, which will be arranged as follows.

## Chamber of Reflection

This room must have black decorations. At the back, at the right hand, must be a kind of cavern or grotto of foliage; neither the entry nor the back should be illuminated. In the grotto must be a lay-figure [1] sitting in it on branches, his head must have hair and only loosely placed on the rest of the body. He is placed in a comfortable attitude. In this room, decorated in black, should be a table with a taboret, in front of it should be an arm holding a poniard and the word Vengeance. On the table is a goblet, on the floor a poniard and a lamp, which can be taken in hand to give a weak lighting. On the other side is a fountain with water and something to receive it, because it has to flow. After everything has been arranged thus and the Intimate brother has conducted the candidate in this apartment, he places him on the taboret in front of the table, the head inclined on one of his fists. In that posture he says to him : "*Do not change your attitude, my brother, until you*

---
[1] This means a mannequin.

n'ayez entendu frapper 3 Coups, qui vous serviront de signal pour découvrir vos yeux, suivés exactement ce que je vous prescris, sans quoi vous ne pourriés pas être admis dans l'auguste loge des M.res Elus.

Le f.e intime sort après ce discours, ferme la porte avec force et abandonne le Récip.re quelques moments à ses reflexions, puis il frappe 3. Coups; et lui laisse tout le temps d'examiner ce qui est autour de lui, il entre ensuite avec un air férieux et lui dit, "Courage Mons.r, voyez vous cette fontaine, - prenez le Gobelet, puisez de l'eau, buvez, il vous reste bien de l'ouvrage à faire. — quand le Récip.re a bu, il lui dit remettez le Gobelet, prenez cette lampe, armez vous de ce Poignard, entrés dans cette Caverne et frappés tout ce que vous trouverés qui vous résistera, défendez vous, vengez votre M.re et rendez vous digne d'être Elu; le Récip.re entre le Poignard levé; la lampe de la main gauche. Le f.e intime le suit, lui montre le fantôme, ou la tête, et lui crie, frappé, vengés Hiram, voilà son assassin. Le Récip.re le frappe de son Poignard, ensuite le f.e intime lui dit, quittés cette lampe, prenez cette tête par les cheveux, levés contre elle votre Poignard et suivés moi. NOTA. qu'on doit avoir du sang, ou quelque drogue rouge, pour teindre le Poignard et les mains du Récip.re avant qu'il sorte de la Caverne.

En cet Etat il le conduit en loge, le présente à ses ff. qui sont debout aussitôt qu'il entre; le t.rès sage saisit son Poignard et dit N. N. M.

Le f.e intime fait avancer le Récip.re à l'autel, par

n'ayez entendu frapper trois coups, qui vous serviront de signe pour découvrir vos yeux. Suivez exactement ce que je vous prescris, sans quoi vous ne pourriez pas être admis dans l'auguste loge des Maîtres Élus ! ».

Le Frère Intime sort après ce discours, ferme la porte avec force et abandonne le récipiendaire quelques moments à ses réflexions. Puis il frappe trois coups et lui laisse tout le temps d'examiner ce qui est autour de lui. Il entre ensuite, avec un air sérieux et lui dit : « *Courage, mon Frère, voyez-vous cette fontaine ? Prenez le gobelet, puisez de l'eau, buvez, il vous reste bien de l'ouvrage à faire !* ». Quand le récipiendaire a bu, il lui dit : « *Remettez le gobelet, prenez cette lampe, armez-vous de ce poignard, entrez dans cette caverne et frappez tout ce que vous trouverez qui vous résistera, défendez-vous, vengez votre maître et rendez-vous digne d'être Élu !* ». Le récipiendaire entre, le poignard levé, la lampe de la main gauche. Le Frère Intime le suit, lui montre le fantôme, ou la tête, et lui crie : « *Frappez, vengez Hiram, voilà son assassin !* ». Le récipiendaire le [1] frappe de son poignard, ensuite, le Frère Intime lui dit : « *Quittez* [2] *cette lampe, prenez cette tête par les cheveux, levez contre elle votre poignard et suivez-moi !* ». **Nota** que l'on doit avoir du sang, ou quelque drogue rouge, pour teindre le poignard et les mains du récipiendaire avant qu'il [ne] sorte de la caverne.

En cet état, il [3] le conduit en loge, le présente à ses Frères, qui sont debout aussitôt qu'il entre. Le Très Sage saisit son poignard et dit N.N.M..

Le Frère Intime fait avancer le récipiendaire à l'autel, par

---
[1] Il s'agit du mannequin...
[2] Au sens de « *reposez* ».
[3] Le Frère Intime...

have heard three knocks, which will serve as a sign to disclose your eyes. Follow exactly what I impose, without which you will not be admitted to the august lodge of Elect Masters !"

The Intimate brother leaves after this address, closes the door briskly and abandons the candidate for some moments to his reflections. He then gives three knocks and gives him ample time to examine what is around him. He then enters with a serious face and says to him : "*Courage, my brother, do you see that fountain ? Take the goblet, pour water, drink, there is much work left for you to do !*". After the candidate has drunk, he says to him : "*Put the goblet down, take that lamp, arm yourself with that poniard, enter that cavern and beat everything that you find resisting you, defend yourself, revenge your master and render yourself worthy to be Elect !*". The candidate enters, the poniard raised, the lamp in his left hand. The Intimate brother follows him, shows him the lay-figure, or the head, and cries : "*Beat, revenge Hiram, there is his assassinator !*". The candidate beats it [1] with his poniard; then the Intimate brother says : "*Leave* [2] *that lamp, take that head by its hair raise your poniard to it and follow me !*". **Note** that there must be blood, or some red juice to colour the poniard and the hands of the candidate before he leaves the cavern.

In this state he [3] conducts him [4] to the lodge, presents him to his brethren, who rise immediately when he enters. The Most Wise takes his poniard and says N.N.M.

The Intimate brother has the candidate advance to the altar, by

---
[1] This refers to the mannequin.
[2] In the sense of deposit.
[3] The Intimate brother.
[4] The candidate.

148.
trois grands pas précipités ; au 3.e il s'incline, met un genoüil en terre et pose la tête et le poignard sur l'autel, et reste en cette attitude. Salomon lui dit : Malheureux qu'avez vous fait ! Je ne vous avais pas dit de le tuer ; tous les Elus s'inclinent et disent Grace, Grace. Salomon répond, qu'elle lui soit accordée comme vous la désirés.

Concourés avec moi mes ff.⸪ pour récompenser le zèle et la fermeté de ce f.⸫, et vous, levez vous, venez et apprenez que tout ce que vous venez de faire est une image des obligations que vous contractés aujourd'hui. Vous allez remplacer un des 9 M.res que Salomon juge assez parfait pour leur confier la poursuite d'abiram ; quoique tous fussent animés du même Zèle. Cependant Stokin qui avait déjà découvert le corps du R.ble M.re hiram, porta à ce vil assassin ce dernier coup ; aucun des 9 M.res n'aurait pu trouver la retraite de ce Malheureux si un inconnu ne l'eût indiqué à Salomon, qui aussitôt envoya 9 M.res zelés ; mais un d'entr'eux étant entré précipitamment dans la caverne qui lui servait d'asile, il ne vit pas plutôt abiram, qu'il lui porta un furieux coup de poignard.

(Le très sage lui porte un coup) dont il tombe sur le champ.

Venez mon f.⸫ recevoir la récompense dûe à votre mérite. (en lui donnant le tablier). Ce tablier vous est la marque que portent tous les Elus du R.ble R.ble hiram, et vous fait connaître le chagrin que l'on doit avoir de la mort de tout bon maçon. (en lui donnant les Gands). Les Gands vous apprennent que l'innocence

trois grands pas précipités. Au troisième, il [1] s'incline, met un genou en terre et pose la tête et le poignard sur l'autel et reste dans cette attitude. Salomon lui dit : « *Malheureux, qu'avez-vous fait ! Je ne vous avais pas dit de le tuer !* ». Tous les Elus s'inclinent et disent : « *Grâce ! Grâce !* ». Salomon répond : « *Qu'elle lui soit accordée comme vous le désirez !* ».

[Le Très Sage reprend :] « *Concourez avec moi, mes Frères, pour récompenser le zèle et la fermeté de ce Frère. Levez-vous, venez et apprenez que tout ce que vous venez de faire est une image des Obligations que vous contractez aujourd'hui. Vous allez remplacer un des neuf Maîtres que Salomon jugea assez parfaits pour leur confier la poursuite d'Abiram, quoique tous fussent animés du même zèle. Cependant Stokin, qui avait déjà découvert le corps du Respectable Maître Hiram, porta à ce vil assassin ce dernier coup. Aucun des neuf Maîtres n'aurait pu trouver la retraite de ce malheureux si un inconnu ne l'eût indiquée à Salomon qui, aussitôt, envoya neuf Maîtres zélés. Mais l'un d'entre eux, étant entré précipitamment dans la caverne qui lui* [2] *servait d'asile, il ne vit pas plutôt Abiram qu'il lui porta un furieux coup de poignard* (Le Très Sage lui porte un coup) *dont il tomba sur-le-champ.*

*Venez, mon Frère, recevoir la récompense due à votre mérite.* (En lui donnant le tablier) *Ce tablier vous est la marque que portent tous les Elus du Maître Respectable Hiram, et vous fait connaître le chagrin que l'on doit avoir de la mort de tout bon Maçon.* (En lui donnant les gants) *Les gants vous apprennent que l'innocence*

---

[1] Le récipiendaire...
[2] Il s'agit d'Abiram...

three quick steps. At the third he [1] inclines, kneels on one knee and places the head and the poniard on the altar and stays in that attitude. Solomon says to him : "*Unfortunate, what did you do ! I did not tell you to kill him !*". All Elect incline and say : "*Mercy ! mercy !*". Solomon replies : "*May it be granted to him as you desire !*".

[Then the Most Wise says :] "*Join me, my brethren, to recompense the zeal and the firmness of this brother. Rise, come and listen that all you just did is an image of the obligation you took today. You will replace one of the nine Masters, whom Solomon judged perfect to confide them with the pursuit of Abyram, although all were inspired with the same zeal. However Stokin, who had already discovered the body of the Respectable Master Hiram, gave this vile assassinator the final blow. None of the nine Masters would have found the retreat of this unfortunate, if an unknown had not indicated it to Solomon, who immediately sent out nine zealous Masters. But one among them having hastily entered the cavern, which served as an asylum, gave as soon as he saw Abyram a furious blow with his poniard* (The Most Wise gives him a blow.) *which felled him on the spot.*

*Come, my brother, to receive the recompense due to your merit.* (Giving him his apron) *This apron is your mark worn by the Elect of the Respectable Master Hiram and makes you know the pain one has to feel about the death of each good Mason.* (Giving him the gloves) *The gloves teach you that innocence*

---

[1] The candidate.

même a du chagrin sans remord.

Nous avons en ce grade comme en tous les autres, un signe, un attouchement et une Parole.

Le signe se fait par celui qui le demande en tirant le Poignard, et le levant comme pour frapper au front; celui qui répond, ferme la main droite, et appuie le poing fermé sur le front

L'attouchement est pour celui qui le demande; après avoir fermé la main droite, d'en lever le pouce et de le présenter à celui à qui on le demande; il doit répondre en saisissant vivement de la même main et à pleine main le pouce, ensuite il rejette ce que vous avez fait, et vous ce qu'il a fait.

La Parole est *Nekuo* — *Nékum*.

Allez maintenant vous faire reconnaître des ff. en leur donnant le signe, l'attouchement et la Parole comme vous les avez reçus, et vous viendrez ensuite me les rendre. Salomon dit ensuite, mes ff. aidés moi à faire un Chr; les ff. étendent la main droite du côté du Récip.re; puis le très sage lui dit, en le touchant de son sceptre.

Mon N.ble f.e je vous fais Chr, du consentement de la très auguste loge, et vous remets ce Poignard (celui passant le Cordon); mais, souvenez vous qu'il n'est fait que pour punir le Crime et secourir vos ff.; qu'il a châtié le meurtrier de notre M.e. C'est dans cette vue que nous vous en armons et que vous devez le garder. Prenez séance parmi les anciens de notre Conseil. Suivés leur exemple, et pour vous instruire prétéz une oreille attentive à l'instruction qui va être faite, et vous éclairés sur tout ce qui paraît

*même a du chagrin sans remord.*

*Nous avons, en ce grade comme en tous les autres, un signe, un attouchement et une parole.*

*Le signe se fait par celui qui le demande en tirant le poignard et [en] le levant comme pour frapper au front. Celui qui répond ferme la main droite et appuie le poing fermé sur le front.*

*L'attouchement est, pour celui qui le demande, après avoir fermé la main droite, d'en lever le pouce et de le présenter. Celui à qui on le demande, il doit répondre en saisissant vivement, de la même main et à pleines mains, le pouce, ensuite il répète ce que vous avez fait* [1] *et vous ce qu'il a fait.*

*La parole est* **Nekua Nékum.**

*Allez maintenant vous faire reconnaître des Frères en leur donnant le signe, l'attouchement et la parole comme vous les avez reçus et vous viendrez ensuite me les rendre. »*

Salomon dit ensuite : « *Mes Frères, aidez-moi à faire un Elu !* ». Les Frères étendent la main droite du côté du récipiendaire, puis le Très Sage lui dit, en le touchant de son sceptre :

« *Mon Respectable Frère, je vous fais Elu, du consentement de la très auguste loge, et vous remets ce poignard* (celui passé au cordon). *Mais souvenez-vous qu'il n'est fait que pour punir le crime et secourir vos Frères,* [et] *qu'il a châtié le meurtrier de votre Maître. C'est dans cette vue que nous vous en armons et que vous devez le garder. Prenez séance* [2] *parmi les anciens de notre Conseil. Suivez leur exemple et, pour vous instruire, prêtez une oreille attentive à l'Instruction qui va être faite et vous éclairer sur tout ce qui paraît*

---
[1] C'est-à-dire qu'il lève le pouce droit.
[2] Au sens de « *prenez place* »...

*even has its pain without remorse.*

*We have in this degree, as in all others, a sign, a grip and a word.*

*The sign is made by the one who demands by drawing the poniard and raising it as to beat the forehead. The one who answers closes the right hand and rests the thumb on the forehead.*

*The grip for the one, who demands, is to close the right hand, the thumb raised and to present it. The one, who was demanded, answers by quickly taking with his same and the whole hand the thumb; then he repeats what you have done* [1] *and you repeat what he did.*

*The word is* **Nekua Nekum.**

*Go now and make you known to the brethren by giving them the sign, grip and word, as you received them and then you come to give them to me."*

Solomon then says : "*My brethren, assist me to make an Elect !*". The brethren stretch the right hand to the candidate, then the Most Wise says to him touching him with his sceptre :

"*My Respectable Brother, I receive you Elect, by the consent of the most august lodge and give you the poniard* (the one on the collar). *But remember that it is only meant for the punishment of the crime and to assist your brethren, it castigated the murderer of your Master. It is with that intention that we arm you with it and that you have to keep it. Take your seat among the ancients of our Council. Follow their example and for your instruction, lend an attentive ear to the lecture which will be given and enlighten you on all which appears*

---
[1] It means he raises the right thumb.

à vos yeux, et dont jusqu'à présent, vous n'avez pû avoir intelligence.

N. Dans la Loge d'Elu, les places sont indifférentes. L'ancien se place seulement à l'occident en face du trône.

## Catéchisme d'Elu.

D. Etes-vous Elu ?
R. oui très sage p[uisque] je le suis.
D. à quoi le connaîtrai-je ?
R. à mes signes, attouchemens et paroles.
D. Donnez-les ?
R. il les donne
D. où avez-vous été reçu Elu ?
R. Dans la salle de Salomon.
D. Quel motif vous a porté à solliciter ce titre ?
R. le désir de venger la mort de Notre Chef Hiram.
D. quel fut son homicide ?
R. Abiram dont le nom signifie meurtrier ou assassin
D. par où êtes vous parvenu au lieu de vengeance ?
R. Par des chemins obscurs et inconnus.
D. qui vous y a conduit ?
R. un inconnu.
D. où était situé le buisson de la Vengeance ?
R. au pied d'un buisson ardent dans un antre obscur.
D. que trouvâtes vous dans la caverne ?
R. le traître Abiram, une lumière, une fontaine, un poignard.
D. quel était l'usage de tout cela ?
R. La lumière m'a éclairé, la fontaine m'a désaltéré, et

*à vos yeux et dont, jusqu'à présent, vous n'avez pu avoir intelligence »*

**Nota** : dans la loge d'Elu, les places sont indifférentes. L'Ancien se place seulement à l'occident en face du trône.

## Catéchisme d'Elu

D. Etes-vous Elu ?
R. Oui, Très Sage, je le suis.
D. A quoi le connaîtrai-je ?
R. A mes signe, attouchement et parole.
D. Donnez-les !
R. (Il les donne.)
D. Où avez-vous été Elu ?
R. Dans la salle de Salomon.
D. Quel motif vous a porté à solliciter ce titre ?
R. Le désir de venger la mort de notre chef Hiram.
D. Quel fut son homicide ?
R. Abiram, dont le nom signifie meurtrier ou assassin.
D. Par où êtes-vous parvenu au lieu de la vengeance ?
R. Par des chemins obscurs et inconnus.
D. Qui vous a conduit ?
R. Un inconnu.
D. Où était situé le buisson de la vengeance ?
R. Auprès d'un buisson ardent dans un antre obscur.
D. Que trouvâtes-vous dans la caverne ?
R. Le traître Abiram, une lumière, une fontaine, un poignarD.
D. Quel était l'usage de tout cela ?
R. La lumière m'a éclairé, la fontaine m'a désaltéré, et

*to your eyes and of which until now you could not have knowledge."*

Note : in the Elect lodge, the places are unaffected. Only the Ancient brother sets in the West, opposite to the throne.

## Lecture of Elect

Q. Are you Elect ?
A. Yes, Most Wise, I am.
Q. How shall I recognise you ?
A. By my sign, grip and word.
Q. Give me them ?
A. (He gives them.)
Q. Where have you been elected Elect ?
A. In the hall of Solomon.
Q. What motive brought you to solicit for this title ?
A. The desire to revenge the death of our chief Hiram.
Q. Who was his murderer ?
A. Abiram, whose name signifies murderer or assassinator.
Q. How did you come to the place of revenge ?
A. By obscure and unknown roads.
Q. Who did conduct you ?
A. An unknown.
Q. Where was the bush of revenge situated ?
A. Near a burning bush in an obscure cavern.
Q. What did you find in that cavern ?
A. The traitor Abiram, a light, a fountain, a poniard.
Q. What was the use of all these things ?
A. The light illuminated me, the fountain quenched me, and

151.

le Poignard était réservé pour venger la mort d'Hiram, par le coup que reçut Abyram, qui le fit tomber mort sur la place.

D. Ce malheureux dit-il quelque parole en mourant ?

R. Oui, une parole que je ne puis proférer à haute voix ; mais ôtez-moi la 1ère lettre, je vous dirai la dernière.

D. N.

R. M.

D. Que fîtes-vous du corps d'Abyram ?

R. Je lui coupai la tête et la portai à Salomon pour apprendre que la vengeance était accomplie.

D. Quelle heure était-il quand vous arrivâtes dans la caverne ?

R. La pointe du jour.

D. Combien y eût-il de Mes Élus par cette vengeance ?

R. Neuf.

D. Que vous reste t'il à faire ?

R. Rien puisque tout est accompli.

D. Quelle heure est-il ?

R. L'entrée de la nuit, l'heure à laquelle je suis sorti de la caverne.

Salomon dit alors ; mes ff: qu'une heure aussi mémorable vous soit toujours présente à l'esprit, et vous rapèle toujours le zèle des neuf maîtres pour les imiter.

Il frappe 7 coups égaux sur l'autel, et le Roy de Tyr frappe les 2 autres précipités, après lesquels le très sage dit, mes ff. la vengeance est accomplie, le — Conseil peut se retirer, la loge des Mes Élus est fermée.

Tous les ff. frappent 9 coups dans leurs mains, 7 égaux et 2 précipités et l'on fait les acclamations ordinaires.

le poignard était réservé pour venger la mort d'Hiram, par le coup que reçut Abiram, qui le fit tomber mort sur la place.
D. Le malheureux dit-il quelque parole en mourant ?
R. Oui, une parole que je ne puis proférer à haute voix. Mais dites-moi la première lettre, je vous dirai la dernière.
D. N.
R. M.
D. Que fîtes-vous du corps d'Abiram ?
R. Je lui coupai la tête et la portai à Salomon pour apprendre que la vengeance était accomplie.
D. Quelle heure était-il quand vous arrivâtes dans la caverne ?
R. Le point du jour.
D. Combien y a-t-il de Maîtres Elus par cette vengeance ?
R. Neuf.
D. Que vous reste-t-il à faire ?
R. Rien, puisque tout est accompli.
D. Quelle heure est-il ?
R. L'entrée de la nuit, l'heure à laquelle je suis sorti de la caverne.

Salomon dit alors : « *Mes Frères, qu'une heure aussi mémorable nous soit toujours présente à l'esprit et nous rappelle toujours le zèle des neuf Maîtres pour les imiter !* »

Il frappe sept coups égaux sur l'autel et le roi de Tyr frappe les deux autres précipités, après lesquels le Très Sage dit : « *Mes Frères, la vengeance est accomplie, le Conseil peut se retirer, la loge de Maîtres Elus est fermée !* »

Tous les Frères frappent neuf coups dans leurs mains, sept égaux et deux précipités et l'on fait les acclamations ordinaires.

the poniard was destined for the revenge of the death of Hiram, by the blow he received from Abiram, who made him fall dead on the spot.
Q. Did the unfortunate say any word when dying ?
A. Yes, a word I cannot utter aloud. But tell me the first letter, I will give you the last.
Q. N.
A. M.
Q. What did you do with the corpse of Abyram ?
A. I cut his head off and brought it to Solomon to inform him that the revenge was accomplished.
Q. At what time did you arrive in the cavern ?
A. At the beginning of the day.
Q. How many Masters Elect there are after this revenge ?
A. Nine.
Q. What do you still have to do ?
A. Nothing, as all is accomplished.
Q. What is the hour ?
A. Beginning of the night, the hour at which I left the cavern.

Solomon then says : "*My brethren, may this memorable hour stay with us for all times in our spirit and always remind us of the nine Masters to imitate them !*"

He gives seven equal knocks on the altar and the King of Tyre gives two quick knocks; then the Most Wise says : "*My brethren, the revenge has been accomplished, the Council may retire, the lodge of Master Elect is closed !*"

All brethren give nine knocks in their hands, seven equal and two quick and the ordinary acclamations are given.

15².  N.ª  Le très sage doit passer les Cordons au Col des ff∴; ils
les portent sur le bras, représentent au M∴ qui le leur fait
baisser et leur passe au Col 9 fois.

Les M∴ Elus ne doivent jamais se trouver dans
aucune loge, soit inférieure ou supérieure, sans leurs Cordons
noirs et leur Poignard, quoiqu'ils ne doivent se servir du
dernier qu'en loge d'Elu.

## Loge de Table.

La Loge de table se tient comme les autres, à l'exception
qu'il n'y a point de surv.ᵗˢ; mais le f.ʳ ancien place en face
des deux dais, dont Salomon est à la droite. L'on ouvre par
9 Coups; ensuite on fait quelques demandes du Catéchisme,
et l'on annonce que la loge d'Elu est ouverte. Les acclamations se font par 9. Les Santés sont les mêmes et dans
le même ordre, à l'exception que sitôt qu'elles commencent
chaque Elu tire son Poignard et le met au travers de
son Canon à l'ordinaire. On le met sur la table sans
bruit, puis l'on joint une fois les mains et l'on
s'assied. Celui qui commande la Santé fait le
signe de demande; et tous les ff∴ celui de réponse.
De même, lorsqu'on veut demander la parole,
les Couteaux se nomment Poignards.

fini du M.ʳ g.ᵈ Elu

Nota : Le Très Sage doit passer les cordons au col des Frères, ils les portent sur le bras, les présentent au Maître qui la [1] leur fait baisser et leur passe au col neuf fois.

Les Maître Elus ne doivent jamais se trouver dans aucune loge, soit inférieure ou supérieure, sans leurs cordons noirs et leurs poignards, quoi qu'ils ne doivent se servir du dernier qu'en loge d'Elu.

## *Loge de Table*

La loge de table se tient comme les autres, à l'exception qu'il n'y a point de Surveillants; mais le Frère Ancien se place en face des deux rois, dont Salomon est à la droite. L'on ouvre par neuf coups; ensuite, on fait quelques demandes du catéchisme et l'on annonce que la loge d'Elu est ouverte. Les acclamations se font par neuf, les santés sont les mêmes et dans le même ordre, à l'exception que sitôt qu'elles commencent chaque Elu tire son poignard et le met au travers de son canon à l'ordinaire. On le met sur la table sans bruit, après quoi on joint une fois les mains et l'on s'assoit. Celui qui commande la santé fait le signe de demande et tous les Frères celui de réponse. De même, lorsqu'on veut demander la parole. Les couteaux se nomment poignards.

Fin du Maître Grand Elu

---

[1] La tête...

Note. The Most Wise has to place the collars on the neck of the brethren; they bear them on their arms and present them to the Master who has them incline toward him and then he places them nine times on their necks.

The Masters Elect should never be in any lodge, of inferior or superior degree, without their black collars and their poniards although they need not use the latter but in Elect lodges.

## *Table lodge*

The table lodge is held as the other degrees, except that there are no Wardens. But the Ancient Brother stands opposite the two kings of whom Solomon is at the right. It is opened by nine knocks. Then some questions of the lecture are posed and it is announced that the lodge of Elect is open. The acclamations are made by nine, the toasts are the same and in the same sequence except that as soon as they begin each Elect draws his poniard and places it across his canon in the ordinary way. It is placed on the table without noise after which the hands are joined once and then everyone is seated. The one who commands the toast makes the sign of demand and all brethren make that of reply. It is done in the same way when the word is asked for. The knives are called poniards.

End of Master Grand Elect

153.

# Suite des Elus ou Cahier
## de l'Elu de l'inconnu.
### Instruction.

D. Connaissez-vous d'autres mistères dans le Grade d'Elu que les lettres N. M.

R. oui je connais la lettre R. qui est la 1.re de l'inconnu qui décela l'assassin où l'endroit de sa retraite.

D. que signifient les 3 lettres R. G. A. ?

R. Romvel, Gravelot et Abyram, noms des 3 assassins de notre M.

D. Comment étaient-ils placés dans le temple pour cette action

R. Romvel était à la porte de l'occident, Gravelot à celle du midi et Abiram à celle du nord.

D. que devinrent les 2 premiers ?

R. ils se sauvèrent ; mais ils ne purent s'échapper aux recherches de Salomon.

D. Comment l'inconnu sut-il qu'Abiram était caché dans une Caverne ?

R. l'inconnu travaillait auprès d'un buisson où elle était située, il y vit entrer un homme effarouché, la curiosité le porta à savoir qui c'était ; Abiram croyant être reconnu se jetta à ses pieds, lui confia son secret, le prisit de ne le point réveler et de l'assister dans la faim qui le dévorait.

D. Pourquoi l'inconnu le décela-t-il à Salomon ?

## Suite des Elus ou cahier de l'Elu de l'Inconnu

### Instruction

D. Connaissez-vous d'autres mystères dans le grade d'Elu que les lettres N. M. ?
R. Oui, je connais la lettre P, qui est la première de l'inconnu qui décela l'assassin ou l'endroit de sa retraite.
D. Que signifient les trois lettres K, G, A ?
R. Kunvel, Gravelot et Abyram, noms des trois assassins de notre Maître.
D. Comment étaient-ils placés dans le Temple pour cette action ?
R. Kunvel était à la porte de l'occident, Gravelot à celle du midi et Abiram à celle du norD.
D. Que devinrent les deux premiers ?
R. Ils se sauvèrent, mais ils ne purent s'échapper aux recherches de Salomon.
D. Comment l'inconnu sut-il qu'Abiram était caché dans une caverne ?
R. L'inconnu travaillait auprès d'un buisson où elle était située, il y vit entrer un homme effarouché, la curiosité le porta à savoir qui c'était; Abiram, croyant être reconnu, se jeta à ses pieds, lui confia son secret, le priant de ne pas le révéler et de l'assister dans la fin qui le dévorait.
D. Pourquoi l'inconnu le décela-t-il à Salomon ?

## Continuation of the Elect or book of the Elect of the Unknown

### Lecture

Q. Do you know other mysteries in the degree of Elect than the letters N.M. ?
A. Yes, I know the letter P, which is the first of the unknown who discovered the assassinator or the place of his retreat.
Q. What do the letters K.G.A. mean ?
A. Kunvel, Gravelot and Abyram, the names of the three assassinators of our Master.
Q. What was their place in the Temple for that action ?
A. Kunvel was at the porch in the West, Gravelot at that in the South and Abiram at the one in the North.
Q. What happened to the two first ?
A. They ran away but they could not escape the search of Solomon.
Q. How did the unknown know that Abiram was hidden in a cave ?
A. The unknown worked near a bush where it was situated; he saw a frightened man enter and curiosity prompted him to know who it was. Abiram, who believed that he was recognized, fell to his feet and confided his secret. He begged him not to disclose it and to help him with the hunger which devoured him.
Q. Why did the unknown disclose him to Solomon ?

154

R. Pour satisfaire à l'edit qu'il avait fait publier.
D. Combien de temps fut-il à découvrir sa retraite ?
R. Sept jours ; parceque j'appris l'edit qu'en allant à Jérusalem chercher des vivres pour Abyram et pour lui.
D. Comment nommés vous l'inconnu ?
R. Périguau, qui était le nom du grade appelé l'inconnu.
D. Quel est le mot sacré ?
R. Moabon, qui signifie Dieu soit loué.
D. Donnez moi le signe ?
R. C'est de lever les yeux au ciel, ensuite de vouloir s'arracher la langue, à quoi on répond, en levant les mains en haut comme quelqu'un surpris d'un crime demande miséricorde, en disant Dieu soit loué de ne laisser aucune mauvaise action impunie.
D. Donnez l'attouchement ?
R. C'est de présenter la main, l'autre la baise.
D. Pourquoi cet attouchement ?
R. Parceque Abiram s'était jetté aux pieds de Périguau, lui prit la main, et la baisa pour l'engager davantage à se taire par cette marque d'humilité.
D. Donnez moi le mot de passage ?
R. Abiram.
D. Pourquoi un nom si infame ?
R. C'est pour l'avoir sans cesse devant nos yeux afin de ne point l'imiter.
D. Que devint la tete de ce malheureux ?
R. Salomon la fit exposer au bout d'une pique, traversée d'un poignard, à la porte du sept.<sup>m</sup> pendant

R. Pour satisfaire à l'édit qu'il avait fait publier.
D. Combien de temps fut-il à découvrir sa retraite ?
R. Sept jours, parce qu'il n'apprit l'édit qu'en allant à Jérusalem chercher des vivres pour Abyram et pour lui.
D. Comment nommez-vous l'inconnu ?
R. Pérignan, qui était le nom du grade appelé l'inconnu
D. Quel est le mot sacré ?
R. Moabon, qui signifie Dieu soit loué !
D. Donnez-moi le signe !
R. C'est de lever les yeux au ciel, ensuite de vouloir s'arracher la langue, à quoi on répond en levant les mains en haut comme quelqu'un, surpris d'un crime, demande miséricorde, en disant : « *Dieu soit loué de ne laisser aucune mauvaise action impunie !* »
D. Donnez l'attouchement !
R. C'est de présenter la main, l'autre la baiser [1].
D. Pourquoi cet attouchement ?
R. Parce qu'Abiram [2], s'étant jeté aux pieds de Pérignan, lui prit la main et la baisa pour l'engager davantage à se taire par cette marque d'humilité.
D. Donnez-moi le mot de passage !
R. Abyram.
D. Pourquoi un nom si infâme ?
R. C'est pour l'avoir sans cesse devant nos yeux afin de ne point l'imiter.
D. Que devint la tête de ce malheureux ?
R. Salomon la fit exposer au bout d'une pique, traversée d'un poignard, à la porte du septentrion pendant

---
[1] C'est-à-dire que l'interrogé baise la main que lui tend l'interrogateur.
[2] Le copiste écrit tantôt *Abyram*, tantôt *Abiram*...

A. To satisfy the edict the King had published.
Q. How much time did it take to find his retreat ?
A. Seven days, because he only knew of the edict, when he went to Jerusalem to find provisions for Abyram and himself.
Q. How do you call the unknown ?
A. Perignan, which was the name that the degree called the unknown.
Q. What is the sacred word ?
A. Moabon, signifying God be praised.
Q. Give me the sign !
A. This is by raising the eyes to heaven, then to simulate taking away the tongue, to which the answer is to raise the hands as of somebody, taken by surprise of a crime asking for mercy saying : "*God be praised that no bad action is left unpunished !*"
Q. Give me the grip !
A. This is by presenting the hand, the other to kiss it [1].
Q. Why this grip ?
A. Because Abiram fell to the feet of Perignan, took his hand and kissed it to engage him further to be silent for this mark of humility.
Q. Give me the password !
A. Abyram [2].
Q. Why such an infamous name ?
A. To keep it permanently before our eyes and not to imitate him.
Q. What became of the head of this unfortunate ?
A. Solomon had it exposed at the porch of the north on the top of a pike, pierced by a poniard, during

---
[1] This means that the interrogated kisses the hand stretched out by the interrogator.
[2] The copyist writes alternatively Abyram and Abiram.

155.

le reste de la Construction du Temple, pour effrayer les ouvriers apprentifs et Compagnons.

D. que signifient les 7 pas en forme de faulte que l'on vous fait faire avant de prêter votre obligation.

R. les sept jours que fut Pérignan a déclaré la retraite d'abiram

## histoire de la Vengeance.

Vous devez vous rappeler mes ff., l'énorme parricide — commis envers notre R M., et de quelle façon il succomba sous les Coups de 3 scélérats. Salomon voulant absolut. connaitre les auteurs de ce crime fit publier un édit dans tous ses Etats par lequel il promettait de gdes récompenses à quiconque lui en donnerait des nouvelles, et que le coupable obtiendrait sa grace s'il venait lui même s'accuser et nommer ses complices ; il se passa cependant quelque temps sans que l'on n'apprît rien à ce sujet, malgré les recherches que faisait Stokin qui avait découvert le corps d'hiram. Un jour que Salomon s'entretenait de cette perte avec ses favoris, on vint lui annoncer qu'un inconnu demandait à lui parler en particulier ; Salomon ordonna qu'on le conduisit en particulier dans son Cabinet où il fut le joindre ; et après lui avoir parlé, il fit appeler tous ses favoris et leur dit avec émotion que l'on venait de lui apprendre le lieu de la retraite du meurtrier d'hiram, et que l'on s'offrait de conduire ceux qui voudraient arrêter le scélérat ; alors tous les favoris de Salomon, crièrent, Vengeance, et s'offrirent pour aller arrêter. Salomon leur fit sentir qu'il n'était

le reste de la construction du Temple, pour effrayer les ouvriers Apprentis et Compagnons.

D. Que signifient les sept pas en forme de saut que l'on vous fait faire avant de prêter votre Obligation ?

R. Les sept jours que fut Pérignan à déclarer la retraite d'Abiram.

## Histoire de la Vengeance

Vous devez vous rappeler, mes Frères, l'énorme parricide commis envers notre Maître et de quelle façon il succomba sous les coups de trois scélérats. Salomon, voulant absolument connaître les auteurs de ce crime, fit publier un édit dans tous ses Etats, par lequel il promettait de grandes récompenses à quiconque lui en donnerait des nouvelles et [promettait] que le coupable obtiendrait sa grâce s'il venait lui-même s'accuser et nommer ses complices. Il se passa cependant quelque temps sans que l'on apprit rien à ce sujet, malgré les recherches que faisait Stokin, qui avait découvert le corps d'Hiram. Un jour que Salomon s'entretenait de cette perte avec ses favoris, on vint lui annoncer qu'un inconnu demandait à lui parler en particulier dans son cabinet où il fut le joindre. Et, après lui avoir parlé, il fit appeler tous les favoris et leur dit, avec émotion, qu'on venait de lui apprendre le lieu de la retraite du meurtrier d'Hiram et que l'on s'offrait de conduire ceux qui voudraient arrêter le scélérat. Alors, tous les favoris de Salomon crièrent Vengeance et s'offrirent pour l'aller arrêter. Salomon leur fit sentir qu'il n'était

the rest of the construction of the Temple, to discourage the workmen, Apprentices and Fellow Crafts.

Q. What do the seven steps signify the form of jumps, which you were to make before taking your oath ?

A. The seven days Perignan used to explain the retreat of Abiram.

## History of the Revenge

You have to remember, my brethren, the enormous parricide committed on our Master and the way he succumbed under the blows of three villains. Solomon absolutely wished to know the authors of that crime and he had an edict published in all his states, in which he promised great recompense to whomever should give him information and that the guilty person would receive his pardon, if he would come to accuse himself and give the names of his accomplices. Some time, however, passed without any information on the subject, notwithstanding the research made by Stokin, who had discovered the corpse of Hiram. One day, when Solomon conversed about this loss with his favourites, he was informed that an unknown person wished to speak to him privately in his study, where he would join him. And after having spoken with him he had all his favourites called and told them with emotion that he just learned the place, where the murderer of Hiram had retreated and that he offered himself to conduct those who would go and arrest the villain. Then all Solomon's favourites cried Vengeance and offered themselves to go and arrest him. Solomon made them feel that he had no

156. pas besoin, c'étaut de monde pour arrêter un seul homme; En craignant d'exciter leur jalousie, il les fit tirer au sort; Neuf d'entr'eux étant choisis, ils suivirent l'inconnu avec ordre de se saisir du scélérat et de l'amener devant Salomon, afin d'avoir révélation de ses complices; ce fut à l'entrée de la nuit que les 9 M.res partirent sous la conduite de l'inconnu, qui les mena par des chemins détournés à l'entrée de la Caverne auprès d'un buisson, et leur dit que c'étoit là le lieu où étoit caché le meurtrier d'Hiram, un des 9.— M.res animé par un excès de zèle et par l'envie de punir le coupable, et sans se resouvenir des ordres de Salomon, entra dans la Caverne précipitamment, et ayant apperçu à la sombre lueur d'une lampe un Poignard qui était à terre il s'en saisit, et se lançant sur abyram, il lui en déchargea un coup sur la tête (ici le M.re donne un petit coup de Poignard sur la tête du Récip.re) qui le fit tomber mort en prononçant N. M. qui signifie vengeance; ensuite ce M.re non content d'avoir puni cet assassin, il lui coupa la tête et fut se désaltérer à une fontaine qui étoit à l'entrée de la Caverne, tenant la tête d'une main et le Poignard de l'autre; il vint joindre ses Compagnons qui le suivirent au Palais de Salomon, à qui il présenta la tête d'abiram pour lui prouver que si la vengeance n'avait pas été exécutée selon ses ordres, du moins le traître n'avait pas échappé à sa poursuite; Or cet inconnu qui alla déclarer à Salomon la retraite du Meurtrier, qui se nommait Perignan, il était un ouvrier qui travaillait dans les bois et dans les plaines; un jour

need of so many people to arrest one single man. Fearing to excite their jealousy he had them draw straws. Nine among them were chosen and followed the unknown with the order to catch the villain and bring him before Solomon, so that the revelation of his accomplices might be obtained. At the beginning of the night the nine Masters arrived under the conduct of the unknown, who led them, by detours to the entry of the cavern at the foot of a bush and he told them that was the place where the murderer of Hiram was hidden. One of the nine Masters, inspired by an excess of zeal and by envy to punish the guilty and not remembering the orders Solomon gave, entered the cavern hastily and in the poor light of a lamp he observed a poniard on the ground. He took it and threw himself on Abyram, he gave him a blow on the head (here the Master gives a light knock on the candidate's head) which made him fall dead, saying the word N.M., which means vengeance. Then this Master, not content with having punished that assassinator cut off his head, drank at the fountain at the entry of the cavern holding the head in his hand and the poniard in the other. He joined his companions, who followed him to Solomon's palace, where he offered Abyram's head to prove that if the revenge were not executed according to his orders, the traitor had at least not escaped the pursuit. Well, this unknown man, who came to inform Solomon about the retreat of the murderer and who was called Perignan [1], was a workman, who worked in the woods and in the fields. One day

---

[1] This refers to the unknown.

157.

qui travaillait auprès de la caverne qui était entourée de buissons qui servait d'autant mieux à cacher la retraite du scélérat qu'elle éta très cachée. Les Périguan apperçut un homme effrayé, comme une figure que les remords semblaient rendre effroyables, qui sortait d'aus cette caverne; la curiosité le porta à le suivre; mais Abiram croyant d'être poursuivi et découvert, saisi de peur, se jetta aux pieds de l'inconnu, lui avoua son crime, lui demanda le secret sur le lieu de sa retraite et le pria de lui donner quelque chose pour appaiser sa faim; il accompagnait toutes ses paroles d'un air si suppliant et si humble, en baisant les mains de l'inconnu qui se laissa toucher et lui donna de quoi vivre pendant quelques jours, mais allait à Jérusalem le 7e jour de la retraite d'Abiram pour chercher des vivres pour lui et pour cet assassin. Il entendit publier un Édit de Salomon, qui ordonnait à tous ceux qui auraient quelque connaissance de ce qui aurait rapport à l'assassin d'Hiram, d'en donner avis sous peine de punition exemplaire. L'inconnu se croyant en conscience plus obligé d'obéir à son prince que de garder le secret à un scélérat, fut aussitôt demander à parler à Salomon, pour lui déclarer son secret en lui apprenant le lieu de la retraite d'Abiram. Salomon y envoya comme il a été dit ci-dessus 9 Maîtres zélés; mais ses ordres ne furent pas exécutés comme il l'avait ordonné par le zèle d'un d'entr'eux nommé Stokin qui tua Abiram, qui fit couper la tête et la porta à Salomon qui lui fit grâce de sa désobéissance à cause de son zèle. Salomon fit embaumer la tête d'Abiram, la fit planter sur un piquet à la porte du nord avec un poignard qui la traversait, pour faire voir l'instrument qui avait puni le crime, elle y resta tout le tems de la construction du temple pour effrayer les ouvriers app. et Comp. et leur ôter le désir de Commettre aucun crime; ensuite elle fut transportée sur la porte de la ville du côté du nord où elle resta jusqu'à ce qu'elle fut détruite par le temps. fin Du Grade.

when he worked near the cavern surrounded by bushes, which served very well to hide the retreat of the villain, because it was well hidden, this same Perignan observed a frightened man as a person whom remorse seemed to have made frightened, coming back to the cavern. Curiosity brought him to follow him but Abiram believing that he was followed and discovered, fell for fear at the feet of the unknown and avowed to him his crime and asked him to keep the place of his retreat secret and beseeched him to give him something to satisfy his hunger. He uttered his words in so a supplicating and humble way, kissing the hands of the unknown, that he felt compassion and gave him [1] enough to live on for some days. But when the unknown went to Jerusalem on the seventh day of the retreat of Abiram to buy provisions for himself and this assassinator, he heard Solomon's edict being published, which ordered all those who might have some knowledge of what was related to the murder of Hiram, to give information under fine of exemplary punishment. The unknown believed in all conscience that he had to obey more to his prince than to keep the secret of a villain. He went to ask immediately to speak to Solomon, to inform him about his secret and to tell him the hiding place of Abiram. Solomon sent there, as mentioned above, nine zealous Masters. But his orders were not executed as he had ordered because of the zeal of one among them, called Stokin, who killed Abiram, who cut off the head and brought it to Solomon, who granted grace because of his zeal [2]. Solomon had the head of Abiram embalmed and placed on a pike at the north porch with a poniard passing through, to show the instrument, which had punished the crime. It stayed there during the time of the construction of the Temple to discourage the workmen, Apprentices as well as Fellow Crafts from committing crime and to take away the desire to commit any crime. Then it was transferred to the porch of the town at the north side, where it remained until it was disintegrated by time.

---

[1] The unknown.
[2] That of Stokin.

# Suite des Elus, ou Cahier de maître Elu des quinze.

La loge doit être tendue de noir, les larmes doivent être rouges et blanches, à l'orient doit être un squelette qui représente Abyram dont le vrai nom est Hoben; à l'occident, du côté du nord, un autre squelette représentant Kunvel dont le vrai nom est Olterfut; à l'occident du côté du midi un autre squelette représentant Gravelot dont le vrai nom est Stelké: chaque squelette doit être armé d'un instrument dont il frappa Hyram.

La loge s'ouvre par 5 coups répétés trois fois; il doit y avoir 15 lumières sur 3 Chandeliers, un devant le M᷉., et un à chaque surv᷉., quel'on allume, l'une après l'autre à chaque 5 coups que frappe le M᷉. et les surv᷉. il ne faut pas être plus absolument plus de 15 élus en loge.

## Instruction.

D. quelle heure est-il?
R. il est 3 heures.
D. Le M᷉. dit alors: mes ff. il est donc tems de se mettre à l'ouvrage.

Le Récip᷉. doit être en M᷉. Elu des neuf lorsqu'il se présente à la loge, il doit avoir deux têtes de mort dans les mains, un poignard doit traverser la tête qu'il tient à la main droite. Il est introduit après les Cérémonies ordinaires par 5 pas triangulaires pour

## Continuation of the Elect, or the Master Elect of Fifteen

The lodge should have black hangings, the tears must be red and white. In the East should be a skeleton representing **Abyram**, whose true name is **Hoben**. In the West to the North is another skeleton representing **Kunvel**, whose true name is **Olterfut**, in the West to the South another skeleton representing **Gravelot**, whose true name is **Stelke**. Each skeleton should be armed with an instrument with which he struck Hiram.

The lodge is opened by five knocks three times repeated. There should be fifteen lights on three candlesticks, one in front of the Master and one for each Warden, to be lighted one after the other at each of the five knocks given by the Master and the Wardens. It is absolutely necessary to have not more than fifteen Elect in the lodge.

### Lecture [1]

Q. What is the hour?
A. It is three o'clock.

The Master then says: "*My brethren, thus it is time to set to work.*"

The candidate should be [**dressed**] as Master Elect of Nine, when he presents himself at the lodge. He should have two skulls in his hands, a poniard should traverse the head he holds in the right hand. He is introduced after the ordinary ceremony with fifteen triangular steps to

---

[1] Contrary to what the copyist wrote, there is no question of a lecture but of a resume of the ritual proper.

- 158 -

159.

q'arriver devant le trône où il reste tenant les têtes. —
pendant qu'il est ainsi, le d. C.ble et tous les V.ms tiennent leurs
poignards à la main, puis les laissent tomber en mettant
leurs mains entrelacées en travers sur le front, ils demandent
grâce, le V.ms dit alors.

D. Pourquoi ?
R. il n'en est point coupable.
D. Pourquoi grâce ?
R. La grâce de le recevoir g.d V.ms Élu des quinze.
D. En est-il digne ?
R. (tous les ff) oui très R.ble

Le V.ms répond, faites-le avancer au pied du trône
pour prêter son obligation.

## histoire.

Vous avez appris qu'Abiram fut tué dans la caverne
que le Grade ci-devant ; mais Abiram qui signifie assassin,
n'est pas son vrai nom, il est Cobert, il était armé d'un
levier et c'est lui qui assomma Hiram ; Salomon fit —
embaumer sa tête pour qu'elle se conservât et qu'elle pût
être exposée au public avec celles des complices lorsqu'ils
seraient découverts, ce qui ne tarda pas d'arriver, puisque
six mois après l'assassinat d'Eugabée, l'un des intendants
de Salomon, par les recherches qu'il fit aux environs du
Pays de Geth qui était tributaire de Salomon, il apprit
que Stékin et Olterfut, les deux autres assassins d'Hiram s'y
étaient retirés croyant y être en sûreté. Salomon ayant

parvenir devant le trône, où il reste, tenant les têtes. Pendant qu'il est ainsi, le Respectable et tous les Maîtres tiennent leur poignard à la main, puis le laissent tomber, en mettant leurs mains entrelacées en travers sur le front. Ils demandent grâce. Le Maître dit alors :
D. Pourquoi ?
R. Il n'en est point coupable.
D. Pourquoi grâce ?
R. La grâce de le recevoir Grand Maître Elu des Quinze.
D. En est-il digne ?
R. (Tous les Frères) Oui, Très Respectable !
Le Maître répond : « *Faites-le avancer au pied du trône pour prêter son Obligation* ».

## *Histoire*

Vous avez appris qu'Abiram fut tué dans la caverne par le grade ci-devant [1]. Mais Abiram, qui signifie assassin, n'est pas son vrai nom, il est **Bobert** [2]. Il était armé d'un levier et c'est lui qui assomma Hiram. Salomon fit embaumer sa tête pour qu'elle se conservât et qu'elle pût être exposée au public avec celles des complices, lorsqu'ils seraient découverts. Ce qui ne tarda pas d'arriver puisque, six mois après l'assassinat, **Bengabue**, l'un des intendants de Salomon, par les recherches qu'il fit aux environs du pays de Gette, qui était tributaire de Salomon, {il} apprit que **Stelké** et **Olterfut**, les deux autres assassins d'Hiram, étaient retirés, croyant y être en sécurité. Salomon, ayant

arrive before the throne, where he will stay, the heads in his hands. During this time the Respectable and all Masters hold their poniard in the hand, then let it fall and cross their hands before the breast. They demand grace. The Master says then :
Q. Why ?
A. He is not guilty at all.
Q. Why grace ?
A. The grace to receive him as Grand Master Elect of Fifteen.
Q. Is he worthy ?
A. (All brethren) Yes, Most Respectable.
The Master replies : "*Have him advance to the base of the throne to take his obligation.*"

## *History*

You have learned that Abiram was killed in the cavern in the preceding degree. But Abiram, signifying assassinator, is not his true name : it is **Bobert** [1]. He was armed with a dagger and it was he who killed Hiram. Solomon had his head embalmed, so that it would be preserved and that it could be exhibited to the public with those of his accomplices, when they would be discovered. This did not take long, because six months after the assassination **Bengabue**, one of Solomon's intendants, heard during his researches made in the surroundings of the land Gette, a tributary to Solomon, that **Stelke** and **Olterfut**, the two other assassinators of Hiram, had retired, as they believed to be safe there. Solomon, having

---

[1] Au sens de « *précédent* »...
[2] Certainement une faute du copiste, puisque, plus haut, on trouve le nom, plus classique, d'Hoben.

[1] Certainly a mistake of the copyist, because above the more classical name of Hoben is found.

160.
appris cette nouvelle écrivit aussitôt à Maacha Roi de
Getth pour lui demander les assassins, et les amener à
Jérusalem pour être punis de leurs crimes ; en conséquence
Salomon nomma 15 m.ᵈˢ du nombre desquels étaient les 9
qui avaient été à la recherche d'Abiram, et leur donna des
troupes pour leur obéir ; ils se mirent en marche le 15 du
mois de 7xᵇʳᵉ 77 qui répond à notre mois de Juin, et arrivèrent
à Getth le 28 du même mois, rendirent la lettre de Salomon
au Roi Maacha qui ordonna à l'instant que l'on fit une
recherche exacte et qu'on les livrât aux Israélites, on
les trouva après une exacte recherche dans une carrière
nommée Baudélaï ; le 3ᵉ jour de la recherche Ternist
et Clehan M.ᵈˢ Elus furent les 1ᵉʳˢ qui les découvrirent,
on les saisit et on les chargea de chaines sur lesquelles
étaient gravés les différens supplices qu'ils devaient
souffrir afin de les punir davantage. Ils arrivèrent à
Jérusalem le 15 du mois suivant et furent conduits à
Salomon ; il ordonna qu'ils fussent mis dans des cachots
d'une tour nommée Akiser pour leur faire souffrir le
lendemain une mort proportionnée à leurs crimes. Le
lendemain à six heures du matin ils furent attachés
nuds par les pieds à deux potteaux, les bras liés par derrière
le col ; on ouvrit leurs corps depuis la poitrine jusqu'au
bas ventre, et on les laissa ensuite exposés à l'ardeur
du soleil pendant huit heures, de façon que les mouches
et les insectes venaient s'abreuver de leur sang, ce qui
les faisait souffrir davantage ; ensuite on leur

heard this news, wrote to **Maacha**, king of **Gette**, to ask him for the assassinators and to bring them to Jerusalem, in order to have them punished for their crimes. Solomon designated fifteen Masters, of which number were the nine, who had been searching for Abiram, and gave them troops, who would obey them. They marched off on the fifteenth of the month fx³jj [1], which corresponds to our month June, and arrived at Gette on the 28th of the same month and gave Solomon's letter to king Maacha, who ordered immediately that an exact search should be made and that they should be delivered to the Israelites. They were found after an exact search in a quarry called **Baudelais**. The third day of the search, Zermot and Elehan, Masters Elect, were the first to discover them. They were taken and they were put in chains, on which were engraved the different punishments they had to suffer to punish them more. They arrived in Jerusalem during the next month and were conducted to Solomon. He ordered that they would be put in the jail of a tower called **Uhisar** to suffer death the next day, proportional to the crime. The next day at ten o'clock, they were tied naked, by the feet to two ramps, the arms bound behind the neck. Their body was cut open from the breast to the belly and they were left then exposed to the ardour of the Sun during eight hours, so that the flies and insects came to suck their blood, which caused them more suffering. Then they were

---

[1] This curious assembly is in fact a copy of תמוז [*tammouz*] the ancient name of a lunar month, comparable to our months June and July.

161.

coupa la tête, et on les embauma, elles furent mises sur des piquets placés vis-à-vis les portes où ils avaient commis le crime exécrable de parricide, et leurs corps furent jettés à la voirie.

Voilà mon très cher f[rère] l'histoire en abrégé de la vengeance de notre T[rès] R[espectable] M[aître] Hiram, je prie le g[rand] architecte de vous préserver d'un semblable malheur.

## Signes

Le 1er est de toucher la main droite, lever le pouce et l'appuyer au bout du menton, et la descendre en ligne droite jusqu'au bas ventre; ce qui fait ressouvenir que les assassins ont été ouer.

Le second se fait le poing fermé, le pouce levé; le couper la gorge; ce qui fait ressouvenir que leurs têtes furent coupées.

## Attouchements

Le 1er se fait en donnant deux petits coups avec l'index de la main droite sur la jointure du petit doigt.

Le second est de prendre la main droite avec la gauche et lui donner trois petits coups avec les bouts des cinq doigts, ce qui fait le nombre de 15.

## Le Mot.

Le mot sacré est Zermot
Le mot de passage est Clekaum.

Le cordon du g[rand] Elu est noir, large de 4 doigts, avec 3 bouts de ruban ponceau, au bout desquels est

coupa la tête et on les embauma. Elles¹ furent mises sur des piquets placés vis-à-vis les portes où ils avaient commis le crime exécrable de parricide et leurs corps furent jetés à la voirie.

Voilà, mon Très Cher Frère, l'histoire, en abrégé, de la vengeance de notre Respectable Maître Hiram. Je prie le Grand Architecte de vous préserver d'un semblable malheur.

## *Signes*

Le premier est de toucher² la main droite, lever le pouce et l'appuyer au bout du menton et le descendre en droite ligne jusqu'au bas-ventre, ce qui fait ressouvenir que les assassins ont été ouverts.

Le second se fait poing fermé, le pouce levé : se couper la gorge, ce qui fait ressouvenir que leurs têtes furent coupées.

## *Attouchements*

Le premier se fait en donnant deux petits coups avec l'index de la main droite sur la jointure du petit doigt.

Le second est de prendre la main droite avec la gauche et lui donner trois petits coups avec le bout des cinq doigts, ce qui fait le nombre de quinze.

## *Le Mot*

Le mot sacré est **Zermot**.
Le mot de passage est **Eleham**.

Le cordon du Grand Elu est noir, large de quatre doigts avec trois bouts de ruban ponceau, au bout desquels est

---

¹ Les têtes...
² Vraisemblablement une faute de copiste et il faudrait lire « fermer ».

beheaded and they were embalmed. They¹ were placed on pikes opposite the porches, where the had committed their execrable crime of parricide and their bodies were thrown on the refuse heap.

That, Most Dear Brother, is the history in short of the revenge of our Respectable Master Hiram. I pray the Great Architect to preserve you from a similar misfortune.

## *Signs*

The first is by touching the right hand, raise the thumb and lean it to the end of the chin, descending in a straight line to the belly, which reminds of the assassinators being opened.

The second is made with the closed fist, the thumb raised : cut the throat, which memorizes their heads being cut off.

## *Grips*

The first is made by giving two small knocks with the index of the right hand with the left and giving three small knocks with the end of the five fingers, which makes the number fifteen.

The second is to take the right hand with the left one and yo give three little knocks with the end of the five fingers, that gives the number of fifteen.

## *The word*

The sacred word is **Zermot**.
The password is **Eleham**.

The collar of Grand Elect is black, four inches wide of culvert ribbon, at the end of which is

---

¹ The heads.

162.

attaché une tête de mort qui doit être d'argent ou de vermeil, une cordonnière doit y avoir 15 la même broderie en argent. Les chaussons se font à la fois de la loge par 3 fois S.

On demande quelle heure est-il ?
On répond : 5 heures.
On frappe 5 coups pendant 3 fois.
Le tablier doit être de peau blanche doublé de soie, bordé d'un ruban noir sur un lieu et un autour d'argent. 3 têtes de mort, c'est à dire, une sur la bavette, et une de chaque côté, sous celle de la bavette dont être un B. qui signifie Bavette —
un S. qui signifie Pierre, et à gauche un O. qui signifie Ostenfut.
fin du M. e g. elu des 15.

attached a skull which is of silver or rose red. On this collar must be fifteen tears embroidered in silver. The acclamations are given at the end of the lodge [1] by three times five.

The question is [2] : "*What is the hour ?*"

The answer is [3] : "*It is six o'clock.*"

Five knocks are given three times [4].

The apron should be of white leather, lined with black ribbon. In the centre is a silver tower, three skulls, one on the flap and one at each side, under the one on the flap should be a H, signifying **Hoban**, at the right an S signifying **Stelke**, and at the left an O, signifying **Olterfut**.

End of the Master Grand Elect of fifteen. [5]

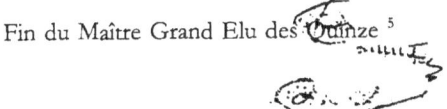

---

[1] This means at the closing

[2] It refers to the Most Respectable.

[3] It refers to the Senior Warden.

[4] It refers here successively to the Most Respectable and the two Wardens, as mentioned in the beginning of the document.

[5] It will be observed that the signature of Painette contains in the inferior circle an inscription which seems to be: Ch gd élu, viz. Knight Grand Elect.

# Réception des Illustres.

La loge est tendue en rouge ; il n'y a pas de tableau ; les lumières sont dispersées indifféremment par toute la loge ; le g.˙. m.˙. représente Salomon ; il y a deux surv.˙. ; et les v.˙. bles ff.˙. sont assis.

Le Récip.˙. est dans une chambre séparée qui est éclairée, le f.˙. terrible est avec lui, et il lui donne dans la main gauche une tête de mort, et avec la droite lève le poignard qui est attaché à son cordon. le f.˙. terrible frappe 9 coups égaux ; on répond ; puis il entre, et le Récip.˙. se place entre les 2 surv.˙.

D. le g.˙. m.˙. lui demande ce qu'il veut ?

R. le second surv.˙. répond pour le récip.˙. la récompense de ce que je viens de faire.

D. Le g.˙. m.˙., votre cœur en satisfaisant votre vengeance était donc intéressé ?

R. Le surv.˙. répond, non mais je demande moins pour ma propre satisfaction que pour faire connaître à la postérité que le crime ne reste jamais impuni, ni la vertu sans récompense.

D. le g.˙. m.˙., est il bien sûr qu'hiram soit vengé ?

R. Le surv.˙. répond ; en voici un g.˙. et sur témoignage ; & il lui montre la tête de mort.

## Réception des Illustres

La loge est tendue en rouge, il n'y a pas de tableau, les lumières sont dispersées indifféremment par toute la loge. Le Grand Maître représente Salomon; il y a deux Surveillants et les Vénérables Frères sont assis.

Le récipiendaire est dans une chambre séparée, qui est éclairée. Le Frère Terrible est avec lui et il lui donne, dans la main gauche, une tête de mort et, avec la droite, [le récipiendaire] lève le poignard qui est attaché à son cordon. Le Frère Terrible frappe neuf coups égaux; on répond, puis il entre et le récipiendaire se place entre les deux Surveillants.

D. Le Grand Maître demande ce qu'il veut.

R. Le Second Surveillant répond pour le récipiendaire : « *La récompense de ce que je viens de faire !* ».

D. Le Grand Maître : « *Votre cœur, en satisfaisant votre vengeance, était donc intéressé ?* »

R. Le Surveillant répond : « *Non, mais je demande moins pour ma propre satisfaction que pour faire connaître à la postérité que le crime ne reste jamais impuni, ni la vertu sans récompense* ».

D. Le Grand Maître : « *Est-il bien sûr qu'Hiram soit vengé ?* »

R. Le Surveillant répond : « *En voici un grand et sûr témoignage !* » (Il lui montre la tête de mort).

## Reception of the Illustrious

The lodge has red decorations, there is no tracing board, the lights are dispersed indifferently around the lodge. The Grand Master represents Solomon. There are two wardens and the Worshipful brethren are seated.

The candidate is in a separated room, which is lighted. The Terrible Brother is with him and he places a skull in his left hand and in the right he [1] raises the poniard which is attached to his collar. The Terrible Brother gives nine equal knocks. They are answered, then he enters and the candidate is placed between the two Wardens.

Q. The Grand Master inquires what he wishes.

A. The Junior Warden replies for the candidate : "*The recompense for what I just finished.*"

Q. The Grand Master : "*Is your heart interested in satisfying your revenge ?*"

A. The Warden replies : "*No, but I demand less for my own satisfaction than for making known to posterity that crime will never stay unpunished, nor virtue without recompense.*"

Q. The Grand Master : "*Is it certain that Hiram was revenged ?*"

A. The Warden replies : "*Here is a great and sure witness !*" (He exhibits the skull.)

---

[1] The candidate.

164.

signe. Le g.d M.e après cela le fait avancer neuf petits pas, lui fait prêter son obligation et lui donne le signe qui est d'opposer la main droite qui est le mouvement que fit abyram lorsque Stakin lui porta un coup de poignard ; puis l'attouchem.t
attouchem.t qui est d'entrelacer les doigts de la main droite ; ensuite
parole la parole qui est Nack Mazoor.

Quand on demande la parole, le 1.er dit Mazoor, et le second répond Nack, et ensuite ils disent ensemble Nack Mazoor.

Il lui donne aussi l'attribut, qui est une étoile à 9 pointes, qui est de nacre avec gravé un poignard, et au revers un soleil.

Le g.d M.e dit, je vous illustre vous et vos descendans pour l'action que vous venez de faire ; ou lui fait un discours qui est une répétition de l'histoire d'adoniram, de sa mort et de celle des traitres abyram ; enfin la récompense que Salomon donna à Stakin, pour prix de souille qui fut illustré lui et ses descendans, il lui donne pour cet effet cette étoile de nacre.

## Catéchisme des Illustres

D. Etes-vous illustre ?
R. Oui je le suis, avec autant de justice que j'ose me flatter de l'avoir mérité.
D. Qu'avez vous fait pour le mériter ?
R. J'ai vengé le M.e des M.res en punissant son assassin.
    (ici l'on peut faire des questions d'Elus)
D. A quoi connaîtrai-je que vous êtes illustre ?
R. Aux signes, paroles et attouchemens.
D. Donnez moi la 1.ere ?
R. Donnez moi la seconde, je vous donnerai la 1.ere

Le Grand Maître, après cela, le [1] fait avancer neuf petits pas, lui fait prêter son Obligation et lui donne le signe, qui est d'opposer la main droite, [ce] qui est le mouvement que fit Hiram lorsque Stokin lui porta un coup de poignard; puis l'attouchement, qui est de s'entrelacer les doigts de la main droite; ensuite la parole, qui est **Nack Mazooz**.

*Signe*
*Attouchement*
*Parole*

Quand on demande la parole, le premier dit **Mazooz** et le second répond **Nack**, et, ensuite, ils disent ensemble **Nack Mazooz**.

Il [2] lui donne aussi l'attribut, qui est une étoile à neuf pointes, qui est de nacre, où il est gravé un poignard et, au revers, un Soleil.

Le Grand Maître dit : « *Je vous illustre, vous et vos descendants, pour l'action que vous venez de faire !* ». On lui [3] fait un discours qui est une répétition de l'histoire d'Adonhiram, de sa mort et de celle du traître Abyram, enfin la récompense que Salomon donna à Stokin pour prix de son zèle, qui [4] fut illustre, lui et ses descendants. Il [5] lui donna, pour cet effet, cette Etoile de nacre.

## *Catéchisme des Illustres*

D. Etes-vous Illustre ?
R. Oui, je le suis, avec autant de justice que j'ose me flatter de l'avoir mérité !
D. Qu'avez-vous fait pour l'avoir mérité ?
R. J'ai vengé le Maître des Maîtres en punissant son assassin.
    (Ici, on peut faire des questions d'Elu)
D. A quoi reconnaîtrai-je que vous êtes Illustre ?
R. Aux signe, parole et attouchement.
D. Donnez-moi la première !
R. Donnez-moi la seconde, je vous donnerai la première !

---

[1] Le récipiendaire...
[2] Le Grand Maître...
[3] Le récipiendaire...
[4] Stokin...
[5] Salomon...

The Grand Master has the candidate advance after this by nine steps and has him take his oath and gives him the sign, which is a gesture of defence with the right hand, which is the movement Hiram made when Stokin gave him a blow with his poniard. Then the grip, which is by interlacing the fingers of the right hand. Then the word, which is **Nack Mazooz**.

*Sign*
*Grip*
*Word*

When the word is asked for, the first says **Mazooz** and the second replies **Nack**, and then they say together **Nack Mazooz**.

He [1] also gives the jewel, which is a star with nine points made of mother of pearl, engraved with a poniard and on the back a Sun.

The Grand Master says : "*I make you Illustrious, you and your posterity, for the action you just performed !*". He [2] is being addressed, which is a repetition of the history of Adonhiram, of his death and that of the traitor Abyram, finally the recompense Solomon gave to Stokin as a price for his zeal, who became illustrious, he [3] and his descendants. He [4] gives him to that end this Star of mother of pearl.

## *Lecture of the Illustrious*

Q. Are you Illustrious ?
A. Yes, I am, with equal justice as I flatter myself to have merited it.
Q. What did you do for having it merited ?
A. I revenged the Master of Masters by punishing his assassinator.
(Here some question may be made on Elect Master)
Q. How do I recognise you to be Illustrious ?
A. By the sign, word and grip.
Q. Give me the first !
A. Give me the second, I will give you the first.

---

[1] The Grand Master.
[2] The candidate.
[3] Stokin.
[4] Solomon.

D. Mazor
R. Nack.
        Ensemble Nack Mazor
    (on peut faire ici des questions sur la réception)
D. quel était votre attribut ?
R. une étoile extraordinaire à 9 pointes au milieu de laquelle est un poignard, et sur le revers un soleil.
D. expliquez moi cela ?
R. l'étoile signifie que l'action de Stokin causera dans le monde autant d'admiration que la vue d'un phénomène en cause lorsqu'il paraît aux yeux. le poignard qui est au milieu de l'étoile signifie l'instrument de la vengeance ; enfin le soleil qui est sur le revers signifie que comme le soleil répand ses rayons partout l'univers, de même cette action se répandra à la postérité, et il sera toujours regardé comme un modèle de la plus haute vertu.
D. De quel métal était votre attribut ?
R. de nacre de perle.
D. Pourquoi ?
R. Parceque l'or et l'argent étaient du temps de Salomon communs comme de la pierre, et préféra la nacre comme moins commune et plus riche.
D. où se tenaient les surv$^{ts}$ ?
R. à l'occident.
        Nota en Loge de table.
après la santé du M$^e$ on boit en mémoire de Salomon, et pour la distinguer des autres, lorsque les surv$^{ts}$ ont parlé, le g$^d$ M$^e$ frappe un coup de maillet et poursuit l'exercice.
        FIN.

Q. **Mazooz** !
A. **Nack** !
    Together : **Nack Mazooz** !
Q. What is your jewel ?
A. A special star with nine points, in the centre of which is a poniard and on the reverse side is the sun.
Q. Explain this to me !
A. The star signifies that the action of Stokin caused as much admiration in the world as the sight of a celestial phenomenon causes, when it appears to the eyes. The poniard, which is in the centre of the star, signifies the instrument of the revenge, finally, the Sun, which is on the reverse side, signifies that as the Sun spreads its rays through the whole universe, in the same way that this action will spread to our posterity and he [1] will always be regarded as a symbol of the highest virtue.
Q. Of what metal is made your jewel ?
A. Of mother of pearl.
Q. Why ?
A. Because gold and silver were at the time of Solomon as common as stones, he preferred mother of pearl, as less common and richer.
Q. Where are the Wardens ?
A. In the West.

## Note for the table lodge

After the toast to the health of the Master, one is given to the memory of Solomon and distinguishing it from the other, when the wardens have spoken, the Grand Master gives one knock with his mallet and continues the exercise.

End

---

[1] Apparently Stokin.

www.ingramcontent.com/pod-product-compliance
Lightning Source LLC
Chambersburg PA
CBHW081913170426
43200CB00014B/2721